Mozart –
Genialer Vater
vergessene Söhne

Hans Hoffmann

In Liebe für Helga

Mozart –

Genialer Vater
vergessene Söhne

Hans Hoffmann

RAUTER

Für die Verwendung der Bilder W. A. Mozarts
und seiner Söhne
erteilte die Stiftung Mozarteum Salzburg freundliche
Genehmigung

ISBN: 3-9500290-2-8

Copyright © 1999 by RAUTER, A-5620 Schwarzach
Herausgeberin: Erika Pfeiffenberger-Scherer
Umschlaggestaltung: Helmut Kirchtag
Satz: RAUTER, A-5620 Schwarzach
Druck und Bindung: Druckerei Berger, A-3580 Horn
Printed in Austria

INHALT

VORWORT

Begabt, um höher aufzuragen
Hielt ein Gedanke Deinen Flug:
„Was würde wohl mein Vater sagen?
War, Dich zu hemmen, schon genug."
Diese Zeilen stammen aus dem Nachruf Franz Grillparzers auf
seinen Schulfreund Franz Xaver Wolfgang.

Der Mozartsohn hatte sich als Komponist und Pianist ins ferne
Galizien zurückgezogen. Trotzdem blieb sein Name zeitlebens für ihn
eine Hypothek.

Der ältere Bruder Karl Thomas trat schon früh eine Lehre in
Italien an und entzog sich so dem Schatten des genialen Vaters. In
dessen Leben hatte es nicht nur Wohlklang, sondern auch schrille
Dissonanzen gegeben. Sie haben ihn nicht abgehalten, unvergleichliche
Musik zu schreiben.

Über sein Ende aber legte sich eine dunkle Wolke, die das Geschehen
bis in alle Ewigkeit verdüstert.

Die letzten Jahre Wolfgang Amadeus Mozarts und einige Zeiträume
im Leben seiner Söhne stecken voller Rätsel.

Zwischen originalen Briefstellen und exakt dokumentierten Ereignissen bleibt genügend Freiraum für eigene Interpretationen.

Strenge Historiker mögen mir einige unbewiesene Annahmen verzeihen. Vielleicht können sie meine Erklärungsversuche widerlegen,
vielleicht aber auch nicht.

Unabhängig davon werden aber über dem Leben eines der größten
Genies der Musikgeschichte immer einige Geheimnisse bestehen
bleiben.

Hans Hoffmann

Ein dominanter Vater

Wolfgang Amadeus Mozart, das ehemalige Wunderkind aus Salzburg, lebte nun in Wien. Er hatte – wütend, und zum großen Kummer seines Vaters – den Dienst beim Salzburger Erzbischof Hieronymus Graf Colloredo quittiert. Eigentlich war er von dessen Oberstküchenmeister Karl Graf Arco mit einem Tritt in den Allerwertesten höchst unehrenhaft hinauskomplimentiert worden. Diesem beleidigenden Akt waren über lange Zeit unzählige mehr oder weniger schwere Auseinandersetzungen vorausgegangen. Graf Arco hatte am erzbischöflichen Hofe die Oberaufsicht über das Personal. In dieser Funktion machte ihm der lebenslustige, nicht unbedingt disziplinierte und bereits sehr selbstbewußte Musikus das Leben schwer. Die ganze europäische Musikwelt war Mozart auf seinen Reisen zu Füßen gelegen. Und nun sollte er sich den Anordnungen dieses arroganten Banausen fügen? Nur weil der wegen seiner adeligen Geburt beim Erzbischof in hoher Gunst stand? Niemals!

„Das Herz adelt den Menschen. Und wenn ich schon kein Graf bin, so habe ich vielleicht mehr Ehre im Leibe als mancher Graf. Und Hausknecht oder Graf – sobald er mich beschimpft, so ist er ein Hundsfut." So schrieb der empörte Wolfgang Amadeus nicht eben vornehm nach der Auseinandersetzung an seinen besorgten Vater nach Salzburg.

Das 18. Jahrhundert hatte aber für die Erhebung von Geistesadel gegenüber dem Adel der Geburt noch kein Verständnis. Auch der stets obrigkeitshörige Leopold Mozart zeigte sich fassungslos über die despektierliche Haltung seines Sohnes. Zumal er dem Grafen Arco fast freundschaftlich verbunden war. Die Angelegenheit mit dem berühmtesten Fußtritt der Musikgeschichte hatte sich im Mai 1781 nach einer Akademie der Salzburger Hofmusiker im „Haus des Deutschen Ritterordens" am Wiener Stephansplatz zugetragen. „Ich will nichts mehr von Salzburg wissen – ich hasse den Erzbischof bis zur Raserei", äußerte sich der beleidigte Komponist im bereits zitierten Brief und schlug von da an seine Zelte in Wien auf.

Drei Jahre früher hatte Wolfgang auf einer Konzertreise in Mannheim Aloysia, die 16jährige Tochter des Amtmannes und Musikus Fridolin Weber, kennengelernt. Er verliebte sich in sie, denn sie war nicht nur bildhübsch, sondern darüberhinaus eine hochbegabte Sängerin. Das umschwärmte Mädchen fand ihn zwar recht nett und musizierte auch mit ihm, zu einer engen Beziehung war sie aber nicht bereit. Wenig später übersiedelte die Familie Weber zunächst nach München und dann nach Wien.

Aloysia heiratete hier bald den Hofschauspieler und Maler Joseph Lange. Er schuf später das zwar nicht ganz vollendete, aber wohl bekannteste Brustbild Mozarts.

Mutter Cäcilia Weber war die Verbindung ihrer Tochter sehr recht. Kurz nach dem Einzug in Wien war nämlich ihr Mann verstorben, und sie mußte sich und die vier Mädchen Josepha, Aloysia, Konstanze und Sophie durch Zimmervermietung über Wasser halten. Zum Glück hatte Fridolin Weber noch vor seinem Tod für eine ansprechende Wohnung im Hause „Zum Auge Gottes" am Petersplatz gesorgt. Die gemütlichen Zimmer ließen sich leicht vermieten und bildeten so die Basis für den Lebensunterhalt des „Weiberhaushalts".

Irgendwer wird wohl dem Wolfgang Amadeus den Hinweis auf eine Wohnmöglichkeit bei den Weber'schen Damen gegeben haben. Zum Entsetzen seines Vaters, den er davon per Brief in Kenntnis setzte, mietete er sich jedenfalls dort ein. Wolfgangs Enttäuschung war groß, als er die verehrte Aloysia als verheiratete Frau Lange antraf. Bald aber fand er heraus, daß auch deren jüngere Schwester Konstanze durchaus ihre Reize hatte. Es ist sicher kein Zufall, daß er der Hauptperson seines Singspiels „Die Entführung aus dem Serail", das in jener Zeit entstand, diesen Namen gab. Vater Leopold versuchte verzweifelt, die Verbindung auseinanderzubringen, zumal er gehört hatte, daß die Wiener Aristokraten seinen Sohn mehr und mehr als ihresgleichen behandelten. Wolfgang Amadeus als Schwiegersohn eines Fürsten, Grafen oder zumindest Barons, das hätte Vater Leopold gefallen, nicht aber eine Mesalliance mit einer Weber'schen. Deren ganze Sippschaft war ihm schon höchst suspekt gewesen, als er seinerzeit aus Mannheim von der Liebe seines Sohnes zu Aloysia hörte.

Die war zwar – zugegebenerweise – eine hervorragende Sängerin. Der Plan seines Sohnes aber, mit ihr eine Konzertreise durch Italien zu machen, brachte Leopold Mozart damals beinahe zur Weißglut.

„Welcher Impresario würde nicht lachen, wenn man ihm ein Mädel von 16 oder 17 Jahren, das noch niemals auf dem Theater gestanden, rekommandieren wollte. Dein Vorschlag, mit Herrn Weber und nota bene zwei Töchtern herumzureisen, hätte mich beinahe um meine Vernunft gebracht.

Liebster Sohn! Wie kannst Du Dich doch von so einem abscheulichen Dir zugebrachten Gedanken auch nur auf eine Stunde einnehmen lassen. Dein Brief ist nicht anders als wie ein Roman geschrieben. Fort mit Dir nach Paris! Setz Dich dort großen Leuten an die Seite!"

So schrieb Leopold Mozart seinerzeit erzürnt an seinen Sohn nach Mannheim. Und die Briefe nach Wien bezüglich der immer intensiver werdenden Verbindung mit Konstanze werden auch nicht weniger deutlich gewesen sein. Gefruchtet haben sie aber wenig. Zwar zog Wolfgang Amadeus „wegen dem Geschwätze der Leute" nach vier Monaten wieder aus dem Weber'schen Haus aus, die Verbindung mit Konstanze ließ er sich aber nicht ausreden.

Einerseits war er verliebt und seiner „Junggesellenwirtschaft" überdrüssig, andererseits hatten Mutter Cäcilia und der Vormund der Weber-Mädchen, ein gewisser Herr Johann von Thorwart, die Sache sehr geschickt eingefädelt. Thorwart war als Finanzdirektor des Hofburgtheaters für Mozart sehr wichtig.

Er nutzte diese Machtposition aus, um den Musiker bezüglich einer baldigen Hochzeit mit seinem Mündel unter Druck zu setzen. Schließlich stand ja die Premiere der „Entführung" vor der Tür! Da Wolfgang Amadeus das Mädchen wirklich liebte, fand Herr Thorwart bei seinem Bemühen keinen großen Widerstand.

Sonderbarerweise kam es aber gerade in der Zeit des Brautstands Konstanzes zu schweren Auseinandersetzungen zwischen ihr und Mutter Cäcilia. Eigentlich hätte diese sehr zufrieden sein müssen mit der neuen Situation, doch sie gefiel sich nun plötzlich als grollende Matrone. Vor allem unter dem Einfluß überreichlichen Alkoholgenusses beklagte sie ihr Schicksal, nach und nach von allen Töchtern verlassen zu werden. In Wolfgang Amadeus keimte nun, neben der zweifellos vorhandenen Liebe zu Konstanze, auch noch Mitleid auf. Sein Wille zur baldigen Hochzeit wurde dadurch noch gestärkt.

„Mit mir kann es nicht schlechter, sondern es muß immer besser gehen! Warum ich aber nicht mehr lange warten kann, ist nicht allein meinetwegen, sondern hauptsächlich ihretwegen. Ich muß sie sobald wie möglich erretten."

So schrieb er in dieser Zeit an seinen Vater, doch den überzeugten gerade diese Argumente recht wenig. Er wollte einfach nicht einsehen, warum gerade sein genialer Sohn dazu herhalten sollte, Konstanze aus der anscheinend unerträglichen Weber'schen Weiberwirtschaft herauszuholen. Und so verweigerte er hartnäckig seine Zustimmung.

Wolfgang Amadeus war ein guter Sohn und litt unter dieser Situation. Zwischen Konstanze und ihm kam es diesbezüglich öfter zu Streit. Mehr als einmal wollte sie sogar das Verlöbnis wieder lösen. Den Auseinandersetzungen mit der Mutter war sie durch Flucht in die Leopoldstadt zur Baronin von Waldstätten, einer Gönnerin Mozarts, ausgewichen.

Trotz dieser belastenden Ereignisse in seinem privaten Umfeld hatte der Musikus eine sehr fruchtbare Schaffensperiode. Er kränkte sich aber sehr darüber, daß seinen Vater anscheinend sogar der große Erfolg der „Entführung aus dem Serail" ungerührt ließ.

Am 16. Juli 1782 hatte diese Oper im Hofburgtheater eine glänzende Premiere. Mozart dirigierte selbst, die Sopranpartie sang Catarina Cavalieri, eine Schülerin Salieris. Sogar der k.k. Hofcompositeur Christoph Willibald Gluck war begeistert und setzte sich dafür ein, daß die Oper in den nächsten zwei Monaten 16mal gespielt wurde. Seine besondere Wertschätzung brachte Gluck durch eine Einladung des jungen Kollegen in sein Haus auf der Wieden zum Ausdruck.

Nur für Joseph II. war die Musik anscheinend nicht ganz verständlich. Nach der Premiere kam es zum berühmt gewordenen Ausspruch des Kaisers: „Zu schön für unsere Ohren und gewaltig viele Noten, lieber Mozart." Wolfgang Amadeus' Antwort zeugt von einem bereits beachtlich entwickelten Selbstbewußtsein: „Gerade so viel Noten, Eure Majestät, wie nötig sind", sagte er nämlich lächelnd.

Mozart hätte sich im siebenten Himmel gefühlt, wäre sein Vater bezüglich der Hochzeit nicht so unerbittlich gewesen. Wie Hilfeschreie klingen die Briefe des Sohnes aus dieser Zeit.

„Ich bitte Sie noch einmal um Verzeihung – und bitte Sie um Nachsicht und Mitleiden für mich. Ohne meine liebste Konstanze kann ich nicht glücklich und vergnügt sein und ohne Ihre Zufriedenheit darüber würde ich es nur zur Hälfte sein. Machen Sie mich also ganz glücklich, mein liebster, bester Vater! Ich bitte Sie."

Cäcilia Weber vermutete ihre Tochter mit Mozart in einem „Liebesnest" und versuchte sie sogar mit Polizeigewalt aus der Wohnung der Baronin von Waldstätten wieder nach Hause zu holen. Nun mußte der Bräutigam handeln – auch ohne Zustimmung des Vaters! Einer verheirateten Frau könnte die Sittenpolizei nichts anhaben, und die Schande einer „gewaltsamen Heimführung" wollte er seiner Konstanze in jedem Fall ersparen.

Die Hochzeit wurde also ganz kurzfristig für den 4. August 1782 im Stephansdom zu Wien angesetzt. Angesichts dieser entschlossenen Haltung Mozarts gab es einen „Waffenstillstand" mit Mutter Weber. Sie wohnte schließlich, gemeinsam mit ihrer jüngsten Tochter Sophie und den Trauzeugen Johann von Thorwart, Regierungsrat Johann Karl Cetto von Kronstorf und Franz Wenzel Gilowsky, der Trauungszeremonie bei. Franz Wenzel war ein Freund aus Salzburger Kindertagen, der durch höchste Beziehungen als Chirurgus nach Wien gekommen war.

„Als wir zusammen verbunden wurden, fing sowohl meine Frau als ich an zu weinen. Davon wurden alle, sogar der Priester, gerührt. Und alle weinten, da sie Zeugen unserer gerührten Herzen waren." So äußerte sich der Bräutigam selbst über diesen für sein zukünftiges Leben so wichtigen Schritt.

Das Hochzeitssouper fand anschließend im Hause der Baronin Maria Elisabeth von Waldstätten statt. Die Gattin eines niederösterreichischen Landrates erwies sich für die Mozarts mehr und mehr als Helferin in materieller und seelischer Not. Und in seelischer Not befand sich zumindest Wolfgang Amadeus während des kleinen Hochzeitsfestes. Immer wieder gingen seine Gedanken ins Tanzmeisterhaus auf den Hannibalplatz nach Salzburg.

„Ich zweifle auch gar nicht, daß ich mit künftigem Brief Ihre Einwilligung zu meiner Heirat erhalten werde. Sie können gar nichts dawider einzuwenden haben. Denn Konstanze ist ein ehrliches, braves Mädchen von guten Eltern."

So hatte er noch in seinem letzten Brief Ende Juli an den Vater geschrieben. Die Antwort konnte natürlich nicht mehr rechtzeitig eintreffen, und so gingen die jungen Leute von vornherein belastet in ihre gemeinsame Zukunft. Auch Konstanze war die ablehnende Haltung ihres Schwiegervaters natürlich nicht gleichgültig. Selbst mit Nannerl hatte sich, trotz beiderseitigem Bemühen, kein herzliches Verhältnis entwickelt. Wahrscheinlich stand die Schwägerin viel zu sehr unter dem Einfluß ihres Vaters, in dessen Hause sie ja noch wohnte.

Es ist sehr schwer, die Gefühle der Braut in diesen Tagen richtig einzuschätzen. Sie spürte den Widerstand in der Familie Mozart, weshalb sie Wolfgangs Anträge auch mehrmals abgelehnt hatte. Andererseits war weit und breit kein anderer Bewerber für sie in Sicht, und sie wollte sich unbedingt dem Einfluß ihrer immer schwieriger werdenden Mutter entziehen.

Ihre begehrte Schwester hatte den Musikus seinerzeit verschmäht. Nun war der aber natürlich bereits weithin berühmt und konnte sicher jeder Frau ein mehr oder weniger sorgloses Leben bieten. Man darf annehmen, daß das nicht das einzige Motiv Konstanzes für ihre Ehe war und sie ihren „Wolferl" wirklich liebte. Während aber Mozart in unzähligen Briefen immer wieder seine heiße Liebe zu Konstanze beteuerte, fehlt von ihrer Seite jede schriftliche Äußerung von Gefühlen. Bei der tränenreichen Trauungszeremonie wird sie aber sicher voll der besten Vorsätze gewesen sein.

Kurz nach der Hochzeit traf dann endlich auch die Einwilligung Leopold Mozarts ein. Recht kühl zwar, aber immerhin! In seinem

Dankschreiben an die Baronin von Waldstätten für die Ausrichtung des Hochzeitsmahles offenbarte er etwas mehr über seinen Seelenzustand.

„Es bleibt mir nichts anderes übrig, als ihn – da er es so wollte – sich selbst zu überlassen und Gott zu bitten, daß er ihm meinen väterlichen Segen angedeihen lasse und ihm seine göttliche Gnade nicht entziehe."

Resignierend bezeichnete er seinen Sohn als zu bequem, zu ungeduldig, manchmal zu stolz und zu hitzig, mit einem Wort als nicht ausgeglichen genug.

„Ich habe als ein wahrer Vater meine Schuldigkeit getan", stellte er selbstherrlich fest. Doch von der Nachwelt wird gefragt werden, ob nicht gerade seine fehlende Toleranz und sein riesiger Ehrgeiz das Leben des Sohnes negativ beeinflußt haben.

Leopold Mozart hatte zwar unter Hintanstellung seiner eigenen Persönlichkeit aus Wolfgang Amadeus ein Wunderkind geformt. Er hetzte dieses aber erbarmungslos unter schwierigsten Verkehrsverhältnissen durch ganz Europa. An den Fürstenhöfen zwischen München und Mailand, am Kaiserhof in Wien, in seiner Heimatstadt Augsburg, in Paris, London, Amsterdam, Rom und Venedig, überall sollte man sehen, welches Genie Salzburg der Welt geschenkt hatte.

Der Vater übersah, daß die körperliche Entwicklung des Knaben mit der geistigen nicht mithalten konnte. Weder nervöse Tränenausbrüche noch wirklich ernsthafte Erkrankungen des Kindes haben die Hetzjagd für nennenswerte Zeitspannen unterbrochen. Daß damit ein vorzeitiger Kräfteverschleiß verbunden sein mußte, schien dem stolzen Vater damals nie in den Sinn gekommen zu sein. Selbst seiner Frau Anna Maria gegenüber war Leopold Mozart diesbezüglich mitleidslos. Da er selbst durch seinen Dienst beim Salzburger Erzbischof verhindert war, veranlaßte er sie, obwohl bei schlechter Gesundheit, den Sohn nach Paris zu begleiten.

Wolfgang Amadeus war zu diesem Zeitpunkt zwar schon zweiundzwanzig, aber er brauchte jemanden, der während des halbjährigen Aufenthaltes an der Seine für ihn sorgte. Reisestrapazen, elende, schlecht beheizte Quartiere und Heimweh haben nicht nur den Sohn belastet, sondern auch die Mutter erschöpft und zermürbt.

Sie schrieb aus Paris nach Salzburg: „Was meine Lebensart betrifft, ist solche nicht gar angenehm. Ich sitze den ganzen Tag allein im Zimmer wie im Arrest, welches noch dazu so dunkel ist, daß man den ganzen Tag die Sonne nicht sehen kann und nicht einmal weiß, was für ein Wetter ist. Der Eingang und die Stiege ist so eng, daß es unmöglich wäre, ein Klavier hinauf zu bringen. Der Wolfgang muß also außer Haus bei Monsieur Le Gros komponieren, weil dort ein Klavier ist. Ich sehe ihn den ganzen Tag nicht und werde das Reden völlig vergessen."

Obwohl man nach einem Monat ein etwas besseres Quartier bezog, „näher bei der Noblesse und beim Theater", verschlechterte sich der Gesundheitszustand von Frau Mozart kontinuierlich. Wolfgang gegenüber beklagte sie öfter Kopf-, Hals- und Ohrenschmerzen, und bald mußte der verzweifelte Sohn auch Sprach- und Gehstörungen bei seiner Mutter registrieren. Als endlich ein Arzt erschien, war es schon zu Delirien und Bewußtlosigkeit gekommen. Natürlich konnte auch der für damalige Mediziner unverzichtbare Aderlaß keine Rettung mehr bringen, und Anna Maria Mozart starb am 3. Juli 1778. Schon am nächsten Tag wurde sie am Friedhof von Saint-Eustache in Paris bestattet. In dessen Kirche erinnert noch heute eine Gedenktafel an die Mutter des größten österreichischen Komponisten. Nur Wolfgang und ein den Mozarts bekannter Musiker namens Franz Joseph Haina folgten dem Sarg.

Der Sohn ertrug den Schicksalsschlag mit großer Fassung und versuchte, Vater und Schwester die Nachricht möglichst schonend beizubringen. Obwohl die Mutter zu diesem Zeitpunkt schon tot war, sandte er ihnen zunächst ein vorbereitendes Schreiben. Dann hat er erst dem Salzburger Abbé Bullinger die ganze Wahrheit geschrieben. Er bat den befreundeten Geistlichen, ins Tanzmeisterhaus zu gehen und die traurige Nachricht persönlich zu überbringen.

„Ich bitte Sie also, bester Freund, erhalten Sie mir meinen Vater, sprechen Sie ihm Mut zu, daß er es nicht gar zu schwer und hart nimmt, wenn er das ärgste erst hören wird."

In der Stunde des Leids rückte Wolfgang zwar dem Vater zunächst wieder näher. Doch vielleicht hat gerade der einsame Tod der Mutter im fremden Frankreich dem Sohn die Augen geöffnet, welche Opfer der väterliche Ehrgeiz von der Familie forderte. Manch entfremdende Diskussionen späterer Jahre sind vielleicht unter Berücksichtigung des Schlüsselerlebnisses von Paris besser erklärbar.

„Sie mußte sich aber ihrem Sohne aufopfern", schrieb Vater Leopold einmal in einem Brief über das Ende seiner Frau. Als Wolfgang davon hörte, traf ihn das schwer. Er wollte nicht zum Schuldigen am Tod seiner Mutter gestempelt werden!

Der Sohn sah plötzlich den Vater mit anderen Augen. Zumindest was seine privatesten Angelegenheiten betraf, wollte er sich nie mehr von ihm lenken lassen. So ist auch die beharrliche Verteidigung seiner Beziehung zu Konstanze zu sehen. Wolfgang hatte sich freigeschwommen und wollte sich diese Freiheit nicht mehr nehmen lassen.

Trotz allem blieb er aber ein liebender Sohn. So planten die Jungvermählten bald nach dem Einzug in ihr neues Heim in der Wipplingerstraße eine Reise nach Salzburg. Die Baronin von Waldstätten hatte mit einem Brief an Leopold Mozart gute Vorarbeit geleistet. Sie schilderte das Glück des jungen Paares in leuchtendsten Farben und brachte auch dezent ihre immerwährende Bereitschaft zu finanzieller Unterstützung zum Ausdruck. Für den Fall eines Besuches von Vater Mozart in Wien lud sie ihn ein, in ihrem Hause zu logieren.

Geschmeichelt sah Leopold Mozart nun dem ersten Zusammentreffen mit seiner Schwiegertochter schon etwas wohlwollender entgegen. Die Baronin hatte viel dazu beigetragen, daß sich sein Verhältnis zum jungen Paar etwas entkrampfte. Die Reise nach Salzburg wurde aber – wohl hauptsächlich wegen Konstanzes bald sichtbarer Schwangerschaft – immer wieder aufgeschoben. Endlich, im Juli 1783, kam es dazu. Das Baby, Raimund, war mittlerweile sechs Wochen alt und blieb in der Obhut einer Ziehmutter im Hause „Zum roten Pfauen" in der heutigen Lerchenfelderstraße.

Da Vater Leopold wegen der ständigen Verschiebung der Reise bereits etwas ungehalten war, dachte sich Wolfgang Amadeus etwas

Besonderes aus. Sozusagen zur Versöhnung zwischen Vater und Ehefrau hatte er wieder einmal ein geistliches Werk komponiert. Die Messe in c-Moll (KV 427) sollte in der altehrwürdigen Peterskirche aufgeführt werden. Mozart feilte daran bis zur letzten Minute. Es ist sein anspruchsvollstes und ausgereiftestes sakrales Werk geworden. Aber nicht nur diese Tatsache war der Grund für eine besonders intensive Probentätigkeit. Mozart hatte die Messe seiner Konstanze gewidmet, und diese übernahm auch eines der beiden Sopransoli. Sozusagen als Aufnahmeprüfung vor dem gestrengen Schwiegerpapa!

Zur Aufführung am 25. August 1783 war die Komposition bis zum Sanctus fertiggestellt. Benedictus und Agnus Dei entnahm man einer anderen Messe aus dem Repertoire des Kirchenchores. Eigenartigerweise hat Mozart auch später dieses Werk nie mehr vollendet. – Es war sicher eine gewaltige Leistung Konstanzes, die schwierige Partie bewältigt zu haben. Zu einer spürbaren Verbesserung des Verhältnisses zum Schwiegervater ist es aber während der Salzburger Tage trotzdem nicht gekommen.

Als die Mozarts Ende Oktober Salzburg wieder verließen, konnten sie nicht ahnen, daß Wolfgang Amadeus seine Geburtsstadt nie mehr wiedersehen würde.

Nach Aufenthalten im Kloster Lambach, in Ebelsberg und in Linz, wo in kürzester Zeit die berühmte „Linzer Symphonie" (KV 425) entstand, kehrten die Mozarts im Spätherbst wieder nach Wien zurück. Hier erwartete sie eine Schreckensnachricht: Der kleine Raimund war schon im August – kaum zwei Monate alt – bei seiner Pflegemutter verstorben. Man hatte das „arme, dicke, fette und liebe Buberl", wie Mozart an seinen Vater schrieb, längst auf dem St.-Ulrichs-Friedhof begraben.

Natürlich gab Konstanze insgeheim der Reise nach Salzburg und damit indirekt dem Schwiegervater die Schuld am Tod ihres Kindes.

Im folgenden Monat war sie aber schon wieder in gesegneten Umständen. Am 21. September 1784 brachte Frau Mozart in der neuen Wohnung im Trattnerhof am Graben ihren zweiten Sohn, Karl Thomas, zur Welt. Sein Leben sollte sich ganz anders entwickeln, als es die Welt von einem Sohn des großen Wolfgang Amadeus erwartete.

Klavierschülerinnen

In fast allen Städten der Monarchie, in Wien, Prag, Brünn, Innsbruck, Graz, Triest, Krakau, Lemberg und Budapest, druckte Johann Thomas Edler von Trattner Bücher. Auf dem Gebiet der Lehr- und Schulbücher war er sogar Monopolist. Vom Gänsehirten im ungarischen Güns hatte er sich mit viel Fleiß, Talent und kaufmännischem Geschick zum Großunternehmer emporgearbeitet. Natürlich war ihm auch die Vermählung mit der reichen Hofratstochter Maria von Retzenstein dabei behilflich gewesen. Zwei eigene Fabriken in der Umgebung von Wien versorgten nicht nur seine Druckereien, sondern den gesamten Staatsapparat mit dem nötigen Papier. Auch für Notendruck waren seine Betriebe gut eingerichtet, wovon die bestens gelungene Partitur der Gluck'schen „Alceste" Zeugnis ablegt.

1764 wurde Trattner von Kaiserin Maria Theresia geadelt, nachdem man ihn schon lange vorher zum Hofbuchhändler und Hofbuchdrucker gemacht hatte.

Am Graben in Wien errichtete dieser vermögende Mann im Jahre 1776 anstelle einiger baufälliger Häuser den imposanten fünfstöckigen Trattnerhof. Darin befanden sich nicht nur viele sehr komfortable Wohnungen, sondern auch Geschäftslokale, ein Kasino, große Innenhöfe mit Marmorsäulen und schönen Brunnen sowie ein Konzertsaal.

Während der Bauphase dieses Prestigeobjektes verlor Trattner nach 25 Ehejahren seine Frau. Er trauerte tief, aber im Eröffnungsjahr des neuen Prunkgebäudes fand er neues Glück. Der fast Sechzigjährige ehelichte die 40 Jahre jüngere Maria Theresia von Nagel, eine begabte Pianistin. Sie war die Tochter des nicht besonders vermögenden Hofmathematikers Josef Anton von Nagel. Auf Reichtum brauchte der Edle von Trattner aber nicht mehr zu schauen, den hatte er sich selbst bereits zur Genüge geschaffen.

Er verfiel dem Liebreiz und der unbeschwerten Heiterkeit seiner Maria Theresia. Was Zeitgenossen seines Alters als „Geschnatter eines Gänschens" abtaten, war für den verliebten Johann Thomas

Ausdruck ihres umwerfenden Humors. Er las seiner jungen Frau jeden Wunsch von den Augen ab, so auch den nach einem hervorragenden Klavierlehrer.

Als solcher war natürlich der junge, nun in Wien lebende Wolfgang Amadeus Mozart prädestiniert. In der Gräfin von Rumbeke und Josepha Auernhammer hatte der in dieser Zeit zwar bereits zwei durchaus begabte Schülerinnen, eine dritte konnte er jedoch durchaus noch verkraften. Böse Zungen sagten, daß der leichtlebige Herr Mozart nur Damen unterrichtete, in die er auch verliebt war. Maria Theresia von Trattner hatte dagegen sicher nichts einzuwenden. Denn auch sie spielte gerne mit dem Feuer.

Die Gräfin von Rumbeke, eine Base des Staatskanzlers Graf von Cobenzl, lernte Mozart anläßlich einer Einladung bei der Gräfin Wilhelmine Thun-Hohenstein kennen. Diese half dem jungen Salzburger Musiker über die erste Zeit in Wien hinweg und lud ihn öfter in ihr Palais ein.

„Das ist die charmanteste, liebste Dame, die ich in meinem Leben gesehen habe, und ich gelte auch sehr viel bei ihr", schrieb er begeistert nach Salzburg und freute sich über die Anerkennung, die er bereits in höchsten Kreisen genoß.

Maria Karolina von Rumbeke war nur ein Jahr älter als ihr prominenter Lehrer. Sie sah sehr gut aus, und man hätte sich eine kleine Liebschaft mit dem Klavierlehrer gut vorstellen können. Bekannt geworden ist jedoch nur, daß er aus ihr eine exzellente Klavierspielerin gemacht hat. Josepha Auernhammer war zwei Jahre jünger als Mozart und schon eine sehr gute Pianistin, als dieser nach Wien kam. Sie war das siebente von insgesamt elf Kindern des Johann Michael Auernhammer, in dessen Hause Wolfgang im ersten Wiener Sommer viel verkehrte. Als Wirtschaftsrat verschiedener Herrschaften führte der ein Leben, das auf den Salzburger Musiker großen Eindruck machte. Beeindruckt war er auch vom Klavierspiel des „dicken Fräulein Josepha", wie er sich seinem Vater gegenüber ausdrückte. Leider war sie tatsächlich von der Natur nicht besonders begünstigt. Es kam natürlich, wie es kommen mußte. Als Mozart mit ihr bei einer

Privatakademie im kaiserlichen Lustschloß Augarten sein Es-Dur-Konzert (KV 365) für zwei Klaviere spielte, hatte sich das häßliche Mädchen längst hoffnungslos in ihren „Meister" verliebt. Sicher träumte sie davon, einmal als „Frau Mozart" mit ihm zu konzertieren. Als er ihre Verliebtheit bemerkte, nahm er ihr höflich, aber sehr bestimmt alle Illusionen.

„Lieber Mozart, Sie mögen sagen, was Sie wollen, ich hab' Sie halt doch gern", antwortete sie tapfer. Als bald nach diesem Liebesgeständnis ihr Vater starb, zeigte sich Wolfgang Amadeus aber sehr hilfsbereit. Er blieb Josepha gegenüber distanziert, ebnete ihr aber die Wege zur erfolgreichen Konzertpianistin. Irgendwann ging sie dann eine „Versorgungsehe" mit einem Wiener Magistratsrat ein. Trotzdem konzertierte sie weiter und spielte später sogar noch das c-Moll-Konzert von Beethoven.

Als die junge Frau von Trattner als dritte Klavierschülerin das Terzett komplettierte, war Mozarts Basis für eine Existenz gesichert. Mehr Eleven wollte er nicht, da sonst seine Zeit zum Komponieren zu knapp bemessen gewesen wäre.

„Mein Preis ist für zwölf Lektionen 6 Dukaten und da gib ich ihnen noch zu erkennen, daß ich es aus Gefälligkeit tue", schrieb er an den Vater.

Der Herrgott verteilt seine Gunst manchmal etwas ungleich. Maria Theresia von Trattner war nicht nur die mit Abstand schönste der Schülerinnen. Sie war durch ihre Heirat auch die wohlhabendste geworden und darüberhinaus noch die begabteste Pianistin. Trotz ihres neugewonnenen Luxuslebens an der Seite eines reichen Mannes hatte sie sich aber ihre frische Natürlichkeit bewahrt. Sie vergaß nie, daß sie nicht immer so gelebt hatte, und war deshalb eher bescheiden und sparsam geblieben. Von Mozart wurde ihr das anfangs fast übelgenommen. Während er nämlich von den anderen beiden Schülerinnen sein Honorar auch dann erhielt, wenn die Lektion einmal aus irgendeinem Grunde nicht zustande kam, „war die Trattnerin zu ökonom dazu", wie er sich ausdrückte. Sie bestand stets auf genauer Abrechnung.

Wenn er durch die hohen Marmorgänge des Trattnerhofes, vorbei an zierlichen Eisengittern und plätschernden Brunnen, zur herrschaftlichen Wohnung seiner Schülerin schritt, fehlte ihm dafür das Verständnis. „Soviel offensichtlicher Reichtum müßte doch eigentlich mit mehr Großzügigkeit verbunden sein", brummelte er dann in sich hinein.

Vielleicht hätte eine Frau mit Theresias gesunder Einstellung zur Finanzgebarung seinem Leben eine ganz andere Richtung gegeben. Mozart war nämlich beileibe nicht der arme Schlucker, als den ihn die Nachwelt oft hingestellt hat.

Er konnte nur mit Geld nicht umgehen. Bereits im Hochzeitsjahr 1782 hatte er ein gutes Auskommen, ein paar Jahre später war er einer der bestverdienenden Musiker seiner Zeit. Beispielsweise kam Joseph Haydn, der immer als recht wohlhabend angesehen wurde, als Kapellmeister beim Fürsten Esterházy nur auf wesentlich niedrigere Bezüge. Er lebte aber geregelt und bescheiden, während Mozart, sobald er Geld hatte, dieses mit leichter Hand wieder ausgab. Konstanze dürfte in dieser Hinsicht ähnlich veranlagt gewesen sein, und so ist es zu verstehen, daß es mit der ökonomischen Situation der Familie nicht immer zum besten stand.

Wie die junge Frau Mozart in der ersten Zeit ihrer Ehe zu den fast ebenso jungen Klavierschülerinnen ihres Mannes stand, kann man nur vermuten. Die wenig attraktive Josepha Auernhammer wird ihr wenig Kopfzerbrechen bereitet haben. Mit der Gräfin Rumbeke und Frau von Trattner sah das sicher schon anders aus.

Besonders der charmanten Maria Theresia fühlte sie sich bestimmt nicht ganz gewachsen, obwohl sich zu ihr und deren viel älteren Gatten sogar eine Freundschaft entwickelt hat. Diese führte dazu, daß die Mozarts im Januar 1784 eine Wohnung im Trattnerhof mieteten. Eigentlich wäre nun alles ideal gewesen. Der Wohnkomfort stimmte, und Wolfgang Amadeus und Maria Theresia konzertierten gemeinsam höchst erfolgreich im Trattner'schen Musiksaal.

Drei Klavierkonzerte (KV 449 – 451) feierten dort umjubelte Uraufführungen, wobei die „Hausfrau" und der Komponist abwechselnd den Solopart spielten. Vielleicht wäre Wolfgang Amadeus gut beraten gewesen, auch für Konstanze die eine oder andere Arie in die Konzertprogramme einzubauen. Daß sie zu einer entsprechenden Interpretation in der Lage gewesen wäre, hatte sie ja mit der schwierigen Solopartie in der Salzburger c-Moll-Messe bewiesen. So aber fühlte sie sich – obwohl man ihr nach außen kaum etwas anmerkte – in den Hintergrund gedrängt. Welche Frau hat es schon gerne, wenn eine andere, die noch dazu genial Klavier spielt und blendend aussieht, an der Seite ihres Mannes brilliert?

Sicher gab es an manchen Abenden im Schlafgemach des Ehepaares Mozart diesbezügliche Diskussionen. Konstanze brachte dann bestimmt ihre Verärgerung über Wolfgangs Verhältnis zur Trattnerin zum Ausdruck. Die durch die Schwangerschaft gesteigerte Sensibilität und das zunehmend unförmige Aussehen mögen ihre Gereiztheit noch gesteigert haben.

Um des lieben Friedens willen stimmte Mozart jedenfalls zu, die ideale Wohnung am Graben möglichst schnell nach der Geburt von Karl Thomas wieder zu verlassen. Die Trattners waren wie vor den Kopf geschlagen, hatte es doch keinerlei erkennbaren Anlaß für den Auszug gegeben. Im Gegenteil, sie waren gerade noch Taufpaten des Mozartsohnes in der benachbarten Peterskirche gewesen.

Die Erklärungen Wolfgangs, daß ihn der Trubel in Kasino und Konzertsaal bei der Arbeit störe, haben sie dann aber wohl akzeptiert. Jedenfalls fiel kein allzugroßer Schatten auf die Beziehung, und die Trattners wurden später noch Paten weiterer Mozartkinder. Wolfgang Amadeus war darüber sehr erleichtert und widmete Theresia von Trattner aus Dankbarkeit zwei bedeutende Klavierwerke, eine Fantasie und eine Sonate, jeweils in c-Moll (KV 475 und 457).

Finanzielle Gründe können beim Auszug aus dem Trattnerhof keine Rolle gespielt haben, denn die Mozarts mieteten sich nun in einem für damalige Verhältnisse herrschaftlichen und sehr teuren Haus in unmittelbarer Nähe des Stephansdoms ein. In diesem, später als „Figarohaus" bezeichneten Gebäude in der Domgasse, mit wunderschönen Decken des Hofstukkateurs Albert Camesina, dürfte

Wolfgang zwischen 1785 und 1787 die glücklichste Phase seines Lebens verbracht haben. Es war eine Nobelunterkunft, und die Mozarts führten endlich das Leben, das sie sich erträumt hatten. Sie luden oft Gäste ein, darunter waren Joseph Haydn, Emanuel Schikaneder und Lorenzo da Ponte. Endlich kam es auch zu einem längeren Besuch von Leopold Mozart in Wien. Vor allem ihm wollte der Sohn beweisen, daß seine Entscheidung, sich von Salzburg zu lösen, richtig gewesen war.

Beide Männer hatten 1784 eine kritische Zeit hinter sich bringen müssen. Bei Wolfgang Amadeus machte sich in diesem Jahr erstmals eine schwere, lebensbedrohende Nierenerkrankung bemerkbar. Der Freund aus Salzburger Kindertagen, Dr. Sigmund Barisani, hatte die Behandlung übernommen und registrierte ernstzunehmende Schäden. Wahrscheinlich waren es Folgen von Streß und Strapazen in der Jugend.

Leopold Mozart hingegen mußte mit dem Alleinsein in Salzburg fertig werden. Das Tanzmeisterhaus war ihm nun viel zu groß geworden, denn seine Tochter hatte im August 1784 den verwitweten Johann Baptist von Berchtold zu Sonnenburg geheiratet. Sie war zu ihm nach St. Gilgen, der Heimat ihrer Mutter, gezogen. Die fünf Kinder ihres Mannes aus erster Ehe ließen ihr kaum Zeit für den Vater. Wolfgangs Aufforderung an ihn, entweder zur Schwester an den Wolfgangsee oder nach Wien zu übersiedeln, kam er nicht nach.

Obwohl Vater Mozart bis zum Jüngsten Tage auf dem Sebastiansfriedhof zu Salzburg neben seiner Schwiegertochter in einem Grab ruhen wird, ist es höchst zweifelhaft, ob die beiden zu Lebzeiten über solche Nähe sehr erfreut gewesen wären. Drei Monate im Jahr 1785 waren wohl genug, und so blieb das auch der letzte Besuch.

Als Leopold Mozart im März nach Wien kam, war Wolfgang Amadeus wieder gesund, und auch er selbst hatte sich mit seiner neuen Situation abgefunden. Wohl erstmals im Leben war er auch mit dem Sohn wirklich zufrieden. Seine zahlreichen Briefe an Nannerl aus dieser Zeit sind erfüllt von großväterlichem Stolz über den kleinen Karl Thomas, vor allem aber von Genugtuung über die Erfolge und die finanzielle Situation Wolfgangs.

„Der kleine Karl sieht Deinem Bruder ganz ähnlich. Das Kind ist sehr angenehm, denn es ist ungemein freundlich und lacht, so oft man es anredet", heißt es dort.

Oder: „Am Samstag waren abends Herr Joseph Haydn und die zwei Barone Tindi bei uns. Es wurden die neuen Quartette gespielt. Herr Haydn lobte Wolfgang überschwenglich: ‚Ich sage Ihnen vor Gott, als ein ehrlicher Mann, Ihr Sohn ist der größte Komponist, den ich von Person und dem Namen nach kenne. Er hat Geschmack, und darüberhinaus die größte Kompositionswissenschaft.'"

Außerdem fand Vater Mozart den Haushalt seines Sohnes „im höchsten Grade ökonomisch", wie er sich ausdrückte, und meinte, daß er bestimmt 2.000 Gulden auf die Bank legen kann. Das war Leopold, dem sparsamen Schwaben, bestimmt das wichtigste, und so konnte er beruhigt zurück nach Salzburg reisen.

Im Laufe der Zeit hatte Wolfgang Amadeus noch eine ganze Reihe von Klavierschülerinnen. Bekannt geworden sind vor allem Barbara Ployer, die Tochter eines Abgesandten des Salzburger Hofes in Wien, und die blinde Maria Theresia von Paradis, der auch Joseph Haydn ein Konzert widmete.

Für beide schrieb der Lehrer herrliche Klavierkonzerte (KV 456 und 482). Zwischen Barbara und ihrem Lehrer könnte es vielleicht eine kleine Liebelei gegeben haben, sicher ist das aber keineswegs.

Den größten Einfluß auf Mozarts Leben und auf seine Ehe hat eine Klavierschülerin späterer Jahre genommen. Die zehn Jahre jüngere Magdalena Hofdemel, Tochter eines Musikers aus Brünn, trat erst 1789 in sein Leben. Das war zu einer Zeit, da Konstanze bereits sehr oft zur Kur in Baden weilte und dort anscheinend auch nicht immer nur medizinische Behandlungen genoß.

Der Kaiser, Mozart und die Freimaurer

„Es ist wirklich unglaublich. Jetzt kümmert sich der Kaiser sogar schon um die Toten", sagte Wolfgang Amadeus, als er eines Tages von einem Treffen in der Freimaurerloge „Zur Wohltätigkeit" nach Hause zurückkehrte. Joseph II. hatte die neue „Ordnung für die Bestattung" zwar schon 1782, unmittelbar nach dem Besuch von Papst Pius VI. in Wien, erlassen. Mozart hörte aber davon erst jetzt, drei Jahre später. Er konnte ja nicht ahnen, welche Bedeutung diese neue Regelung einmal für seine sterblichen Überreste haben sollte. Außerdem interessierte er sich immer mehr für die Lebenden, für ausgelassene Feste und andere Freuden des Daseins.

„Du hast gewaltiges Glück gehabt! Seit neuestem könnte ich nicht in der Kirche, sondern nur amtlich heiraten und mich dann wieder scheiden lassen, wenn Du nicht nett zu mir bist", rief er Konstanze zu, die sich in der Küche gerade mit der Präparation eines Huhnes für den Mittagstisch des folgenden Tages abmühte.

„Dann kannst Du diesen blöden Vogel ja auch gleich selbst rupfen", rief sie erbost und schleuderte ihm mit blitzenden Augen das halbnackte Hühnchen vor die Füße.

„Ich wollte Dir doch nur von der Zivilehe erzählen, die nicht mehr durch die Kirche, sondern nur vor dem Staat geschlossen wird und die auch wieder aufgelöst werden kann. Der Kaiser hat kürzlich auch diesbezüglich ein neues Gesetz erlassen."

Zärtlich nahm der Komponist sein Weib in den Arm und klopfte ihm liebevoll auf das wohlgeformte Hinterteil. Damit war der Dialog mit Konstanze über die Reformen Josephs II. zunächst beendet. Sie zog sich mit dem Federvieh wieder in die Küche zurück, wo der kleine Karl fröhlich krähte.

Wolfgang Amadeus aber gingen die Gespräche mit den Freimaurern nicht aus dem Kopf. Es tat ihm leid, daß sein Vater, der während des Aufenthaltes in Wien ebenfalls Ordensbruder der Loge „Zur Wohltätigkeit" geworden war, bereits wieder in Salzburg weilte. Zu gerne hätte er jetzt mit ihm darüber diskutiert. Wolfgang stand vielen

Reformen des Kaisers recht nahe. Er vermutete aber, daß der früher mit seiner ultrakonservativen Mutter ähnliche Konflikte gehabt haben mußte, wie er selbst zeitweise mit dem Vater.

Nun war Maria Theresia zwar längst tot, aber man merkte, daß ihre moralischen und religiösen Skrupel gegen die Pläne des Sohnes oft sehr berechtigt gewesen waren. Der „revolutionäre Kaiser" machte ohne den weisen mütterlichen Rat manchen Fehler. Viele der radikalen Maßnahmen Josephs II. schienen auch Mozart zu weitgehend. Es war doch wirklich eine Brüskierung des Papstes! Nicht nur, daß er sich über dessen Intervention gegen die vielen Klostersäkularisierungen hinwegsetzte. Nun griff er unmittelbar nach Pius VI. Abreise aus Wien direkt in den Machtbereich der Kirche, in die Hochzeits- und Begräbnisrituale, ein.

Auch Mozart stellte die Hierarchie der aristokratischen Gesellschaftsordnung oft in Frage. Das Gleichheitsprinzip für die Leichen von Grafen und Knechten ging ihm jedoch zu weit. Der Kaiser hatte sogar die zukünftige Verwendung von Särgen verboten. Der Verwesungsprozeß sollte aus hygienischen Gründen nicht durch widerstandsfähiges Material verlangsamt werden. Außerdem würde man auf diese Weise teures Holz einsparen. Die Leichen sollten ausnahmslos mit Kalk bestreut und eingenäht in Leinensäcken begraben werden. Jeder Pomp und jedes Aufsehen habe zu unterbleiben! Wenn Hinterbliebene unbedingt einem Sarg bis zum Grabe folgen wollten, mußte dieser eine gemeindeeigene „Mehrfach-Totentruhe" mit beweglichem Boden sein. Der Boden konnte dann im Grab durch eine mechanische Vorrichtung geöffnet und der Leichnam dort abgelegt werden.

Wolfgang Amadeus war ein moderner Mensch und den Ideen der Aufklärung durchaus zugetan. Diese Mißachtung der Toten mißfiel ihm aber ebenso wie die Vorstellung einer Heirat vor einem Beamten. Niemals würde er die rührselige Zeremonie seiner eigenen Hochzeit im Stephansdom missen wollen.

Er beschloß, sich insgeheim umzuhören, ob man in Salzburg auch nach den josephinischen Richtlinien bestatten würde. An sein eigenes

Ende dachte er dabei noch nicht, dem Vater wollte er aber die würdelose Prozedur im Leinensack ersparen.

Seine Beziehung zu ihm hatte sich in den drei gemeinsam verbrachten Monaten in Wien sehr gebessert. Wolfgangs gestörtes Verhältnis zum Salzburger Erzbischof Graf Colloredo stand zwar nach wie vor zwischen ihnen, alle anderen Streitpunkte waren aber weitgehend beigelegt.

Sogar Konstanze hatte vor den strengen Augen des Schwiegervaters einigermaßen Gnade gefunden. Hauptanteil daran hatte natürlich der immer fröhliche Karl Thomas. Vielleicht zeigte aber doch auch ihr Salzburger Sopransolo in der c-Moll-Messe nachträglich eine gewisse Wirkung.

Leopold Mozart war in der fruchtbarsten und auch finanziell erfolgreichsten Phase des Sohnes in Wien gewesen. Er hatte seine Lebensaufgabe darin gesehen, aus Wolfgang Amadeus den erfolgreichsten Musiker seiner Zeit zu formen. Nun konnte er beruhigt nach Salzburg zurückfahren – dieses Ziel war erreicht. Da er schon zwei Jahre später, am 28. Mai 1787, starb, mußte er die überraschende Wende in Wolfgangs Karriere nicht mehr erleben. Das variantenreiche Vater-Sohn-Verhältnis endete in einer versöhnlichen, alle Dissonanzen endgültig lösenden Kadenz.

Der Kaiser konnte das von der Beziehung zu seiner verstorbenen Mutter nicht mit gutem Gewissen sagen. Nach ihrem Tod schrieb er zwar an den Staatskanzler Kaunitz vom schrecklichen Unglück, das ihn zu Boden drücke: „Ich habe aufgehört, Sohn zu sein, und dies war es doch, was ich am besten zu sein glaubte." Ob er das wirklich ernst gemeint hat, kann niemand überprüfen.

Ein guter Sohn ist er jedenfalls nicht gewesen. Der einzige Mensch, den Joseph II. je wirklich geliebt hat, dürfte seine erste Frau Isabella von Parma gewesen sein. Diese kluge, zwar etwas exaltierte, doch überaus charmante Lebenspartnerin starb aber schon zweiundzwanzigjährig an den Folgen einer durch Pocken ausgelösten Fehlgeburt. Ihre glühendsten Liebesbriefe hatte Isabella aber nicht an Joseph, sondern an dessen Schwester Marie Christine geschrieben. Als ihm die Schriftstücke zugespielt wurden und er daraus das lesbische Verhältnis zwischen Gattin und Schwester erkannte, begann er die Menschen, insbesondere die Frauen, zu verachten. Seine wenig ansehnliche zweite Gemahlin, Maria Josepha von Bayern, hatte sehr darunter zu leiden, doch auch sie ereilte ein früher Tod.

Von da an befriedigte der Kaiser seine sexuellen Bedürfnisse nur mehr bei leichten Mädchen. Er trieb sich inkognito in obskuren Kneipen herum, und man erzählte sich, daß er einmal aus dem Gasthaus „Zum weißen Löwen" sogar hinausgeworfen wurde.

Seine fromme Mutter hatte fünfzehn Jahre zuvor noch versucht, die Unzucht durch Einsetzung sogenannter Keuschheitskommissare auszurotten. Ihre Ruhe im prachtvollen Zinnsarkophag in der Kapuzinergruft wäre wohl empfindlich gestört gewesen, hätte sie gewußt, daß sich ihr Sohn bei einer Hure am verrufenen Wiener Spittelberg mit einem Tripper angesteckt hat.

Das Leben des Kaisers war ein einziger Widerspruch. Er öffnete Prater und Augarten für die Bevölkerung, andererseits ließ er um ein viel weitläufigeres Jagdrevier des Kaiserhauses, den Lainzer Tiergarten, eine 24 Kilometer lange Steinmauer ziehen. Sie stürzte den Baumeister Philipp Schlucker ins Verderben, da er sich beim Kostenvoranschlag schwer verschätzt hatte. Daß sich der Ausdruck „armer Schlucker" auf dessen Schicksal bezieht, ist allerdings umstritten.

Joseph II. gewährte nach Beginn seiner Alleinregierung ab 1780 eine erweiterte Pressefreiheit. Sie ließ das „Wienerblättchen", die „Kronenzeitung" jener Jahre, und ähnliche Zeitungen entstehen. Als dann aber Schmähschriften über seine eigene Person erschienen, führte er die Zensur wieder ein und verschärfte sie sogar noch.

Er war ein Vorkämpfer der Demokratie und verstand sich als Diener des Staates. Andererseits bestand er darauf, als unumstrittener Alleinherrscher akzeptiert zu werden. „Alles für das Volk, aber nichts durch das Volk" war einer seiner bekanntesten Aussprüche.

Als er nach seiner Meinung über die republikanische Unabhängigkeitserklärung George Washingtons, des ersten amerikanischen Präsidenten, gefragt wurde, meinte er: „Kein Zweifel, daß die Leute da drüben in mancher Hinsicht recht haben. Mein Beruf erfordert jedoch, Royalist zu sein."

Er tat zweifellos viel Gutes, befreite die Bauern von der Leibeigenschaft und schaffte Folter und Todesstrafe ab. Er führte eine standesunabhängige Besteuerung ein und schuf einen gesonderten Strafvollzug für Minderjährige. Er wollte ein Kaiser des Volkes sein, aber das Volk verstand ihn nicht. Auf die in alten Traditionen und Bräuchen aufgewachsenen Untertanen ging eine Flut von neuen Gesetzen und Verordnungen nieder. Es waren fast durchwegs kluge, fortschrittliche und auch humane Neuerungen, aber die Menschen waren zunächst davon überfordert. Wahrscheinlich mußte erst die französische Revolution kommen, um dafür den Boden zu bereiten.

Joseph II. wurde immer wütender über die Verständnislosigkeit, mit der man auf seine Reformen reagierte. Er wurde zum Gegenteil eines Volkskaisers und ließ durch eine große Anzahl von Agenten und Spitzeln die Ausführung seiner Anordnungen überwachen. Unter dem berüchtigten Leiter Johann Anton Graf Pergen entstand eine geheime Polizei, die alle Bereiche des öffentlichen und privaten Lebens schärfstens kontrollierte.

Es ist anzunehmen, daß Wolfgang Amadeus Mozart – wie viele andere Bürger auch – die Wirkung dieser Institution unterschätzt hat und dem Kaiser viele seiner respektlosen Äußerungen bekannt geworden sind.

Auch Lorenzo da Ponte, der jüdische Librettist aus Venetien, hatte ein sehr loses Mundwerk. Eigentlich hätte er bei seinem Glauben bleiben können, denn das kaiserliche „Toleranzedikt" von 1781 hatte nicht nur die Protestanten, sondern auch die Juden den Katholiken gleichgestellt. Aber da Ponte, der ursprünglich Emanuele Conegliano hieß, war längst getaufter Christ und sogar Priester geworden. Wegen seines großen Erfolges bei den Frauen lebte er allerdings alles andere als priesterlich und war deswegen auch aus Venetien verbannt worden. Sein exzessives Lebensbild irritierte das Taktgefühl vieler seiner Zeitgenossen, und so war es vor allem für den konservativen Adel eine Riesenüberraschung, als ihn der Kaiser zu seinem Hofpoeten machte. Der sprühende Geist da Pontes, dessen Bildung und die Kenntnis alter Literatur und antiker Sprachen hatten Joseph II. dazu bewogen.

Die Stoffe, die der Venezianer gemeinsam mit Mozart bearbeitete, fanden zunächst aber nicht den ungeteilten Beifall Josephs II. Vor allem aber wandte sich ein Teil des darin angeprangerten Adels entrüstet ab. Man wollte sich – nach all den unpopulären Maßnahmen des Kaisers – nicht auch noch von einem derartig unmoralischen Menschen einen Spiegel vors Gesicht halten lassen. Der Zorn traf nicht nur da Ponte, er traf auch Mozart, denn er richtete sich gegen deren gemeinsames Werk.

„Die Hochzeit des Figaro" stellt zweifellos einen Wendepunkt im Leben des Komponisten dar. Er hat die Auswirkungen dieser hochbrisanten Komödie auf sein Umfeld total falsch eingeschätzt. Schon die Entstehung des Werkes war ungewöhnlich. Die zunehmend größer werdenden Erfolge des Komponisten und die damit verbundene finanzielle Unabhängigkeit veranlaßten ihn zu einem für diese Zeit völlig unüblichen Schritt.

Er komponierte ein Werk ohne Auftrag, nur weil das „Büchl", also der Inhalt, ihn begeisterte. Auf irgendeinem Wege ist ihm Johann Rautenstrauchs deutsche Übersetzung von „Der tolle Tag" untergekommen. Obwohl – oder vielleicht gerade weil – der in Paris erfolgreiche Originaltext des Pierre Augustine Caronde de Beaumarchais in Wien vom Kaiser verboten worden war, reizte Mozart das Stück ungemein. Er fand die darin enthaltene Kritik an der feudalen Hierarchie derartig treffend, daß er Lorenzo da Ponte zur Abfassung eines entsprechenden Librettos bewog.

Der schlaue Venezianer glättete das revolutionäre Werk Beaumarchais' soweit, daß es die kaiserliche Zensur passierte und vom k.k. Hofburgtheater angenommen wurde. Nach einigem Zögern fand schließlich Joseph II. daran sogar Gefallen, denn auch der war ja mit der Hautevolee nicht immer einverstanden.

Als dann am 1. Mai 1786 „Die Hochzeit des Figaro" uraufgeführt wurde, war dies wahrscheinlich der Anfang vom Ende des gefeierten

Komponisten Wolfgang Amadeus Mozart. Er hatte mit einem epochalen Werk, mit durchkomponierten melodiösen Rezitativen, mit gefühlvoller Charakterisierung jeder einzelnen Figur, mit zauberhaft schönen Arien und Ensembles einen Wendepunkt in der Operngeschichte geschaffen. Er hatte aber auch einen Großteil seiner adeligen Klientel in tiefe Betroffenheit, ja Verärgerung gestürzt. Man war nicht nur durch die Länge der Oper etwas überfordert, man fühlte sich auch durch den Inhalt kompromittiert.

Der mittlerweile allzu selbstbewußt gewordene Maestro hatte begonnen, den Ast, auf dem er saß, selbst abzusägen.

Ab sofort wurde er kaum noch zu Konzerten in Palais von Fürsten und Grafen eingeladen. Der in den ersten Aufführungen vom bürgerlichen Publikum umjubelte „Figaro" wurde bis zum Jahresende zwar noch neunmal gespielt, verschwand dann aber aus dem Repertoire. Mozarts Konkurrenten Karl Ditters von Dittersdorf, Martin y Soler und Antonio Salieri hatten für ihre Opern wesentlich weniger verfängliche Libretti gewählt und waren deshalb vor allem beim Adel erfolgreicher.

Es ist beinahe unglaublich, daß die heute vergessene Oper „Una cosa rara" von Soler Mozarts Meisterwerk völlig vom Spielplan verdrängte.

Ein darin von den vier Hauptpersonen in schwarz-roten Kostümen getanzter Walzer löste eine regelrechte Ekstase aus und eroberte – weit vor Johann Strauß – die abendlichen Gesellschaften. Man konnte sich vergnügen, ohne spöttisch mit dem eigenen frivolen Lebensstil konfrontiert zu werden.

Der politische Hintergrund der Ereignisse rund um den „Figaro" wurde später, nach dessen überwältigendem Erfolg in Prag, noch deutlicher.

Bevor die Mozarts allerdings dorthin reisen konnten, mußten sie eine schwere Zeit überstehen. Konstanze hatte im Oktober 1786 ihren dritten Sohn zur Welt gebracht. Man taufte ihn in St. Stephan auf den Namen Johann Thomas Leopold. Pate war der alte Freund und Gönner Thomas von Trattner. Der Säugling starb leider schon nach drei Wochen an einem Erstickungsanfall. Das löste natürlich ein Stimmungstief bei Wolfgang Amadeus, vor allem aber bei Konstanze aus. Es war einfach zuviel auf sie eingestürmt in den letzten Monaten. Viele adelige Freunde hatten sich nach dem „Figaro" spürbar distanziert.

Nur wenige, wie Gottfried von Jaquin und dessen Schwester Franziska sowie Baron van Swieten und die Gräfin Thun, ließen sich in ihrer Freundschaft zunächst nicht beirren. Vor allem der Kunstmäzen van Swieten, Sohn des einstigen Leibarztes der Kaiserin, sorgte immer wieder dafür, daß die sogenannten „Subskriptionskonzerte" Mozarts keine allzu großen Mißerfolge wurden. Bis zu hundert Billetts zu zwei Gulden hat er oft übernommen, und manchmal blieb er der einzige Finanzier.

Ein Lichtblick für Wolfgang Amadeus in diesem Geburts- und Todesjahr seines dritten Sohnes war der Kontakt mit einem ganz jungen, aber genialen Schüler. Der achtjährige Johann Nepomuk Hummel war mit seinem Vater Johann, einem sehr begabten Geiger, nach Wien gekommen. Dessen Geburtsort Unterstinkenbrunn bei Mistelbach in Niederösterreich war nicht unbedingt prädestiniert, Ausgangspunkt einer strahlenden Musikerlaufbahn zu sein. So suchte er in Wien sein Glück und fand es in der Zusammenarbeit mit dem genialen Theatermann Emanuel Schikaneder. Der machte ihn in seinem neugegründeten „Theater auf der Wieden" zum Kapellmeister und schließlich zum Musikdirektor.

Man hatte den im Besitz der Familie Starhemberg befindlichen Häuserkomplex des „Freihauses" an der heutigen Wiedner Hauptstraße umgebaut, und der rührige Schikaneder erkannte die Chance, die sich ihm dort bot. Er machte aus einem äußerlich eher einer Scheune gleichenden Gebäude Wiens bedeutendstes Vorstadttheater. Es sollte später durch die „Zauberflöte", die dort ihre Premiere und dann weit über zweihundert Aufführungen erlebte, einen Ehrenplatz in der Musikgeschichte einnehmen.

Schikaneder war es auch, der die Verbindung zwischen Mozart und Vater Hummel herstellte. So kam es, daß dessen hoffnungsvoller

Sprößling eines Tages dem großen Maestro vorspielen durfte. Der Kleine spielte Bach in einer Perfektion, die selbst Wolfgang Amadeus verblüffte. Der wurde durch Johann Nepomuk an seine eigene Kindheit erinnert und beschloß spontan, ihn zu Hause aufzunehmen und auszubilden. Vater Hummel fühlte sich durch dieses Ansinnen natürlich sehr geehrt, und so kam es zu einer wunderbaren Zusammenarbeit. Mozart spielte mit seinem begabten Schüler in mancher Akademie vierhändig.

Die hochschwangere Konstanze hatte bei solchen Gelegenheiten sicher auf eine Fortsetzung dieser Konzerttätigkeit mit den eigenen Kindern gehofft. Der Tod des neugeborenen Johann Thomas Leopold riß sie zwar zunächst aus diesen Träumen, aber es war ihr ja wenigstens noch der fröhliche Karl Thomas geblieben.

Hummel machte eine glänzende Karriere als Pianist, Komponist und Dirigent und hat sein Leben lang die Zeit bei den Mozarts nicht vergessen. Er versuchte später, etwas von deren Fürsorge an Konstanze und die Söhne zurückzugeben.

Es fällt schwer, klare Gründe für die Wende in Mozarts Leben, für seine beginnenden ökonomischen Schwierigkeiten zu finden. Eine Erklärung ist sicher das zwiespältige Verhältnis zum Kaiser, mehr aber noch – nach dem „Figaro" – zu einem Großteil des Adels. Die Rolle der Freimaurer in dieser Zeit ist kaum einzuschätzen, man ist auf Vermutungen angewiesen. Schließlich waren es aber Logenbrüder, vor allem Michael Puchberg, die Mozarts totales Abgleiten in verheerende Armut immer wieder verhindert haben.

Das Gedankengut der Freimaurer, von Gotthold Ephraim Lessing in seiner Ringparabel aus „Nathan, der Weise" treffend formuliert, faszinierte Mozart, aber auch den Kaiser. Wohltätigkeit, Toleranz und Humanität waren Ideale, nach denen Joseph II. strebte. Trotzdem reglementierte er in seinem „Freimaurerpatent" aus dem Jahre 1785 auch deren Tätigkeit. Der Männerbund wurde zwar – im Gegensatz zu anderen Bruderschaften – toleriert, es sollte aber nur mehr eine einzige, polizeilich registrierte und überwachte Loge geben. Viele Austritte waren die Folge, und dadurch veränderte sich auch Mozarts

Umfeld in der Loge. Mehr und mehr wurden Bürgerliche seine bevorzugten „Brüder". Michael Puchberg, der Textilfabrikant und treue Helfer in vielen finanziellen Notlagen, war ebenso darunter wie Franz Hofdemel, ein Beamter am Wiener Hofgericht, Emanuel Schikaneder und dessen Partner und Finanzier Bartholomäus Zitterbarth.

Der Kaiser war früher auch in seiner eigenen Familie mit dem Für und Wider des Freimaurergedankens konfrontiert worden. Während für die tief im katholischen Glauben verwurzelte Mutter die Bannbulle des Papstes Benedikt XIV. aus dem Jahre 1751 bindend war, stand sein Vater Franz Stephan von Lothringen dem neuen Denken durchaus positiv gegenüber. Vielleicht war für Maria Theresia die Freimaurerei auch nur deshalb vollkommen indiskutabel, weil sie von ihrem großen Konkurrenten in Europa, dem Preußenkönig Friedrich II., „dem Großen", unterstützt und verbreitet wurde.

Heute gibt es überall wo Freiheit und Rechtsstaatlichkeit herrschen auch Freimaurerlogen, weltweit etwa 40.000. Selbst die katholische Kirche hat im II. Vatikanischen Konzil unter Papst Johannes XXIII. ihre Grundeinstellung dazu etwas revidiert.

In der Zeit Mozarts waren die Logen vor allem Träger einer toleranteren und menschlicheren Welt. Das gab ihnen Nimbus und Ausstrahlung und zog die Großen des politischen, geistigen und künstlerischen Lebens stark an. Lessing, Goethe, Haydn, Herder, Alexander von Humboldt, Iffland, Adolf von Knigge, Caspar David Friedrich, Lord Nelson, Freiherr von Stein, Benjamin Franklin und George Washington – all diese bedeutenden Männer des 18. Jahrhunderts sind Freimaurer gewesen.

Der italienische Abenteurer und Schriftsteller Giacomo Girolamo Casanova ist zwar hauptsächlich als Frauenheld bekannt geworden, er beschrieb in seinen Lebenserinnerungen aber auch seine Erfahrungen in einer Pariser Loge:

„Eine ehrenwerte Persönlichkeit verschaffte mir die Vergünstigung, unter die Erleuchteten aufgenommen zu werden. Ich wurde Lehrling und einige Monate später Meister. Alle weiteren Titel sind nur Symbole und können die Würde eines Meisters nicht erhöhen. Es gibt auf der Welt niemand, der es so weit brächte, alles zu wissen, aber alle Menschen sollen danach streben. Jeder junge Mann, der reist, um die große Welt kennenzulernen, sollte sich in die Freimaurerei einführen lassen, um zumindest ungefähr zu wissen, was das ist. Wer das aber nur deshalb tut, um hinter das Geheimnis zu kommen, täuscht sich leicht. Es kann sein, daß er fünfzig Jahre als Meister lebt, ohne daß es ihm je gelingt, das Geheimnis dieser Bruderschaft zu ergründen. Ein Freimaurer kann das Geheimnis von niemand erfahren, sondern er muß es erraten. Er entdeckt es durch regelmäßigen Verkehr in der Loge, durch Beobachtung, Überdenken und entsprechende Schlußfolgerungen. Wenn er dahin gelangt ist, hütet er sich, die Entdeckung weiterzugeben. Wer nicht die Fähigkeit besitzt, das Geheimnis zu ergründen, dem nützt auch nicht, wenn er es durch Mitteilung erfährt. Das Geheimnis wird dann stets Geheimnis bleiben."

Die den Zusammenkünften zugrunde liegenden Rituale und Symbole entstammen dem Brauchtum englischer Steinmetzbruderschaften. Sie basieren auf Elementen antiker Mysterienbünde und des Christentums und sind ursprünglich in mittelalterlichen Dombauhütten entstanden. Das Wort „Loge" leitet sich vom englischen Wort „Lodge" ab, das man für „Bauhütte" gebrauchte.

Die ersten Mitglieder waren Bauhandwerker, die nicht in feudaler Abhängigkeit standen, sondern „frei" waren. Für jeden Freimaurer verbindlich ist der Glaube an Gott, den er als „Allmächtigen Baumeister aller Welten" verehrt. Der Bruderschaftsgedanke steht unter allen Mitgliedern, unabhängig von Stand, Rang, Besitz oder Bildung, im Vordergrund. Männer höchst unterschiedlicher beruflicher und sozialer Herkunft nennen sich „Bruder".

Die Logenbrüder kommen an ihrer Wirkungsstätte, dem Tempel, zusammen. Das schlichteste Sinnbild für die Zusammengehörigkeit aller Brüder auf der Erde ist die Kette. Das Symbol der Allmacht Gottes ist ein aus zwei Dreiecken bestehender Stern, ähnlich dem Stern Israels. Weitere Symbole, wie Winkelmaß, Reißbrett, Zirkel, Sonne, Mond und Sterne oder ein Kreis mit einem in der Mitte liegenden Punkt, dem Gottesauge, sind auf einem im Tempel ausgebreiteten Teppich verzeichnet. Je nach Lehrart und ritueller Arbeit sind die Symbole unterschiedlich. Die Teppiche werden zu Beginn einer Arbeit aufgedeckt, am Ende wieder verhüllt. Die Symbole sollen hauptsächlich der inneren Sammlung der Logenbrüder dienen, ihre Auslegung ist jedem selbst überlassen. Der Teppich ist sozusagen ein symbolischer Bauplan des Freimaurerlebens. Zur Bekleidung gehört ein Logenabzeichen, das bei den rituellen Arbeiten getragen wird.

Der „Meister vom Stuhl", also der Logenmeister, sitzt an der Ostseite des Tempels, da die Sonne als Quelle des geistigen Lichts im Osten aufgeht. Die Rituale sind das geistig-seelische Band, das die Maurer verbindet. Sie regeln den Ablauf der kultischen Handlungen, haben aber weder magischen noch religiös sakralen Charakter. Sie berühren auch den konfessionellen Glauben der Brüder nicht, sondern erschließen ihnen zusätzliche Erkenntnisbereiche für ein erfülltes Leben. Die Arbeit der Freimaurer beschränkt sich aber nicht nur auf ihre Rituale, sondern sie sind auch karitativ tätig und unterhalten Kranken- und Waisenhäuser, Schulen und Altersheime.

Hilfsbereitschaft ist eine alte freimaurerische Tradition. Vielleicht suchte auch Mozart Hilfe bei ihnen. Vielleicht bedrückten ihn außer seinen finanziellen auch andere Sorgen, von denen wir keine Kenntnis haben.

Möglicherweise waren es die „Baupläne für ein geordnetes Leben", die Mozart an diesem Bund so faszinierten. Fand er hier ein Ventil für seine seit dem Hinauswurf durch den Salzburger Erzbischof Graf Colloredo aufgestaute Aversion gegen gewisse Figuren der aristokratischen Gesellschaft? Hier waren Herzöge, Fürsten, Grafen und Barone plötzlich seine Brüder. Zur feierlichen Trauerfeier für zwei von ihnen, den Herzog Georg August von Mecklenburg-Strelitz und den Grafen Franz Esterházy von Galantha, im November 1785 in der Loge „Zur gekrönten Hoffnung" schrieb er die „Maurerische Trauermusik" (KV 477).

Sicher hat Mozart die Mystik des Ordenszeremoniells ebenso angesprochen wie der Kult des menschenverbrüdernden Geistes. Das wichtigste aber war ihm wohl die Toleranz, mit der man in den Logen meist mit Kritik, Zweifel und unbequemen Äußerungen umging. Vielleicht hat er aber gerade diesbezüglich den einen oder anderen seiner neuen „Brüder" falsch eingeschätzt.

Auch Beaumarchais, der Autor von „Der tolle Tag", jener der Zensur zum Opfer gefallenen Urfassung des „Figaro", war Freimaurer. Seine revolutionäre Kritik an der feudalen Hierarchie wurde ihm aber von manchem gräflichen „Bruder" übelgenommen. Selbst die vom Kaiser akzeptierte gemilderte Fassung von da Ponte erregte noch die Gemüter. Joseph II. hatte sowieso dem Adel schon manches Privileg genommen. Jetzt schaffte er es nicht einmal mehr, ihn vor dem Spott fürwitziger Künstler zu schützen! Wolfgang Amadeus hatte sich zwischen zwei Stühle gesetzt – den Kaiser nicht gerade erfreut und den Adel schwer verärgert! Er sollte die Konsequenzen bald merken.

Schon im April 1787 – trotz großer Erfolge in Prag – konnten sich die Mozarts ihre Luxuswohnung im „Figarohaus" nicht mehr leisten. Sie mußten in eine billige Vorstadtbehausung in der Landstraßer Hauptstraße ziehen. Die Nähe der befreundeten Familie Jaquin, die am Rennweg wohnte, mag ein kleiner Trost gewesen sein.

Ein Lichtblick zeigte sich, als Mozart auf Befehl Josephs II. als Nachfolger von Christoph Willibald Gluck zum Kammermusikus berufen wurde. Aber selbst an dieser an sich sehr erfreulichen Ernennung sah man, daß sein Stern bereits im sinken war. Während Gluck ein Jahreseinkommen von 2.000 Gulden bezogen hatte, war Mozart dem Kaiser nur noch 800 Gulden wert.

Triumph in Prag

„Der Ruhm der Stadt wird die Sterne berühren", so soll es die sagenhafte Gründerin Prags, die böhmische Fürstin Libussa, prophezeit haben. An einer Moldaufurt, im Schnittpunkt der von Osten kommenden Bernsteinstraße und der in Nord-Süd-Richtung verlaufenden Salzstraße, hatte sie die Errichtung von Burg und Stadt befohlen. Ihre Vision erfüllte sich. Als Kaiser Joseph II. im Jahre 1784 den Zusammenschluß von Altstadt, Kleinseite, Hradschin und Neustadt anordnete, hatten die Habsburger aus der ehemals gotischen Residenz des Luxemburgers Karl IV. bereits ein barockes Juwel gemacht. Der Prunk sollte die politische Schwächung der Stadt vergessen lassen.

Der kompromißlose Gegenreformator Ferdinand II. hatte 1620 in der berühmten „Schlacht am Weißen Berg" den Protestanten Friedrich von der Pfalz besiegt und Böhmen damit für die katholischen Habsburger zurückgewonnen. Protestantische Familien wurden daraufhin aus dem Land vertrieben. Deren Grundbesitz nutzten die neuen Herren nun, um mit prächtigen Sakralbauten Gott zu verherrlichen, aber auch, sich selbst entsprechend darzustellen.

Die überschäumende barocke Pracht der Kirchen, der Statuen auf der Karlsbrücke und der Paläste und Patrizierhäuser auf der Kleinseite ist manchen national eingestellten Tschechen noch immer ein Dorn im Auge. Sie sehen darin nach wie vor Symbole von triumphierender Gegenreformation und Habsburger Fremdherrschaft. Man darf aber nicht vergessen, daß sich Böhmen 200 Jahre früher, unter dem Luxemburger Karl IV., nur durch die enge Anlehnung an Papst und Kirche zur europäischen Großmacht entwickeln konnte. Man nannte Karl deshalb oft spöttisch den „Pfaffenkönig". Er aber wußte, daß ihm nur in dieser Konstellation die Errichtung einer Universität und damit die Bildung eines europäischen Kulturzentrums gelingen konnte.

„Bedenkt, weise Männer, wie ruhmvoll Euer Prag blühte, solange es treu im Gehorsam des römischen Pontifikats stand, wie seine Bürger durch Reichtum, Macht und Bildung hervortraten. In anderen Nationen war keine Stadt, die sich hätte mit Prag vergleichen können.

Auf keine Weise kamen ihm Nürnberg oder Wien, Breslau oder das berühmte Köln gleich. Wir wüßten nicht einmal, daß Rom, Venedig oder Florenz oder sonst eine Stadt unter der Sonne Prag gleichgekommen wären. Nachdem aber Prag falsche Propheten in seinen Schoß aufgenommen hatte, schwanden sein Ruhm und sein Reichtum, es schwanden Bevölkerung und schöne Bauten und die Stadt geriet in Not und in Schmach bei allen Nationen."

So rief Rudolf, der Bischof von Breslau, in einer flammenden Rede den Pragern zu. Er wollte sie 1471, nach dem Tod des „Hussitenkönigs" Georg, dazu bewegen, sich wieder vom Ketzertum abzuwenden und den ungarischen Katholiken Mathias Corvinus zum König zu wählen.

Die „falschen Propheten" waren die Anhänger des böhmischen Reformators Johannes Hus, den man trotz Zusicherung freien Geleits beim Konzil von Konstanz gefangennehmen und auf dem Scheiterhaufen verbrennen ließ. Seine empörten Anhänger stürzten daraufhin dreißig Ratsherren aus den Fenstern des Prager Rathauses und rissen für einige Jahre die Macht an sich.

Anscheinend waren Fensterstürze bei den Böhmen eine beliebte Protestmethode, denn auch der Dreißigjährige Krieg wurde durch eine solche Tat ausgelöst. Damals warf man die kaiserlichen Statthalter aus den Fenstern der Burg.

Die Worte des Breslauer Bischofs erfüllten sich aber, denn erst nach der Rückkehr in den katholischen Machtbereich der Habsburger erstrahlte die Stadt wieder in altem Glanz. Die Hussiten und ihre reformierten Nachfolger waren nicht fähig gewesen, eine der Bedeutung Prags entsprechende Renaissancekultur zu entwickeln. Die spätere barocke Pracht mußte man allerdings mit wachsender politischer Bedeutungslosigkeit bezahlen. Prag hörte auf, Zentrum Mitteleuropas zu sein, und lebte von da an im Schatten der neuen Kaiserstadt Wien. Natürlich ärgerte das die selbstbewußten Prager und schon war wieder – wie so oft in der tausendjährigen Geschichte – ein Spannungsfeld zwischen Deutschen und Tschechen entstanden.

Und genau in diese Spannungen kam Mozart mit seinem „Figaro"!
Die habsburgische Monarchie hatte die böhmischen Länder auf einen
Höhepunkt in ihrer Kultur gebracht. Trotzdem schielte man in Prag
immer wieder nach Freiheit und staatlicher Selbständigkeit.

Noch Maria Theresia baute den Hradschin, die böhmische
Akropolis, zur Königsresidenz aus. Sie hatte sich dort zur Königin
krönen und von den Ständen huldigen lassen. Ihr Sohn schnitt solche
„alten Zöpfe" einfach ab. Ihm war sein römisches Kaisertum genug,
er brauchte keine zusätzlichen „Beweihräucherungen". Außerdem
fürchtete er, durch den böhmischen Krönungseid seine Reformpläne
zu gefährden.

Der böhmische Adel und auch das wohlhabende Bürgertum
fühlten sich aber durch diese Mißachtung wieder einmal in die
zweite Reihe gedrängt. Und nun kamen Mozart und da Ponte und
hielten den Herrschenden einen Spiegel vors Gesicht!

Eigenartigerweise fühlte sich niemand in Prag von der Kritik
betroffen. Man bezog alles auf die Zustände in Wien, amüsierte sich
und feierte den Komponisten! Es kam zu einer richtigen Mozart-
Euphorie. Seit den Tagen Peter Parlers, des genialen Baumeisters
Karls IV., hatte kein Künstler deutscher Zunge die Tschechen mehr
in Begeisterung versetzt. Endlich hatten sie ein Ventil gefunden, ihren
Frust gegen die Bevormundung durch die Habsburger abzubauen.

In der Prager Oberpostamtszeitung vom 12. Dezember 1786 konnte
man beispielsweise lesen:

„Kein Stück hat je so viel Aufsehen gemacht als die italienische
Oper ‚Die Hochzeit des Figaro', welche von der hiesigen Bondini-
schen Gesellschaft der Opernvirtuosen schon einige Male mit dem
vollsten Beifall gegeben wurde. Besonders Madame Bondini und Herr
Ponziani in den komischen Rollen haben sich ausgezeichnet. Die
Musik ist von unserem berühmten Herrn Mozart. Kenner, die diese
Oper in Wien gesehen haben, wollen behaupten, daß sie hier weit
besser ausfalle. Sehr wahrscheinlich, weil die blasenden Instrumente,
worin die Böhmen bekanntlich entschiedene Meister sind, in dem
ganzen Stück viel zu tun haben. Besonders gefallen die Duette der

Trompete und des Waldhorns. Unserem großen Mozart muß dieses selbst zu Ohren gekommen sein, weil seit dem das Gerücht gehet, er würde selbst hierherkommen, das Stück zu sehen, zu dessen so glücklicher Ausführung das wohlbesetzte Orchester und die Direktion des Herrn Strohbachs viel beitragen."

Und der große Mozart kam mit Freuden!

Graf Johann Joseph Thun hatte ihn samt Gattin, deren zukünftigen Schwager Franz Hofer und dem befreundeten Klarinettisten Anton Paul Stadler eingeladen. Sobald Konstanze die Nachwirkungen der Geburt, vor allem aber die Trauer über den frühen Tod des kleinen Johann Thomas Leopold einigermaßen überwunden hatte, machte man sich auf den Weg.

An einem kalten Januartag des Jahres 1787 kam die Gesellschaft durchgefroren, aber durchaus guter Dinge vor dem Neuen Tor in Prag an. Als der erste Beamte bei der Paßkontrolle den Namen Mozart las, blickte er auf und fragte ungläubig: „Seid Ihr der Herr Mozart, der den ‚Figaro' komponiert hat?" Als Wolfgang Amadeus bejahte, rief der Mann aufgeregt seine Kollegen zusammen. So, als ob dies die selbstverständlichste Sache der Welt sei, sangen die Zöllner nun – wie Kinder um ein wärmendes Feuer hüpfend – die Cavatine des Figaro. „Non piu andrai farfallone amoroso ..." Es muß eine der originellsten Darbietungen Mozart'scher Musik gewesen sein, diese italienische Arie, gesungen als Männerchor mit böhmischem Akzent! Der Maestro war aber selten über eine Wiedergabe so erfreut gewesen, sah er doch, daß seine Musik in Prag bereits alle Schichten der Bevölkerung erreicht hatte.

Während der Fahrt durch die Altstadt, zum ersten Quartier in den „Drei Löwen", hörten die überraschten Gäste immer wieder Melodien aus dem „Figaro". Die Menschen sangen und pfiffen sie, und Mozart fand den Musikhistoriker Charles Burney bestätigt, dem er kurz vor der Abreise in Wien begegnet war. Der Engländer hatte von einer besonders spontanen Musikalität der Menschen in den böhmischen Ländern geschwärmt.

Schon die „Entführung" war ja 1783 in Prag enthusiastisch aufgenommen worden, und Franz Xaver Niemetschek berichtete damals: „Es war, als wenn das, was man hier bisher gehört und gekannt hatte, keine Musik gewesen wäre! Alles war hingerissen, alles staunte über die neuen Harmonien, vor allem über die originellen, bisher ungehörten Sätze der Blasinstrumente. Die größten Kenner und Künstler unserer Vaterstadt waren auch Mozarts größte Bewunderer, die feurigsten Verkünder seines Ruhms." Vielleicht war genau das der Unterschied zum Erfolg des „Figaro". Um ihn zu lieben, brauchte man kein großer Kenner zu sein – seine Melodien gingen dem Volk ins Blut!

Es gab noch einen Unterschied. Die „Entführung" ist ein deutsches Singspiel, das den josephinischen Ideen eines „Nationaltheaters" für die deutsch-tschechische Intelligenz entsprach. Der deutsche Impresario Karl Wahr war aber beim Kaiser in Ungnade gefallen, und an seine Stelle trat der Italiener Pasquale Bondini. Dieser bevorzugte natürlich wieder die italienische Oper, war aber andererseits dem Mozart-Gönner Graf Thun-Hohenstein sehr verpflichtet. Er spielte nämlich hie und da auch in dessen Palais auf der Prager Kleinseite. Das erklärt Bondinis Bereitschaft, auf Wunsch Graf Thuns als „italienische Oper" Mozarts „Figaro" mit dem italienischen Text da Pontes herauszubringen. Mozarts Prager Freunde, vor allem das Ehepaar Duschek und der einflußreiche Freimaurerkreis, werden mit dazu beigetragen haben. Ob Graf Thun die politische Brisanz des Stückes nicht erkannt hat, oder ob er nur gewissen Kreisen in Wien eins auswischen wollte, bleibt ungeklärt.

Ein italienisches Ensemble mit der Impresario-Gattin Caterina Bondini als Susanne führte jedenfalls den „Figaro" zum Prager Sensationserfolg. Mozart wurde von einer einzigartigen Begeisterungswelle getragen und auch nach seinen Klavierkonzerten im Nationaltheater geradezu unvorstellbar gefeiert. Als er als Zugabe immer wieder über Themen aus dem „Figaro" phantasierte, erreichte der Jubel südländisches Format.

„Überall, wohin er kam und wo er sich nur blicken ließ, begegneten ihm die Prager mit Hochachtung und Liebe ... und 1.000 Gulden hat er dort verdient!"

So schrieb Leopold Mozart an seine Tochter, als er durch englische Freunde, die in Salzburg Station machten, vom Triumph des Sohnes hörte. Er fühlte sich schon sehr schlecht, und es war ihm wirklich zu gönnen, daß er wenige Monate vor seinem Tod noch eine solche Frohbotschaft weitergeben konnte.

Als die Mozarts Mitte Februar 1787 Prag wieder verließen, hatte Wolfgang Amadeus nicht nur die wahrscheinlich glücklichsten Tage seines Lebens hinter sich, sondern auch den Auftrag Bondinis für eine neue Oper im Gepäck. Er nahm sich vor, die erfolgreiche Arbeit mit Lorenzo da Ponte fortzusetzen.

Es ist unvorstellbar, daß nur zwei Monate nach dem Prager Triumph die Wiener Wohnung im „Figarohaus" – anscheinend aus Geldmangel – verlassen werden mußte. Oder war es der ärztliche Rat Dr. Barisanis, der die Mozarts in die gute Luft der damals noch völlig ländlichen Gegend der Landstraße trieb? Niemand weiß es, und auch Vater Leopold tappte damals völlig im dunkeln.

„Er wohnt jetzt auf der Landstraße Nr. 224. Er schreibt mir aber keine Ursache dazu. Gar nichts! Das mag ich leider erraten!" So äußerte er sich verärgert in einem Brief an seine Tochter nach St. Gilgen.

In den letzten Tagen im „Figarohaus" kam es noch zu einer denkwürdigen Begegnung. Ein noch nicht siebzehnjähriger junger Mann namens Ludwig van Beethoven war vom Rhein nach Wien gekommen, um bei Mozart Lektionen in Komposition und im Klavierspiel zu nehmen. Schon vor Jahren hatte sein Lehrer, der Bonner Hoforganist Christian Gottlob Neefe, über ihn gesagt: „Dieses Genie verdiente Unterstützung, daß es reisen könnte. Es würde gewiß ein zweiter Wolfgang Amadeus Mozart werden, wenn es so fortschritte, wie es angefangen." Es schritt so fort, und Erzherzog Maximilian Franz, der Landesherr des geistlichen Kurfürstentums Köln, ermöglichte dem jungen Musiker die Reise nach Wien.

Das Zusammentreffen der beiden Großen der Musik stand leider unter keinem glücklichen Stern. Mozart hatte gerade aus Salzburg von der schweren Erkrankung des Vaters erfahren, und den jungen

Beethoven erreichte die Hiobsbotschaft vom sehr kritischen Gesundheitszustand der Mutter. Sie werden sich nur wenig gesehen haben, denn Ludwig mußte schnell wieder zurück nach Bonn, wo seine Mutter dann auch im Juli starb.

Die kurze Zeit des Kontaktes mit dem untersetzten, schwarzgelockten Rheinländer genügte Mozart aber, dessen Genie zu erkennen. „Dieser Jüngling wird noch viel in der Welt von sich reden machen", so soll er sich geäußert haben. Nach der Trennung im April 1787 haben sich die genialsten Musiker ihrer Zeit nie mehr gesehen. Als Beethoven im November 1792 wieder nach Wien kam, um sich hier endgültig niederzulassen, war Mozart schon fast ein Jahr tot.

Rätsel über Rätsel

Richtig euphorisch waren die Mozarts nach den rauschenden Prager Tagen nach Wien zurückgekehrt. Der „Figaro" und die Konzerte im Nationaltheater hatten wirklich gutes Geld gebracht. Umso unverständlicher war der schon wenige Wochen später erfolgte Auszug aus der so schönen und praktischen Wohnung im Stadtzentrum.

Erfüllte sich nun die Prophezeiung Graf Arcos, des erzbischöflichen Haushofmeisters? Er hatte Mozart vor dem Leben in der Kaiserstadt gewarnt.

„Glauben Sie mir, Sie lassen sich zu sehr verblenden! Hier in Wien dauert der Ruhm eines Menschen sehr kurz. Von Anfang an hat man alle Lobsprüche und gewinnt auch sehr viel, das ist wahr. Aber wie lange? Nach wenigen Monaten wollen die Wiener wieder etwas Neues!" hatte er damals noch wohlwollend gesagt, bevor es wenig später zum berühmten Fußtritt kam.

Möglicherweise hatte alles aber auch eine ganz harmlose Erklärung. Konstanze war wieder guter Hoffnung, und vielleicht wollte sie den heißen Sommer einfach lieber im Grün der Vorstadt verbringen. Im „Figarohaus" blickte sie ja nur in die grauen Häuserschluchten rund um den Stephansdom. Der Maestro selbst brauchte keine zentrale Stadtlage mehr, denn er wurde kaum noch zu Konzerten oder Akademien eingeladen. Die Wiener Nobilität nahm ihm den „Figaro" nach wie vor sehr übel. Der Prager Triumph dieser Oper hatte den Unmut des Adels nur noch verstärkt. Abgesehen von den fehlenden Einnahmen, freute sich Mozart aber über die gewonnene Zeit.

Er hatte nämlich, gemeinsam mit da Ponte, einen Stoff für Bondinis Prager Opernauftrag gefunden: „Don Giovanni", die alte Geschichte vom bestraften Bösewicht, faszinierte ihn vom ersten Tag an. Das Werk sollte „die Oper der Opern" werden. Leider erkrankte Wolfgang Amadeus in diesen Wochen wieder einmal lebensgefährlich. Schmerzhafte Nierenkoliken machten ihm schwer zu schaffen. Das hinderte ihn auch daran, ans Totenbett des Vaters zu reisen. Dessen Ableben im Mai bewegte ihn zutiefst. Er machte sich schon seit längerer Zeit Gedanken über den Tod und hatte diese in seinem letzten Brief nach Salzburg erschütternd, aber auch tröstlich formuliert:

„Da der Tod – genau zu nehmen – der wahre Endzweck unseres Lebens ist, so habe ich mich seit ein paar Jahren mit diesem wahren, besten Freunde des Menschen so bekannt gemacht, daß sein Bild nicht allein nichts Abschreckendes mehr für mich hat, sondern recht viel Beruhigendes und Tröstendes! Und ich danke meinem Gott, daß er mir das Glück gegönnt hat, ihn als den Schlüssel zu unserer wahren Glückseligkeit kennenzulernen. Ich lege mich nie zu Bette, ohne zu bedenken, daß ich vielleicht – so jung ich bin – den andern Tag nicht mehr sein werde. Und es wird doch kein Mensch von allen, die mich kennen, sagen können, daß ich im Umgang mürrisch und traurig wäre.

Und für diese Glückseligkeit danke ich alle Tage meinem Schöpfer und wünsche sie von Herzen jedem meiner Mitmenschen."

Leider hatte sich das Verhältnis zwischen Wolfgang Amadeus und seiner Schwester Nannerl, der Freifrau von Berchtold zu Sonnenburg, noch zu Lebzeiten des Vaters etwas getrübt. Vielleicht lag es daran, daß dieser den kleinen „Leopoldl", Nannerls Sohn, zu deren Entlastung bei sich aufnahm, diese Gunst aber Karl Thomas und dessen damals noch lebenden Bruder Johann Thomas verweigerte. Mozart hatte im Frühjahr 1787 mit Konstanze eine Konzertreise nach England geplant. Die Eltern wollten die Kinder unterdessen in Salzburg unterbringen. Vater Leopold hatte dieses Ansinnen aber ziemlich schroff abgelehnt:

„Daß ich einen sehr nachdrücklichen Brief schreiben mußte, kannst Du Dir leicht vorstellen", schrieb er damals an die Tochter, „da er mir keinen geringeren Vorschlag macht, als seine zwei Kinder in meine Versorgung zu nehmen, da er im halben Fasching eine Reise durch Deutschland nach England machen möchte. Sie könnten sterben, könnten in England bleiben – da könnte ich ihnen mit den Kindern nachlaufen oder auch der Bezahlung, die er mir anträgt. Basta! Meine Entschuldigung ist kräftig und lehrreich, wenn er's benützen will!"

Der kleine Johann Thomas löste das Problem auf traurige Weise, denn er starb genau am Tag von Großvaters abschlägigem Bescheid. Es blieb aber immer noch Karl Thomas zu versorgen, und so wurden die Reisepläne schließlich aufgegeben. Wahrscheinlich wäre es auch bei positiver Reaktion Leopold Mozarts nicht zur Englandfahrt gekommen, denn schließlich hat Wolfgang Amadeus ja die Einladung nach Prag angenommen.

Die leichte Verstimmung mit Nannerl blieb aber bestehen. Die Schwester war wohl durch die Betreuung ihrer fünf Stiefkinder und des eigenen „Leopoldl" permanent überfordert. Nervös äußerte sie sich oft wenig liebevoll über den Lebensstil des Bruders. Darüberhinaus war ihr Konstanze von Anfang an nicht sympathisch gewesen.

So gab es auch – wie es leider oft zwischen Geschwistern vorkommt – gewisse Differenzen bei der Regelung von Leopold Mozarts Erbschaft. Er hatte ihnen testamentarisch je 1.000 Gulden vermacht. Um 2.000 Gulden konnte man damals einen mittleren Bauernhof mit etwa zehn Kühen und acht Ochsen kaufen. Darüberhinaus gab es noch einen ziemlich wertvollen Nachlaß an ideellen Dingen. Man einigte sich schließlich auf eine öffentliche Auktion. Sie hat sicher einiges eingebracht, viele kostbare Erinnerungen an den Menschen Leopold Mozart gingen aber verloren. Sohn und Tochter fühlten sich nachher ärmer als zuvor. „Hätte doch Wolfgang Amadeus die nüchterne Weltsicht, die Ehrerbietung vor der Obrigkeit und die unsentimentale Gewissenhaftigkeit unseres Vaters geerbt! Bei seinem Genie wäre er jetzt nicht um ein paar Gulden verlegen, die bei der Versteigerung von Büchern, Noten oder persönlichen Habseligkeiten herauskommen."

Diese bitteren Worte sprach Mozarts Schwester eines Abends zu ihrem Gemahl, dem hochfürstlichen Rat und Pfleger von St. Gilgen Johann Baptist Franz Berchtold von Sonnenburg. „Ich begreife den Wolfgang längst nicht mehr", meinte der schon etwas gesetztere Rat.

„Hätte er sich mit Symphonien, Klavierwerken und Kammermusik begnügt, könnte er heute zwei Konzerte pro Woche geben. Fürsten und Grafen liefen ihm die Türen ein, und er würde im Geld schwimmen.

Er aber mußte sich ausgerechnet diesen ‚Figaro‘ aussuchen und in ein Wespennest stechen.“

„So schlimm ist der aber doch auch wieder nicht“, regte sich der schwesterliche Beschützerinstinkt. „Ich habe mir das Textbuch da Pontes besorgt“, sagte Johann Baptist. „Aus der Sicht des Adels kann ich die Verärgerung verstehen. Die meisten dieser Leute beherrschen ja das Französische und haben vielleicht sogar den Originaltext Beaumarchais’ gelesen.

Es geht dabei nicht nur um das ‚Herrenrecht der ersten Nacht‘ und ein paar frivole Verwechslungsspielchen. Beaumarchais stellt einen ausbeuterischen und gewissenlosen Adel an den Pranger und identifiziert sich mit dem einfachen Mann. ‚Will mein Herr Graf den Tanz mit mir wagen? Muß er’s nur sagen, ich spiele ihm auf!‘ Diese sarkastische Aufforderung singt Figaro zwar mit einer herrlichen Melodie, die bald jeder auf der Gasse pfeift. In Wirklichkeit aber ist es ein Aufbäumen gegen unerträglich gewordene Verhältnisse, eine Revolte gegen die Herrschenden! Und wer einen solchen Aufstand unterstützt, kann kein Freund des Adels sein.“

„So habe ich das – ehrlich gesagt – noch nicht gesehen. Für mich ist der ‚Figaro‘ bis jetzt hinreißende Musik mit ein paar schlüpfrigen Schlafzimmerepisoden. So viel politische Brisanz habe ich dahinter nicht vermutet und Wolferl sicher auch nicht“, meinte Nannerl etwas kleinlaut.

„Da bin ich mir gar nicht so sicher. Seit seinen Auseinandersetzungen mit Graf Colloredo ist er zumindest gegen einen Teil des Adels allergisch. Und die Toleranz des anderen Teiles, den er zu seinen Freunden zählt, hat er wohl überschätzt. Wenn es um das eigene Fell geht, begnügen sich die wenigsten Bären mit dem Brummen!“

„Aber in Prag hat doch nicht nur das Volk, dort hat doch auch der Adel gejubelt. Und Graf Thun hat Wolfgang mit Konstanze geradezu demonstrativ aus dem Gasthof ‚Drei Löwen‘ geholt und in seinem Palais einquartiert.“

„In Prag ist das auch ganz etwas anderes! Gerade dort steht man ja revolutionärem Gedankengut nahe, wenn es gegen Habsburg geht.“

Marianne wurde immer nachdenklicher und besorgter um die Zukunft des Bruders. „Und der Kaiser?" fragte sie zaghaft.

„Der Kaiser ist ja selbst ein halber Revolutionär. Er besteuert seit neuestem auch den Adel und hat ihm viele von seinen Rechten genommen. Er studierte früher viel radikale französische Literatur, und Jean Jacques Rousseau gehört zu seinen Lieblingsphilosophen. Die Leibeigenschaft der Bauern hat er ja längst abgeschafft, und vielleicht kam der ‚Figaro' in der abgemilderten Fassung da Pontes seinem Privilegienabbau gerade recht. Wahrscheinlich hat sich der Kaiser insgeheim darüber sogar ins Fäustchen gelacht und die Oper deshalb auch zur Aufführung im Hofburgtheater freigegeben."

Das abendliche Plauderstündchen der von Sonnenburgs war zu einer politischen Diskussion geworden. Diese ließ Marianne, wie sie nun mit immerhin schon sechsunddreißig Jahren genannt werden wollte, ahnen, wie tief ihr Bruder in brisante Wirrnisse verstrickt war. Sie konnte es – wie alle Zeitgenossen und Nachfahren – wirklich nur ahnen, denn es blieben unendlich viele ungelöste Rätsel.

Der Maestro arbeitete – sobald es seine Gesundheit wieder zuließ – wie ein Besessener am „Don Giovanni". Die Figur des gottlosen Frauenverführers, der keine anderen Gesetze kennt als die seiner Begierden, war lange vor Mozart in spanischen Fabeln aufgetaucht. Tirso de Molina hatte dem Stoff erstmals eine Bühnenfassung gegeben. In die Version da Pontes hat Mozart sicher oft selbst eingegriffen, denn in den Figuren liegen seine ganze Leidenschaftlichkeit und seine zutiefst sinnliche Kraft. Die Oper sprengt alle bisherigen Formen. Leporello als burleskes Zerrbild der Männlichkeit, der tolpatschige Masetto und Zerline, das liebesbereite Mädchen aus dem Volke, sind Figuren der Opera buffo. Die tragischen Frauengestalten Donna Anna und Donna Elvira, vor allem aber der dämonische Titelheld selbst lassen in ihrer leidenschaftlichen Dramatik die Spannweite des „Dramma giocoso" weit hinter sich. Vielleicht war Mozarts Logenbruder Giovanni Giacomo Casanova, dem der Komponist in Prag persönlich begegnete, lebendes Vorbild für den spanischen Weiberhelden.

Anfang Oktober 1787 reisten die Mozarts dann an die Moldau, um die Uraufführung des „Don Giovanni" vorzubereiten. Der kleine Karl Thomas war bei Freunden in Perchtoldsdorf zur Pflege gegeben worden, und so konnte die bereits wieder sehr gut gerundete Konstanze ein paar unbeschwerte Tage bei den Duscheks in der Villa Bertramka genießen. Die hervorragende Sängerin Josepha Duschek und ihr Mann, der Pianist und Komponist Franz Xaver, hatten sich schon zehn Jahre früher anläßlich eines Gastspiels in Salzburg mit Wolfgang Amadeus angefreundet. Nun war ihr inmitten von Weingärten gelegenes Anwesen ein idealer Platz, den letzten Schliff an der großen Oper vorzunehmen. Mozart hat sich für die Gastfreundschaft mit seiner schönsten Konzertarie „Bella mia fiamma" (KV 528), die er der Hausfrau widmete, bedankt.

Die Probenarbeiten mit den schon im „Figaro" bewährten Kräften machten allen Beteiligten viel Freude. Auch Mozart selbst griff mit Feuereifer ein.

Caterina Bondini, der Darstellerin der Zerline, entlockte er im ersten Akt durch einen kecken Zugriff einen Angstschrei in der gewünschten Lautstärke. Ihr Gatte, der Impresario, konnte sich abends angesichts der zarten Blaufärbung ihres Hinterteils von Mozarts manchmal etwas derber Handschrift überzeugen. „So ist's recht", hatte der ausgerufen, als die Wirkung seiner indiskreten Handlung hörbar wurde.

Die Mitspieler amüsierten sich, und überhaupt entstand im Ensemble genau jene Stimmung, die eine Voraussetzung für Höchstleistungen ist.

Der Erfolg des „Don Giovanni" übertraf in Prag noch den des „Figaro". Mozart schrieb darüber am 4. November voller Erleichterung an seinen Freund Gottfried von Jaquin nach Wien:

„Den 29. Oktober ging meine Oper ‚Don Giovanni' in Szene, und zwar mit dem lautesten Beifall. Gestern wurde sie zum viertenmale – und zwar zu meinem Benefiz – aufgeführt. Ich wollte meinen guten Freunden, besonders Ihnen wünschen, daß Sie nur einen einzigen Abend hier wären, um Anteil an meinem Vergnügen zu nehmen!

Vielleicht wird sie doch in Wien aufgeführt. Ich wünsche es. Man wendet hier alles mögliche an, um mich zu bereden, ein paar Monate hier zu bleiben und noch ein paar Opern zu schreiben. Ich kann aber diesen Antrag, so schmeichelhaft er immer ist, nicht annehmen."

Selbst sein treuer väterlicher Freund Joseph Haydn empfahl den Verbleib in Böhmen: „Prag möge den teuren Mann festhalten, aber auch belohnen. Denn ohne dieses ist die Geschichte großer Genies traurig und gibt der Nachwelt wenig Aufmunterung zum ferneren Bestreben."

Haydn hatte den Nagel auf den Kopf getroffen! Ob der kleine Karl Thomas Mozart, der jetzt in Perchtoldsdorf auf die Rückkehr seiner Eltern wartete, später diesen Satz einmal gehört oder gelesen hat? Er wurde jedenfalls zunächst nicht „zum ferneren Bestreben aufgemuntert".

Vielleicht wäre Mozarts Leben – getragen von der Woge des Erfolges – in Prag ganz anders verlaufen. Er aber mußte zurück nach Wien.

Konstanzes Schwangerschaft war schon sehr weit fortgeschritten, und sie wollte in ihrer schweren Stunde zu Hause sein. Außerdem war Christoph Willibald Gluck verstorben, und Wolfgang Amadeus machte sich doch berechtigte Hoffnungen auf dessen Nachfolge als k.k. Hofkompositeur.

Zum Glück wurden die diesbezüglichen Erwartungen einmal nicht enttäuscht. Nach persönlicher Intervention des Kaisers nahm man ihn in die Hofdienste auf. „Damit ein Künstler von so seltenem Genie nicht bemüßigt werde, sein Brot im Ausland zu suchen", wie es in der Begründung so schön hieß.

Mozart kam gerade noch rechtzeitig nach Wien, um Zeuge des pompösen Begräbnisses für den weltberühmten Musikdramatiker Gluck zu werden. Anscheinend hatte Joseph II. ein Auge zugedrückt, denn es war alles so, wie es die Wiener vor dem Erlaß über die „Ordnung für die Bestattung" liebten. Blumen, Musik, Gepränge und eine unübersehbare Menschenmenge, die dem Sarg mit den sterblichen Überresten Christoph Willibald Ritter von Glucks auf den Matzleinsdorfer Friedhof folgte. Die Chronik berichtet nicht, ob der Sarg aber vielleicht doch die vom Kaiser gewünschte „Mehrfach-Totentruhe mit beweglichem Boden" war.

Konstanze wird in späteren Jahren der Gedanke an die prunkvolle letzte Ehrung eines Großen der Musik vielleicht belastet haben. Möglicherweise hat sie das Ereignis aber auch ganz einfach verdrängt.

Die nächste Zeit in Mozarts Leben steckt voller Rätsel. Obwohl Konstanze kurz vor der Niederkunft stand, zog man kurz nach der Rückkehr aus Prag aus der ländlichen Idylle auf der Landstraße wieder in eine Stadtwohnung. Das heute nicht mehr bestehende, recht bescheidene Haus in den Tuchlauben lag ganz in der Nähe des Trattnerhofes. So war es naheliegend, daß die gute Freundin und Klavierschülerin Maria Theresia von Trattner auch Patin der am 27. Dezember 1787 geborenen Mozarttochter Theresia wurde. Bei der Taufzeremonie in der nahen Peterskirche konnte niemand ahnen, daß dem Täufling nur ein halbes Jahr auf dieser Erde vergönnt war.

Noch viel weniger ahnen konnte man die unheilvollen Verstrickungen, in denen Wolfgang Amadeus in dieser Zeit stecken mußte. Er hatte eigentlich ziemlich viel Geld eingenommen in letzter Zeit.

Der Wiener Adel beschäftigte ihn zwar kaum noch, die beiden Pragreisen waren aber auch finanziell sehr erfolgreich. Er erhielt außerdem mehr als 1.000 Gulden vom Erbe des Vaters, und schließlich hatte er ja auch das lang ersehnte Ziel der Fixanstellung bei Hof erreicht. Trotzdem wurden seine Geldnöte immer größer, und unter diesem Druck ließ auch seine Kreativität vorübergehend nach.

Der „Don Giovanni", den man mit halbjähriger Verzögerung im Mai 1788 auch am Wiener Hofburgtheater aufführte, wurde hier nur ein mäßiger Erfolg. Obwohl Konstanzes Schwester Aloysia Lange eine hinreißende Donna Anna war und auch das übrige Ensemble künstlerisch brillierte, sprang kein Funke zum Publikum über. Die Oper hat es zu Mozarts Lebzeiten in Wien nur auf fünfzehn Aufführungen gebracht. Joseph Haydn meinte dazu:

„Für die Wiener ist die Oper nicht, für die Prager eher, aber am meisten für mich und meine Freunde geschrieben. Könnte ich den

Großen die unnachahmlichen Arbeiten Mozarts so in die Seele prägen wie ich sie empfinde, so würden sie um ihn wetteifern."

Man riß sich also kaum um ihn, und auch der Kaiser äußerte sich eher distanziert: „Dieses Werk ist himmlisch, aber es ist kein Bissen für meine Wiener."

So wurde anläßlich der Hochzeit von Erzherzog Franz mit Prinzessin Elisabeth von Württemberg die Oper „Axur" von Salieri gespielt und nicht der „Don Giovanni".

Das mag Maestro Mozart zwar gekränkt haben. Ursache für die dramatischen Geldschwierigkeiten jener Zeit konnte es aber nicht gewesen sein. Immerhin hatte er ja die vereinbarten 225 Gulden für seine Oper erhalten, genauso wie da Ponte deren 100 für das Libretto.

Immer häufiger mußte er sich an seinen neuen Freund, den Logenbruder Michael Puchberg, um finanzielle Unterstützung wenden, und nicht selten findet sich in seinen Briefen an ihn die Bitte um Geheimhaltung dieser Hilfe.

Hielt sich Mozart in dieser Zeit – wie seine Textdichter da Ponte und Schikaneder, aber auch sein Konkurrent Salieri – eine Mätresse, die seine finanziellen Möglichkeiten überforderte? Wurde er damit vielleicht erpreßt, weil er unbedingt vermeiden wollte, daß Konstanze etwas davon erfuhr? Oder war er gar in geheimnisvolle Auseinandersetzungen der Freimaurerlogen verstrickt? Niemand wird die Rätsel dieser Zeit jemals ergründen können.

„Wenn Sie mir in dieser meiner Lage nicht helfen, so verliere ich meine Ehre und Kredit", schrieb er verzweifelt an Puchberg. Unmittelbarer Anlaß war wohl der Hausherr der ehemaligen Wohnung auf der Landstraße, der drohte, Mozarts Mietrückstände einzuklagen.

Die sofortige Tilgung der Schulden brachte die Finanzen des Komponisten völlig in Unordnung. Die Familie mußte schon nach einem halben Jahr wieder in die Vorstadt ziehen, diesmal nach Währing, ins Haus „Zu den drei goldenen Sternen". Besonderes Glück scheinen ihm aber auch die goldenen Sterne nicht gebracht zu haben. Immerhin gab es dort aber einen Garten, und das Komponieren ging ihm wieder leichter von der Hand. Die drei großen

Symphonien in Es-Dur (KV 543), g-Moll (KV 550) und schließlich die „Jupiter" in C-Dur (KV 551) entstanden in diesem Domizil. Trotzdem mußte er wieder an Puchberg schreiben, der sich vorher nicht entschließen konnte, Mozart als Mäzen permanent zu unterstützen.

„Daß Sie mich nicht nach meinem Wunsch unterstützen können, macht mir viele Sorgen! Meine Lage ist so, daß ich unumgänglich genötigt bin, Geld aufzunehmen. Aber Gott, wem soll ich mich vertrauen? Niemand als Ihnen, mein Bester! Wenn Sie mir nur wenigst die Freundschaft tun wollen, mir durch einen andern Weg Geld zu verschaffen."

Kurz nachdem Wolfgang diesen Brief geschrieben hatte, starb sein Töchterchen Theresia, gerade sechs Monate alt. Es war zu viel Leid auf einmal!

Wo waren die reichen Trattners, die Paten der Kinder, wo war van Swieten, der Mäzen vergangener Jahre, oder Freund Jaquin, wo waren die sonst so hilfsbereiten Damen, Gräfin Thun-Hohenstein oder Maria Freiin von Waldstätten?

War Johann Michael Puchberg, der Freimaurer, tatsächlich die letzte Hoffnung? Seine Familie hatte es schon eine Generation zuvor durch Weinhandel in Krems zu Vermögen gebracht, stammte aber eigentlich aus Franken. Johann Michael wurde in Zwettl als Sohn eines landesfürstlichen Syndikus geboren und arbeitete zunächst in der Kanzlei seines Vaters. Später trat er ins Geschäft des Textilfabrikanten Michael Sallict ein und heiratete nach dessen Tod die zweiunddreißigjährige Witwe. Auch sie starb früh und hinterließ Puchberg ein beträchtliches Vermögen.

Als er Mozart kennenlernte, war er wieder verheiratet und hatte Wohnung am Hohen Markt im Hause des Grafen von Walsegg-Stuppach bezogen. Der sollte in Mozarts letzten Lebenswochen noch eine ganz besondere Rolle spielen.

Lag der Schlüssel für die vielen Rätsel etwa bei ihm oder gar beim Logenbruder Franz Hofdemel, dem Privatsekretär des Grafen Seilern?

Als einzigen, außer Puchberg, hatte Mozart in dieser Zeit auch ihn um Geld gebeten, und zwar um 100 Dukaten.

„Ich habe augenblicklich Geld vonnöten und deswegen mein Vertrauen zu Ihnen genommen, weil ich Ihrer Freundschaft gänzlich überzeugt bin", schrieb Wolfgang. Hofdemel half tatsächlich, denn seine Frau Magdalena war als hochbegabte Pianistin sehr an Lektionen bei Mozart interessiert. Offenbar aber nicht nur an solchen im Klavierspiel.

Drei Jahre später nämlich – unmittelbar nach Mozarts Tod – entstellte der vor Eifersucht rasende Sekretarius das Gesicht seiner im fünften Monat schwangeren Gemahlin mit einem Rasiermesser bis zur Unkenntlichkeit. Anschließend schnitt er sich selbst die Kehle durch und verblutete.

Hatte Magdalena Hofdemel ihrer Trauer um Wolfgang Amadeus gar zu sehr Ausdruck gegeben? Vielleicht sogar gestanden, daß er der Vater des von ihr erwarteten Kindes sei? Niemand wird diese Fragen je beantworten können. Sie stellen zusätzliche Rätsel rund um die unglücklichen letzten Jahre Mozarts dar.

Mozart und die französische Revolution

Die verwöhnte jüngste Schwester des Kaisers, Marie Antoinette, hatte einige Jahre als französische Königin am Hof von Versailles unvorstellbaren Luxus genossen. Nun aber klangen ihre Berichte nach Wien angsterfüllt und fast schon verzweifelt. Sie spürte einen gewaltigen Umsturz aller Lebensformen, stand ihm aber völlig uneinsichtig gegenüber. Ihr Gemahl, Ludwig XVI., hatte für die reformerischen Ideen seines Schwagers Joseph II. früher immer nur ein arrogantes Lächeln übrig gehabt. Nun aber sah sich das Königspaar einem Feuer aus unergründlichen Tiefen gegenüber, das es mit unzulänglichen Mitteln zu löschen versuchte.

In den vergangenen Jahren hatten sich unter den politischen Schriftstellern Frankreichs gar manche gefunden, die der Reformtätigkeit Josephs II. viel Beifall zollten. Umgekehrt ließ der sich ja teilweise auch von ihnen leiten. Die Ideen der Revolution waren nicht vom Himmel gefallen, sondern ein Produkt der geistigen Struktur des französischen Volkes. Aus dem Zusammenwirken von Naturanlagen und im Volksdenken verwurzelten Tendenzen ergab sich die unerhörte Kraft einer Massenbewegung. Sie hat nicht nur das französische Staatsgefüge, sondern die soziale Ordnung der ganzen Welt zutiefst erschüttert. Als der König die Einberufung der „Etats généreaux", der Generalstände, bewilligte, konnte er damit nichts mehr retten. Im Gegenteil, er gab damit der Revolution sogar ein legales Sprachrohr. Ein Taumel der Begeisterung, flammender Enthusiasmus und bedingungsloser Hingabe an das Vaterland erfaßte die Menschen. Am 14. Juli 1789 wurde das Pariser Staatsgefängnis, die Bastille, gestürmt.

Anschließend strömten die Aufständischen zum Schloß nach Versailles. Dem General der Nationalmiliz, Marquis Marie Joseph Lafayette, gelang es zwar, der Königsfamilie zunächst das Leben zu retten. Die Chance, die Monarchie wenigstens durch eine verfassungsmäßige Beschränkung der königlichen Gewalt zu retten, war aber längst vertan. Den Philosophen, wie Voltaire oder Rousseau, die sich als Weltbürger fühlten und sich mit ihren Lehren an die ganze Menschheit wandten, war es immer nur um die Herrschaft der Vernunft, nicht aber um die des Volkes gegangen. Was das gebildete Bürgertum vom König verlangte, war zunächst lediglich die Abstellung gewisser Mißbräuche und eine Kontrolle des Staatshaushalts durch die Stände.

Nun aber war das Faß übergelaufen, und das Volk herrschte – mit allen Konsequenzen. Der Fall der Bastille war eigentlich nur eine unbedeutende Episode, denn in den Zellen saßen in dieser Zeit hauptsächlich Geldfälscher, Sittlichkeitsverbrecher und Geisteskranke. Die Befreiung der Gefängnisinsassen ließ aber den Mythos vom Volk, das seine Ketten zerbrach, entstehen. In der Provinz richteten die Dorfpfarrer von der Kanzel herab den Dank an Gott, daß er das Land von der Knechtschaft erlöst habe. Hätten die Pfäfflein damals schon geahnt, was die Revolution „im Namen des Volkes" in den nächsten Jahren alles anstellen würde, wäre ihr Dank an den Allmächtigen wohl viel weniger inbrünstig ausgefallen.

Bei Hof in Wien betrachtete man die Unruhen zunächst als innere Angelegenheit Frankreichs, obwohl Marie Antoinette ihre Brüder Joseph II. und später Leopold II. mehrfach um Hilfe gebeten hatte.

Leopold II. schrieb ihr 1791 sogar nach Paris: „Ich habe eine Schwester, die Königin von Frankreich. Aber das Heilige Reich hat keine Schwester und Österreich hat keine Schwester. Ich darf einzig handeln, wie das Wohl der Völker gebietet und nicht nach Familieninteresse." Er war längst nicht mehr am Leben, als die Schwester und vor ihr schon Ludwig XVI. 1793 unter der Guillotine starben. Angesichts ihrer drohenden Hinrichtung hätte er sicher seine starre Haltung aufgegeben.

Beim Adel in Wien herrschte in dieser Zeit die Angst. Man wagte gar nicht mehr, sich gegen den Privilegienabbau Josephs II. aufzulehnen. In Frankreich war ja das Feudalsystem schon völlig zusammengebrochen, und man befürchtete nun ein Übergreifen der neuen Ideen von Freiheit, Gleichheit und Brüderlichkeit auf das Habsburgerreich.

Die Männer von 1789 kämpften zunächst für die Rechte des einzelnen Individuums und um eine gerechte, verfassungsmäßige Umgestaltung des Staatswesens. Bald aber verkam der ideelle Kampf zu rüdem Terror, in dem revolutionäre politische Klubs den Ton angaben. Die Cordeliers unter Danton und Marat und die Feuillants unter Lafayette waren noch einigermaßen gemäßigt, die Jakobiner hingegen, unter Robespierre, schlugen sofort einen radikalen Kurs ein. Sie hatten im Dominikanerkloster zum heiligen Jakob in der Rue St.-Honoré ihren Versammlungsort.

Der Heilige gab ihnen zwar den Namen, sicher aber nicht die Direktiven für ihre Handlungen. Diese führten bald zu blutiger Schreckensherrschaft. Man kann sich das Entsetzen konservativer Fürsten, Grafen oder Barone in den österreichischen Ländern vorstellen, als man auch hier Anzeichen für die Existenz von „Jakobinerklübchen" entdeckte. Man konnte sie noch nicht genau orten, aber man vermutete sie natürlich unter den Anhängern gewisser josephinischer Reformen und bei den Freimaurern. Die französische Revolution trat mit dem Anspruch auf, einer geknechteten Menschheit ein neues Ideal der Freiheit zu verkünden. Die alten Gewalten und Ordnungen hätten ihre Berechtigung verloren, sobald sich der Mensch seiner eigenen Würde und Kraft bewußt werde. Waren das nicht freimaurerische Grundtöne? Waren nicht Menschlichkeit, Brüderlichkeit, Toleranz und soziale Gerechtigkeit die ethischen Grundwerte jeder Logengründung?

Die französische Verfassung von 1789 definierte neue Bürger- und Menschenrechte! Das war ein alarmierender Aufruf an die ganze Welt. Sie machte das Aktivbürgerrecht von der Zahlung einer direkten Steuer abhängig, ließ Volksvertreter, Richter, höhere Geistliche und Beamte von den Bürgern wählen, schaffte Adel und Titel ab und hob Standesunterschiede auf.

Adelige Freimaurer waren angesichts des weitgehenden Gleichklangs ihrer Prinzipien mit denen der Revolution zunächst sehr verunsichert. Die bürgerlichen Logenbrüder aber – und zu denen zählte auch Wolfgang Amadeus Mozart – hatte der Ruf der Freiheit im Innersten ergriffen. Sie wurden zu freudigsten Hoffnungen getrieben und müssen den neuen Ideen mit großartigen Empfindungen gegenübergestanden sein. Denn nun sollte ja das, was in den Logen längst praktiziert wurde, auch im täglichen Leben zutreffen: Menschen unterschiedlichster sozialer Herkunft würden Brüder und Schwestern! Auch Lafayette, der Führer der Feuillants, war Freimaurer und hatte seine Grundforderung in den Tagen des Umsturzes ganz einfach formuliert: „Alle Menschen werden frei geboren und sind und bleiben gleich vor dem Gesetz." Er hatte Ludwig XVI. und Marie Antoinette vor dem wütenden Pöbel geschützt und damit auch dem Königspaar gegenüber Toleranz bewiesen.

Er verkörperte gleichzeitig die Ideen der Freimaurer und jene der Revolution. Dieser für die herrschende Klasse höchsten Form der Toleranz konnten sich nur wenige adelige Logenbrüder anschließen. So kam es zu einer fast unvermeidlichen geistigen Spaltung innerhalb des Männerbundes. Mozart gehörte eindeutig zu den Sympathisanten der Revolutionsideen. Die enttäuschenden Tage, als sich Macht- und Besitztriebe der neuen Ideale bedienten, um eine blutige Schreckensherrschaft zu errichten, hat er nicht mehr erlebt.

Die Situation innerhalb des freimaurerischen Freundeskreises war sicher mit schuld am Rückgang seiner Konzertverpflichtungen und damit seines Einkommens. Vielleicht traute man Mozart sogar zu, mit französischen Aufständischen in Verbindung zu stehen. Schließlich hatte er ja als Zweiundzwanzigjähriger über ein halbes Jahr in Paris gelebt! Zur Sicherheit distanzierten sich viele von dem manchmal recht unbequemen Komponisten.

Sollte vielleicht gar eine finanzielle Unterstützung der Wiener „Jakobinerverschwörung", deren Anführer später hingerichtet worden sind, Ursache für Mozarts ständige Geldnöte gewesen sein? Die wiederholte Bitte an Puchberg, die finanzielle Unterstützung geheimzuhalten, könnte ein Hinweis dafür sein.

Genauso würde das aber – wie schon gesagt – für eine unbekannte Mätresse sprechen, die Wolfgang Amadeus nicht preisgeben wollte. Ein geheimes Liebesabenteuer wäre aber nur ein „Kavaliersdelikt" gewesen, das niemand als besonders verwerflich angesehen hätte.

„Cosi fan tutte" – „So machen's alle" – ist nicht nur die letzte Oper, die Mozart auf Bestellung von Joseph II. gemeinsam mit da Ponte schuf. Der Titel spiegelt auch die Einstellung der Zeit zu amourösen Affären wider. Die Kammerzofe Despina meint darin: „Die schönen sich bietenden Gelegenheiten darf man niemals auslassen", und der Offizier Ferrando bestätigt sie: „Ein Herz, das sich an der Hoffnung der Liebe labt, bedarf keiner besseren Nahrung."

Anscheinend haben sowohl Wolfgang Amadeus als auch Konstanze „einige sich bietende Gelegenheiten" nicht ausgelassen. In einem Brief aus Berlin, das er 1789 gemeinsam mit dem Freimaurerbruder und Kompositionsschüler Fürst Karl Lichnowsky bereiste, schrieb er gequält: „Du solltest nicht allein auf Deine und meine Ehre in Deinem Betragen Rücksicht nehmen, sondern auch auf den Schein."

Von der gleichen Reise, etwas später aus Dresden, schrieb er dann allerdings schon wieder: „Den 1. Juni werde ich in Prag schlafen und den 4. – den 4. bei meinem liebsten Weiberl. Richte Dein liebes, schönstes Nest recht sauber her, denn mein ‚Bübderl' verdient es in der Tat, er hat sich recht gut aufgeführt und wünscht sich nichts als Dein Schönstes zu besitzen." Es gibt eine Reihe von Briefen, aus denen klar hervorgeht, daß Wolfgang sein „Weiberl" nach wie vor innig liebte. Das muß aber nicht heißen, daß er sich nicht auch um andere „schöne Nester" kümmerte.

Beispielsweise um das der Henrietta Baranius, der bildhübschen Mätresse des Preußenkönigs Friedrich Wilhelm II., die in der Berliner Aufführung der „Entführung" das Blondchen sang.

„Was treiben Sie für Zeug? Sie haben herrlich, herrlich gesungen und – damit Sie's ein andermal noch besser machen, will ich die Rolle mit Ihnen einstudieren", soll er hinter den Kulissen zu ihr gesagt haben. Niemand war bei den folgenden Studien dabei, aber der Tratsch behauptete die tollsten Dinge von Mozarts Gesangspädagogik, aber auch von seiner Liebeskunst.

Es gäbe von dieser Deutschlandreise eine Menge Anekdoten zu berichten. Unzählige Kontakte mit Künstlern, aber auch hochgestellten Persönlichkeiten des öffentlichen Lebens brachten Mozart viel Ehre.

Besonders bewegt hat ihn das Wiedersehen mit seinem mittlerweile elfjährigen Lieblingsschüler Johann Nepomuk Hummel. Der hochtalentierte junge Pianist befand sich mit seinem Vater auf einer dreijährigen Konzertreise. Als er bei einer Akademie in Dresden seinen hochverehrten Lehrer im Saal erblickte, eilte er vom Podium und flog ihm in die Arme. Das Publikum war gerührt angesichts des innigen Verhältnisses der beiden begnadeten Musiker, die sich dann auch zu einer vierhändigen Zugabe bewegen ließen.

Der finanzielle Erfolg der Reise Mozarts hielt sich aber in Grenzen. „Du mußt Dich bei meiner Rückkehr schon mehr auf mich freuen als auf das Geld", schrieb er an Konstanze.

Umso erstaunlicher ist es, daß er einen Großteil der Reiseeinnahmen sofort als Anleihe an einen Unbekannten weitergab. Hatte das vielleicht mit geheimen revolutionären Aktivitäten zu tun?

Es ist zwar in keinem der Briefe Mozarts von irgendwelchen politischen Kontakten die Rede. Konstanze wäre aber auch sicher nicht die Person gewesen, der er eine Untergrundtätigkeit im Sinne der Befreiung des menschlichen Individuums geoffenbart hätte! Schon um ihrer Sicherheit willen nicht.

Vielleicht gründete sich auch in Berlin eine Gruppierung der Jakobiner, die einer Unterstützung bedurfte? Wenn ja, dann handelte Wolfgang Amadeus ganz im Sinne der Maxime seines nur wenig älteren Freimaurerkollegen Johann Wolfgang von Goethe: „Man muß gewissen Geheimnissen, auch wenn sie offenbar werden, durch Verhüllung und Schweigen Achtung erweisen!"

Die politischen Beziehungen zwischen Preußen und Österreich, zwischen Friedrich Wilhelm II. und Joseph II. waren in den zurückliegenden Jahren nicht die besten gewesen. Der Preußenkönig zog aus manchem Mißgeschick des Kaisers seine Vorteile. Im Westen, in den österreichischen Niederlanden, hatten kirchen- und verwaltungspolitische Neuerungen zu Aufständen geführt. Im Osten gärte es ebenfalls, und überall hatte Preußen seine Hand im Spiel. Die Ungarn wollten sich sogar eines preußischen Herrschers bedienen, um die Habsburger zu entthronen! Berlin war die Drehscheibe vieler geheimer

Aktivitäten. Erst als die Flammen der Revolution schon die Fundamente europäischer Rechtsordnung angriffen, entschloß man sich an den Höfen Berlins und Wiens zu gemeinsamem Widerstand.

Sollte Mozart etwa in französischem Auftrag diese gegenrevolutionären Entwicklungen bremsen? Hätte vielleicht Fürst Lichnowsky, der Wolfgang Amadeus zu der Reise in den Norden bewogen hatte, das Geheimnis um den unbekannten Geldempfänger lösen können?

Die Frage, warum er sich nicht auch – wie so viele andere adelige Logenbrüder – von Mozart abgewendet hat, ist relativ leicht zu klären. Er war mit Komtesse Christine Thun, einer Tochter von Mozarts Gönnerin, Gräfin Wilhelmine Thun, verheiratet. Und in deren Familie war man über jeden Zweifel an Wolfgangs Loyalität erhaben.

Der Fürst stand im Offiziersrang in der preußischen Armee und mußte sich deswegen, und auch wegen seiner Besitzungen in Schlesien, gelegentlich am Potsdamer Hof blicken lassen.

Er hatte nach dem Tod Friedrichs II. dessen Nachfolger Friedrich Wilhelm II. noch nicht kennengelernt, wußte aber von seiner Vorliebe für die Musik. Haydn hatte ihm Streichquartette gewidmet, und den völlig verarmten Luigi Boccherini rettete er durch eine kleine Rente vor dem totalen Elend.

Der Fürst sah im Kontakt mit dem preußischen König eine Chance für Mozart. Einige Kompositionsaufträge hat es ja schließlich auch gegeben. Zur vielleicht insgeheim erhofften Fixanstellung am preußischen Hof kam es jedoch nicht. Ob Mozart aber eventuell während der Reise Verbindung zu revolutionären preußischen Kreisen aufnahm, kann man höchstens vermuten, niemals aber beweisen. Fürst Lichnowsky war daran bestimmt nicht direkt beteiligt. Der unbekannte Geldempfänger bleibt rätselhaft. Daß es der Fürst selbst gewesen sei, wie manchmal behauptet wird, scheint doch ziemlich paradox.

Kurz nach der Rückkehr Wolfgangs nach Wien erkrankte die zum fünften Male schwangere Konstanze an offenen Beinen und wurde zur Kur nach Baden geschickt. Das bedeutete natürlich eine zusätzliche finanzielle Belastung der Familie.

Während der Deutschlandreise Mozarts hatte sein „Weiberl" mit dem kleinen Karl Thomas in einem Haus des Grafen Walsegg-Stuppach am Hohen Markt gewohnt. Die Familie Puchberg besaß darin eine Wohnung, die sie vorübergehend zur Verfügung stellte. Aus dem Domizil in Währing waren die Mozarts längst wieder ausgezogen, da sich die große Distanz zur Stadt für die Aktivitäten des Musikers doch als sehr hinderlich erwies. Nun wohnte man in einem recht bescheidenen Quartier am Judenplatz, wo Konstanze am 16. November 1789 ihr zweites Töchterchen – Anna – zur Welt brachte. Das Kind starb jedoch unmittelbar nach der Niederkunft. Fünfmal die Mühsal von Schwangerschaft und Geburt, fünfmal die Hoffnung auf gesunden Nachwuchs und viermal die bittere Enttäuschung! Das Leben Konstanzes muß man auch unter dem Aspekt dieser leidvollen Erfahrungen betrachten.

Der Arbeitseifer und die Kreativität Wolfgangs waren in dieser Zeit wie gelähmt. Die Berliner Kompositionsaufträge gingen ihm schwer von der Hand und blieben zum Teil unvollendet. Der Versuch eines Subskriptionskonzertes in der eigenen Wohnung mißlang kläglich.

Schon wenige Wochen nach der Rückkehr aus Berlin mußte er sich wieder an Puchberg wenden: „Gott! Ich bin in der Lage, die ich meinem ärgsten Feind nicht wünsche. Und wenn Sie, bester Freund und Bruder, mich verlassen, so bin ich unglücklicher und unschuldigerweise samt meiner armen kranken Frau und meinem Kind verloren. Schon letztens, als ich bei Ihnen war, wollte ich mein Herz ausleeren, allein ich hatte das Herz nicht. Und ich hätte es noch nicht. Nur zitternd wage ich es schriftlich. Würde es auch schriftlich nicht wagen, wenn ich nicht wüßte, daß Sie mich kennen, meine Umstände wissen und von meiner Unschuld, meine unglückselige, höchst traurige Lage betreffend, gänzlich überzeugt sind.

O Gott! Anstatt Danksagungen komme ich mit neuen Bitten! Anstatt Berichtigung mit neuem Begehren! Mein Schicksal ist leider, aber nur in Wien, mir so widrig, daß ich auch nichts verdienen kann, wenn ich auch will. Ich habe 14 Tage eine Liste für Subskriptionskonzerte herumgeschickt und da steht der einzige Name van Swieten! ...

Nun kommt es bloß auf Sie an, einziger Freund, ob Sie mir noch 500 Gulden leihen wollen oder können? ...

Gottlob, es ist geschehen. Sie wissen nun alles, nehmen Sie nur mein Zutrauen zu Ihnen nicht übel und bedenken Sie, daß ohne Ihre Unterstützung die Ehre, die Ruhe und vielleicht das Leben Ihres Freundes und Bruders zugrunde geht."

Es war wie ein Aufschrei einer gequälten Kreatur. Wirklich demütigend für einen der größten Künstler, den die Welt je hervorgebracht hat.

Wußte Johann Michael Puchberg mehr von den Umständen, die Mozart in seine unglückselige Lage brachten? Nur für eine Mätresse hätte er ihm bestimmt keine weiteren 500 Gulden geliehen.

Es wird ein ewiges Rätsel bleiben, ob der Ausbruch der französischen Revolution nicht nur die Geburtsstunde eines modernen Europas war, sondern vielleicht auch das Leben eines seiner größten Genies entscheidend beeinflußte. Jedenfalls haben die neuen Ideen in der europäischen Künstlerschaft ein enormes Echo gefunden.

Von da Ponte zu Schikaneder

Am 20. Februar 1790 starb Joseph II. – noch nicht fünfzigjährig – in Wien an Tuberkulose. Er hatte sich die Krankheit wahrscheinlich in der sumpfigen Aulandschaft der Donau, während des Kampfes um Belgrad gegen die Türken, geholt. Ein zwiespältiges Leben war zu Ende gegangen.

Der Kaiser zweifelte niemals an der Richtigkeit seiner Überzeugung oder dem Wert seiner Grundsätze, aber er mußte zuletzt viele Niederlagen einstecken. Er hatte manches historische Recht zerbrochen und viele Besitzer solcher Rechte gekränkt. Er hatte private Interessen geschädigt und Idole gestürzt. Aber er handelte immer nach bestem Wissen und Gewissen und aus edler Gesinnung.

„Zuviel" und „Alles auf einmal" waren die Grundfehler seiner Reformtätigkeit, für die beim Volk einfach die notwendige geistige Aufnahmefähigkeit fehlte. Wenige Tage vor seinem Tod schrieb er noch an die mit ihm gegen die Türken verbündete Zarin Katharina II.: „Ich habe immer nur gewollt ..."

Für Mozart war das Ableben des Kaisers zu diesem Zeitpunkt ein unglücklicher Umstand. Die im Auftrag Josephs II. geschriebene Oper „Cosi fan tutte" hatte nämlich erst am 26. Januar im Burgtheater Premiere gehabt. Nun mußten die Theater natürlich sofort geschlossen werden.

Dem Stück lag eine wahre Begebenheit aus Triest zugrunde, über die in den Wiener Salons viel gesprochen worden war. Da Ponte machte ein recht frivoles Stück um Liebe und Treue daraus.

Das Publikum stand dem Spiel um die Schwestern Fiordiligi und Dorabella und ihrer Verlobten Ferrando und Guglielmo zwar zunächst etwas ratlos, dann aber doch mit mehr und mehr Vergnügen gegenüber. Nach der fünften Aufführung mußte das „komische Singspiel" wegen der dreimonatigen Staatstrauer abgesetzt werden. Mozart erhielt ein Honorar von 900 Gulden, die zu seinen Gunsten geplanten Benefizvorstellungen gab es aber aus dem genannten Grund nicht mehr. Nach fünf Aufführungen im Sommer wurde das Stück dann endgültig abgesetzt.

Für Wolfgang Amadeus wären weitere Einnahmen daraus sehr wichtig gewesen, denn er hatte ja einige Monate lang – außer an ein paar Tanzkompositionen für den Redoutensaal – nur an „Cosi fan tutte" gearbeitet.

Dreißig Jahre später hat sich Konstanze gegenüber englischen Freunden sehr negativ über den Inhalt dieser Oper geäußert. Spürte sie, daß Wolfgang Amadeus damit vielleicht die Situation der eigenen Ehe in dieser Zeit charakterisieren wollte? Sollte Konstanze etwa Fiordiligi und Magdalena Hofdemel Dorabella sein? Die Männerpartien wären dann eventuell mit Franz Xaver Süßmayr und dem Komponisten selbst zu besetzen gewesen.

Jedenfalls wurde beobachtet, daß der Herr Hofkompositeur manchmal viel länger, als zu einer Klavierstunde nötig, in der eleganten Wohnung der Hofdemels nahe des Stephansdoms weilte. Und das meist zu unschicklicher Stunde und bei Abwesenheit des Hausherrn! Gleichzeitig war Mozarts Kompositionsschüler Süßmayr sehr oft bei Konstanze in Baden. Sollte er dort nur in Ruhe des Meisters Werke komplettieren?

Eine Stelle aus einem Brief Wolfgangs an Konstanze aus der Entstehungszeit der „Zauberflöte" läßt darauf schließen:

„Ich bitte Dich, sage dem Süßmayr, dem dalkerten Buben, er soll mir vom ersten Akt, von der Introduktion an bis zum Finale, meine Spart schicken, damit ich instrumentieren kann ..."

Die Leute aber sahen das natürlich anders. Einige schworen Stein und Bein, aus dem Zimmer der Frau Mozart öfter lustvolles Gestöhne gehört zu haben.

Vielleicht war es Wolfgang Amadeus auch ganz recht, daß sie in Baden gut beschäftigt war. So konnte er sich in Wien ungestört der schönen Klavierschülerin Magdalena widmen. Sollte diese bei gelegentlichen Kontakten mit Süßmayr etwa auch bei ihm den „Odem der Liebe" verspürt haben, den Ferrando so hinreißend besingt? Dann wäre ja das amouröse Spielchen von „Cosi fan tutte" komplett gewesen.

Ansonsten gab es in dieser Zeit für Mozart nicht allzuviel zu lachen. Der neue Kaiser, Leopold II., war für ihn eine schwere Enttäuschung.

Der jüngere Bruder Josephs II. korrigierte zwar viele unpopuläre Maßnahmen seines Vorgängers. Seine Prioritäten lagen aber in der Außenpolitik, wo er in der kurzen Zeit seiner Regierung Großes leistete. Er beendete den verlustreichen Türkenkrieg und normalisierte das Verhältnis zu Preußen. An seine Schwester, Erzherzogin Marie Christine, schrieb er kurz nach dem Regierungsantritt: „Ich bin mit Arbeit überhäuft. Ich habe alles in der größten Verwirrung vorgefunden, habe niemanden, auf den ich mich verlassen oder mit dem ich mich beratschlagen könnte, verbringe seit zehn Tagen 17 Stunden täglich an meinem Schreibtisch bei der Arbeit ..."

Daß er in dieser Situation kaum an einen Musiker dachte, auch wenn es ein so genialer wie Wolfgang Amadeus Mozart war, ist verständlich. Der war aber doch sehr gekränkt über die geringe Beachtung durch das Kaiserhaus. Thronwechsel führten ja meist auch unter dem Künstlervolk zu Personalveränderungen, und so hatte man im klatschsüchtigen Wien auch diesbezüglich gespannt auf den neuen Herrscher geblickt. Es geschah aber wenig. Theater- und Konzertbesuche überließ Leopold II. hauptsächlich seiner Gattin, der geborenen Spanierin Maria Louise. Sie äußerte sich meist wenig zufrieden über die Darbietungen. Es stellte sich bald heraus, daß Mozart wohl hauptsächlich ihr seine Mißachtung bei Hofe zu verdanken hatte.

Eine Aufführung von „Don Giovanni" soll sie mit dem bissigen Kommentar „porcheria tedesca" – „deutsche Schweinerei" – bedacht haben. Obwohl es sich doch um ein italienisches Libretto handelt.

Nach solch vernichtender Kritik war es schon fast klar, daß man Mozart weder zu den Krönungsfeierlichkeiten nach Frankfurt, noch zur großen Hochzeitszeremonie für die Kaiserkinder in der Wiener Augustinerkirche einlud.

Die Erzherzöge Franz und Ferdinand wurden dabei mit den neapolitanischen Prinzessinnen Marie Therese und Louise Marie vermählt. Außerdem feierte man „per procurationem" die Verbindung der dreizehnjährigen Maria Clementine mit Franz, dem gleichaltrigen Kronprinzen von Neapel. Wie schon zu Zeiten Kaiser Maximilians I.

huldigte Habsburg dem „Tu felix Austria nube" und festigte damit seine dynastischen Beziehungen.

Es gab bei diesen Festen viele Gelegenheiten, gute Musik zu hören – doch nirgends stieß man auf Mozart'sche Klänge. Während der offenen Tafel im Redoutensaal konzertierte Salieri mit eigenen Werken und einer Symphonie von Haydn. Bei der Festvorstellung im Burgtheater gab es – wie schon früher bei einer ähnlichen Gelegenheit – „Axur" von Salieri.

Nur ein Jahr später, als Leopold II. in Prag zum König von Böhmen gekrönt wurde, spielte man – fast selbstverständlich – Mozart. Daran waren aber weder der Kaiser schuld, noch seine Gemahlin, sondern ausschließlich die Prager. Künstlerfreunde und Freimaurer hatten beim Impresario Guardasoni den Auftrag für die Krönungsoper durchgesetzt.

Er brachte zwar den Komponisten in große terminliche Schwierigkeiten – mit Hilfe Süßmayrs schaffte er aber doch noch die Fertigstellung – zwischen der „Zauberflöte" und dem Requiem, „La Clemenza di Tito", nach einem Libretto von Pietro Metastasio, wurde nicht der ganz große Wurf. Auch in Prag konnte sich der Erfolg in keiner Weise mit dem von „Figaro" oder „Don Giovanni" messen. Der Kommentar der Kaiserin war wieder dementsprechend.

Doch zurück zur Krönung Leopolds II. im September 1790. Mozart mußte mit ansehen, wie man fünfzehn Mann der Wiener Hofkapelle mit den Dirigenten Antonio Salieri und Ignaz Umlauff nach Frankfurt entsandte, ihn aber völlig ignorierte. Dabei hatte ihm Gottfried van Swieten, der auch unter dem neuen Kaiser das höfische Bildungswesen leitete, soviel Hoffnungen gemacht.

„Nun stehe ich vor der Pforte meines Glückes, verliere es auf ewig, wenn ich diesmal nicht Gebrauch davon machen kann", hatte er noch beim Regierungsantritt Leopolds II. an Puchberg geschrieben. Und dann war wieder alles wie eine Seifenblase zerplatzt.

In einer Trotzreaktion entschloß sich Mozart, auf eigene Faust nach Frankfurt zu reisen. Im Umfeld der Krönung, bei Anwesenheit von soviel Prominenz, hoffte er auf einige lukrative Konzerte. Mit seinem schon anläßlich einer Fahrt nach Prag bewährten Reisegefährten Franz Hofer, dem Mann von Konstanzes ältester Schwester Josepha, machte er sich in schon wieder optimistischer Stimmung auf den Weg. Zur Deckung der Kosten hatte Wolfgang allerdings das Tafelsilber der Familie versteigern müssen. Was sein „Weiberl", das zu dieser Zeit wieder zur Kur in Baden weilte, zur Plünderung ihres Hausstands sagte, ist nicht bekannt.

Die Freude über die Flucht aus dem grauen Alltag und über das Wiedersehen mit Stätten früherer Triumphe verflog schnell angesichts der gähnenden Leere in den Konzertsälen. Nicht nur ihm ging es so, sondern auch anderen konzertierenden Künstlern. Es war einfach zu viel los in diesen Tagen in der Krönungsstadt, und „die Leute sind hier noch mehr Pfennigfuchser als in Wien", wie er an Konstanze schrieb. Auch später, in Mannheim, Augsburg und München, wo Mozart konzertierte oder zumindest alte Freunde besuchte, lag ein Zug herbstlicher Wehmut über seinem Gemüt.

Er sehnte sich nach Konstanze. „Ich freue mich wie ein Kind zu Dir zurück. Wenn die Leute in mein Herz sehen könnten, so müßte ich mich schämen. Es ist alles kalt für mich, eiskalt. Ja, wenn Du bei mir wärest, da würde ich vielleicht an dem artigen Betragen der Leute gegen mich mehr Vergnügen finden. So ist es aber so leer ..." Das schrieb er von irgendwo unterwegs.

Die Episode des flüchtigen Liebesspiels mit vertauschten Rollen war anscheinend – zumindest von seiner Seite – wieder vorbei, oder zumindest unterbrochen. Enttäuscht, fast verzweifelt, sehnte er sich nach der Wärme des Ehebetts. „Liebe mich nur halb so wie ich Dich liebe, dann bin ich zufrieden", heißt es in einer anderen Briefstelle aus diesen Tagen. Oder war er nur so niedergeschlagen, weil er weder Konstanze noch Magdalena um sich hatte?

Anfang November ist er wieder in Wien angekommen – müde und erschöpft, aber doch wieder voller neuer Pläne. Freudig überrascht war er von einer neuen Wohnung. Konstanze war lange in Baden zur Kur gewesen, meist mit Franz Xaver Süßmayr an ihrer Seite. Ende September aber kehrte sie zurück nach Wien und ist – wohl auch mit dessen Hilfe – vom Judenplatz in die Rauhensteingasse gezogen. Endlich konnte sie dann auch Karl Thomas aus dem Internat in Perchtoldsdorf wieder nach Hause holen. Die Mozarts wären also Ende 1790 in der ansehnlichen Beletage des sogenannten „Kleinen Kayserhauses" eine richtig glückliche kleine Familie gewesen. Wenn nicht den Hausherrn gesundheitliche Probleme, vor allem aber Sorgen um die Zukunft gequält hätten.

Wolfgang Amadeus mußte total umdenken. Nach den Erfahrungen der letzten Monate war ihm einiges schmerzlich klargeworden. Vom Hofe hatte er, außer den 800 Gulden fixes Jahreseinkommen, kaum weitere Unterstützung zu erwarten. Ein sehr lukratives Angebot aus London, das er nach seiner Rückkehr vorfand, gab ihm zwar neues Selbstvertrauen, er nahm es aber letztendlich nicht an. Innerhalb eines halben Jahres hätte er dort zwei Opern schreiben und mehrere Konzerte geben sollen. Vielleicht fühlte er sich nach den gerade überstandenen Strapazen zu schwach, schon wieder auf Reisen zu gehen. Noch dazu bis nach England. Jedenfalls blieb er in Wien und mußte sich hier mit einer ganz neuen politischen Situation auseinandersetzen.

Der neue Kaiser verhielt sich in vielen Dingen vollkommen anders als sein verstorbener Bruder. Auch in seiner Einstellung gegenüber den Freimaurern. Leopold II. hatte noch als Regent der Toskana viel mit seiner Mutter Maria Theresia korrespondiert und sich von ihr beraten lassen.

Für sie war die gleichzeitige Zugehörigkeit zur katholischen Kirche und zu einer Loge unvereinbar. Es wird diesbezüglich viele abendliche Diskussionen mit ihrem „Franzl", dem Kaiser Franz Stephan von Lothringen, gegeben haben. Der war nämlich – schon lange vor der Hochzeit – Freimaurer gewesen. In Wien trat er dann der Loge „Zu den drei Kanonen" bei. Joseph II. hatte in seiner Einstellung eher zum Vater tendiert, Leopold II. übernahm jedoch kompromißlos die Ansichten der Mutter: Er stellte sich strikt gegen die Freimaurer, noch dazu als bekannt wurde, daß ihnen viele Köpfe der französischen Revolution angehörten. Einige Personalentscheidungen dieser Zeit werden dadurch vielleicht etwas verständlicher. Vor allem aber erklärt sich, daß der Stern Mozarts bei Hof nach der Inthronisation Leopolds II. stetig sank. Es wäre sonst wirklich nicht zu begreifen, daß man dem anerkannt genialen Musiker zunächst sogar die unbesoldete Arbeit eines stellvertretenden Kapellmeisters am Wiener Stephansdom verweigerte. Den Posten des Musikchefs der Kathedrale, der mit 2.000 Gulden viel besser honoriert war als Mozarts Arbeit als k.k. Kammermusikus, bekleidete der über sechzigjährige Leopold Hoffmann.

Bei seinem Ausscheiden durch Krankheit oder Tod wäre der Stellvertreter mit vollen Bezügen nachgerückt. Mozart konnte natürlich bei der Bewerbung nicht ahnen, daß ihn Hoffmann, ein anerkannter Kirchenmusiker und Instrumentalkomponist, um zwei Jahre überleben würde. So hatte es leider keine positiven Konsequenzen, daß Mozart schließlich doch die Stelle des „Adjunkt" zugesprochen erhielt. Wahrscheinlich hatte es vorher eine Anweisung des kaiserlichen Hofes an das Magistrat der Residenzstadt Wien gegeben, jede Bewerbung eines Freimaurers abzublocken. Und daß Mozart der Loge „Zur Wohltätigkeit" angehörte, war sicher auch bei dieser Behörde bekannt.

Irgendjemand muß sich dann aber bei Georg Hörl, dem Bürgermeister, für den Komponisten verwendet haben. Wenige Tage nach der Ablehnung erhielt Mozart nämlich ein Schreiben, wonach er doch Hoffmann „adjungiert" werde.

Er habe „dem Kapellmeister unentgeltlich an die Hand zu gehen, ihn ordentlich zu supplieren und in dem Falle wirklich diese Kapellmeisterstelle erledigt werden wird, sich mit dem Gehalt und all dem, was der Magistrat zu verordnen und zu bestimmen für gut finden wird, zu begnügen". Der Brief war diesmal nicht – wie die vorherige Ablehnung – nur vom Sekretär, sondern auch von Bürgermeister Hörl persönlich unterschrieben.

Das Kapellmeistergehalt von St. Stephan hätte Mozart in dieser Zeit wohl tatsächlich aller finanziellen Sorgen enthoben.

Es war rührend, mit welcher Sorgfalt er später, auf seinem Totenbett, sicherzustellen suchte, daß die Stelle des Adjunkt dann wenigstens seinem Wunschkandidaten Johann Georg Albrechtsberger übertragen würde. Man sollte seinen Tod geheimhalten, bis Albrechtsberger benachrichtigt werden konnte, „denn diesem gehöre der Dienst vor Gott und der Welt". Dieser letzte Wunsch wurde Mozart erfüllt, und der um zwanzig Jahre ältere Freund war dann tatsächlich nach dem Tode Hoffmanns noch fünfzehn Jahre als Domkapellmeister tätig. Er wurde hauptsächlich als Musiktheoretiker und später als Lehrer Beethovens bekannt.

Nicht nur für Mozart, sondern auch für einen anderen Freimaurer, nämlich Lorenzo da Ponte, begann mit dem neuen Kaiserpaar der Abstieg. Noch zur Thronbesteigung Leopolds II. hatte er einen Lobeshymnus auf den neuen Herrscher verfaßt, trotzdem wurde er bald kaum noch beschäftigt. Im Gegensatz zu Mozart folgte er dem Ruf nach England. Sieben Jahre wirkte er am Londoner Haymarket Theater. Das Glück hat ihn aber auch dort bald verlassen. Total verschuldet, konnte er sich einer Verhaftung nur durch Flucht nach Amerika entziehen. Sein Leben entwickelte sich zunächst auch jenseits des großen Teiches recht kümmerlich. Irgendwann schaffte er es aber schließlich, die Menschen in der „Neuen Welt" für seine geliebte italienische Heimat und deren Literatur zu interessieren. Er übersetzte Torquato Tasso, Dante und Lodovico Ariosto. 1825, drei Jahre vor seinem Tod, gelang ihm in New York ein vielbejubelter Triumph mit „Don Giovanni". Es war die erste Aufführung einer Mozart-Oper außerhalb Europas.

Die Stärke der Libretti da Pontes bestand im geschickten Zusammenführen komischer und tragischer Elemente, wie es ihn die venezianische Theatertradition gelehrt hatte. An der Seite Mozarts erlebte er nicht die berauschenden finanziellen Erfolge.

Er hat aber jenen kleinen „Zipfel Unsterblichkeit" erlangt, der ihn aus der Künstlerschar seiner Zeit heraushebt und den ihm auch seine strengsten Kritiker nicht absprechen können.

Mozart mußte in seinem letzten Lebensjahr ohne da Ponte auskommen, mit dem er sich künstlerisch und wohl auch menschlich fast blind verstanden hatte. Es gibt kaum schriftliche Zeugnisse dieser

Zusammenarbeit, da die beiden Künstler ihre drei großen gemeinsamen Opern in Wien und Prag in nächster Nähe zueinander schufen. Sie konnten sich beinahe auf Zuruf von Fenster zu Fenster verständigen, und manche Zeitzeugen berichten, daß sie das auch tatsächlich taten.

In das „Vakuum nach da Ponte" stieß ein Mann, dessen Naturell genau richtig war, Mozart aus beginnenden Selbstzweifeln und Anflügen leichter Depression zu letzten künstlerischen Höhen zu führen. Emanuel Schikaneder, ein Niederbayer, der eigentlich Johannes Josephus Schikeneder hieß, war 1789 gerade rechtzeitig wieder nach Wien gekommen. Mozart kannte ihn noch aus seiner Salzburger Zeit, wo er für den Betreiber einer Wanderbühne einige kleinere Einlagen komponiert hatte. Schikaneder war ein außerordentlich lebenslustiger Mann, dessen intensiver Umgang mit dem weiblichen Geschlecht eine zahlreiche Kinderschar entstehen ließ. Die wenigsten davon waren legitim, und allein für die Alimente hatte der gute Emanuel ganz schön zu arbeiten.

Wolfgang Amadeus war ja auch kein Spaßverderber, und so ist es bei den Einladungen Schikaneders, wo viele Künstler und Freimaurer mit ihren Damen verkehrten, oft recht lustig zugegangen.

Hätte man Mozart so viele uneheliche Kinder nachsagen können wie seinem neuen Freund, wären wenigstens seine permanenten Geldschwierigkeiten besser zu erklären gewesen. Der Musiker versuchte aber immer wieder, Leben in seinem eigenen Nest entstehen zu lassen, und so war Konstanze zum sechsten Male schwanger.

Schikaneder war nicht nur ein guter Liebhaber, Komödiant, Possenreißer, Textdichter und Sänger. Er war auch ein Unternehmer, der kein Risiko scheute und sich bietende Gelegenheiten sofort beim Schopf packte. Er hatte sich vor einigen Jahren von seiner Gattin getrennt. Eleonore Schikaneder lebte daraufhin in Wien mit einem recht begüterten Freund namens Johann Friedel zusammen.

Gemeinsam mit ihm betrieb sie das neuerrichtete Theater im Freihaus auf der Wieden. Völlig überraschend starb dann aber Friedel. Er hinterließ ihr zwar ein nicht unbeträchtliches Vermögen, sie war aber mit der Führung des Theaters total überfordert. In ihrer Not wandte sie sich an ihren früheren Ehemann, der gerade in Regensburg tingelte. Er erkannte sofort die Riesenchance und eilte nach Wien. Die Versöhnung mit seiner Exfrau war nur eine Formsache. In den Logenbrüdern Joseph von Bauernfeld und Bartholomäus Zitterbarth fand er zusätzliche Geldgeber und konnte schon im Sommer 1789 ein vollkommen renoviertes Theater auf der Wieden wieder eröffnen.

Zwölf Jahre später erfüllte er sich sogar mit Hilfe von Zitterbarth den Lebenstraum eines Theaterneubaues. In der Nähe des Naschmarktes entstand das „Theater an der Wien", wo im November 1805 Beethovens „Fidelio" seine Uraufführung erlebte. Schikaneder hatte die Oper für sein neues Theater in Auftrag gegeben.

Mozart fühlte sich wohl im Schikaneder'schen Freundeskreis. Hier gaben nicht Fürsten oder Grafen den Ton an, sondern Künstler, vor allem Sänger und auch Komponisten, wie Franz Xaver Gerl oder Benedikt Schack. Sie alle waren Freimaurer, und über ihnen stand als großes Vorbild der Meister der Loge „Zur wahren Eintracht", Ignaz von Born.

Er erbrachte als Mineraloge und Hüttenfachmann hervorragende Leistungen, war aber vor allem eine faszinierende und charismatische Persönlichkeit. In ihm und Schikaneder sah Mozart plötzlich die Spannungen, Gegensätze und Extreme von Opernfiguren. Er hatte Vorbilder für den Sarastro und den Papageno seiner „Zauberflöte" gefunden. Sie würden die Musik in der letzten Phase seines Lebens noch einmal zu strahlendem Leuchten bringen. In der verborgenen Ordnung seiner Welt sollte schließlich das Gute siegen. Vielleicht über die Kaiserin Maria Louise, in der er möglicherweise die „Königin der Nacht" gesehen hat.

Das Vermächtnis der „Zauberflöte"

Für eine kurze Zeit schien es so, als ob Schikaneder mit seiner Flöte Mozart tatsächlich verzaubert hätte. Zunächst äußerte der Komponist zwar Bedenken: „Wenn wir ein Malheur haben, kann ich nichts dazu, denn eine Zauberoper habe ich noch nicht komponiert." Bald aber nahm ihn die Mischung aus Märchen, Mysterienspiel und Volksstück vollkommen gefangen. Er fand darin seine Vorstellungen von Musiktheater, von den großen menschlichen Themen auf wunderbare Weise angesprochen. Die Arbeit an diesem unvergleichlichen Werk, das auch nach 200 Jahren noch Spitzenreiter auf den Musikbühnen des deutschsprachigen Raumes ist, gestaltete sich wie Mozarts ganzes Leben. Geradezu euphorische Phasen wechselten mit tiefer Niedergeschlagenheit. Schließlich setzte sich aber bis kurz vor dem traurigen Ende immer wieder der Optimismus durch. Die „Zauberflöten"-Musik ist eine Weissagung von der Unzerstörbarkeit des Guten im Menschen. Es stimmt optimistisch für die Zukunft unserer Gattung, daß ein Mann, der schon die Schatten des Todes über sich spürt, noch so viel Fröhlichkeit zum Ausdruck bringen kann.

Sein ganzes Umfeld hatte Anteil daran, daß er im Frühsommer 1791 noch einmal in richtige Hochstimmung geriet. Konstanze war in Baden gut untergebracht, und die Kuren im Antonsbad zeigten Erfolg. Wolfgang Amadeus konnte darüberhinaus ziemlich sicher sein, daß sie diesmal nicht auf Abwege geriet, denn ihre sechste Schwangerschaft war schon sehr weit fortgeschritten. Er aber wurde in seinem Gartenhäuschen, das ihm Schikaneder in einer grünen Ecke des Freihauskomplexes errichten lassen hatte, von dessen gesamtem Ensemble umsorgt. Er hatte – wenn gewünscht – alle zukünftigen Darsteller seiner Figuren um sich, und so konnte manche schwierige Stelle sofort geprobt werden.

Das hölzerne „Salettl", wie man in Wien zu so einem kleinen Bauwerk sagt, bot mit seinen zwei Sprossenfenstern, den rotkarierten Vorhängen und den buntbepflanzten Blumenkästen ein geeignetes Ambiente für ein Zauberspiel. Jedenfalls ein besseres als die eher düstere Wohnung beim Stephansdom.

Dort allerdings lockte in unmittelbarer Nachbarschaft, in der Grünangergasse, die „Muse" Magdalena Hofdemel.

Die Frage, die Schikaneder dem Mohren Monostatos in den Mund legte, könnte Mozart als Aufforderung zu einem kleinen Seitensprung verstanden haben: „Alles fühlt der Liebe Freuden, schnäbelt, tändelt, herzt und küßt. Und ich sollt' die Liebe meiden?" Konstanze hat er mit vielen Briefen beruhigt: „Ich kann Dir nicht sagen, was ich darum geben würde, wenn ich, anstatt hier zu sitzen, bei Dir in Baden wäre. Aus lauter Langeweile habe ich heute von der Oper eine Arie komponiert. Es fliegen 2999 und ein halbes Busserl von mir, die aufs Auffangen warten."

Er hat ihr aber nicht nur geschrieben, sondern sie auch hie und da in Baden besucht. Meist holte er dann den kleinen Karl Thomas im Internat in Perchtoldsdorf ab und nahm ihn mit zu seiner Mutter. Anscheinend war die sich aber der Treue ihres Wolferls doch nicht so ganz sicher. Irgendjemand muß ihr zugetragen haben, daß der Herr Gemahl gelegentlich auswärts übernachte. Und zwar nicht im Gartenhäuschen auf der Wieden! Auf ihre diesbezügliche, in einem Brief gestellte Frage antwortete er: „Wo ich geschlafen habe? Zu Hause, versteht sich!"

Vielleicht war aber Franz Hofdemel als Privatsekretär des Grafen von Seilern mit seinem Dienstherrn gelegentlich auch über Nacht unterwegs, und der Musikus besuchte dann einfach die schöne Magdalena. Natürlich hauptsächlich, um mit ihr Klavier zu spielen. Daß man sich zwischendurch auch einmal auf dem Sofa ausruhte, dafür mußte ja eigentlich Jedermann Verständnis haben. Und daß es sich die heißblütige Pianistin bei der Schwüle des Sommers etwas luftig machte, war ja auch einleuchtend.

Mitte Juli holte Mozart seine hochschwangere Gattin aus Baden zurück nach Wien. Dem dortigen Chorleiter Anton Stoll, der für gute und preiswerte Unterbringung Konstanzes gesorgt hatte, widmete er aus Dankbarkeit das wunderbare „Ave verum" (KV 618). Es war während eines Besuches im Juni in der Kurstadt entstanden.

Am 26. Juli 1791 brachte Konstanze in der Rauhensteingasse Franz Xaver Wolfgang, ihren jüngsten Sohn, zur Welt. Ängstlich beobachtete sie in den ersten Wochen jede Regung des Babys. Sie zweifelte auch, ob es richtig gewesen war, wieder Herrn von Trattner um die Patenschaft zu bitten.

Dies hatte ja bisher – außer bei Karl Thomas – immer schlecht geendet. So betrachtete sie es fast als gutes Omen, daß Johann Thomas von Trattner zwar wieder Pate wurde, sich aber bei der sakralen Handlung im Stephansdom aus gesundheitlichen Gründen durch den Buchhändler Michael Klorf vertreten lassen mußte.

Für den neuen Erdenbürger standen die Sterne zunächst anscheinend günstig. Er sollte als Musiker der Dynastie Mozart noch einige Ehre machen. Letztendlich vermochte er jedoch die Bürde seines großen Namens nicht zu ertragen und zerbrach an dem Bewußtsein, den Vater bei weitem nicht erreicht zu haben.

Wolfgang Amadeus durchlebte im Geburtsmonat seines Sohnes und in den Wochen danach ein Wechselbad der Gefühle. Einerseits versetzte ihn die Arbeit mit dem Schikaneder-Ensemble im „Zauberflötenhäuschen" immer wieder in Hochstimmung. Andererseits fühlte er sich zeitweise gesundheitlich schon sehr schlecht und wurde durch zwei völlig unterschiedliche Ereignisse stark abgelenkt.

Einmal mußte er die Krönungsoper „La clemenza di Tito" für Prag fertigstellen und auch zur Uraufführung dorthin reisen. Dann aber traf ihn ein ganz überraschender Auftrag wie ein Blitz aus heiterem Himmel und belastete in schrecklicher Weise sein in dieser Zeit sowieso recht labiles Gemüt. Er sollte ein Requiem komponieren!

Anscheinend war die Wohnungstür offen gewesen, denn plötzlich stand ein ihm völlig fremder Mann im Raum. Dessen fahles Gesicht mit den tiefliegenden Augen war Mozart unheimlich, und er erschrak zutiefst. Der Unbekannte bot beste Bezahlung und verlangte, ohne jede Verzögerung die Komposition einer Totenmesse! Später hat sich die Geschichte recht harmlos und ohne jedes „Gegrusel" aufgeklärt. Für den total überarbeiteten und übernervösen Mozart war es aber klar, daß er einem Vorboten seines eigenen Todes gegenübergestanden hatte.

Ein erschütternder Brief, den er im September 1791 an Lorenzo da Ponte schrieb, schildert den Zwang, unter den er sich plötzlich durch den unbekannten Boten gesetzt fühlte. Sein ehemaliger Librettist hatte ihn zur Übersiedlung nach London bewegen wollen, wo er gute Chancen für gemeinsame Arbeit sah. Da Ponte erhielt folgende Antwort:

„Ihren Rat möchte ich gerne befolgen, aber wie soll ich das anstellen? Mein Kopf ist benommen, ich sinne mit Mühe, aber das Bild des Unbekannten will mir nicht aus den Augen. Dauernd sehe ich ihn vor mir, er bittet mich, drängt mich und ungeduldig verlangt er die Arbeit von mir. Ich setze sie fort, weil das Komponieren weniger ermüdet als das Nichtstun. Im übrigen habe ich nichts mehr zu befürchten. Ich fühle aus meinem Zustand, daß die Stunde schlägt. Ich bin im Begriff, mein Leben auszuhauchen. Mein Ende ist da, ehe ich mein Talent nützen konnte. Und doch war das Leben so schön, die Laufbahn begann unter so glücklichen Vorzeichen. Aber man kann sein Schicksal nicht ändern. Keiner kann seine Tage zählen, man muß sich abfinden. Es wird geschehen, was die Vorsehung bestimmt. Ich schließe. Vor mir liegt mein Totengesang. Ich darf ihn nicht unvollendet lassen."

Nichts mehr war zu spüren von der ausgelassenen Stimmung, die ihn oft im „Zauberflötenhäuschen" erfaßt hatte, nichts von Freude über den kleinen Sohn, nur mehr Ergebenheit in ein unvermeidliches Schicksal.

Krönungsfeierlichkeiten in Prag, „Zauberflöte" und Requiem – die letzten Monate waren genauso kontrastreich wie sein ganzes Leben. Er ist oft vor schwerste Prüfungen gestellt worden und hat sie mit seinem unerschütterlichen Lebensmut fast immer gemeistert. Nur dem Mann mit der Sense mußte er sich schließlich, viel zu jung, ergeben. Aber wie wir aus seinem letzten Brief an den Vater nach Salzburg wissen, hatte der Tod für ihn nichts Abschreckendes, sondern als wahrer Endzweck unseres Lebens viel Beruhigendes und Tröstliches.

Nur so ist es zu verstehen, daß er immer wieder aus der düsteren Stimmung des Requiems herausfand zu Papagenos Fröhlichkeit. Den Sieg des Lichtes über die Mächte der Finsternis, den Triumph Sarastros über die Königin der Nacht hat er der Menschheit als sein Vermächtnis hinterlassen: „Die Strahlen der Sonne vertreiben die Nacht", heißt es im wunderbaren Finale.

Am 30. September 1791 leitete Mozart selbst die Uraufführung der „Zauberflöte" im „Freihaustheater" auf der Wieden. Dessen Direktor, Emanuel Schikaneder, war ein köstlicher Papageno, Josepha Hofer, Konstanzes älteste Schwester, sang die Königin der Nacht.

Auf dem Theaterzettel konnte man lesen: „Herr Mozart wird aus Hochachtung für ein gnädiges und verehrungswürdiges Publikum und aus Freundschaft gegen den Verfasser des Stücks das Orchester heute selbst dirigieren. Die Bücher von der Oper, die mit zwei Kupferstichen versehen sind, wo Herr Schikaneder in der Rolle als Papageno nach wahrem Kostüm gestochen ist, werden bei der Theater-Kassa für 30 Kreuzer verkauft. Die Eintrittspreise sind wie gewöhnlich."

Das Publikum verhielt sich zunächst reserviert. Doch schon bald sprang der Funke über, und man schrie sich vor Begeisterung die Kehlen heiser. Schon in der ersten Pause sang und pfiff man die Arie des Papageno: „Der Vogelfänger bin ich ja, stets heiter, lustig, hopsasa ... "

Im Ensemble hatte vor der Aufführung eine unbeschreibliche Spannung geherrscht, die jeden Akteur zu Höchstleistungen anspornte. Als sich dann nach dem gewaltigen Schlußchor der Vorhang senkte und frenetischer Beifall auf die Bühne drang, lagen sich alle in den Armen. Mozart selbst ließ erschöpft den Taktstock sinken und den Jubel über sich hinwegbrausen. Er genoß zunächst still seinen Triumph, doch die lauten „Maestro"-Rufe sagten ihm, daß nun auch er sich gemeinsam mit den Akteuren verbeugen müsse. Das Toben des Publikums steigerte sich zum Orkan, und einige jüngere Leute sprangen vor Begeisterung sogar auf die Sitze.

In den Aufführungen der folgenden Tage steigerte sich der Beifall noch – wenn das überhaupt möglich war –, und das alles wirkte wie Medizin auf den Zustand des Komponisten. Auch die finanziellen Sorgen waren plötzlich wie weggeblasen. 900 Gulden für den „Titus", 450 für die „Zauberflöte" und ein vielleicht noch höherer Betrag für das Requiem ließen ihn wieder aus dem Vollen schöpfen. Vergessen waren die Bettelbriefe an Puchberg, vergessen die triste Stimmung, die sich im Schreiben an da Ponte ausgedrückt hatte.

Konstanze war bald nach der umjubelten Premiere wieder nach Baden gereist. Diesmal sogar mit einer Kammerzofe und dem Baby. Schon nach wenigen Tagen schrieb ihr Wolfgang optimistisch:

„Die Oper geht gut, die Arbeit am Requiem schreitet voran. Komm nur gut ins nächste Jahr, dann wird England die große Wende bringen, dann sind alle Schwierigkeiten überwunden ..."

Noch im Sommer hatte er während eines Praterspazierganges mit Konstanze davon gesprochen, daß ihm jemand Gift gegeben haben müsse, so schlecht fühle er sich.

„Wahrscheinlich ‚Aqua Toffana', denn dieses Zeug soll ja langsam und schleichend wirken ..."

Das genannte Gemenge aus Arsen, Antimon und Bleioxid war damals sehr in Mode. Die Giftmischerin Toffana di Andamo aus Sizilien hatte es „erfunden", um einigen reichen Römerinnen zur unauffälligen Beseitigung ihrer senil gewordenen Ehemänner zu verhelfen. Der Erfolg war durchschlagend gewesen. Vor allem waren die Verbrechen ohne Autopsie kaum nachweisbar, denn die Symptome gleichen denen schwerer rheumatischer Erkrankungen. Hätte sich nicht eine der reizenden Damen damals verplappert, wäre die Angelegenheit wahrscheinlich nie bekannt geworden. So aber erlangte der tödliche Cocktail Berühmtheit und brachte auch Mozart auf trübe Gedanken. Konstanze konnte sie ihm während der sommerlichen Promenade kaum ausreden. Nun aber war das alles vergessen.

Der Erfolg der „Zauberflöte" hatte aus ihm wieder einen lustigen und lebensfrohen Menschen gemacht. Mittags speiste er meist im Gasthaus „Zur Silberschlange". Zwischendurch komponierte er für seinen Freund Anton Stadler an einem wunderbaren Klarinettenkonzert (KV 622), und abends ging er fast immer ins „Freihaustheater". Dort wurde er angesichts des großen Erfolges manchmal so übermütig, daß er sich zu Scherzen mit den Akteuren hinreißen ließ. In einem Brief an Konstanze las sich das dann so: „Bei der Arie des Papageno mit dem Glockenspiel ging ich auf das Theater, weil ich heute so einen Trieb fühlte, es selbst zu spielen. Da machte ich nun den Spaß, wie Schikaneder einmal eine Pause hat, so machte ich eine Arpeggio.

Er erschrak, schaute in die Szene und sah mich. Als er das zweitemal kam, machte ich es nicht. Nun hielt er und wollte gar nicht mehr weiter. Ich erriet seinen Gedanken und machte wieder einen Akkord. Dann schlug er auf das Glöckchenspiel und sagte: ‚Halts Maul!' Alles lachte dann. Ich glaube, daß viele durch diesen Spaß erst erfuhren, daß er das Instrument nicht selbst schlägt."

Der Erfolg der „Zauberflöte" war Mozarts letzte große Freude. Er lud oft Gäste in seine Loge im „Freihaustheater" ein und beobachtete dann deren Reaktionen.

Der später häufig mißverstandene und geschmähte Text Schikaneders kam bei den meisten Zeitgenossen gut an. Selbst Geheimrat Goethe rühmte und bewunderte ihn. Der eine oder andere konnte aber auch damals schon wenig anfangen mit den Mysterien dieses Märchens. Wolfgang Amadeus stellte fest, daß es nur jenen wirklich verständlich war, die sich auch als Erwachsene etwas vom kindlichen Gemüt erhalten hatten.

Am 13. Oktober holte er seinen Konkurrenten Antonio Salieri mit dessen Mätresse, der Sängerin Caterina Cavalieri, in seine Loge. Sie waren voll des Lobes. „Du kannst nicht glauben, wie sehr ihnen nicht nur meine Musik, sondern auch das Buch und alles zusammen gefiel. Sie sagten: ‚Eine Opera, würdig bei der größten Festivität vor dem größten Monarchen aufzuführen und wir werden sie sehr gewiß oft sehen, denn wir haben noch kein schöneres und angenehmeres Spektakel gesehen.' Er hörte und sah mit aller Aufmerksamkeit, und von der Sinfonie bis zum letzten Chor war kein Stück, welches ihm nicht ein Bravo oder Bello entlockte."

So schrieb Mozart danach an Konstanze nach Baden.

Es herrschte eine Harmonie zwischen den beiden Musikern, die eigentlich jeden später aufgekommenen Gedanken über Salieris dubiose Verwicklung in Mozarts Tod ad absurdum führte. Man hat dem Komponisten des „Axur" sicher jahrzehntelang Unrecht getan.

Auch die Schwiegermutter Cäcilia Weber und Söhnchen Karl Thomas, das er aus Perchtoldsdorf abgeholt hatte, waren einen Abend im Theater. „Bei der Mama wirds wohl heißen, die schaut die

Oper, aber nicht, die hört die Oper", äußerte sich Wolfgang etwas geringschätzig über deren Musikverständnis. „Das Büchl hat ihr schon vorher der Hofer zu lesen gegeben."

Mozarts Hochstimmung hielt noch bis in den November hinein an. Zur Eröffnung des neuen Tempels der Freimaurerloge „Zur neuge-krönten Hoffnung" dirigierte er seine Kantate „Laut verkünde unsere Freude" (KV 623), deren Text Schikaneder verfaßt hatte.

Das Werk wurde ursprünglich für zwei Tenöre, Baß und Orchester geschrieben, erhielt aber dann noch einen Anhang für Männerchor. Und gerade dieser Chor ist heute jedem Österreicher bekannt.

Nach seiner Melodie singt man nämlich seit 1945: „Land der Berge, Land am Strome, Land der Äcker, Land der Dome." Bei „Heimat bist Du großer Söhne" dachte Paula von Preradovic, die Textdichterin, wohl in erster Linie an ihn, den großen Sohn Salzburgs, der in seinen zehn Wiener Jahren alle Höhen und Tiefen des Künstlertums durchlebt hat.

Vielleicht ist er uns bis heute deshalb so nahe geblieben, weil wir oft des Trostes bedürfen, den seine Musik so reichlich zu spenden vermag.

Die „Freimaurerkantate", die später zur Hymne seines Vaterlandes wurde, verzeichnete Mozart mit dem Datum 15. November 1791, als letzte Eintragung in seinem exakt geführten Werkeverzeichnis.

Requiem für eine Gräfin

Der Freimaurer Franz Graf Walsegg-Stuppach war zwar erst 28 Jahre alt, aber er residierte bereits in einem herrschaftlichen Schloß an der Grenze Niederösterreichs zur Steiermark. Darüberhinaus hatte er in Wien am Hohen Markt ein Stadthaus geerbt, das der Mozartfreund und Gönner Michael Puchberg mit seiner Familie bewohnte.

Konstanze kannte dessen Wohnung gut, hatte sie doch während der Berlinreise Wolfgang Amadeus' im Frühjahr 1789 vorübergehend dort logiert.

Der Graf war ein großer Musikfreund, spielte mehrere Instrumente und veranstaltete in seinem Schloß oft Konzerte und sogar Theateraufführungen. Bei letzteren hatte auch die Dienerschaft mitzuwirken – ob sie wollte oder nicht. Für die Mitglieder der Familie wurden aber stets besonders reizvolle Rollen ausgesucht. Die jungen Cousinen des Grafen und dessen bildhübsche, noch sehr junge Gemahlin Anna, eine geborene Edle von Flammberg, hatten immer besonders viel Spaß an frivolen Komödien. Wenn sie in ihren hochgeschnürten Miedern, aus denen ansehnliche „Kugerln" fast herauspurzelten, die jungen Adeligen aus den umliegenden Gütern zu verführen hatten, war das Gekicher groß. Der Hausherr zeigte sich bei diesen Gelegenheiten sehr tolerant, und so durfte auch seine Anna manch feurigen Liebhaber fest ans bebende Herz drücken. Franz von Walsegg liebte seine Frau innig, war aber – trotz der Vorliebe fürs Theater – eher ein introvertierter Typ. Sein persönliches Interesse galt mehr der Musik, und er bewunderte die außerordentliche Kreativität seines nur ein paar Jahre älteren Logenbruders Mozart. Den hatte er näher kennengelernt, als – gemäß Anordnung Josephs II. – aus verschiedenen kleineren Freimaurervereinigungen die Sammelloge „Zur ungekrönten Hoffnung" gebildet wurde. Der gehörten sie nun beide an, und der Graf lauschte immer hingerissen den Mozart'schen Werken, die man gelegentlich im Tempel spielte. Er beneidete den Komponisten um die Fähigkeit, zu jedem Anlaß den richtigen Ton zu treffen. Die „Maurerische Trauermusik", die seinerzeit anläßlich des Ablebens zweier adeliger Logenbrüder gespielt worden war, hatte ihn besonders beeindruckt. Die Erinnerung daran brachte ihn nun, in den dunkelsten Stunden seines Lebens, auf eine etwas sonderbare Idee.

Mitten aus ihrem blühenden und sorglosen Leben heraus, nach einem Faschingsfest, war nämlich die blutjunge Gräfin an den Folgen einer Fehlgeburt verstorben. Alles fröhliche Treiben war über Nacht tiefer Trauer gewichen, und Franz von Walsegg wirkte auf seine Umgebung wie versteinert. Nie wieder sollte im Schloß Stuppach über Komödien gelacht werden.

Als sich der Gutsnachbar Anton Leitgeb zu einem Kondolenzbesuch dort einfand, traf er in der Halle auf Michael Puchberg, den Mieter des Walsegg'schen Stadthauses. Der Textilfabrikant war ja selbst schon zweimal verwitwet gewesen, bevor er seine dritte Frau Anna Eckart ehelichte. Die hatte ihm vor kurzem den kleinen Xaver geschenkt. Die Vorstellung, daß auch die komplizierte Schwangerschaft seiner jungen Frau so schrecklich hätte enden können, steigerte das Mitgefühl für den Logenbruder.

Anton Leitgeb betrieb nicht nur in der Stuppach'schen Nachbarschaft am Semmering einige Gipsfabriken, sondern hatte auch ein Studium der Rechtswissenschaften absolviert. Als Sohn des früheren Wiener Bürgermeisters Andreas Leitgeb war ihm eine für Familien gehobenen Niveaus typische Erziehung zuteil geworden. Auch musische Elemente hatten dabei nicht gefehlt. Er spielte mehrere Instrumente und war in den Hauskonzerten auf Schloß Stuppach ein stets gerngesehener Mitwirkender.

Seine fahle Gesichtsfarbe, die tiefliegenden, kleinen Augen, eine spitze Nase und schmale, blutleere Lippen ließen ihn aber sehr düster erscheinen und machten ihn nicht unbedingt zu einem Liebling der Damenwelt. In den Walsegg'schen Theaterstücken waren ihm meist die Rollen unleidlicher Erbonkeln, listiger Spione oder auch heimtückischer Bösewichte zugefallen. Dabei war er im Grunde ein herzensguter Mensch. Dies hatte zu seinem Glück die weltgewandte Margarete von Rizzi erkannt, und deshalb lebte er mit ihr seit langem in einer sehr harmonischen Ehe. Sie ergänzten sich sehr gut, die kommunikationsfreudige, hübsche junge Frau und ihr sehr verschlossen, oft sogar abweisend wirkender Gemahl. Ganz bestimmt ist es Margarete gewesen, die zu einem möglichst schnellen Besuch beim trauernden Nachbarn gedrängt hat. Zumal Anton Leitgeb entsprechend seiner juridischen Kenntnisse bei der Erledigung vieler Formalitäten behilflich sein konnte.

Als Logenbrüder kannten sich Puchberg und Leitgeb natürlich, und so beratschlagten sie nun, während der Wartezeit in der Empfangshalle des Schlosses Stuppach, wie man den jungen Witwer trösten könnte. Die Musikliebe des Grafen war allgemein bekannt. Da auch dessen verstorbene Gemahlin besonders für Chormusik geschwärmt und sich seinerzeit zur Hochzeit sogar Mozarts Krönungsmesse gewünscht hatte, kam Puchberg eine Idee.

„Der Maestro Mozart ist mir außerordentlich verbunden. Ich könnte ihn bestimmt – trotz Terminschwierigkeiten – zur kurzfristigen Komposition eines Requiems für die Gräfin bewegen."

„Ich bin fast sicher, daß es – nach einem gewissen Abstand von dem schrecklichen Ereignis – dem Grafen ein Bedürfnis sein wird, die Verstorbene durch eine festliche Totenmesse zu ehren", sagte Anton Leitgeb.

„Wahrscheinlich wird ab nun hier sowieso nur noch sehr ernste Musik gespielt werden."

Als der Graf schließlich erschien, nahm er die Beileidsbekundungen einigermaßen gefaßt entgegen, äußerte sich jedoch nicht zu Puchbergs Vorschlag bezüglich eines Requiems. Anscheinend hat den Herrn von Walsegg die Angelegenheit aber doch mehr beschäftigt, als er sich zunächst anmerken ließ.

Gräfin Anna war längst in der Familiengruft beigesetzt worden, und nach vier Monaten hatte sich das Leben im Schloß wieder einigermaßen normalisiert. Der Witwer organisierte zwar keine Theateraufführungen mehr, war aber entschlossen, dem Andenken seiner geliebten Frau ein besonderes Ereignis zu widmen. Ein eigenes Chorwerk wollte er komponieren, das vor dem Adel und den bürgerlichen Honoratioren der Gegend festlich aufgeführt werden sollte. Dem

Musikstück müßte seine bis in alle Ewigkeit andauernde Verbundenheit mit der teuren Toten zu entnehmen sein. Er hatte schon einige Versuche dazu unternommen, war aber über dilettantische Ansätze nicht hinausgekommen. Auch als gutem Musiker fehlte es ihm für ein so anspruchsvolles Werk einfach an schöpferischer Begabung. Immer wenn er recht mutlos den Federkiel wieder aus der Hand legte, fielen ihm die Worte Puchbergs ein: „Maestro Mozart wäre bestimmt kurzfristig zur Komposition einer Totenmesse bereit", hatte der gesagt. Die wäre dann bestimmt ebenso großartig wie die Maurerische Trauermusik. Aber eben von Mozart und nicht vom Grafen von Walsegg!

Er könnte sie ja aber wenigstens dirigieren. Als er sich gerade entschlossen hatte, Herrn Puchberg um Vermittlung des Auftrags an Wolfgang Amadeus Mozart zu bitten, kam ihm eine Idee.

Er ließ sofort anspannen und fuhr ins benachbarte Schottwien am Semmering. In der dortigen Gipsfabrik hoffte er, deren Chef Anton Leitgeb anzutreffen. Er hatte Glück. Der Industrielle war erfreut über den Besuch des Grafen und sehr gespannt auf dessen Anliegen.

„Habt Ihr jemals den Maestro Mozart persönlich kennengelernt?" fragte der auch gleich nach einer kurzen Begrüßung. „Nein, aber Euer Mieter Michael Puchberg kennt ihn doch sehr gut. Er könnte jederzeit vermitteln, wie es Euch ja selbst vor einiger Zeit angeboten hat."

„Den Puchberg möchte ich aber in dieser Angelegenheit nicht bemühen. Mir geht es gerade um jemanden, den Mozart nie gesehen hat." „Damit kann ich Euer Gnaden allerdings dienen", antwortete Leitgeb ziemlich verständnislos.

Es dauerte lange, bis der Graf in verdrechselten Worten, umständlich und verlegen, sein Anliegen formuliert hatte. Endlich war es heraus: Er wollte den verehrten Musiker anonym um die Komposition einer Totenmesse bitten und diese später als sein eigenes Werk zu Ehren Annas aufführen lassen! An den Überbringer des Auftrags stellte er ganz besondere Ansprüche. Er mußte absolut vertrauenswürdig und verschwiegen sein. Darüberhinaus durfte ihn Herr Mozart noch niemals von Angesicht zu Angesicht gesehen haben.

Franz von Walsegg wußte von Puchberg, daß es um die ökonomische Situation des Komponisten nicht immer zum besten stand. Er wollte ihm deshalb ein Honorar bieten, das eine Ablehnung von vornherein ausschloß.

Anton Leitgeb fühlte sich sehr geschmeichelt, daß der weithin angesehene und geachtete Graf nur ihn für geeignet hielt, diese schwierige Mission auszuführen. So kam es, daß die hagere und tatsächlich etwas unheimlich wirkende Gestalt des Bürgermeistersohnes für Mozart zum Todesboten wurde. Hätte Leitgeb geahnt, welch schreckliche Visionen sein Erscheinen beim bereits kranken Meister der Töne auslösen würde, wäre er niemals in die Rauhensteingasse gegangen.

So aber hat Graf Franz von Walsegg-Stuppach, gemeinsam mit dem „unheimlichen Boten" Anton Leitgeb, für Stoff unzähliger Legenden um den todkranken und zeitweise bereits sehr depressiven Mozart gesorgt.

Die beiden Herren ließen zu Lebzeiten nichts über ihre geheime Abmachung verlauten. Das Requiem wurde tatsächlich als „Requiem composito del conte Walsegg" am 14. Dezember 1793 in Wiener Neustadt unter Leitung des Grafen aufgeführt. Er hatte die Originalpartitur eigenhändig abgeschrieben.

„Vor mir liegt mein Totengesang. Ich darf ihn nicht unvollendet lassen", hatte Mozart im September 1791 an da Ponte geschrieben. Er schaffte es nicht mehr. Beim „Lacrimosa" entfiel ihm die Feder. Über die Vollendung des Requiems durch Joseph Eybler und schließlich Franz Xaver Süßmayr wird noch zu sprechen sein. Die genauen Zusammenhänge sind erst viel später durch Aufzeichnungen Konstanze Mozarts bekannt geworden. Es ist schließlich sogar noch mit dem Grafen von Walsegg zu einem Streit um die Autorenrechte gekommen.

„*Lacrimosa dies illa*"

Es war das besondere künstlerische Anliegen Mozarts, die Phantasie der Menschen anzuregen. Kaum eine seiner Opernfiguren ist realistisch, immer läßt er uns Spielräume zu eigener Interpretation. Soll Sarastro tatsächlich die charismatische Gestalt des Ignaz von Born sein? Oder ist er einfach die Verkörperung des Guten im Menschen und der Mohr Monostatos oder die Königin der Nacht das Gegenteil. Es ging dem Komponisten darum, Gegensätze aufzubauen, um schließlich deren befreiende Auflösung zu ermöglichen. Ob daraus eventuell auch ein innerer Zwang entstand, der den Menschen Wolfgang Amadeus beherrschte?

Man könnte viele Beispiele aus seinem Leben dafür anführen. Das oft gespannte Verhältnis zum dominanten Vater und die endgültige Versöhnung mit jenem letzten, tröstlichen Brief nach Salzburg. Die Ablehnung der klerikalen Obrigkeit, verkörpert durch Erzbischof Colloredo, und die tiefe Frömmigkeit seiner Kirchenmusik. Sein manchmal fast bäuerlich derbes, heiteres Wesen und die ernste, recht formalistische Symbolik der Freimaurer. Schließlich sein etwas undurchsichtiges Verhältnis zu Konstanze. Daß er sie wirklich liebte, dafür gibt es unzählige schriftliche Bekundungen.

Aber vielleicht brauchte er auch in der Gestalt einer temperamentvollen Geliebten den Kontrast zur Mutter seiner Kinder. In diesem Fall hat ihm das Schicksal die Harmonisierung nicht mehr ermöglicht. Seiner letzten außerehelichen Liebesbeziehung fehlte der wohlklingende Schlußakkord. Sie endete mit einer schrecklichen Dissonanz.

Vielleicht kann aber gerade dieser Mißklang Antwort auf viele Fragen geben, die sich im Zusammenhang mit Mozarts Tod auch heute noch stellen. In seiner Musik hat sich jeder Gegensatz in vollendeter Melodik aufgelöst. Über seinem Ende aber liegt ein Schatten, der manche seiner Zeitgenossen bis in alle Ewigkeit belastet.

Kurz nachdem Mozart noch in der Loge „Zur neugekrönten Hoffnung" am Wildpretmarkt die Kantate „Laut verkünde unsre

Freude" dirigiert hatte, verschlechterte sich sein Zustand dramatisch. Der Kellner Joseph Deiner, der ihn im Gasthof „Zur silbernen Schlange" meist bediente, fand ihn am nächsten Tage in erbärmlicher Verfassung an seinem Stammtisch sitzend.

Später erzählte Joseph, daß ihn Mozart nach dem Essen noch um Zustellung einer Fuhre Holz in die Rauhensteingasse gebeten hätte, da er wohl seine Wohnung nicht mehr so bald verlassen könnte. Als Deiner das Brennmaterial am 20. November brachte, waren ein Arzt und ein Apotheker um den Komponisten bemüht. Seine Hände und Füße waren dick geschwollen, und er zeigte auch sonst alle Anzeichen einer schweren rheumatischen Erkrankung. Der Kopf glühte in hohem Fieber, und er sprach zeitweise auch etwas wirr.

Schon während des Festaktes in der „Neugekrönten Hoffnung" hatten die Logenbrüder seine schlechte Verfassung registriert.

„Seht doch, der Schweiß steht ihm auf der Stirn, und er ist kreideweiß im Gesicht", flüsterte einer, während Mozart dirigierte. „Jetzt scheint er wieder vor Fieber zu glühen. Man sollte ihn mit einer Kutsche nach Hause bringen lassen, bevor etwas Schlimmeres geschieht", meinte ein anderer sehr besorgt, vor allem angesichts der Tatsache, daß diesmal zufällig kein Mediziner im Tempel anwesend war. Mozart zog sich dann auch bald zurück, und man wollte dafür sorgen, daß sein Leibarzt Dr. Closset bald nach ihm sah.

Sobald er die Loge verlassen hatte, rückte seine Person natürlich sofort in den Mittelpunkt der Diskussionen. Die Gespräche wurden zwar in kleineren Kreisen und mit verminderter Lautstärke, dafür umso engagierter geführt. Das wäre in einer vergleichbaren Situation bei einem Damenkränzchen so gewesen, und so war es auch bei den Freimaurern.

Jemand wußte zu berichten, daß der Musiker selbst vor einiger Zeit den Verdacht geäußert hatte, er könne vergiftet worden sein.

„Sogar das Mittel hat er genannt. Jemand soll ihm ‚aqua toffana', dieses schleichende sizilianische Teufelszeug, gegeben haben."

Plötzlich wußten verschiedene Leute über Indizien zu berichten, die dafür sprächen, daß die bei Mozart festgestellten Symptome nicht die einer natürlichen Krankheit, sondern viel eher die einer Vergiftung seien. Und schon war man mitten in einer erregten Debatte, wer wohl Interesse daran haben könnte, einem der größten Musiker der Zeit nach dem Leben zu trachten.

Einer wollte wohl besonders originell sein, als er sagte: „Eigentlich kommt ja nur ein Konkurrent oder ein gehörnter Ehemann in Frage."

Die danach eingetretene bedrückende Stille bewies, daß er möglicherweise den Nagel auf den Kopf getroffen hatte. Natürlich war es auch unter den Brüdern der „Neugekrönten Hoffnung" längst bekannt, daß Mozart mit der schönen Magdalena nicht immer nur Klavier spielte. Und deren Ehemann, Franz Hofdemel, war einer von ihnen! Verstohlen blickte man sich nach allen Seiten um, aber der Privatsekretär des Grafen von Seilern war glücklicherweise nicht anwesend. Die Situation wäre sonst noch peinlicher gewesen. Schließlich beendete Baron Gottfried van Swieten das betretene Schweigen: „Das ist doch alles Unfug! Albrechtsberger, Salieri und Joseph Haydn erst recht sind doch mit unserem Bruder bestens befreundet. Den Antonio Salieri habe ich unlängst während der ‚Zauberflöte' sogar in inniger Umarmung mit ihm gesehen. Niemand von denen wird Mozart nach dem Leben trachten." Alle Umstehenden nickten zustimmend und waren froh über die befreienden Worte des Barons. Hofdemel aber, oder einen anderen Kandidaten, der als „gehörnter Ehemann" in Frage gekommen wäre, hatte er gar nicht erwähnt.

Die Versammlung zerstreute sich dann schnell. Auf dem Heimweg dachten aber alle Freimaurer bestürzt darüber nach, ob vielleicht gar ein Logenbruder den großen Mozart umbringen wolle.

Die Lage in der Rauhensteingasse verschlechterte sich täglich. Die verzweifelte Konstanze hatte ihre robustere jüngste Schwester Sophie, die noch bei Mutter Weber wohnte, zu Hilfe geholt. Die beiden Frauen wechselten sich in der Pflege des Patienten ab. In den ersten Dezembertagen trat noch einmal eine leichte Besserung ein. Wolfgang Amadeus konnte da sogar mit einigen Mitgliedern des Schikaneder-Ensembles Teile des Requiems proben. Sie waren ja aus glücklicheren Tagen im „Zauberflötenhäuschen" diese Arbeitsweise gewöhnt.

Bei den Worten „lacrimosa dies illa", „welch trauriger Tag", ließ Mozart aber weinend die Partitur sinken. Der Schmerz über seinen eigenen jämmerlichen Zustand hatte ihn übermannt, und auch seine Künstlerkollegen konnten ihn nicht mehr trösten. Nach einer Weile summte er aber plötzlich das Papagenoliedchen vom lustigen Vogelfänger vor sich hin. Das war wohl das letzte Aufflackern von Optimismus vor einer langen Reise in die Nacht.

Sophie hatte ihre kränkliche Mutter bei Josepha Hofer, der ältesten der Weber-Schwestern, untergebracht, sodaß sie für längere Zeit bei den Mozarts bleiben konnte.

„Ach gut, liebe Sophie, daß Sie da sind. Sie müssen heute Nacht da bleiben, Sie müssen mich sterben sehen", rief er ihr entgegen, als sie das Krankenzimmer betrat. Die junge Schwägerin versuchte ihn zu beruhigen und ihm mit praktischen Dingen ein wenig Freude zu machen. Die Schwiegermutter hatte ihm einen wattierten Schlafrock genäht, sie selbst ein paar „Nachtleibeln", die er ja ständig durchschwitzte. Er registrierte die Liebesbeweise wohl, war aber hauptsächlich um seine Gemahlin besorgt.

„Ich habe ja schon den Totengeschmack auf der Zunge. Wer wird denn meiner liebsten Konstanze beistehen, wenn Sie nicht hier bleiben?"

Die „liebste Konstanze" muß in diesen letzten Stunden ihres Gemahls zeitweise völlig den Kopf verloren haben. Man hatte sie ja selbst am Vortage noch ärztlich behandelt. Nun war ihr all das, was auf sie einströmte, einfach zuviel. Niemand weiß, wie es in ihrem Innersten aussah. Hatte sie mit Franz Xaver Süßmayr, der ebenfalls während der letzten Tage Mozarts häufig anwesend war, tatsächlich ein Verhältnis, das ihr über die schlimme Zeit hinweghelfen konnte? Kränkte sie sich deshalb wenig über den ihr sicher bekannten Seitensprung Wolferls mit der Magdalena Hofdemel? Richtete sie ihre ganze Sorge nur auf die Tilgung vorhandener Schulden?

Sicher war ihr zu diesem Zeitpunkt die eigene Zukunft und die ihrer Söhne wichtiger als ein ehrenvolles Andenken an Wolfgang

Amadeus. Immerhin dachte sie aber auch an dessen Seelenheil, und so bat sie Sophie, im nahen Dom oder in der Peterskirche einen Priester für die letzte Ölung aufzutreiben.

Wie Konstanzes Schwester später berichtete, war dies gar nicht so einfach. Ein Mozart-Biograph behauptete sogar, ein Priester hätte sich strikt geweigert. „Dieser Musikant ist immer ein schlechter Katholik gewesen, zu dem geh' ich nicht!" soll er gesagt haben.

Eigentlich ist eine derartige Aussage eines Geistlichen kaum glaubhaft, wenn es darum geht, einem Sünder Absolution zu erteilen. Aber vielleicht waren die Freimaurertätigkeit und der in der Gegend bekanntgewordene Seitensprung Mozarts aus damaliger Kirchensicht so verwerflich, daß eine Lossprechung für manchen Priester nicht denkbar schien.

Irgendwann ist dann doch einer gekommen. Zu diesem Zeitpunkt stand aber Wolfgang Amadeus schon vor seinem höchsten Richter.

„In diesen heiligen Hallen kennt man die Rache nicht, und ist ein Mensch gefallen, führt Liebe ihn zurück zur Pflicht", singt Sarastro im letzten Akt der „Zauberflöte". Die Liebe des „Allmächtigen Baumeisters aller Welten" wird hoffentlich die Seele eines seiner genialsten Kinder in ein Reich ewigen Wohlklangs geführt haben. Johannes Chrysostomus Wolfgang Gottlieb Mozart, den man auch Amadeus nannte, starb am 5. Dezember 1791 um fünf Minuten vor ein Uhr. Nicht in den Armen von Konstanze, sondern in denen seiner Schwägerin Sophie.

Die behandelnden Ärzte Dr. Closset und Dr. Sallaba – aus damaliger Sicht übrigens Kapazitäten – ließen „hitziges Frieselfieber" in das Begräbnisbuch der Wiener Pfarre St. Stephan eintragen – was immer man sich darunter vorzustellen hat. Es schien alles normal abgelaufen zu sein mit seinem Tod, und so ordneten die Mediziner auch keine Autopsie an. Wären sie einige Tage vorher bei den Diskussionen in der „Neugekrönten Hoffnung" dabeigewesen, hätten sie eine Leichenöffnung zumindest in Erwägung gezogen.

Die Zusammenstellung späterer Biographen über mögliche Todesursachen des Komponisten liest sich wie ein medizinisches Lexikon:

Frieselfieber, Harnvergiftung, Hirnhautentzündung, Kropf, Lungenentzündung, Nierenschrumpfung, Quecksilbervergiftung, rheumatisches Fieber, Schwindsucht, Typhusfieber, Wassersucht.

Das im Totenschein erwähnte „Frieselfieber" entsteht einfach durch übermäßiges Schwitzen als Folge fiebriger Erkrankungen. Es kommt dabei zur Entzündung und Schwellung der Poren, was den Körper wie von einem Ausschlag – von „Friesel" – befallen aussehen läßt.

Die letzte Sorge Mozarts, bevor er in tiefste Bewußtlosigkeit fiel, galt seinem Freund Albrechtsberger, der doch unbedingt sein Nachfolger als „Adjunkt" des Domkapellmeisters werden sollte.

Mysterien um Logenbrüder

Der Nikolaustag des Jahres 1791 könnte als traurigster Tag der Musikgeschichte in die Weltchronik eingehen. Nicht einmal im Hauptschiff des Stephansdoms, sondern in der kleinen Kreuzkapelle gegenüber dem Eingang zu den Katakomben erinnert ein kleines Reliefmedaillon daran, daß man an dieser Stelle einem der größten Komponisten die letzte Ehre erwiesen hat. Der klägliche Akt war wie ein Symbol für alles, was die Welt an einem ihrer wirklichen Genies versäumte.

Fast noch unter freiem Himmel, gedrängt an das schmiedeeiserne Tor zu den unterirdischen Begräbnisstätten der Pesttoten früherer Jahrhunderte, stand ein Häuflein Trauernder. Wenigstens sie hatten noch rechtzeitig kommen können, um sich von Wolfgang Amadeus Mozart zu verabschieden. Für viele andere war der Termin einfach zu kurzfristig angesetzt. Albrechtsberger, Salieri, Süßmayr, vielleicht Eybler und der treue Joseph Deiner, der zuvor die Leiche noch schwarz gewandet und neben dem Klavier aufgebahrt hatte, die Schwäger Franz Hofer und Josef Lange waren dabei. Schikaneder mußte sich entschuldigen. Gottfried van Swieten stand natürlich auch in der Kreuzkapelle. Er war als einer der ersten am Morgen des Vortages ins Trauerhaus gekommen. Von da an nahm er die Regie des traurigen Geschehens in die Hand.

Er veranlaßte zuerst Konstanze, mit dem Baby die deprimierende Umgebung des Sterbehauses zu verlassen. Schikaneders Freund Joseph von Bauernfeld nahm sie bei sich auf. Frau Mozart war froh, die Organisation des Begräbnisses, die Verständigung von Freunden und alle anderen traurigen Verpflichtungen anderen überlassen zu können.

An der Einsegnung nahm sie nicht teil. Bevor sie aus dem Haus ging, kritzelte sie noch einen kurzen Nachruf an den Gatten auf die Rückseite eines Albumblattes. Konstanze verließ sich vollkommen auf van Swieten, der ja der bedeutendste und ranghöchste unter den Anwesenden war. Um so unverständlicher sind bis heute viele seiner

Entscheidungen. Man muß sich näher mit den Hintergründen beschäftigen, um vielleicht doch eine Erklärung zu finden.

Der Baron sorgte dafür, daß die Zeremonie an der nördlichen Außenseite des Doms möglichst reibungslos und schnell ablief.

Der Kondukt konnte sich also bald in Richtung St. Marxer Friedhof in Bewegung setzen. Bis zum Stubentor hatte sich die spärliche Trauergemeinde schon sehr gelichtet. Anscheinend scheuten viele den langen Weg. Als sich das Wetter verschlechterte, riet van Swieten dem kümmerlichen Rest, doch lieber umzukehren. Und das taten dann auch alle.

Am frühen Morgen des Nikolaustages hatte sich in unmittelbarer Nachbarschaft von Mozarts Sterbehaus eine Bluttat ereignet, in die ein Freimaurer verwickelt war. Sie könnte der Grund sein, warum es dem Baron eigentlich sehr recht war, daß der Kutscher alleine mit dem Sarg seinem traurigen Ziel entgegenfahren mußte.

In die Grünangergasse zu den Hofdemels war für den 6. Dezember ein Handwerker bestellt worden. Er sollte dort Schlosserarbeiten ausführen. Als der Mann ankam, fand er die Tür versperrt, hörte aber jammervolles Kindergeschrei aus der Wohnung. Sein Klopfen verstärkte noch das Weinen, sonst war aber nichts zu hören. Kurz entschlossen brach der Handwerker die Tür auf und prallte entsetzt zurück. Ein etwa einjähriges Mädchen saß kläglich wimmernd neben dem blutüberströmten Körper ihrer Mutter. Magdalena war – wahrscheinlich mit einem scharfen Messer – übel zugerichtet worden. Klaffende Wunden im Gesicht, an Hals, Brust und Schulter bluteten noch immer stark. Die offensichtlich schwangere Frau gab kein Lebenszeichen mehr von sich.

Der Mann rannte durchs Haus und bat die Nachbarn, schnellstmöglich einen Arzt zu rufen. Glücklicherweise hielt sich zufällig ein gewisser Doktor Günther in der Nähe auf. Er kam sofort, versorgte notdürftig die Wunden und blies der leblosen Frau mit einem kleinen Blasebalg Luft in die Lungen. Schließlich gelang es ihm, Magdalena Hofdemel mit etwas Riechsalz zum Bewußtsein zu bringen. Bald war ein zweiter Arzt, Doktor Rossmann, zur Stelle. Dem gemeinsamen

Bemühen der beiden Mediziner gelang es, das Leben der Pianistin zu retten. Alles war auf die bedauernswerte Frau konzentriert, und niemand dachte zunächst daran, nach dem Übeltäter zu suchen.

Schließlich öffnete der Handwerker aber die fest verschlossene Tür zum Schlafzimmer ebenfalls gewaltsam. Da bot sich ihm ein noch entsetzlicheres Bild als vorhin das der verunstalteten Magdalena. Der Selbstmord war Franz Hofdemel besser gelungen als der geplante Racheakt an seiner Frau. Das Rasiermesser, mit dem er Magdalena attackiert und dann sich selbst die Kehle durchgeschnitten hatte, lag neben dem leblosen Körper.

Natürlich strömten schnell die Hausbewohner herbei. Auch von der Straße kamen immer mehr Menschen die enge Stiege hoch, ehe ein Polizist weiteren Neugierigen den Weg versperrte. Wie ein Lauffeuer verbreitete sich die Schreckensnachricht in der Umgebung:

„Der Hofdemel, der Sekretär vom Grafen Seilern, hat seine Frau und dann sich selbst umgebracht", raunten sich die Leute zu. Wenig später erfuhr man dann, daß die Pianistin Magdalena in letzter Minute gerettet werden konnte. Sie würde aber ihr Leben lang schwer gezeichnet bleiben. „Und ob das Kindl unter ihrem Herzen überleben wird, ist auch noch nicht klar", wußte eine dicke Gemüsefrau zu berichten.

Es war nur ein Katzensprung vom Ort des Schreckens bis in die Rauhensteingasse. Auf dem Weg zu Mozarts Sterbehaus, wo er schon am Vortag Konstanze freundschaftlich beigestanden war, erfuhr Gottfried van Swieten von der schrecklichen Bluttat seines Logenbruders Franz Hofdemel. Erinnerte sich der Baron sofort an die Diskussionen in der „Neugekrönten Hoffnung"? An die Gerüchte über eine angebliche Vergiftung Mozarts mittels „Aqua toffana"? Er hatte heftig widersprochen, als man einen Konkurrenten Mozarts verdächtigte. Bei dem Gedanken an einen eifersüchtigen Ehemann war ihm schon damals nicht ganz wohl gewesen, zumal er von der Liaison Mozarts mit seiner Klavierschülerin wußte.

Wie Blitze schossen immer neue Überlegungen durch seinen Kopf, bevor er das Haus in der Rauhensteingasse betrat.

„Es wäre katastrophal, würden die Freimaurer mit dem Tod Mozarts in Verbindung gebracht werden."

„Schon allein Mordversuch und Selbstmord eines Logenbruders sind schlimm genug. Sollte sich eine Verbindung dieser Bluttat mit dem Tod Mozarts herausstellen, könnte das fatale Folgen für die Bewegung haben."

„Für Kaiser Leopold II. ist unser Männerbund sowieso mit dem Katholizismus unvereinbar. Die schändliche Bluttat durch einen Freimaurer ist Wasser auf seine Mühlen. Und dann noch die Vergiftung des Hofmusikers! Es wäre nicht auszudenken."

„Plötzlich werden sich alle Leute des genialen Wolfgang Amadeus erinnern. Und auch solche, die ihn nach dem ‚Figaro' in Grund und Boden verdammt haben, werden ihn nun zum bedauernswerten Opfer der Freimaurer machen."

Als er eiligen Schritts die Treppe im „Kleinen Kayserhaus" hochlief, stand sein Entschluß fest. Die Verteidigung lebender Ideale war ihm wichtiger als die Ehrung eines Toten! Auch wenn der ihm fast zum Freund geworden war und er ihn zeitlebens großzügig unterstützt hatte.

Man muß sich etwas mit dem Menschen Gottfried van Swieten beschäftigen, um seine nun folgenden Anordnungen zu verstehen. Für den wohlhabenden Baron kann Sparsamkeit kein Motiv gewesen sein. Ohne düstere Hintergründe hätte er Konstanze bestimmt großzügig unter die Arme gegriffen, um eine angemessene Beerdigung zu ermöglichen. Sie mußte ja nicht gar so prunkvoll sein wie die von Mozarts Vorgänger Christoph Willibald Gluck vier Jahre zuvor. Immerhin aber wenigstens würdevoll.

Der Vater Gottfrieds, Baron Gerhard van Swieten, war ein sehr prominenter Mann gewesen. Als Leibarzt Maria Theresias hatte er das Medizinalwesen Österreichs entscheidend geprägt. Er gilt als der Begründer der später so hoch geschätzten Wiener Ärzteschule. Seine berühmteste Tat, die zur Legende wurde, war ein Rat an das bis dahin kinderlose kaiserliche Paar. Immerhin brachte die Landesmutter daraufhin in regelmäßigen Abständen sechzehn Sprößlinge zur Welt.

Ihr „Franzl" war anscheinend vorher nicht informiert gewesen, daß man die Partnerin mit Hilfe eines kleinen „Wunderknöpfchens" erst in eine für die Empfängnis günstige Verfassung versetzen mußte. Natürlich kleidete der Leibarzt seinen einfachen Tip in höchst wissenschaftliche Formulierungen. Wie das Ergebnis zeigt, hat ihn der Kaiser trotzdem verstanden. Für Maria Theresia aber war das nächtliche Geschehen fortan sicher wesentlich vergnüglicher.

Der Sohn van Swietens besuchte in Wien das von Jesuiten geleitete Theresianum und studierte anschließend die Jurisprudenz. Neben einer gründlichen theoretischen und praktischen Ausbildung in Musik lernte er auch einige Sprachen, die ihn zur Diplomatenlaufbahn befähigten. Während seiner Auslandsaufenthalte in Paris, Berlin, Zürich, Brüssel, Warschau und London legte er sich ein breit-gefächertes Wissen zu. Philosophie, Literatur, in erster Linie aber Musik in Theorie und Praxis interessierten ihn brennend.

Er war zweiundzwanzig Jahre älter als Mozart und hatte dessen Triumph als sechsjähriges Wunderkind bei Hofe in Schönbrunn miterlebt. Von da an unterstützte er das Salzburger Genie. Mal durch die Veranstaltung von Benefizkonzerten, mal durch seine einflußreiche Stellung als Präsident der Studien- und Zensurkommission, die er seit 1781 ausübte.

Van Swietens Vorliebe für die Barockmusik Händels hatte Mozart zu mancher Bearbeitung von dessen Werken, so auch des „Messias", bewogen.

Viel wichtiger aber war es, daß der besonnene Diplomat den ungestümen, manchmal fast sogar rüpelhaften Musiker vor manch unbedachter Handlung bewahrte. Er wurde für Wolfgang Amadeus – vielleicht auch für Konstanze – fast so etwas wie eine Vaterfigur. Das erklärt auch das Vertrauen, das sie sofort nach dem Tode ihres Mannes in die Maßnahmen van Swietens setzte. Warum sie allerdings die Grabstätte, die dieser für ihren „Wolferl" ausgesucht hatte, erst siebzehn Jahre nach dessen Tod erstmals sehen wollte, ist schon sehr merkwürdig. Ihre Nichtteilnahme am Begräbnis kann man eventuell mit Krankheit entschuldigen. Irgendwann ist sie ja aber wieder gesund geworden. Schließlich erreichte Konstanze ein für damalige Verhältnisse fast biblisches Alter von achtzig Jahren.

Riet ihr van Swieten vielleicht sogar davon ab, den St. Marxer Friedhof zu besuchen? Er hatte ja angeordnet, daß man Mozart nicht einzeln, sondern in einem Gemeinschaftsgrab ohne jede Kennzeichnung und ohne Kreuz beerdigen sollte. Es wäre wirklich kein besonders schöner Eindruck für eine trauernde Witwe gewesen.

Einem mißtrauischen Kriminalisten wäre in diesen Tagen vieles aufgefallen. Er hätte herausgefunden, daß am Nikolaustag des Jahres 1791 die Leichen einiger vollkommen unbedeutender Personen wohl zum niedrigsten Kostensatz, aber in ordentlich beschrifteten Einzelgräbern bestattet wurden. Er hätte sofort eruiert, daß die Art, wie man den größten Komponisten seiner Zeit in die Erde von St. Marx verscharrte, normalerweise völlig kostenfrei war. Trotzdem tauchte später eine Rechnung auf: 8 Gulden, 56 Kreuzer hatte van Swieten bezahlt, davon entfielen 3 Gulden auf einen Sarg. Mozart wurde also anscheinend doch nicht im Leinensack eingenäht aus der „Mehrfach-Totentruhe" in die Grube geworfen, sondern wenigstens in einem Sarg bestattet. Hatte van Swieten dem Totengräber die merkwürdige Anweisung geben lassen, den Sarg möglichst unauffindbar zu vergraben und dafür das Geld bezahlt?

Niemand kann ihm das heute unterstellen, aber bei einer genauen Recherche der Geschehnisse rund um Mozarts Tod hätte auch diese Frage gestellt werden müssen. Es scheint einfach unvorstellbar, daß ein wohlhabender Ästhet vom Format eines Gottfried van Swieten ohne besonderen Grund so handelte.

Für einen von ihm hochgeschätzten Menschen hätte er normalerweise niemals eine so entwürdigende Beerdigung inszeniert. Schon gar nicht für einen Künstler, für den es ihm vorher nicht zu teuer war, bei Subskriptionskonzerten bis zu 200 Billetts zu kaufen. Was aber könnte die Ursache für die plötzliche Pietätlosigkeit des Barons gewesen sein?

War es nur Zufall, daß er am Todestag Mozarts, dem 5. Dezember 1791, seinen Dienst als höchstrangiger Regierungsbeamter quittierte?

Jedenfalls ist das schon ein merkwürdiges Zusammentreffen. Van Swieten muß sich also direkt vom aufgebahrten Leichnam Mozarts in der Rauhensteingasse zu seinem Amt begeben haben. Was hetzte ihn derartig? Warum war es ihm so wichtig, am Beerdigungstag Mozarts nicht mehr Angehöriger der Regierung zu sein? Fürchtete er die Aufdeckung eines Skandals, in den seine Person verwickelt war? Für den Präsidenten der Zensurkommission wäre so etwas natürlich besonders peinlich gewesen. Fragen über Fragen! Der Schlüssel zu ihrer Beantwortung kann eigentlich nur beim Selbstmörder Hofdemel liegen. Niemand darf ihm heute unterstellen, daß vielleicht er es war, der Mozart vergiftete, denn es ist nicht mehr zu beweisen.

Durch die Vorkehrungen Gottfried van Swietens wäre schon kurz nach dem Tod des Komponisten keine klare Aussage mehr möglich gewesen. Selbst wenn ein hartnäckiger Polizeiinspektor auf Exhumierung des Leichnams und Autopsie bestanden hätte – der Sarg wäre wahrscheinlich kaum mehr zu finden gewesen. Möglicherweise dachte van Swieten sogar noch einen Schritt weiter. Vielleicht besorgte er dem Totengräber, der als einziger den genauen Begräbnisplatz kannte, sofort einen neuen Posten.

Der Biograph Francis Carr äußert eine ganz andere Vermutung, die bei näherer Betrachtung gar nicht so abwegig erscheint:

Da niemand dem Sarg folgte und alle Besucher des Begräbnisgottesdienstes spätestens am Stubentor zurückblieben, ist nicht einmal sicher, daß Mozart wirklich auf dem St. Marxer Friedhof bestattet wurde. Tatsache ist jedenfalls, daß die auf der erwähnten Rechnung bezifferten Kosten nicht mit der Art der Beerdigung des Komponisten übereinstimmen. Eine anonyme Grablege auf einem anderen Gottesacker wäre natürlich die perfekte Verschleierung gewesen. Sollte der ehrenwerte Baron van Swieten tatsächlich so weit gegangen sein?

Die Richtung zum Wiener Zentralfriedhof an der Simmeringer Hauptstraße hätte jedenfalls auch gestimmt. Es wäre nur noch ein wenig weiter gewesen. Ob vielleicht gar das Ehrengrabmal, das dort anläßlich des 100. Todestages von der Stadt Wien aufgestellt wurde, an Mozarts tatsächlicher Grablegung steht?

Vielleicht wollte Konstanze deshalb siebzehn Jahre nicht auf den St. Marxer Friedhof gehen, weil sie von van Swieten wußte, daß Wolfgang Amadeus dort gar nicht ruhte.

Als das englische Ehepaar Mary und Vincent Novello, Freunde und Verehrer Mozarts, achtunddreißig Jahre nach dessen Tod den St. Marxer Friedhof besuchten, liest sich Vincents Bericht nicht gerade wie ein Kompliment an die Wiener Musikwelt:

„Wie sich denken läßt, schritt ich jeden Fleck, jeden Pfad in höchster Verehrung ab. Aber es fand sich nicht nur kein Stein, sondern überhaupt kaum eine Spur eines einzelnen Grabes. Was ich gehört hatte, erwies sich leider als nur zu wahr. Ich verließ den Ort angeekelt von der widerwärtigen Apathie, der herzlosen Undankbarkeit und schändlichen Nachlässigkeit, mit der dieser große Mann von der Allgemeinheit seiner Landsleute und den Wienern im besonderen behandelt wurde."

Der Mann, der das hauptsächlich zu verantworten hatte, war zu Lebzeiten Mozarts ein mindestens ebenso großer Verehrer des Musikers gewesen wie die Novellos. Er gehörte zu jenen Adeligen, die dem Salzburger Komponisten das Einleben in Wien sehr erleichtert hatten. Auch nach dem „Figaro" hatte er immer treu zu ihm gestanden und manchmal aus großer Not geholfen. Van Swietens musische Seele äußerte sich in eigenen Kompositionen, wie Singspielen und Symphonien, und in lyrischen Arbeiten. Später verfaßte er sogar für Joseph Haydn die Texte zu dessen großen Oratorien „Die Schöpfung" und „Die Jahreszeiten". Und so einem Mann sollte es an Gefühl für die würdige Bestattung eines Großen der Musik gefehlt haben?

Niemand wird ihm unterstellen können, daß er Mozart entehren wollte. Man kann sich nur denken, daß ein Ereignis im Zusammenhang mit dessen Tod wesentliche Lebensbereiche des Barons berührten. Als überzeugter Freimaurer war er sicherlich besorgt, daß sich der Skandal um Franz Hofdemel weiter ausdehnte.

Es waren ja nur Gerüchte, die ihn in der Sitzung in der „Neugekrönten Hoffnung" so bedenklich gestimmt hatten, und niemand konnte bisher irgend etwas handfest beweisen. Aber es wäre ein

Schock für alle Logenbrüder gewesen, hätte man Franz Hofdemel nach der Attacke auf seine Frau und dem Selbstmord auch noch den Mord an einem Logenbruder nachgewiesen. Arsen, Antimon und Blei, die Bestandteile des sizilianischen „aqua toffana", wären bei einer Leichenöffnung ohne weiteres zu bestimmen gewesen.

Pietät hin, Pietät her – nun waren die Freimaurer vor Konsequenzen zu schützen! Kaiser Leopold II. hätte sich vielleicht angesichts solcher Verbrechen zum Verbot der Logen entschließen können. Das mußte mit allen Mitteln verhindert werden. Eine der Maßnahmen war das möglichst unauffällige „Verschwindenlassen" der Leiche Mozarts. Niemand wußte genau, ob Franz Hofdemel tatsächlich zur Giftflasche gegriffen hatte, aber es wäre ja immerhin denkbar gewesen. Daß genügend kriminelle Energie in ihm steckte, hatte er ja mit dem „Beinahe-Mord" an seiner Gemahlin bewiesen.

Einhundertsiebenundachtzig Jahre später, am 28. September 1978, starb in Rom, nach einem Pontifikat von nur dreiunddreißig Tagen, der „lächelnde Papst" Johannes Paul I. Man findet eigenartigerweise auffallend viele Parallelen zum Tode Mozarts. Niemand kann beweisen, daß der Eine oder der Andere tatsächlich vergiftet worden ist. Aber es gibt immer wieder neue Vermutungen.

Seltsamerweise spielen sowohl im Falle des Komponisten als auch in dem des charismatischen Kirchenoberhauptes Freimaurer eine unrühmliche Rolle. Die mutmaßlichen Täter hätten natürlich vollkommen unterschiedliche Motive gehabt. Im Falle Mozarts Eifersucht und Neid auf ein Genie, im Fall des Papstes Angst vor dessen Aktivität bei der Entlarvung verbrecherischer Handlungen. Freimaurer wären aber in beiden Fällen kompromittiert worden.

Konservative Kreise halten zwar nach wie vor eine gleichzeitige Zugehörigkeit zur katholischen Kirche und zum Freimaurerbund für unvereinbar. Trotzdem hört man immer wieder von Bruderschaften, die in höchsten Kreisen des Vatikans tätig waren oder sogar noch sind. Papst Johannes Paul I. war dabei, die Machenschaften der berüchtigten Geheimloge P 2 zu entlarven, die drei Jahre später sogar zum Rücktritt einer italienischen Regierung führten.

Finanzmanipulationen, in die auch der Chef der Vatikanbank, Erzbischof Paul Marcinkus, verwickelt war, betrügerischen Bankrott und sogar Verbindungen zum Mafiabankier Michele Sindona hatte der Papst während seines kurzen Pontifikats entdeckt ...

Einen Tag nachdem er seinem Staatssekretär, Kardinal Jean Villot, die Liste vorgesehener Maßnahmen zur Abstellung der Mißstände übergeben hatte, fand man Johannes Paul I. tot auf. An Herzversagen gestorben, wie es hieß, obwohl es dafür vorher bei den regelmäßigen Untersuchungen kaum Anzeichen gegeben hatte.

Hatten höchste Kreise des Vatikans ähnliche Angst vor einem Skandal wie 187 Jahre vorher Gottfried van Swieten?

Der Baron ließ Mozart schnellstmöglich in einem anonymen Massengrab beerdigen, um spätere kriminalistische Nachforschungen unmöglich zu machen. Bei einem Papst war das natürlich undenkbar. Dessen Begräbnisstätte unterhalb des Petersdomes steht ja schon zu Lebzeiten fest.

Der Vatikan hatte aber andere Möglichkeiten, die Aufdeckung eines etwaigen Skandals zu verhindern. „Mord an Papst Johannes Paul I." wäre ja eine ebensowenig erwünschte Schlagzeile gewesen, wie seinerzeit „Mord an Jahrhundertgenie". Man ordnete deshalb an, daß dem toten Johannes Paul I. weder Blut noch Eingeweide entnommen werden durften. Die „Leichenkosmetiker" injizierten Formalin und andere Konservicrungsstoffe in Arterien und Venen und balsamierten den Papst lange vor der sonst üblichen 24-Stunden-Frist ein. Eine Autopsie wurde mit dem Hinweis auf diesbezügliche kirchliche Vorschriften kategorisch abgelehnt. Daß es solche eigentlich gar nicht gibt, steht auf einem anderen Blatt.

Die Gerüchte über eine Vergiftung des venezianischen Patriarchen Albino Luciani, der als Papst den Namen Johannes Paul I. gewählt hatte, werden ebensowenig verstummen, wie jene über einen unnatürlichen Tod Wolfgang Amadeus Mozarts.

In der „Wiener Zeitung" vom 7. Dezember 1791 erschien folgender Artikel über dessen Ableben:

„In der Nacht vom 4. zum 5. d. M. verstarb allhier der k.k. Hof-
kammerkomponist Wolfgang Mozart. Von seiner Kindheit an durch
das seltenste musikalische Talent schon in ganz Europa bekannt,
hatte er durch die glücklichste Entwicklung seiner ausgezeichneten
Naturgaben und durch die beharrlichste Verwendung die Stufe der
größten Meister erstiegen; davon zeugen seine allgemein beliebten
und bewunderten Werke, und diese geben das Maß des unersetz-
lichen Verlustes, den die Tonkunst durch seinen Tod erleidet."

Kurz, pietätvoll, ehrerbietig und hochachtungsvoll – alles ganz
normal.

Einige Tage nach dem Ableben Albino Lucianis hatte hingegen
Italiens angesehenste Zeitung, der Mailänder „Corriere della Sera", festgestellt, daß „hinter dem Hin und Her um den Tod des Papstes ein
großes und verbreitetes Unbehagen an den offiziellen Versionen steckt".

Irgendetwas muß aber, trotz aller verschleiernden Maßnahmen,
auch über mysteriöse Hintergründe des Musiker-Endes durchge-
sickert sein – sogar bis nach Preußen! Am Silvestertag des Jahres
1791 schrieb nämlich das Berliner „Musikalische Wochenblatt":

„Mozart ist tot! Er kam von Prag kränklich heim, siechte seitdem
immer. Man hielt ihn für wassersüchtig, und er starb zu Wien, Ende
voriger Woche. Weil sein Körper nach dem Tode schwoll, glaubt man
sogar, daß er vergiftet worden sei."

Über Hofdemels Bluttat erschienen kaum Zeitungsberichte, und
wenn, wirkten sie irgendwie zensuriert. Zunächst hieß es nur, ein
Mann habe Selbstmord begangen, nachdem er einen Mord an seiner
Ehefrau versucht hatte. Detaillierteres konnte man erst später in
Grazer und Preßburger Provinzzeitungen lesen:

„Die Witwe des Selbstmörders, welcher – wie man jetzt weiß – sich
mehr aus Kleinmut als aus Eifersucht entleibt hat, lebt noch. Und
nicht nur viele Damen, sondern Ihre Majestät die Kaiserin selbst,
haben dieser Frau, deren Aufführung als untadelhaft bekannt ist,
Unterstützung zugesichert."

Eigenartigerweise fügte die „Preßburger Zeitung" vom 21. 12.
1791 der zitierten Notiz noch einen Nachsatz hinzu:

„Für die Witwe des verstorbenen Herrn Kapellmeisters Mozart ist auch gesorgt. Seine Majestät der Kaiser haben ihr den ganzen Gehalt ihres Mannes gelassen und ihren Sohn hat der Baron van Swieten in Versorgung genommen.“

War die parallele Berichterstattung über die Witwen Magdalena und Konstanze Zufall? Oder kannte man die Hintergründe, beließ es aber aus Rücksichtnahme auf die Beteiligten bei dieser zarten Andeutung eines Zusammenhangs. Die Fürsorge van Swietens betraf den schon siebenjährigen Karl Thomas. Sie war charakteristisch für die Geisteshaltung des Barons: Hilfe für Lebende bedeutete ihm mehr als die Ehrung Toter!

Auch Joseph Haydn hat übrigens Hilfe angeboten:

„Ich hatte der Armen vor drei Wochen selbst geschrieben, mit dem Inhalt, daß, wenn ihr Herzenssohn die gehörigen Jahre haben wird, ich denselben unentgeltlich die Komposition mit allen meinen Kräften lehren will, um die Stelle des Vaters einigermaßen zu ersetzen.“

Das stand in Haydns Londoner Brief an Michael Puchberg aus dem Januar 1792. Letzterer kümmerte sich nämlich vorübergehend um beide Kinder.

Die Brüder von der „Neugekrönten Hoffnung“ äußerten sich zum Tod ihres „musikalischen Aushängeschildes“ überraschenderweise sehr gedämpft. Mozart hatte für stilvolle Trauerfeiern wesentlich weniger bedeutender Logenbrüder seine „Maurerische Trauermusik“ (KV 477) komponiert. Ihn selbst ehrte man nun lediglich durch einen kurzen Nachruf des Theaterdirektors Karl Hensler in den „Logenmitteilungen“.

Vielleicht tut man den Freimaurern unrecht, wenn man sie nach wie vor mit zwei weit auseinanderliegenden, unaufgeklärten Todesfällen in Verbindung bringt. Sie haben es aber bis heute verstanden, ihrem Bund ein sehr geheimnisvolles Image zu erhalten. Da sie das sehr bewußt tun, müssen sie auch akzeptieren, gelegentlich Opfer von Fehlinterpretationen zu werden. Das mystisch-alchemistische Beiwerk ist vielen ernstzunehmenden Brüdern sowieso ein Dorn im Auge. Es drückt aber den Logen in der Ansicht neutraler Beobachter fast den Stempel einer teuflischen Vereinigung auf. Darin werden dann nicht die Toleranzidee und das Streben nach Weisheit, Kraft und Schönheit bestimmend, sondern diabolische Geheimniskrämerei.

Möglicherweise hat Franz Hofdemel niemals ein Fläschchen sizilianisches Giftwasser in Händen gehabt, und Baron van Swieten war nur übersensibilisiert. Vielleicht waren dessen Bestrebungen, einen Logenbruder nicht unter Mordverdacht geraten zu lassen, völlig überflüssig.

Vielleicht darf man den vatikanischen Geheimbund P 2 gar nicht als Freimaurerloge bezeichnen. Möglicherweise war dieser „Virus im Leib der Kirche", den Papst Johannes Paul I. ausrotten wollte, nur das „Privatclübchen" eines Wirtschaftsverbrechers namens Licio Gelli.

Der soll ja bereits 1976 aus dem Freimaurerorden „Grande Oriente d'Italia" ausgeschlossen worden sein. Jedenfalls ist er dort aber einmal „Meister" gewesen.

Die Art, wie sich Freimaurer, besonders natürlich Gottfried van Swieten, nach dem Tode Mozarts verhielten, wirft jedenfalls einen Schatten auf diesen Männerbund, dessen Ideale der Komponist in der „Zauberflöte" so verherrlicht hat.

Ebenso werden die Mysterien um das überraschende Ende von Papst Johannes Paul I. die Bewegung so lange belasten, bis sie selbst einige ihrer Geheimnisse lüftet. Vor allem die um die vatikanische Loge P 2 und ihre Ziele. Berichte über deren Verstrickung in die dubiosesten Geldgeschäfte würden ein eigenes Buch füllen. Auch der Mafia wären darin mehrere Kapitel zu widmen.

Salzburger Echo

Michael Haydn war ein eher bequemer Mann und reiste überhaupt nicht gern. Nur gelegentlich fuhr er nach Wien oder zu seinem berühmten Bruder Joseph ins Esterházy'sche Schloß nach Eisenstadt. Sonst hat er sich kaum aus Salzburg wegbewegt, seit er 1763 als Musikus in den Dienst des dortigen Erzbischofs trat. Er liebte aber die Geselligkeit und hatte die auch nötig, um sich von seiner verschwenderischen, oft sehr kapriziösen Frau Magdalena zu erholen. Diese – eine Tochter des Hoforganisten Franz Ignaz Lipp – war eine ganz passable Sängerin und als solche ebenfalls bei Hofe angestellt. Ansonsten hatte sie aber Marotten, die den armen Michael oft verzweifeln ließen.

Das einzige Kind der Haydns, das Töchterl Aloysia, ist schon im Alter von einem Jahr gestorben. Das machte die Magdalena anscheinend so traurig, daß sie sich nur durch unglaubliche Kaufräusche aus ihrer Trübsal befreien konnte. Sie kaufte zusammen, was ihr unter die Finger kam. Alte Gläser bei einem Tandler in Mülln, Schmuck, Spezereien bei Lorenz Hagenauer, Kleider, Mäntel, Hüte, einen Muff, Gestricktes und Gehäkeltes, alles konnte sie gebrauchen. Und ihr komponierender Gemahl mußte sich dann mit Schuldscheinen und Pfändungen auseinandersetzen. Da sie ihren eigenen Verdienst als Hofsängerin hatte, war er schließlich so schlau, seine finanziellen Angelegenheiten von den ihren zu trennen. Genützt hat das freilich wenig, denn er liebte sie und ließ sich immer wieder zu „Hilfsaktionen" breitschlagen. Trotzdem trat keine seelische Entfremdung zwischen den Gatten ein, und Michael widmete seiner „vorzüglich geschätzten Gattin" sogar eine große Anzahl schönster Kompositionen.

Wenn aber dann irgend ein Gläubiger an ihn herantrat, weil die gute Magdalena erneut riesige Schulden angehäuft hatte, blieb ihm nur der Weg in den Peterskeller.

Dort bildeten sich oft gesellige Männerrunden, die er in dieser Stimmung einfach brauchte. Viele Freunde, Lehrer und Studenten der Universität, hie und da sogar einige Patres aus der Benediktinerabtei tauschten bei einem Schoppen die letzten Neuigkeiten aus oder sangen zusammen fröhliche Lieder.

Fast fünf Dutzend vierstimmiger Gesänge, meist für zwei Tenöre und zwei Bässe, schrieb Michael Haydn für solche Gelegenheiten. Viele von ihnen erklangen erstmals im gemütlichen Keller des Klosters, wo damals noch die Mönche selbst ihre Gäste bedienten. Das „Trinklied an Fürst Schwarzenberg", den Schloßherrn von Aigen, einen Freund und Schüler Haydns, spiegelt die entspannte Stimmung wider, die sich dort meist sehr schnell einstellte:

„Bei Gläser- und Pokalenklang
laßt uns mit festlichem Gesang
Liäus diesen Tempel weihen.
Er soll der Sitz der Freude sein,
bei einem Glas mit Peterwein
laßt, Freunde, uns den Gram verscheuen."

Nun war es wieder einmal soweit, daß er des Trostes durch ein Glas Peterwein bedurfte. Gerade hatte man ihm die unbezahlte Rechnung für einen Pelzmantel präsentiert, den sich sein liebes Weib geleistet hatte.

Michaels mildes Temperament ließ ihn – zwar mit Groll, aber doch mit einem gewissen Verständnis – in die Tasche greifen, denn es war ja wirklich saukalt in diesem Dezember 1791.

Als er aus seinem Haus trat, das in der Festungsgasse, direkt neben dem Petersfriedhof, lag, beschloß er, trotz der klirrenden Kälte noch einen kleinen Spaziergang zu machen. Er liebte die klare Winterluft und wollte seinen Ärger über Magdalena noch etwas verrauchen lassen, bevor er die Freunde traf. Über den Gottesacker, vorbei an den schmiedeeisernen Grabkreuzen und den imposanten Arkaden mit den Prominentengräbern, wäre er ja in drei Minuten bei ihnen gewesen.

So wählte Haydn lieber den Weg über den Kapitelplatz, am Dom vorbei zur erzbischöflichen Residenz. Dorthin trieb ihn aber nicht etwa besondere Sehnsucht nach Hieronymus Colloredo, seinem strengen Dienstherrn. Michael wollte lediglich in einer großen Schleife über den Universitätsplatz wieder zum Klosterbezirk von St. Peter zurückkehren. Zwischen dem Elternhaus seines Freundes Dominicus Hagenauer und der Kollegienkirche standen meist auch im Winter einige Marktstände. Dort lockten Maronibrater und Glühweinkessel. Die heißen Köstlichkeiten schmeckten nicht nur gut, sie wärmten darüberhinaus wunderbar. Zuerst die Hände und später den Magen.

Der Musiker liebte es, sich mit den „Standlern" ein wenig zu unterhalten. Es waren einfache Menschen, aber sie kannten immer die letzten Geschehnisse aus der Stadt. Fremde klärten sie darüber auf, daß sie an der Rückseite des Geburtshauses eines Wunderkindes standen. Der Spezereiwarenhändler Johann Lorenz Hagenauer hatte nämlich seinerzeit dem Ehepaar Leopold und Anna Mozart oberhalb seines Ladens eine recht komfortable Wohnung vermietet. Dort ist am 27. Jänner 1756 Wolfgang Amadeus zur Welt gekommen.

Es war schon ziemlich dunkel geworden, als Michael Haydn im rötlichen Schein eines Holzkohlenfeuers vor Mozarts Geburtshaus einen Glühweinverkäufer wild gestikulieren sah. Wahrscheinlich verstand der Fremde, der vor ihm stand, dessen salzburgischen Dialekt nicht. Haydn trat näher und fand den Mann in heller Aufregung:

„Von dort oben habe ich oft sein herrliches Klavierspiel gehört und dabei fast vergessen, daß ich ja etwas verkaufen mußte. Und jetzt soll er tot sein? So jung? Das glaube ich ganz einfach nicht!"

„Hier habe ich es schwarz auf weiß", sagte der Fremde und zog die bereits erwähnte „Wiener Zeitung" vom 7. Dezember aus der Tasche.

Haydn glaubte, sich verhört zu haben. Er hatte irgend etwas von „tot sein" mitbekommen.

„Wer ist tot?" fragte er deshalb den ihm vertrauten Händler und erschrak zutiefst, als der antwortete:

„Der Mozart soll in Wien gestorben sein, behauptet dieser Herr." Der Angesprochene nickte nur betrübt und zeigte auf den kurzen Zeitungsausschnitt. Haydn nahm ihm das Papier aus der Hand, mußte aber erst zu einer in der Nähe aufgestellten Öllampe gehen, um die traurige Nachricht lesen zu können. Er war wie vor den Kopf geschlagen.

Plötzlich war der Ärger über die neuerlichen Schulden seiner Magdalena nichtig, und auch nach fröhlichem Gesang im Peterskeller war ihm nicht mehr zumute. Er gab dem Unbekannten die Zeitung zurück und fragte ihn, ob er vielleicht Näheres wüßte.

„Ich bin vor vier Tagen in einer dringenden Familienangelegenheit von Wien hierher gereist. Kurz vor der Abfahrt der Kutsche habe ich diese Zeitung erstanden. An ihrem Erscheinungstag war Mozart aber anscheinend schon begraben. Näheres konnte ich nicht mehr erfahren."

Michael Haydn bedankte sich höflich und ging traurig davon. Er überlegte, ob er nun noch in St. Peter einkehren sollte, entschloß sich aber doch dazu. Seinem großen Kollegen würde es ja nicht mehr helfen, wenn er sich jetzt vergrub. Vor allem aber drängte es ihn, Dominicus Hagenauer, der mittlerweile seit fünf Jahren Abt des Benediktinerklosters war, vom Tod des gemeinsamen Freundes zu unterrichten. Vielleicht war der ja auch durch eine andere Quelle bereits informiert.

Jedenfalls würde es ihnen beiden guttun, Reminiszenzen an den teuren Verstorbenen auszutauschen. Mozart hatte zwar nach dem Tod des Vaters die Verbindung zu Salzburg fast abgebrochen. Der briefliche Kontakt zu einigen Freunden, speziell Hagenauer und Haydn, aber auch Johann Nepomuk Reinprechter, dem Chorregenten von St. Peter, und Johann Widmann, dem Organisten, war jedoch erhalten geblieben.

Diese vier Herren zogen sich nun in eine stille Ecke des Weinkellers zurück, nachdem Michael Haydn auch den anderen Gästen die traurige Botschaft verkündet hatte. Alle wußten, daß sich Mozart längst nicht mehr als Salzburger gefühlt hatte. Nun aber war er in der Erinnerung wieder mitten unter ihnen.

„Bitterlich geweint hat der Wolferl als achtjähriger Knabe, als er von meinem Klostereintritt hörte", erzählte der Abt. „Ich bin zwar zehn Jahre älter als er, aber wir haben uns damals, als ich für ihn einfach ‚der Kajetan' war, prächtig verstanden. Ich war geschmeichelt, daß er, den alle als Wunderkind bezeichneten, in mir ein Vorbild sah. Als ich dann Pater Dominicus wurde, schrieb er mir zur Primiz in

St. Peter eine wunderschöne Messe (KV 66). Nun ist das Werk für mich noch wertvoller geworden.

Mein Vater ließ es damals festlich zelebrieren und veranstaltete darüberhinaus noch eine Akademie für die Bürgerschaft. Die Mozartkinder standen dabei mit ihren virtuosen Darbietungen im Mittelpunkt."

Man sprach an diesem Abend noch viel über gemeinsame Erlebnisse mit Wolfgang Amadeus. Natürlich auch über die Gründe seiner Trennung vom Erzbischof und damit auch von der Stadt Salzburg. Ob er hier glücklicher geworden wäre als in Wien? Haydn hatte da so seine Zweifel.

Obwohl Hieronymus Colloredo existentiell verbunden und somit verpflichtet, ist auch er ihm menschlich nie richtig nahe gekommen. Michael war aber ein ganz anderer Typ als Mozart.

Sein Geltungsbedürfnis war viel weniger ausgeprägt, und er fand im Freundeskreis von St. Peter die nötige Ablenkung. Mozart hätte das nicht genügt. Er war nicht zu einem ruhigen Leben geschaffen!

Haydns Wohnhaus in der Festungsgasse gehörte dem Kloster, und er logierte dort mit seiner Magdalena fast umsonst. Dafür spielte er an allen Hauptfesten in der Kirche die Orgel. Und seit die Patres Dominicus Hagenauer zum Klosteroberhaupt gewählt hatten, fühlte sich Haydn den Benediktinern noch mehr verbunden. Das Te Deum, welches er dem Freund zur Abtweihe schrieb, drückte dann auch seine ganze Zuneigung aus. Nun waren die beiden Männer mit dem Organisten und dem Chorleiter in der Trauer um Mozart vereint.

Aber wie das meistens so ist, wenn Erinnerungen an einen Verstorbenen ausgetauscht werden, gab es bald auch lustige Geschichten zu hören. Abt Hagenauer wußte sogar zu berichten, daß der kleine „Wolfgangerl" als fünfjähriger Knabe im Benediktinertheater getanzt habe. Die anderen Mitwirkenden wurden durch seine grotesken Bewegungen und die köstliche Mimik immer wieder zum Lachen gereizt. „Sigismundus" von Marian Wimmer habe man damals gespielt, und als der kleine Mozart auch noch fechten mußte, war es um die Fassung der Mitwirkenden geschehen. Er stürmte nämlich mit herausgestreckter Zunge auf seinen Kontrahenten zu und zerbrach sein hölzernes Schwert an dessen Rüstung.

„Wir anderen mußten uns schleunigst hinter die Kulissen zurückziehen, um nicht durch unser Lachen die Aufführung zu stören", schmunzelte Dominicus und nahm einen kräftigen Schluck vom Stiftswein.

Michael Haydn erzählte eine andere Geschichte, die Wolfgangs spontane Hilfsbereitschaft unterstrich. „Bei seinem letzten Besuch in Salzburg ist es gewesen. Damals, als in St. Peter die c-Moll-Messe mit Konstanze als Solistin erklang. Natürlich besuchte er auch mich in der Festungsgasse, doch ich lag krank darnieder. Ans Komponieren war nicht zu denken, denn ich konnte mich kaum rühren, geschweige denn eine Feder führen. Verzweifelt erzählte ich dem jungen Freund, daß ich für Colloredo einen dringenden Auftrag auszuführen hätte.

Zwei Duette für Violine und Viola sollten anläßlich eines hohen Besuches gespielt werden, und ich hatte noch keine Zeile geschrieben! Wolfgang sagte nichts, sondern setzte sich hin und hatte in drei Stunden die beiden Musikstücke fertig (KV 423 und 424). Wir alle wissen, daß er kein Freund des Erzbischofs war. Er rettete aber mir zuliebe die Situation. Am nächsten Tag konnte Magdalena die Duette in meinem Namen in der Residenz abgeben. Sie haben außerordentlich gut gefallen."

Auch Reinprechter und Widmann erinnerten sich einiger Begegnungen mit Mozart, und so wurde noch mancher Schoppen geleert.

Als Michael Haydn gegen Mitternacht etwas wackelig nach Hause kam, stellte sich seine liebe Frau schlafend. Sie wollte nicht auf die unbezahlte Rechnung für den Pelzmantel angesprochen werden. Michael hatte aber den neuerlichen „Lustkauf" seines Weibes über den Tod des genialen Freundes total vergessen. So hat wenigstens sie von dem traurigen Ereignis profitiert.

In den nächsten Tagen gab es natürlich in Salzburg nur ein Thema. Die besorgten Blicke nach Frankreich, wo die Auswirkungen der Revolution den Frieden in Europa zu erschüttern drohten, die Maßnahmen Kaiser Leopolds II., die extremen Reformen seines Bruders in vernünftige Bahnen zu lenken, all das trat zunächst einmal in den Hintergrund. Der Tod Wolfgang Amadeus Mozarts beherrschte alle Gespräche. Kaum hatte er die Augen geschlossen, besannen sich einige darauf, wer er eigentlich gewesen war. Bei anderen wieder geriet er durch Geschwätz in ein ganz schiefes Licht.

Beim Kaffeesieder Steiger, dem Vorbesitzer des heutigen „Café Tomaselli", und in ähnlich kultivierten Lokalen diskutierte man natürlich auf anderem Niveau als am Markt oder in den Bierkneipen. Hier sprach man von einer Lichtgestalt für die musikalische Welt, von einem Raffael oder Michelangelo der Musik, dort interessierte man sich mehr für die weniger musischen Details seines Lebens.

Bald brachten Reisende aus Wien die zum Teil handgeschriebenen Pamphlete einer sensationslüsternen Großstadtpublizistik mit. Der „Heimliche Botschafter" war so ein Skandalblättchen, und der berichtete auch prompt von der Bluttat im Haus Hofdemel.

„Anscheinend hat der Gläubiger Mozarts vom Seitensprung seiner Gemahlin mit dem Komponisten erfahren und dann vollkommen die Nerven verloren", war dort zu lesen.

Man vergaß auch nicht, in dem Bericht dem Herrn Hofmusiker eine gewisse Sorglosigkeit im Umgang mit seinen Finanzen vorzuwerfen. Wie hoch aber die Seriosität solcher Zeitungen einzustufen war, zeigt eine andere Notiz.

Man schrieb nicht nur, daß Baron van Swieten sich Mozarts Sohnes annahm, sondern auch die Gräfin Thun der Tochter, um die Witwe Konstanze vor bitterster Armut zu retten. Bekanntlich sind aber beide Töchter Mozarts schon als Säuglinge verstorben. Außer Karl Thomas ist von den sechs Kindern nur noch der jüngste Sohn Franz Xaver Wolfgang erwachsen geworden.

Die Gerüchteküche brodelte jedenfalls nicht nur in Wien, sondern auch in Salzburg. Überall, wo Menschen einander begegneten, gab es neuen, manchmal recht üblen Tratsch. Schnell verzehnfachten sich die Schulden, die er gemacht hatte, und in den Augen mancher Zeitgenossen entstand das Bild eines „Libertin", eines vollkommen zügellosen Menschen.

„Stellt Euch vor, das Kind, das die von ihrem Ehemann verunstaltete Frau Hofdemel unter dem Herzen trägt, soll von Mozart sein", sagte eine Hutmacherin am Kranzlmarkt zu ihrer Kundin. Und die setzte dann noch eine Sensationsmeldung drauf: „Ich habe wieder gehört, daß Konstanzes jüngster Sohn gar nicht von Mozart, sondern von seinem Schüler Franz Xaver Süßmayr sein soll. Der war ja lange genug mit ihr in Baden beisammen."

„Das kann ich mir nicht vorstellen. Der Süßmayr hat doch seinen Lehrer richtig verehrt", entgegnete die Modistin. „Und wenn er der Vater wäre, hätte es Frau Mozart zu verschleiern versucht. Und nicht durch die Wahl der Vornamen dem Gerücht noch mehr Nahrung gegeben."

Die Kundin ließ aber nicht locker: „Als mir das Gerücht zu Ohren kam, habe ich mich nach Details erkundigt und genau nachgerechnet. Der Franz Xaver ist am 26. Juli geboren, mußte also zwischen Mitte und Ende Oktober 1790 empfangen worden sein. Genau in dieser Zeit ist aber der gute Wolfgang Amadeus – nach Kaiser Leopolds Krönung – noch auf Deutschlandreise gewesen und erst am zehnten November wieder nach Wien zurückgekommen." Die Hutmacherin war sehr erstaunt über so akribische Nachforschungen und enthielt sich eines weiteren Kommentars. Ob sie vielleicht im Stillen „Cosi fan tutte" gedacht hat?

An den Rechenkünsten der Salzburger Bürgersfrau war jedenfalls nicht zu rütteln. Aber schließlich kommt so manches Kindlein etwas früher zur Welt, und eine solche Möglichkeit sollte man auch in diesem Fall in Erwägung ziehen. Es ist jedenfalls nicht bekannt geworden, ob Mozart jemals an seiner Vaterschaft gezweifelt hat. Vielleicht wußte aber auch Konstanze selbst nicht ganz genau, wer denn eigentlich der Vater war.

Das bereits in anderem Zusammenhang erwähnte englische Ehepaar Novello berichtete fast 40 Jahre später nach einem Zusammentreffen mit dem jüngsten Sohn Mozarts von dessen verblüffender Ähnlichkeit mit seinem Vater. Wollen wir ihre Beobachtung gelten lassen, denn niemand kann etwas anderes beweisen!

Vollendung des Totengesangs

Obwohl Wolfgang Amadeus in seinen letzten Stunden ausdrücklich Franz Xaver Süßmayr um Vollendung des Requiems gebeten hatte, setzte sich Konstanze sonderbarerweise zunächst über diesen Wunsch hinweg. Bei späteren Begegnungen gab sie kaum einen plausiblen Grund dafür an. Sie sei einfach bös' gewesen auf den Süßmayr, wüßte aber nicht mehr warum. Das glaube, wer will, denn ohne triftigen Grund mißachtet man ja nicht den letzten Willen eines Sterbenden.

Ihre Schwester Sophie schrieb über die Beobachtungen am Sterbebett des Schwagers: „Und ich lief wieder was ich konnte zu meiner trostlosen Schwester. Da war der Süßmayr bei Mozart. Am Bette lag auf der Decke das bekannte Requiem und Mozart explizierte ihm, wie seine Meinung sei, daß er es nach seinem Tode vollenden sollte."

Konstanze war bekanntlich auf Veranlassung van Swietens nach Wolfgang Amadeus' Tod zu Joseph von Bauernfeld, dem Freund und Finanzier Schikaneders, gebracht worden. In dessen komfortablem Haus hat sie sich bald einigermaßen erholt. Natürlich galt ihre Hauptsorge der eigenen Zukunft und jener ihrer Söhne. Sie hatte ja kaum etwas gelernt, ihr einziges Kapital war eine recht hübsche Stimme. Die reichte aber bei weitem nicht an jene ihrer älteren Schwestern Josepha und Aloysia heran und war deshalb auch keine solide Basis für einen gesicherten Lebensunterhalt. Es blieben aber doch noch einige andere Möglichkeiten.

Ein Gesuch beim Kaiser sicherte ihr „aus besonderer höchster Gnade und ohne Konsequenz" ein Drittel von Wolfgangs Gehalt bei Hofe als Pension zu. Einige Benefizkonzerte und sogar Opernaufführungen zu ihren Gunsten brachten recht gute Einnahmen und – last not least – sie konnte sich ja auch wieder verheiraten.

Sollte aus dem Wunsch nach einer neuen Ehe die Verstimmung zwischen ihr und Süßmayr entstanden sein? Hat er, der fast vier Jahre jüngere, Konstanze vielleicht sogar abgewiesen? Wollte er endlich aus dem Schatten Mozarts treten und nicht auch noch dessen Witwe versorgen?

Man sollte sich etwas mit seiner Person beschäftigen, um sich ein besseres Bild machen zu können. Als Sohn eines Schulmeisters wurde er 1766 im oberösterreichischen Schwanenstadt geboren.

Schon mit sechs Jahren verlor er seine Mutter und kam als Sängerknabe ins Internat des Stiftes Kremsmünster. Dieses Benediktinerkloster ist eine bedeutende Stätte abendländisch-christlicher Kultur. Es wurde hauptsächlich durch den vergoldeten Kupferkelch seines Gründers Tassilo bekannt, leistete jedoch auch Bedeutendes in Wissenschaft und Kunst. Absolventen des Stiftsgymnasiums, wie Süßmayr oder sein aus Steyr stammender Mitschüler Johann Michael Vogl, der spätere Schubertsänger, sind hervorragende Musiker geworden. Franz Xaver komponierte schon früh für Schulbühne und Kirche und erregte durch sein Orgelspiel Aufsehen beim Ordenskomponisten Georg von Pasterwitz.

Als Süßmayr 1788 gemeinsam mit Vogl nach Wien ging, schlug er sich zunächst durch Aushilfsdienste in der Hofkapelle und am Burgtheater mehr schlecht als recht durchs Leben. Bei irgendeiner Gelegenheit muß ihn Pasterwitz bei Mozart empfohlen haben, und so wurde er schließlich dessen Schüler.

Die Liste bedeutender Freunde Wolfgang Amadeus' war in dieser Zeit aus bekannten Gründen schon sehr zusammengeschrumpft. Wahrscheinlich brauchte der Musensohn in der beginnenden Erfolglosigkeit immer öfter ein Ventil für seinen Frust. Der brave Süßmayr schien ihm dafür gut geeignet. Er wurde die Zielscheibe von Sarkasmus, Ironie und Spötteleien jeder Art. Franz Xaver trat damit in die Fußstapfen von Joseph Ignaz Leutgeb, dem Hornisten der Salzburger Hofkapelle. Der war bereits lange vor Mozart nach Wien gegangen, und Wolfgang Amadeus schrieb ihm immer wieder wunderbare Hornkonzerte (KV 412, 417, 447 und 495). Darüberhinaus überschüttete er ihn aber oft mit Spott und Hohn. Als Widmung für eines der effektvollsten Werke schrieb er beispielsweise: „W. A. Mozart hat sich Leutgeb – Esel, Ochs und Narr – erbarmt zu Wien am 28. 2. 1783." Was war der Grund für solche sehr rustikalen „Schmeicheleien"?

Der geniale Hornist wollte sich nicht nur auf die Musik verlassen und betrieb in seinem „Schneckenhäusl", wie er es nannte, einen lukrativen Käsehandel. Und für eine so triviale, noch dazu sehr streng duftende Nebenbeschäftigung hatte Wolfgang Amadeus eben nur Spott übrig.

Nun, als der gute Leutgeb auf die Sechzig zuging und inzwischen durch den Käsehandel wohlhabend geworden war, mußte sich Mozart langsam ein neues „Opfer" suchen.

Da kam ihm der gutmütige Süßmayr gerade recht. Mozart behandelte ihn nicht als Gleichgestellten, sondern eben als „Adlatus", der gut genug war, Kopierdienste zu leisten, Rezitative zu komplettieren oder auch weniger wichtige Stellen zu instrumentieren.

Gegen Ende seines Lebens wurde Mozarts Aggressivität gegenüber seinem Schüler immer schwerer verständlich. So schrieb er am 8. Oktober 1791 nach Baden an Konstanze:

„Dem Süßmayr in meinem Namen ein paar tüchtige Ohrfeigen, auch lasse ich die Sophie bitten, ihm ein paar zu geben – laßt ihn nur um Gottes Willen keinen Mangel leiden! Ich möchte um alles in der Welt heut oder morgen von ihm den Vorwurf nicht haben, als hättet ihr ihn nicht gehörig bedienet und verpfleget – gebt ihm lieber mehr Schläge als zu wenig. Gut wär es, wenn ihr ihm einen Krebsen an die Nase zwicket, ein Aug ausschlüget, oder sonst eine sichtbare Wunde verursachet, damit der Kerl nicht einmal das, was er von euch empfangen, ableugnen kann!"

Sind das noch Scherze? Oder sind das Ausbrüche einer mühsam unterdrückten Eifersucht?

Trotzdem sollte knapp zwei Monate später Süßmayr das Requiem vollenden und niemand anderer. Mozart hat ihn demnach als Komponisten doch mehr geschätzt, als man nach solchen Äußerungen annehmen könnte.

Was aber geschah in Baden und später kurz nach Mozarts Tod zwischen Franz Xaver und den Weber-Schwestern? Hatte die jüngere Sophie vielleicht Mitleid mit dem verspotteten Adlatus? Hat sie ihn deshalb liebevoller „bedienet und verpfleget", als Mozart dies in seinem Brief anordnete? Sie war ja in dieser Zeit noch ledig und hätte im Alter viel besser zum Franz Xaver gepaßt als Konstanze. Hat diese die beiden „in flagranti" erwischt und war deshalb später so böse auf Süßmayr?

Für Spekulationen sind jedenfalls Tür und Tor geöffnet. Seriöse Biographen können aber höchstens Vermutungen äußern. Eigentlich ist von hemmungsloser Liebschaft, die nach einer gewissen Zeit verebbte, bis zu einer reinen Vernunftentscheidung Franz Xavers alles möglich. Am wahrscheinlichsten scheint, daß Süßmayr wohl gerne die Leidenschaftlichkeit einer reifen Frau genossen hat, dann aber – nach Mozarts Tod – keine Vorteile mehr in einer Verbindung mit Konstanze sah.

Er wäre ja immer der „Mann der Witwe Mozart" geblieben. Und die Sophie hat ja bald ihren Jakob Haibel, einen Tenor der Schikanedertruppe, gefunden. Auch der hat sich als Komponist versucht.

Sein „Tiroler Wastl" wurde sogar ein Erfolgsstück auf der Bühne seines Arbeitgebers. So blieben alle Weber-Töchter der Musik verbunden. Nur Konstanze wählte später den wohl weniger dornenreichen Weg einer Diplomatengattin.

Das Requiem gab sie nun aber zur Komplettierung an Joseph Eybler. Wahrscheinlich hatte Franz von Walsegg nach Mozarts Tod Michael Puchberg sein Geheimnis verraten. Der vermittelte dann nicht nur zwischen dem Auftraggeber der Totenmesse und Konstanze, sondern unterstützte sie auch sonst in jeder Weise. Auf Rückzahlung der nicht unerheblichen Schulden seines Logenbruders hat er großzügig verzichtet.

Der Graf aus dem niederösterreichischen Stuppach drängte aber nun auf Fertigstellung der Komposition und wollte unmittelbar danach die noch ausständige Restsumme bezahlen. Die Witwe Mozart konnte natürlich das Geld gut gebrauchen und versuchte, die Angelegenheit zu beschleunigen. Daß sich für die restliche Arbeit außer Süßmayr und Eybler kaum Alternativen boten, lag an der Zeit.

Die österreichische Kirchenmusik erlebte gerade in diesen Jahren ein recht düsteres Kapitel. Kaiser Joseph II. und seltsamerweise auch

Hieronymus Colloredo bremsten durch ihre eigenwilligen Vorschriften die Entwicklung großer sakraler Werke. Der Salzburger Erzbischof führte sogar ein zeitliches Limit für Gottesdienste ein. Das erklärt die Kürze aller Mozart-Messen, die vor 1781 für dessen Hof geschrieben wurden. Lateinische Festmessen waren, von wenigen Ausnahmen für den Dom und die Hauptkirchen abgesehen, verboten. Die Kirchenmusik mußte vorübergehend auf eine viel bescheidenere Basis gestellt werden und blühte erst unter Kaiser Franz II. wieder auf. Michael Haydn nutzte die neue „liturgische Volkstümlichkeit" in Salzburg für seine recht einfachen „Deutschen Messen". Mit der räumlichen Entfernung von den Hauptstädten wurden die Vorschriften immer weniger genau befolgt. So erklangen in der Esterházy'schen Schloßkirche die prachtvollen Werke Joseph Haydns, und Graf Walsegg konnte später im Zisterzienserstift Wiener Neustadt „sein" Requiem zu Gehör bringen. In Wien hätte er mit der Realisierung wahrscheinlich Probleme bekommen.

Bis es aber endlich soweit war, mußten noch einige Schwierigkeiten überwunden werden. Konstanze wählte also – nach dem wie immer gearteten Ärger mit Süßmayr – den fast ebenso jungen Joseph Eybler als Komponisten aus. Die Mozarts hatten einmal auf einer Reise nach Baden in dessen Elternhaus in Schwechat gerastet. Wolfgang Amadeus lobte damals die Kirchenmusik Eyblers, zahlreiche Messen, ein Oratorium und auch ein Requiem. Daran erinnerte sich die Witwe nun.

Ob der Joseph eventuell auch als potentieller Heiratskandidat in Frage gekommen wäre, ist nicht bekannt. Vielleicht hatte sie aber beim Kontakt mit ihm einen anderen Hintergedanken. Er war nämlich mittlerweile nicht nur als Vize-Hofkapellmeister der Stellvertreter Antonio Salieris, sondern auch als Vizepräsident im „Pensionsverein für Witwen und Waisen österreichischer Tonkünstler". Diese Organisation war auf Empfehlung des damaligen Hofkapellmeisters Florian Leopold Gaßmann 1771 in Wien gegründet worden. Sie sollte Hinterbliebene von Künstlern im Alter vor ärgster Not schützen. Die Ziele waren genau festgelegt, und man hielt sich strikt an ziemlich strenge Aufnahmebedingungen. Finanziert wurden die sozialen Aktivitäten durch eine einmalige Aufnahmegebühr von 300 und jährliche Beiträge von 12 Gulden.

Wolfgang Amadeus Mozarts Aufnahmeantrag war im Jahre 1785 zurückgewiesen worden, weil er keinen Taufschein beibringen konnte. Dies hing wohl damit zusammen, daß er nie offiziell aus den Diensten des Salzburger Erzbischofs ausgeschieden war und die Papiere aus irgendeinem Grund dort verblieben sind. Bei seiner Hochzeit im Stephansdom wurde diesbezüglich anscheinend eher ein Auge zugedrückt als später beim Pensionsverein.

Nun erhoffte sich Konstanze vielleicht von einem Kontakt mit Eybler, daß der aufgrund seiner Funktion Mozarts Mitgliedschaft posthum noch durchsetzen könne. Sie war bereit, das „Einkaufsgeld" und die Jahresbeiträge seit Wolfgangs Antrag von 1785 aus den Einnahmen eines Benefizkonzertes nachzuzahlen.

Die Hoffnungen, die sie auf Eybler setzte, erfüllten sich aber weder hinsichtlich der Aufnahme in den Witwen- und Waisenfonds, noch in Bezug auf die Fertigstellung des Requiems. Er führte zwar zunächst die Instrumentalpartien bis zum „Confutatis" aus und fügte auch noch zwei eigene Takte zu Mozarts „Lacrimosa" hinzu. Dann aber überkamen ihn anscheinend Gewissensbisse. Wahrscheinlich hörte er – vielleicht von Sophie Weber –, daß Mozart Süßmayr zur Vollendung seines Werkes bestimmt hatte.

Gerade noch rechtzeitig wurde ihm klar, daß er etwas Unrechtes tat. Er gab das Werk nicht an Konstanze zurück, sondern schaltete den Abbé Maximilian Stadler ein. Der Abt von Kremsmünster war nicht nur Eyblers Freund, sondern auch mit Mozart eng verbunden gewesen. Er, der auch einige andere fragmentarisch erhaltene Stücke Mozarts komplettiert hat, instrumentierte zunächst noch das zweisätzige „Offertorium". Dann aber brachte er die unvollendete Komposition endlich an den richtigen Adressaten auf den Weg: an Franz Xaver Süßmayr.

Der erledigte den Auftrag, den er ja eigentlich längst erwartet hatte, schließlich bis zum Jahresende 1792. Er verarbeitete geschickt die

Vorleistungen Eyblers und Stadlers, mußte aber die fehlenden Teile „Sanctus", „Benedictus" und „Agnus Dei" selbständig hinzukomponieren. Möglicherweise konnte er sich auch einiger „Arbeitszettel" bedienen, die auf Mozarts Schreibtisch zurückgeblieben waren. Schließlich hatte er ja auch dessen letzte Anweisungen erhalten. Im „Agnus Dei" ist Süßmayr zu wahrer Meisterschaft gewachsen und hat sich damit auch ein Stückchen Unsterblichkeit geschaffen.

Konstanze blieb aber ihm gegenüber unversöhnlich. Noch 38 Jahre später erzählte sie den Novellos über seine Arbeit am Requiem: „Jeder hätte schreiben können, was er geschrieben hat!"

Das fertige Werk kam schließlich in die Hände des Auftraggebers, und Konstanze erhielt auch das versprochene Geld.

Schwierigkeiten machte ihr der Graf von Walsegg nur, als sie später die Partitur an den berühmten Leipziger Verlag Breitkopf und Härtel verkaufen wollte. Wahrscheinlich hatte er schon so vielen Leuten von „seinem großen Werk" erzählt, daß er mittlerweile selbst glaubte, der Komponist zu sein. Jedenfalls beanspruchte er tatsächlich Autorenrechte.

Eigentlich hätte die Witwe Mozart froh sein müssen, nicht Frau Süßmayr geworden zu sein. Franz Xaver wurde nämlich nur unwesentlich älter als sein Lehrmeister. Er brachte es noch zum Hofkapellmeister und hatte mit den Opern „Der Spiegel von Arkadien" und „Soliman II." sogar schöne Erfolge.

In der Zauberflötenpremiere, die Mozart vom Klavier aus dirigierte, hatte Süßmayr noch für den Meister umgeblättert. Zwölf Jahre später wurde aber bereits das Lebensbuch des Schülers zugeklappt. Einige Blätter darin blieben unbeschrieben. Gerade die werden wahrscheinlich die Musikwelt noch lange beschäftigen.

Abnorme Gesichter

Üblicherweise wurde in diesen Zeiten die Leiche eines Selbstmörders in einer Grube außerhalb des Gottesackers versenkt. Vorher war sie vom Henker in eine Rinderhaut einzunähen. Wahrscheinlich konnten die Logenbrüder Franz Hofdemels diesen entwürdigenden Akt verhindern. Jedenfalls wurde er am 10. Dezember 1791 unauffällig in einem normalen Grab bestattet.

Vielleicht war es wieder Baron van Swieten, der in der „Wiener Zeitung" diesen Tag als Sterbetag des Freimaurerkollegen veröffentlichen ließ, um keinerlei gedankliche Verbindung mit Mozarts Tod aufkommen zu lassen. Bekanntlich hatte sich Hofdemel ja schon vier Tage früher die Kehle durchgeschnitten. Daß tatsächlich der 6. Dezember der Todestag war, ist durch einen Brief der Witwe an den Magistrat der Stadt Wien dokumentiert. Darin sind mit Datum die Honorare für die Ärzte Dr. Günther und Dr. Rossmann, die Kosten für die Handwerker, welche die Wohnung wieder instandsetzen mußten, und weitere mit der Bluttat in Zusammenhang stehende Auslagen spezifiziert. Magdalena Hofdemel beanspruchte von der Behörde, bei der ihr Gemahl beschäftigt war, Erstattung ihrer Ausgaben sowie der noch zu erwartenden Heilungs- und Kindbettskosten – insgesamt 1.000 Gulden.

„Es ist leider nur allzu bekannt, in was für einen elenden, jammervollen Zustand mich mein Ehegatte, Herr Franz Hofdemel, k. Kanzellist bei der höchstlöblichen Obersten Justizstelle seel., durch so vielfältige Zerschneidung meines Angesichtes und sonstiger Teile meines Körpers, die meine Ungesundheit, und zwar vermutlich für meine ganze noch übrige Lebenszeit nach sich ziehet, versetzt, und daß er mich in so einem Zustand als Mutter eines geborenen und eines noch zu hoffenden Kindes hinterlassen habe. Seine ganze Verlassenschaft wäre nicht hinreichend, mich diesfalls zu entschädigen ...", schrieb sie. Der wahrscheinlich mit Hilfe eines Anwalts zustande gekommene Brief veranlaßte die Behörde nach einigem Hin und Her immerhin zur Zahlung von 560 Gulden. Damit gab sich Magdalena dann auch zufrieden.

Außerdem verblieb das Klavier, auf dem sie in früheren Tagen mit Mozart musiziert hatte, in ihrem Besitz.

Sobald die behördlichen Wege erledigt waren, verließ sie Wien, um in Brünn die Niederkunft des zweiten Kindes zu erwarten.

Es ist eine alte Redensart, daß jeder gute Wiener mindestens eine Großmutter oder einen Onkel aus der mährischen Hauptstadt aufweisen muß. Wenn es danach ging, war die Magdalena Hofdemel eine besonders gute Wienerin, denn ihr Vater war der Brünner Musiker Gottfried Pokorny. Als Schüler des berühmten böhmischen Organisten Wenzel Wrobek bekam er früh eine Stelle als Kapellmeister am Dom. Da er außerdem Schullehrer war, wuchs das Töchterlein in einem gutbürgerlichen Milieu auf, spielte bald sehr ansprechend Klavier und sang mit schöner Stimme im Kirchenchor. Natürlich hatte sie nicht immer nur fromme Gedanken, und manch fescher Nachbarssohn brachte ihr Blut mächtig in Wallung. Da Magdalena ein außergewöhnlich schönes und wohlgeformtes Mädchen war, mußte der Herr Kapellmeister ganz schön darauf aufpassen, daß sie bis zur Hochzeit mit dem Franz aus Wien unbeschädigt blieb.

Vielleicht wäre alles ganz anders gekommen, wäre Mozart schon früher im Haus der Pokornys eingekehrt und nicht erst in seinem letzten Lebensjahr. Wahrscheinlich hätte ihn die junge Magdalena noch mehr entflammt als seinerzeit in Mannheim die siebzehnjährige Aloysia Weber. Vielleicht wäre sie sogar für Leopold Mozart eine akzeptablere Schwiegertochter gewesen als Konstanze.

Aber das sind Gedankenspielereien. Tatsache ist, daß Mozart im Sommer 1791 im Elternhaus der Frau Hofdemel in Brünn war und dort dem Hausherrn eine goldene Uhr verpfändet hat. Bestimmt waren ihm auf dem Weg nach Prag oder auf der Rückreise von dort wieder einmal die „flüssigen Mittel" ausgegangen. Und wenn es um Geldbeschaffung ging, erinnerte sich Wolfgang Amadeus sogar eines kleinen mährischen Kapellmeisters. Dem war es bestimmt eine große Ehre zu helfen, und vielleicht war Mozart sogar wirklich interessiert, den Vater „seiner" heißblütigen Magdalena kennenzulernen. Die schöne goldene Uhr jedenfalls wurde in deren Familie hoch in Ehren gehalten.

Im Jahre 1956, als der letzte Nachkomme Gottfried Pokornys gestorben war, fand man bei seinen Habseligkeiten die Uhr neben ihrer fein säuberlich aufgeschriebenen Geschichte. Natürlich war das ein gefundenes Fressen für die österreichischen Zeitungen. In der Wiener „Weltpresse" vom 24. März 1956 konnte man lesen, daß die aufgefundene Uhr Mozarts mit einem kleinen Schlüssel aufzuziehen ist und immer noch ganz genau geht.

Konstanze und ihr zweiter Mann, Georg Nikolaus von Nissen, haben weder von dieser kleinen Episode noch von den wesentlich bedeutenderen Begebenheiten um Magdalena Hofdemel ein Wort berichtet. Bei den Studien zu seiner Biographie mußte Nissen auf den Namen Pokorny, zumindest aber auf Hofdemel gestoßen sein. Daß er das konsequent verschwieg, läßt Mozarts starke Bindung an Magdalena noch wahrscheinlicher werden.

Sie brachte im Mai 1792 in ihrem Elternhaus einen Sohn zur Welt, dem sie die Namen Johann Nepomuk Alexander gab. Anscheinend starb er aber schon mit 10 Jahren, kurz nach seinem Großvater, denn das Erbe wurde zu diesem Zeitpunkt der Tochter Therese überschrieben. Sie hatte ja wahrscheinlich der Mutter an jenem schrecklichen Nikolaustag durch ihr lautes Geschrei das Leben gerettet. Ein Leben, das für die früher so schöne Frau kaum noch lebenswert war.

Ihr entstelltes Gesicht machte sie scheu, und sie wagte sich kaum mehr unter Menschen. Sie mied die Stadt und besuchte nur gelegentlich den Spielberg und die Brünner Kapuzinergruft. Dort sind nicht – wie in Wien – Habsburger in prunkvollen Zinnsarkophagen bestattet, sondern respektable Bürger mumifiziert zu sehen. In der Krypta herrscht genau jene trockene Luft, die nötig ist, menschliche Körper vor Verwesung zu schützen. So trocknen sie langsam ein und behalten etwas von dem, was sie früher als lebende Menschen charakterisiert hat. In offenen Särgen liegen sie dort. Die Gesichter aschfahl und grau, aber doch nicht als vereinheitlichte Totenköpfe, sondern mit noch erkennbar individuellem Ausdruck. Den berühmten Barockarchitekten Moritz Grimm könnte man ebenso noch heute identifizieren wie einige Edelleute, Ratsherren und Kapuzinermönche. Deren

Armutsgelübde, das sie sogar auf einen Sarg verzichten ließ, hat übrigens zur Entdeckung des Phänomens geführt.

Magdalena Hofdemel suchte den Ort nicht auf, weil sie diese mehr oder weniger bedeutenden Männer interessierten. Sie zog es immer wieder zu den Särgen zweier junger Frauen. Die Erkenntnis, daß die sich nach hundert Jahren mehr Schönheit bewahrt hatten, als sie selbst mit ihrem zerschnittenen Gesicht, stürzte sie immer wieder in Depressionen. Sie kam trotzdem von diesen geradezu masochistischen Anwandlungen nicht los.

Zwischendurch hatte sie aber auch einige bessere Phasen und fuhr sogar ab und zu wieder nach Wien.

Dort war sie bei der Musikerfamilie Czerny stets ein gern gesehener Gast. Carl, der Sohn des Hauses, war damals noch ein Bub. Seine „Schule der Geläufigkeit" sollte später einmal zum Alptraum wenig begabter Klavierspieler werden. Jetzt mußte er sich selbst beim vierhändigen Spiel mit dem Besuch aus Brünn besonders anstrengen. Sein Vater hatte ihm erzählt, daß die Frau Hofdemel auch schon mit Meister Mozart konzertiert hatte. Und da wollte er sich natürlich keine Blöße geben. Er erschrak aber jedesmal, wenn er beim Spiel zur Seite blickte und die tiefen Narben in ihrem Gesicht sah. Trotzdem konnte er sich von dem Anblick kaum lösen.

Listig versuchte er dann später, als die ganze Familie mit der Besucherin an der reichgedeckten Kaffeetafel saß, etwas über die Ursachen dieser schrecklichen Verletzungen herauszubekommen. Aber die „Magda-Tant", wie er sie bald nennen durfte, sprach nie über die schrecklichen Ereignisse, die sich am Nikolaustag 1791 in der Grünangergasse in Wien zugetragen hatten.

Letztendlich war sie dann immer froh, wieder ins ruhigere Brünn zurückfahren zu können. Selten äußerte sie irgendwelche besonderen Wünsche. Nur als man erzählte, daß der Herr Beethoven aus Bonn dem kleinen Carl Klavierstunden gebe, wollte sie diesen berühmten Musiker gerne einmal hören. Gut, daß sie dessen erste Reaktion auf die von Vater Czerny vorgebrachte Bitte nicht hören konnte. Er lehnte nämlich zunächst rundweg ab. Anscheinend waren ihm irgendwelche Geschichten über die unglückselige Liaison zwischen Frau Hofdemel und Herrn Mozart zugetragen worden.

Auf das gute Zureden von Wenzel Czerny hin ließ sich der eigenwillige Rheinländer dann aber doch herab und entlockte dem Instrument gewaltige Töne. Magdalena war sprachlos. Das war kein ausgewogenes Musizieren wie bei Wolfgang Amadeus. Beethovens Spiel hatte nicht dessen vollendete Harmonie, aber es war trotzdem überwältigend. Voller Feuer und ungebändigtem Temperament. Er bewältigte teuflische Schwierigkeiten, spielte aber nicht so sauber wie Mozart.

Seine Improvisationen waren erfüllt von erstaunlichen Einfällen, und er wagte Klangkombinationen, die man bei anderen vielleicht sogar schon als Mißklang empfunden hätte. Er hämmerte in die Tasten, daß man meinte, Funken sprühen zu sehen.

Aber er beeindruckte die Zuhörer und zog sie voll in seinen Bann. Magdalena hätte sich gerne noch mit Ludwig van Beethoven ein wenig unterhalten, aber der mürrische junge Musiker verließ das Haus der Czernys noch bevor es dazu kommen konnte. Bestimmt war es die damals schon fortgeschrittene Schwerhörigkeit, die ihn für seine Mitmenschen so wenig zugänglich machte.

Zumindest läßt das „Heiligenstädter Testament", das er schon im Oktober 1802, also mit 32 Jahren, verfaßte, darauf schließen:

„Drum verzeiht, wenn Ihr mich da zurückweichen sehen werdet, wo ich mich gerne unter Euch mischte. Doppelt wehe tut mir mein Unglück, indem ich dabei verkannt werden muß. Für mich darf Erholung in menschlicher Gesellschaft, feinere Unterredungen, wechselseitige Ergießungen nicht statt haben. Ganz allein fast nur so viel als es die höchste Notwendigkeit fordert, darf ich mich in Gesellschaft einlassen. Wie ein Verbannter muß ich leben. Nahe ich mich einer Gesellschaft, so überfällt mich eine heiße Ängstlichkeit, indem ich befürchte in Gefahr gesetzt zu werden, meinen Zustand merken zu lassen ..."

Magdalena Hofdemel konnte diesen Aufschrei Beethovens natürlich noch nicht kennen und auch nicht die bittere Feststellung gegen Ende des Testaments:

„O Menschen, wenn Ihr einst dieses leset, so denkt, daß Ihr mir unrecht getan ..."

Mit dem sicheren Instinkt eines behinderten Menschen spürte sie aber, daß der Komponist seine Schroffheit nur als Schutzmantel um sich herum aufgebaut hatte. Wie sie selbst es tat, wenn sie ihre Kapuze tief in das verunstaltete Antlitz zog.

Ob sie während Beethovens Klavierspiel ähnlich empfand wie dessen größter Gönner Ferdinand Graf Waldstein? Der hatte ins Stammbuch seines jungen Freundes geschrieben:

„Mozarts Genius trauert noch und beweinet den Tod seines Zöglings. Bei dem unerschöpflichen Haydn fand er Zuflucht, aber keine Beschäftigung. Durch ihn wünscht er noch einmal mit jemanden vereinigt zu werden. Durch ununterbrochenen Fleiß erhalten Sie Mozarts Geist aus Haydns Händen."

Haydns Schüler hat sich durch diese Worte sicher sehr angespornt gefühlt. Tatsächlich lassen viele seiner Werke, besonders jene für Klavier mit Begleitung, ganz deutlich Mozarts Geist erkennen.

Konstanzes Machtworte

Nach unseren heutigen Vorstellungen würde man Konstanze Mozart nicht unbedingt als besonders gute Mutter bezeichnen. Der kleine Karl Thomas wurde schon in sehr jungen Jahren in ein Internat nach Perchtoldsdorf bei Wien „abgeschoben". Waren die diversen Kuren in Baden dafür ein ausreichender Grund oder war es etwa nur Bequemlichkeit? Vielleicht konnte aber auch – bei dem recht unsteten Künstlerleben der Eltern – nur so eine angemessene Schulbildung des Sohnes gewährleistet werden. Aber nicht Konstanze, sondern Wolfgang Amadeus sorgte sich darum. Als er feststellte, daß die gute Luft des Wienerwaldes seinen Sprößling wohl blühen und gedeihen lasse, dessen Kenntnisse aber noch minimal waren, strebte er einen Wechsel an. Zu den Piaristen wollte er seinen Sohn in die Schule geben, aber dazu ist es dann wohl nicht mehr gekommen.

Nach Mozarts Tod hat sich zunächst hauptsächlich Michael Puchberg der Söhne angenommen und wurde auch deren Vormund. Möglicherweise hat sogar Anna, die dritte Frau des Textilfabrikanten, den kleinen Franz Xaver Wolfgang zeitweise gemeinsam mit ihrem eigenen „Xaverl" aufgezogen. Der war ja nur knapp zwei Jahre älter.

Die Witwe Mozart bereitete für das Jahr 1796 – gemeinsam mit Aloysia Lange – eine ausgedehnte Konzertreise vor. Über Prag, Leipzig, Dresden und Berlin wollten die Schwestern bis Hamburg reisen. In den Jahren davor waren zu Konstanzes Gunsten in Wien zahlreiche Benefizveranstaltungen durchgeführt worden. Sogar Ludwig van Beethoven wirkte daran mit.

Kaum war Wolfgang Amadeus Mozart beinahe heimlich vergraben worden, erinnerte man sich plötzlich wieder an ihn. Seine durch böswilligen Tratsch und Zeitungsberichte stark aufgebauschten Schulden – es sind nicht 30.000 Gulden, sondern höchstens 3.000 gewesen – waren längst durch Konzerteinnahmen getilgt. Konstanze konnte sich bereits als recht wohlhabende Witwe bezeichnen, als sie gemeinsam mit Aloysia und dem Pianisten Anton Eberl die mehr als einjährige Reise antrat. Auch der fünfjährige Franz Xaver Wolfgang war zunächst mit von der Partie.

Seinen älteren Bruder hatte man schon drei Jahre früher durch Vermittlung Baron van Swietens im Hause des Prager Universitätsprofessors Franz Xaver Niemetschek untergebracht.

Der gelehrte kaiserliche Rat beschäftigte sich bereits mit einer Biographie Wolfgang Amadeus Mozarts, und so war es ihm eine große Ehre, den Sohn des verehrten Künstlers bei sich aufzunehmen. Ohne irgendwelche Gegenleistungen, versteht sich! Karl gedachte dieser Zeit sein ganzes Leben mit höchster Dankbarkeit.

Die liebevolle Fürsorge in der Familie, die Ferien im Liechtenstein'schen Palais in Sadska bei Podiebrad, die Klavierstunden beim Ehepaar Duschek in der Villa „Bertramka" und sogar der Unterricht im Kleinseiter Gymnasium – all das begeisterte ihn. Und als schließlich die Mutter auch noch den kleinen Franz Xaver Wolfgang mit nach Prag brachte, war das Glück perfekt. Tatsächlich verlebten die Brüder in den zwei gemeinsamen Jahren an der Moldau eine sehr schöne Zeit.

Trotz des Altersunterschiedes faßten sie eine innige Zuneigung zueinander. Der zwölfjährige Karl war stolz, seinem kleinen Bruder gegenüber schon fast als „alter Prager" auftreten zu können. Daß der „Wolferl", wie ihn die Mutter nannte, bei den Duscheks wohnte, tat der Freude keinen Abbruch, denn auch dort fühlte sich Karl Thomas wie zu Hause. Die Kastanienallee, die vom gewaltigen Tor bis zum Vorhof der Villa „Bertramka" führte, reizte genauso zum Spielen wie die Obstplantage der Besitzung. So mußte der Garten Eden ausgesehen haben, von dem er gerade in der Schule gehört hatte. Auch der kleine Bruder freute sich über die bunten Äpfel, die dort überall herumlagen.

Vom Pavillon aus am höchsten Punkt des Anwesens konnte man bis zum Friedhof und die Weingärten der Kartause Santa Maria sehen. Ein überwältigender Blick! Aber nicht wegen der Aussicht zog der Ältere nun den Wolferl ins Innere, sondern wegen einer Begebenheit, die sich dort vor Jahren zugetragen hatte. Und ob der Kleine wollte oder nicht, nun mußte er sich die schöne Geschichte von der „Erpressung" anhören:

„In dieses Häuserl hat die Tante Josepha unseren Vater so lange ein-
gesperrt, bis der ihr eine schöne Arie geschrieben hat. Er überlistete
sie aber und hat das Lied so schwer gemacht, daß es die arme Tante
kaum singen konnte." (Bella mia fiamma, addio; KV 528.) Wolferl
nickte zwar andächtig, im Grunde genommen interessierte ihn aber
ein großer Vogel, der sich gerade vor dem Pavillon niedergelassen
hatte, viel mehr.

Es wäre alles wunderschön gewesen, nur über die Mutter mußte
sich Karl Thomas in diesen Tagen oft wundern. Zuerst hat sie ihn
angebrüllt, weil er Franz Xaverl zu seinem Bruder sagte. „Das ist ein
für allemal der Wolferl", wies sie ihn wütend zurecht. Als ob das so
wichtig wäre! Eigentlich war es ihm ziemlich egal, wie er seinen
Bruder nennen sollte. Hauptsache war doch schließlich, daß es ihn
überhaupt gab! Die anderen Geschwister hatten ja nicht einmal das
erste Jahr überlebt!

Etwas später geschah etwas, das Karl Thomas aber wirklich nicht
begreifen konnte. Nicht er, sondern der Wolferl sollte mit Mutter und
Tante bei einem Konzert im Palais der rheinischen Adelsfamilie
Schönborn auftreten. Er liebte seinen Bruder, aber das fand er nun
wirklich lächerlich. Mehrere Klaviersonaten seines Vaters hatte er mit
dem Onkel Duschek einstudiert und dafür auch viel Lob geerntet.
Und nun ließ man den Knirps mit seinen fünf Jahren, auf einem Tisch
stehend, das Papageno-Liedchen trällern! Das Tollste war, daß die für
Karl fast peinlich wirkende Sache sogar ein Erfolg wurde. Die Leute
schrien lachend „Bravo Maestro", und als der Kleine dann noch eine
perfekte Verbeugung machte, kannte der Jubel keine Grenzen. Der
Name Mozart wirkte in Prag selbst in dieser etwas grotesken
Darbietung!

„Aber ich bin ja schließlich auch ein Mozart", sagte sich Karl
Thomas. Er gönnte zwar seinem sanftmütigen, oft kränklichen
Bruder den Beifall der Leute, aber ein wenig traurig wurde er doch.

„Vielleicht habe ich mir das auch selbst zuzuschreiben", dachte er,
denn drei Jahre zuvor hatte er einen Auftritt im Prager Nationaltheater
abgelehnt. Einen Opferknaben sollte er dort in „Axur" spielen. Ein

findiger Impresario wollte mit einem „Mozart" auf dem Programmzettel der Salieri-Oper einen besonderen Effekt erzielen. Karl Thomas konnte ja damals, mit neun Jahren, noch kaum empfinden, daß sein Name für ihn eine Hypothek darstellte. Anscheinend spürte er aber instinktiv, daß man ihn ausnützen wollte. Weder Niemetschek noch die Duscheks hatten ihn zu überreden versucht, und so unterblieb sein Opernauftritt. Das konnte doch aber nicht der Grund dafür sein, daß nun der Bruder und nicht er eine künstlerische Laufbahn einschlagen sollte. Tatsächlich hatte ihm aber die Mutter vor ihrer Abreise eine sehr überraschende Mitteilung gemacht: Nicht er, sondern der Wolfgang sollte Musiker werden!

„Du kannst zwar weiter bei Onkel Duschek Klavierstunden nehmen, aber nur zum Zeitvertreib und als Nebenbeschäftigung. Zwei Künstler in der Familie können wir uns nicht leisten, und so ist es besser, wenn Du nach dem Gymnasium einen kaufmännischen Beruf ergreifst. Eine entsprechende Lehrstelle werden wir bestimmt finden. Hier in Prag, in Wien, in Salzburg oder auch anderswo."

„Warum soll denn aber der Wolfgang Musiker werden und nicht ich? Ich bin doch schon viel weiter als er!"

Auf diesen schüchternen Einwand Karls gab es keine befriedigende Antwort. Die Mutter hatte entschieden, und damit basta!

Ein kleiner Schatten legte sich nun über die Beziehung der Brüder, die doch vorher so herzlich gewesen war. Aber bald nachdem Konstanze aus Prag abgereist war, überwand Karl Thomas seine kleine Depression. Er bemühte sich, den Bruder nichts merken zu lassen, denn der war ja unschuldig an der merkwürdigen Entscheidung der Mutter. Karl machte sich aber Gedanken, woran diese seine mindere Begabung erkannt haben konnte. Hatten die Duscheks etwa über mangelnden Eifer beim Klavierspiel geklagt oder der Professor über zu wenig Interesse an der Theorie? Karl konnte es sich nicht vorstellen, denn seine Zieheltern waren in dieser Zeit besonders nett zu ihm. Natürlich hatten sie gemerkt, in welche Selbstzweifel die Mutter den Buben gestürzt haben mußte. Mit viel Liebe und Einfühlungsvermögen halfen sie ihm aus seinem Tief. Und als bald auch der Wolferl wegen einer Konzertreise der Dusheks zu den Niemetscheks zog, war längst zwischen den Brüdern wieder alles in Ordnung.

Karl Thomas muß tatsächlich schon als Kind jener tolerante, liebenswürdige Mensch gewesen sein, als den ihn Felix Mendelssohn-Bartholdy 35 Jahre später beschrieben hat. Der war auf einer Italienreise im Jahre 1831 dem Mozartsohn begegnet.

„Eine sehr liebe Bekanntschaft, die ich gemacht habe, ist die des Herrn Mozart, der dort Beamter, eigentlich aber ein Musiker ist, dem Sinn und Herzen nach. Man muß ihn nach dem ersten Augenblick gleich lieb haben." So schrieb Mendelssohn damals nach Leipzig. Und wenn der geniale Schöpfer des „Elias" sofort das Musikerherz im „Beamten Mozart" entdeckt hatte, muß das auch schon im Knaben vorhanden gewesen sein.

Es hat sich auch immer wieder geregt und ließ ihn später sogar die kaufmännische Laufbahn vorübergehend abbrechen. Umso höher ist ihm seine Toleranz gegenüber dem Bruder anzurechnen.

Niemand weiß, ob Karl Thomas bei gleichen Voraussetzungen ein noch besserer Musiker geworden wäre als Franz Xaver Wolfgang. Die Entscheidung zu dessen Gunsten haben die Prager Freunde damals zwar nicht verstanden, aber als Wille der Mutter akzeptiert. War es der Name Wolfgang, der ihn aus ihrer Sicht zum Nachfolger des Vaters prädestinierte? Franz Xaver hätte Konstanze ja am liebsten aus dem Taufregister streichen lassen. Aber das hing ja mehr mit ihrer Verärgerung gegenüber Süßmayr zusammen. Hatte sie vielleicht irgendwo gelesen, daß die Kinder älterer Väter talentierter seien? So sehr man es auch dreht und wendet, ein logischer Grund für die Bevorzugung des Jüngeren als Musiker läßt sich nicht finden. Karl war ja schon lange in Prag. Ihn konnte sie demnach diesbezüglich gar nicht beurteilen. Und daß sie in der Lage gewesen wäre, am fünfjährigen Nesthäkchen bereits überdurchschnittliche Fähigkeiten zu erkennen, darf bezweifelt werden.

Anscheinend bekam Konstanze dann irgendwann auch ein schlechtes Gewissen, denn sie vermachte das Pianoforte Mozarts ihrem älteren Sohn, während sich Franz Xaver Wolfgang mit dem Clavichord begnügen mußte. Im Mai 1810 schrieb sie dazu an Karl, daß er die Erbschaft geheimhalten solle, damit sein Bruder nicht eifersüchtig werde. Der hätte aber genügend Geld, um sich selbst ein Klavier zu kaufen.

Karl Thomas hat das Instrument nach seinem Tod per Testament dem „Dom-Musikverein und Mozarteum" in Salzburg übertragen.

Gegen Ende des Jahres 1796 kamen Konstanze und ihre Schwester nach einer sehr erfolgreichen Konzertreise wieder nach Prag zurück. Nun hieß es auch für die Brüder Abschied nehmen, denn der Wolferl sollte ja mit nach Wien, um dort seine „höheren musikalischen Weihen" zu empfangen. Große Lehrer warteten auf ihn: Abbé Vogler, Georg Albrechtsberger und sogar Joseph Haydn für Komposition, Johann Nepomuk Hummel und Johann Andreas Streicher für das Pianoforte und Antonio Salieri für Gesang.

Natürlich war Karl beim Abschied etwas schwer ums Herz, denn wieder mußte er allein in Prag zurückbleiben. Das Haus Niemetschek war ihm aber wirklich zur zweiten Heimat geworden, und so kämpfte er erfolgreich gegen die Tränen an. Auch seine Mutter verabschiedete sich trockenen Auges und zog den leise schluchzenden Wolfgang mit sich in die Kutsche.

Vielleicht begann Karl Thomas bereits zu ahnen, welch gewaltiger Druck einmal auf seinem Bruder lasten würde. Bald kam er sich beinahe erleichtert vor, und das wiederum erstaunte ihn zutiefst.

Bis zum nächsten Zusammentreffen der Söhne Mozarts sollten mehr als zwanzig Jahre vergehen.

Für Konstanze schien eine weitere Laufbahn als Sängerin nicht erstrebenswert. Die Konzerte waren zwar überall recht gut besucht gewesen, sie stand aber immer im Schatten Aloysias. Sie selbst war für die Leute hauptsächlich als „Witwe Mozart" interessant und weniger durch die Interpretation von Liedern und Arien. Und das ging ihr mit der Zeit auf die Nerven!

Nach Wien zurückgekehrt, erinnerte sie sich daran, daß früher ihre Mutter durch Zimmervermietung recht gut über die Runden gekommen war. Vielleicht stellte sich ja auch wieder ein netter

Mieter ein! So wie seinerzeit Wolfgang Amadeus Mozart aus Salzburg. Und siehe da – der Mieter kam! Kein Musiker zwar und auch nicht aus Salzburg. Nicht einmal aus dem Römischen Reich deutscher Nation, sondern aus dem hohen Norden. Als Angehöriger der dänischen Botschaft suchte Legationssekretär Georg Nikolaus von Nissen ein gemütliches Quartier. Und – wie Konstanze bald merkte – auch persönlichen Anschluß. Er war nur ein Jahr älter als die Witwe Mozarts und seit langer Zeit ein Bewunderer von dessen Musik.

Trotz einer roten Knollennase und etwas schütterem, leicht angegrautem Haar sah er recht sympathisch aus, und ledig war er auch. Es blieb bald nicht nur bei harmlosen Kaffeeplaudereien. Konstanze ließ ihren Mieter spüren, was eine vitale Frau in den besten Jahren erwartet. Da der kleine Wolferl meist bei irgendeinem Lehrer war, wußte der Herr Legationsrat den Vorteil der sturmfreien Bude bald zu nutzen. Und zwar nicht diplomatisch, sondern eher sehr direkt.

Es stellte sich das ein, was der Volksmund als „Bratkartoffelverhältnis" zu definieren pflegt. Nissen half seiner Quartiergeberin, wo er konnte.

Und als ihm Konstanze die recht unordentlich in der Wohnung lagernden unveröffentlichten Werke Mozarts zeigte, glaubte der dänische Beamte, seinen Augen nicht zu trauen! Noten über Noten!

Ganze Berge davon, und alles unveröffentlicht! Bekanntlich hat Ritter Ludwig von Köchel später in seinem Verzeichnis dem Requiem die Nummer 626 gegeben. Zu dem Zeitpunkt, als Konstanze ihrem Freund Nissen die verborgenen Schätze zeigte, waren höchstens 70 Kompositionen allgemein bekannt. Mehr als 500 Werke, Symphonien, Sonaten, Tanzstücke, Kantaten, Solistenkonzerte und Kammermusik, warteten darauf, publiziert zu werden. Anscheinend war sich die Witwe des Wertes dieser Kompositionen überhaupt nicht bewußt.

Sie hatte Glück, in Nikolaus von Nissen einen ehrenhaften und auch fleißigen Mann getroffen zu haben. Jeden Tag stürzte er sich sofort nach seinem Dienst auf die Noten. Sortierte, registrierte, legte Tabellen und spezielle Ordner an. Bald aber erkannte der Nichtfachmann, daß er ohne die Hilfe eines professionellen Musikers dem Chaos machtlos gegenüberstand. Da wußte Konstanze Rat.

Maximilian Stadler, der frühere Abt von Kremsmünster, der seinerzeit das Requiem aus den Händen Eyblers übernommen hatte, war emeritiert und lebte mittlerweile in Wien. Er betätigte sich hier als Komponist und Musikschriftsteller. Sofort war er Feuer und Flamme, als ihn die Witwe Mozarts und Nissen um Mithilfe baten. Gemeinsam mit dem Dänen stürzte sich der frühere Abbé in die Arbeit. Bald zeigte sich ein Silberstreif am Horizont, und es war immerhin abzusehen, wann das gesamte Œuvre des Meisters einmal vollständig katalogisiert sein würde. Die beiden so unterschiedlichen Männer haben eine unschätzbare Vorarbeit für das Gesamtverzeichnis der Mozartwerke geleistet, das später von Ludwig Alois Friedrich Ritter von Köchel mit soviel Akribie angelegt worden ist. Maximilian Stadler hat sogar noch einige Fragmente seines verstorbenen Freundes zu kompletten Werken ergänzt.

Unterdessen korrespondierte der dänische Diplomat im Namen Konstanzes eifrigst bezüglich eines Verkaufs des Notenmaterials. Allein 30 Briefe an den Offenbacher Verleger Johann Anton André sind erhalten. Sie tragen alle die Unterschrift „Konstanze Mozart".

André hat dann auch innerhalb von 30 Jahren mehr als 50 Mozartwerke herausgegeben. Die Witwe erhielt dafür in mehreren Raten insgesamt 3.250 Gulden.

Vor lauter Arbeit vergaß Georg Nikolaus von Nissen fast, weshalb ihm von seiner Vermieterin immer so köstliche Bratkartoffel serviert wurden. Man lebte zwar nun schon jahrelang unter einem Dach zusammen, einen Heiratsantrag hatte das kühle „Nordlicht" aber noch nicht gemacht. Anscheinend mußte Konstanze wieder einmal ein Machtwort sprechen!

Napoleonische Einflüsse

Als Leopold II. am 1. März 1792 in Wien gestorben war, befand sich ganz Europa, vor allem aber Österreich in einer sehr kritischen Situation. Der Kaiser hatte zu wenig Zeit gehabt, politische Akzente zu setzen. Immerhin war es ihm aber gelungen, die Voraussetzungen für ein gemeinsames Vorgehen der Großmächte Preußen und Österreich gegen die französischen Revolutionsheere zu schaffen. Ob das allerdings im Sinne all derer war, die in Freiheit, Gleichheit und Brüderlichkeit eine große Chance für die Welt sahen, bleibt dahingestellt. Noch waren ja die großen Ideale neuer Bürger- und Menschenrechte nicht in blutigem Unrecht untergegangen.

Mozart gehörte bestimmt zu den Sympathisanten der neuen Ideen, aber der war ja nun tot. Ob er tatsächlich – nur ideell oder eventuell sogar finanziell – die Jakobiner unterstützte, kann man höchstens vermuten. Ganz abwegig erscheint der Gedanke aber nicht. Solche Aktivitäten hätten ihm aber nun noch größere Schwierigkeiten bereitet als seinerzeit der „Figaro".

Der neue Kaiser Franz II. – ältester Sohn Leopolds – galt nicht unbedingt als starker Mann. Man hielt seine Brüder, die Erzherzöge Karl und Johann, sogar für wesentlich begabter. Aber es herrschte eben das eiserne habsburgische Gesetz der Primogenitur. Und so wurde jener Mann gekrönt, über den sein Onkel und Erzieher Joseph II. an seinen Bruder geschrieben hatte:

„Er ist an Wuchs und Stärke zurückgeblieben und in körperlicher Geschicklichkeit und Haltung unterentwickelt. Er ist ein Weichling ohne Fähigkeiten und für einen Staatsmann ungeeignet."

Sicher nicht sehr motivierend für den jungen Eleven! Der bekam diesen Brief nämlich vorgelesen, bevor man ihn an seinen Vater, der damals noch Herzog der Toskana war, nach Florenz abschickte. Das Selbstvertrauen des Thronfolgers hat sicher unter solch qualvoller Erziehung am Hofe des Onkels gelitten. Andererseits entwickelte er dadurch aber die Fähigkeit, schwere Schläge wegzustecken und auch einmal selbst solche auszuteilen. Er ist als „gütiger Kaiser" in die

Annalen der Geschichte eingegangen, und Joseph Haydn schuf ja auch für ihn die berühmte Hymne „Gott erhalte Franz den Kaiser, unsern guten Kaiser Franz".

Wenn es aber darum ging, revolutionäres Gedankengut auszurotten, kannte Franz II. absolut kein Pardon.

Als durch Denunziation in Wien und Buda die sogenannten „Jakobinerverschwörungen" aufgedeckt wurden, zeigte er sich gnadenlos. In Buda ließ er sieben der Rebellen auf einer Wiese unterhalb der Burg enthaupten. In Wien wurde der Anführer, Oberleutnant Franz Hebenstreit, am Exerzierfeld auf der Schmelz öffentlich gehängt. Die anderen, durchwegs intellektuellen, Führer der Rebellion, wie der Direktor der Tierärztlichen Hochschule Johann Gottlieb Wolstein, der Magistratsrat Josef Prandstätter oder der Dichter Aloys Blumenauer, wurden zu langjähriger verschärfter Festungshaft verurteilt.

Eine besondere Genugtuung war es für den Kaiser, seinen verhaßten früheren Mathematiklehrer, Freiherr Andreas von Riedel, zu entlarven und schließlich lebenslänglich einzukerkern. So mancher gequälte Schüler träumt bestimmt von einer derartigen Lösung seiner Probleme. Professor Riedel gehörte aber tatsächlich zu den maßgeblichsten Drahtziehern der Jakobiner. Die Aktion des Kaisers war also rechtlich korrekt, obwohl ihm viele eine Revanche für Frustration in der Schülerzeit unterstellten.

Die Hinrichtungen des französischen Königs Ludwig XVI. und seiner österreichischen Gemahlin Marie Antoinette, einer Tante des Kaisers, haben die kurz danach stattfindenden Prozesse in Wien und Buda sicher stark beeinflußt. Der Terror in Frankreich eskalierte, und so konnte man gegen die Sympathisanten des Aufstandes in Österreich keine Gnade walten lassen.

Langsam braute sich die Stimmung zusammen, die schließlich in einen dreiundzwanzigjährigen Krieg mündete. Einen Krieg Österreichs und Preußens gegen Frankreich, der sich bald auf ganz Europa, inklusive Rußland, ausweitete. In den erbitterten Gefechten ging der Stern eines Mannes auf, der als General seinen Truppen eine ganz neue Kampfmoral eingeimpft hatte: Napoleon Bonaparte.

Seine Soldaten riskierten ihr Leben nicht mehr für Gott und den König. Sie kämpften für die Gleichheit aller Menschen, für ihr eigenes Recht in einem freien Vaterland. Das revolutionäre Kampflied, die „Marseillaise", setzte Emotionen frei, die der Feldherr geschickt zu nutzen wußte. Bis er irgendwann die Ideale der Revolution verriet. Als er sich 1804 in Notre-Dame zu Paris zum Kaiser krönte und unfähige Familienmitglieder zu Prinzen und Prinzessinnen machte, hatte er bereits das rechte Maß verloren.

Trotzdem blieb er bis zu seiner Niederlage in der Völkerschlacht bei Leipzig ein bestimmender Faktor für die Menschen in ganz Europa.

In den zwanzig Jahren zwischen 1793 und 1813 sind unzählige Einzelschicksale durch napoleonische Aktivitäten beeinflußt worden. Man hätte den Eindruck haben können, daß sich die Welt durch die dynamische Kraft dieses korsischen Energiebündels schneller drehte als normal.

Tatsächlich hat sich die Gesellschaft in den Jahren nach Mozarts Tod nachhaltiger verändert als in anderen Zeiträumen. Hier soll nicht von großer Weltpolitik die Rede sein, sondern nur von Zeiteinflüssen auf das Schicksal von Leuten aus dem Umfeld der Familie Mozart.

Napoleon erschreckte und verwirrte die Menschen, faszinierte sie andererseits aber auch. Die Sympathien, die das bürgerliche Lager den Ideen der Revolution entgegengebracht hatte, waren jedoch bald verspielt.

Die österreichische Armee konnte es an Schlagkraft und Motivation nicht mit den Franzosen aufnehmen. Darüberhinaus wurde sie teilweise miserabel geführt. Niederlage reihte sich an Niederlage. Von Jemappe in Belgien, über Arcole, Rivoli und Marengo in Italien, bis zu Austerlitz in Mähren reichten die für Habsburg unrühmlichen Kriegsereignisse.

Die kaiserliche Familie zog sich nach Olmütz zurück. Salzburg war längst von französischen Truppen eingenommen. Erzbischof Hieronymus Colloredo wurde seiner weltlichen Macht beraubt und flüchtete nach der Säkularisation des Bistums zunächst nach Brünn. Die Franzosen rückten unaufhaltsam nach Osten vor und marschierten schließlich fast kampflos in Wien ein. Vor dem Schloß Schönbrunn erklang die Marseillaise. Dort, wo die Mozartkinder noch vor Maria Theresia konzertiert hatten, saß nun Napoleon vor deren Schreibtisch. Wahrscheinlich drehte sich die Kaiserin im Grabe um, angesichts eines solchen „Kollegen".

Zu diesem Zeitpunkt hatte sich der korsische Revolutionär nämlich bereits selbst die französische Krone aufgesetzt. Ludwig van Beethoven zerriß voller Enttäuschung das Widmungsblatt seiner 3. Symphonie. „Sinfonia grande, intitulata Bonaparte" hätte sie heißen sollen. Nun war der Trauermarsch des 2. Satzes ein Ausdruck grenzenloser Enttäuschung über den Wandel seines früheren Idols.

Wirtschaftlich und politisch ging es in Wien drunter und drüber. Michael Puchberg, der vormals reiche Textilfabrikant und Mäzen, verlor unter den Kriegseinflüssen sein gesamtes Vermögen. Groß-zügig hatte er nach Mozarts Tod Konstanze gegenüber auf eine Rück-zahlung der Schulden verzichtet. Jetzt kehrten sich die Verhältnisse um. Die Witwe war dank der Umsicht Nissens wohlhabend geworden und konnte nun ihrerseits den völlig verarmten Freund ein wenig unterstützen. Trotzdem verliefen sich dessen Spuren bald in kümmerlichem Elend.

Auch Emanuel Schikaneder wurde in diesen Zeiten vom Glück verlassen. Bald nachdem er sich 1801 mit der Eröffnung des „Theaters an der Wien" einen Lebenstraum erfüllt hatte, ging es mit ihm bergab. Wahrscheinlich hatten die Wiener in diesen Jahren andere Sorgen, als häufig ins Theater zu gehen. Die französische Besatzung zeigte eben Wirkung! Der früher so lustige erste Papageno verkaufte zwar zunächst nur seine Anteile am Theater. Kurze Zeit später ging er dann enttäuscht nach Brünn, wo er ebenfalls Schiff-bruch erlitt. Schließlich kehrte er total verarmt nach Wien zurück und starb auch hier.

Die Uraufführung von Beethovens „Fidelio" hatte er am 20. 11. 1805 noch in seinem geliebten „Theater an der Wien" erlebt. Der Erfolg dieser ersten Fassung, die der Komponist später noch zweimal umarbeitete, war aber mäßig. Abgesehen davon, daß der Zuschauerraum hauptsächlich von französischen Soldaten mit Freikarten besetzt war, sparte die Presse auch nicht mit Kritik. Die Leonorenouvertüre, die man damals noch zu Beginn spielte, sei viel zu lang, der erste Akt zu undramatisch, und überhaupt gäbe es wenig Glanzlichter. Verbittert zog Beethoven, der die Premiere vom Flügel aus dirigiert hatte, die Oper nach zwei Aufführungen zurück. Ihren Durchbruch schaffte sie erst in der dritten Fassung, zehn Jahre später. Danach wurde „Fidelio" neben der „Zauberflöte" zur meistgespielten deutschsprachigen Oper.

Baron Gottfried van Swieten verstarb im März 1803. Er wurde in einer feierlichen Zeremonie mit höchsten Ehren beigesetzt. Auf seine Existenz hatte die neue politische Lage kaum Auswirkungen gehabt, denn er arrangierte sich sehr geschickt mit jeder Situation. Der Makel, für Mozarts unwürdiges Begräbnis verantwortlich zu sein, wird ihm allerdings ewig anhaften. Vielleicht war aber auch dessen Organisation ein Akt von Diplomatie.

Als Napoleon im Dezember 1805 Wien verließ und bald darauf auch seine Truppen abzog, atmete die Bevölkerung auf. Man konnte ja nicht ahnen, daß knapp vier Jahre später schon wieder die Trikolore über Schönbrunn flattern würde.

In diesen Jahren sah es oft danach aus, daß Europa innerhalb der nicht gerade kleinen Familie Bonaparte aufgeteilt werden sollte. Der überragende Feldherr und Kaiser Napoleon bedachte auch seine weniger genialen Verwandten mit durchaus ansehnlichen Ländereien. Die kunstsinnige Elisa Bacciocchi und die leichtfertige Pauline Borghese, seine verheirateten Schwestern, bedachte er mit respektablen italienischen Fürstentümern. Seine Brüder Louis und Joseph Bonaparte machte er gar zu Königen von Holland und Spanien.

Er selbst ließ sich in Mailand zum König von Italien krönen und ernannte seinen Stiefsohn Eugen Beauharnais zum Vizekönig. Selbst den Vatikan hatte er besetzt und den Papst gefangen genommen. Dies wohl hauptsächlich wegen dessen Widerstands gegen den „Code Napoleon". Das neue Recht machte nämlich auch Ehescheidungen möglich. Und eine solche benötigte der Korse, um sich durch Heirat mit seinen Erbfeinden, den Habsburgern, verbinden zu können. Seine unfruchtbar gewordene Josephine stand ihm dabei im Wege. Beethoven hatte recht, seine Widmung der Eroica zu zerreißen. Die Welt war einem hemmungslosen Machtmenschen in die Hände gefallen.

Das „Heilige Römische Reich Deutscher Nation" hatte seine Existenzberechtigung verloren, als eine große Anzahl deutscher Fürsten den „Rheinbund" gründete und zu Vasallen des Korsen wurde. Als Folge dessen legte Kaiser Franz II. die deutsche Kaiserwürde nieder. Am 6. August 1806 ließ er von der Balustrade der Kirche „Am Hof" in Wien die Auflösung des Reiches verkünden. Immerhin hatte dieses etwas eigenartige Gebilde aus deutschen Ländern 842 Jahre gehalten! Für sich selbst wählte der Habsburger einen neuen Titel: Franz I., Kaiser von Österreich. Und Joseph Haydn schrieb ihm die dazugehörige Hymne.

Die politische Situation wurde immer unübersichtlicher. Es gab Koalitionskriege, Bündnisse zwischen immer wieder wechselnden Partnern und die Kontinentalsperre gegen England. Die Bildung der „nordischen Konvention" zwischen den Ländern Preußen, Schweden, Dänemark und Rußland verwirrte die Menschen total, denn auch diese Allianz sympathisierte mit Napoleon.

Auch für den dänischen Diplomaten Georg Nikolaus von Nissen wurde die Situation in Wien immer bedrohlicher. Er wurde angewiesen, sich vorübergehend ins nahe Preßburg zurückzuziehen. Für Konstanze Mozart eine bedenkliche Geschichte, denn immer noch wartete sie vergeblich auf einen Heiratsantrag. Kurz entschlossen folgte sie ihrem Mieter im Frühjahr 1808 in die damals ungarische Festungsstadt. Die Entscheidung fiel ihr umso leichter, als Franz Xaver Wolfgang mittlerweile die Stelle eines Musiklehrers beim Grafen Bawarowsky im galizischen Lemberg angetreten hatte.

Gerührt von soviel Anhänglichkeit, verstieg sich Herr von Nissen zu einem sensationellen Versprechen:

„Im Sankt Martins Dom zu Preßburg, wo Maria Theresia zur ungarischen Königin gekrönt worden ist, dort will ich Euch zu meiner Königin machen!"

Konstanze glaubte ihren Ohren nicht zu trauen, aber die Hochzeit fand tatsächlich statt. Sie bekam zwar nicht die Stephanskrone aufs Haupt gedrückt, sondern nur einen einfachen Ring an den Finger gesteckt – stolz war sie aber trotzdem.

Fast zwei Jahre haben die Nissens in Preßburg gelebt. Zu Füßen der Burg, in der verschachtelten Altstadt, fanden sie ein Heim, in das sich trotz der Giebel, Bögen und Kirchtürme rundherum hie und da auch ein paar Sonnenstrahlen verirrten. Die Palais nebenan trugen große Namen der ungarischen Geschichte:

Esterházy, Pálffy, Andrassi und Bathyany. Für den Nordländer Nissen eine recht ungewohnte Nachbarschaft.

Bald konnte er aber wieder Jensen, Sjoeberg, Anderson oder Hansen an den Türschildern lesen. Im Herbst 1810 übersiedelten die Nissens nämlich nach Kopenhagen, wo Georg Nikolaus noch zehn Jahre im Amt für politische Zensur arbeitete. Wahrscheinlich hatte er dafür zu sorgen, daß Napoleon nicht auch noch im hohen Norden einen Bonaparte zum König machte.

Konstanze hatte dem Despoten von der Insel Korsika aber den äußeren Anstoß zu ihrer Verehelichung zu verdanken. Ohne die Übersiedlung nach Preßburg hätte Herr Nissen bestimmt weiterhin als lediger Untermieter ihre köstlichen Bratkartoffel verspeist.

Abschied von Prag

Karl Thomas suchte für sich einen neuen Weg. Offenbar hatte er sich die Worte der Mutter, wonach sich die Familie keine zwei Künstler leisten könne, sehr zu Herzen genommen. Mozarts Ältester wollte möglichst bald auf eigenen Füßen stehen.

Eines Abends kam ein Kaufmann aus der Toskana als Gast zu den Niemetscheks. Der Hausherr hatte ihn vor Jahren auf einer Italienreise kennengelernt. Er war ein sehr kultivierter Mann und erzählte begeistert von seinem herrlichen Land. Karl lauschte gebannt und konnte sich das blaue Meer, die Wärme in den Olivenhainen, die herrlichen Kunstwerke und die romantischen Städte um Pisa und Florenz gut vorstellen. Fast spürte er schon den köstlichen Geschmack italienischer Orangen auf der Zunge. Richtige Sehnsucht bekam er nach dem sonnigen Süden. Zumal es an der Moldau gerade so trüb und nebelig war. Schnell reifte in ihm ein Plan. Er wollte den fremden Herrn bitten, ihn begleiten zu dürfen. Und als der ihm dann sogar eine Lehrstelle in seinem Kaufhaus in Livorno anbot, direkt am ligurischen Meer, war das mehr, als Karl Thomas Mozart erwarten durfte.

Die Trennung von Prag und den Niemetscheks würde ihm zwar schwerer fallen als die von der eigenen Mutter. Aber er glaubte, das Richtige zu tun, und brach schon am nächsten Tag seine Schulzeit im Kleinseiter Gymnasium ab. Nun hieß es Abschied nehmen. Abschied von seinen Freunden, von Josepha und Franz Xaver Duschek, denen er seine musikalische Ausbildung verdankte, vor allem aber von Professor Niemetschek, den er verehrte wie einen Vater. Karl wünschte sich, mit ihm noch einmal durch Prag zu gehen. Er wollte sich die verträumten Winkel der Altstadt, die Silhouette des Hradschin und das unvergleichliche Nebeneinander von Türmen, Kuppeln und Giebeln der Kleinseite genauso einprägen wie die Erklärungen seines Lehrmeisters. Beide wußten, daß dieser Gang durch eine unvergleichliche Stadt ein Abschied für immer sein würde. Karl kam tatsächlich nie wieder nach Prag, aber er erinnerte sich sein Leben lang an diesen Tag.

Vom Geburtshaus der Josepha Duschek am Altstädter Ring wußte der Professor genausoviel zu erzählen wie vom Karolinum, dem alten Universitätsgebäude. Dort hatte die Sängerin vor drei Jahren ein Gedächtniskonzert für Wolfgang Amadeus Mozart gegeben.

Vor dem Ständetheater in der Eisengasse sagte Niemetschek: „In diesem Haus hat Dein Vater wohl seine glücklichsten Stunden als Künstler erlebt. Der Enthusiasmus, den sein ‚Figaro' hier erregte, war einfach beispiellos. Und auch nach dem ‚Don Giovanni' kannte der Jubel keine Grenzen. Das Gebäude hieß damals noch ‚Gräflich Nostitzsches Nationaltheater'. Der Graf hat es aber kürzlich wegen finanzieller Schwierigkeiten an die hiesigen Stände verkauft."

Als die beiden am Pachta-Palais vorbei der Karlsbrücke zustrebten, wußte der Professor zu erzählen, daß Mozart dort vom Hausherrn, dem Generalmajor Philipp Graf Pachta, in ähnlicher Weise unter Druck gesetzt worden ist, wie von Josepha Duschek im Bertramka-Pavillon. „Er gab Deinem Vater einfach Papier und Schreibzeug und ließ ihn nicht wieder frei, bis der sechs Deutsche Tänze geschrieben hatte." (KV 509)

Bevor die schon leicht ermüdeten Wanderer die paar Stufen vom Moldauufer zur Karlsbrücke hochstiegen, wies der Lehrer noch auf eine der Altstädter Mühlen. Sie war das Geburtshaus von Josef Myslivecek.

„Manche nennen ihn den ‚Göttlichen Böhmen'. Deinen Vater hat er zu vielen Jugendwerken inspiriert. Für Dich ist er vielleicht besonders interessant, denn er war ein glühender Verehrer Italiens. Lange hat er sehr erfolgreich in Bologna und später auch in Mailand gewirkt. Als er einmal wegen einer schweren Krankheit in einem Münchner Hospital lag, besuchte ihn dort Dein Vater. Josef wollte ihn davon überzeugen, daß seine Zukunft im Süden liege. ‚In Italien, wo die größten Meister sind, spricht man von nichts als Mozart. Wenn man den Namen nennt, ist alles still', soll der böhmische Meister damals gesagt haben."

Karl Thomas war etwas nachdenklich geworden. Würden die Italiener verstehen, daß ein Sohn Mozarts in ihrem Land nur ein simpler

Kaufmann werden wollte? Er würde versuchen, sie zumindest als Mensch nicht zu enttäuschen.

Beim Gang über die Karlsbrücke ließ der Professor den Ziehsohn mit seinen Gedanken und den Heiligen, die dort eine herrliche Galerie bilden, allein.

Nur gegen Ende der Brücke, fast schon am anderen Ufer, wies er ihn auf eine in Stein gemeißelte Inschrift aus dem alten Testament hin. Sie bezieht sich auf den Propheten Elias: „Denn Er hat seinen Engeln befohlen, daß sie Dich behüten auf allen Deinen Wegen", stand dort zu lesen. Niemetschek brauchte nichts zu sagen. Er wußte genau, wie die empfindsame Seele seines Schützlings diesen Befehl Gottes an die Engel interpretieren würde. Tatsächlich bemerkte er ein dankbares Lächeln auf dessen Zügen.

Als die beiden Wanderer auf der Kleinseite angelangt waren, sagte der Professor:

„Kirchen habe ich bisher auf unserem Weg ausgelassen. Wir wären sonst zu schnell ermüdet. Nun sollten wir aber unseren Rundgang mit einem Besuch der St. Nikolauskirche beschließen. Dieser grandiose Barockbau des Kilian Ignaz Dientzenhofer steht nämlich in ganz besonderer Beziehung zur Person Deines Vaters. Hier erklangen nicht nur viele seiner Messen aus der Salzburger Zeit. Hier versammelten sich neun Tage nach seinem Tod die Prager Freunde zu einem Trauergottesdienst. Natürlich war ich auch dabei.

Josepha Duschek sang im Requiem von Anton Rössler den Sopranpart, und sie hat wohl selten einen so innigen Ausdruck gefunden. Es war eine wirklich bewegende Feier, und der böhmische Adel gab den Wienern ein Beispiel. Alle waren sie da, die Kinskys, die Windischgrätz', die Schwarzenbergs und die Clam-Gallas, um ihre große Verehrung für das Genie Deines Vaters zu bekunden."

Lehrer und Schüler waren längst in die Kirche eingetreten und hatten sich in eine der schön geschnitzten Bänke gesetzt. Nach dem langen Weg über das Prager Kopfsteinpflaster tat es gut, ein wenig auszuruhen. Karl Thomas ließ noch einmal seine Prager Jahre in der Erinnerung vorbeiziehen. Sie hätten keinen schöneren Abschluß finden können als in diesem lehrreichen Rundgang mit seinem väterlichen Freund.

Zwei Tage später saß er mit seinem künftigen Lehrherrn in der gelben Postkutsche und fuhr einer unbekannten Zukunft entgegen. Karl war zum Zeitpunkt des Abschieds von Prag noch keine vierzehn Jahre alt.

Etwas mulmig wurde es ihm schon in der Magengrube, als der Postillon in sein Horn stieß und sich das Gefährt langsam in südliche Richtung in Bewegung setzte. Ab nun mußte er nicht nur die Mutter, sondern auch die rührende Fürsorge seiner Prager Zieheltern entbehren. Aber eigentlich hatte er sich ja schon längst abgenabelt.

Der italienische Kaufmann, nennen wir ihn einfach Antonio, spürte, was in seinem neuen Lehrling vorging. Durch allerlei interessante Erzählungen lenkte er ihn aber geschickt ab, und bald stellte sich bei Karl wieder Vorfreude auf das Abenteuer im Süden ein. Segeln würde er auf dem Meer, Weintrauben direkt von den Rebstöcken pflücken und nach Herzenslust gebratene Fische verzehren.

Antonio klärte ihn auch ein wenig über Geographie und die politische Situation seines neuen Landes auf. Napoleon hatte ja auch dort schon ziemlich viel durcheinandergewirbelt. Im Frieden zu Campo Formio mußte Österreich die Niederlande an Frankreich abtreten, erhielt dafür aber als Entschädigung Venedig. In Oberitalien hatten sich zwei von Frankreich gesteuerte Vasallenstaaten gebildet: Die Cisalpinische Republik mit Mailand, Modena, Ferrara, Bologna und der Romagna sowie die Ligurische Republik mit der Hauptstadt Genua. Sie reichte nach Süden bis Livorno.

„Wir werden während unserer langen Fahrt sicher oft von Kontrollorganen Napoleons aufgehalten werden", sagte Antonio, und das fand Karl Thomas natürlich besonders aufregend. Er würde alles ganz genau seinem Bruder nach Wien schreiben, und der Mutter natürlich auch.

Nach diesen kurzen Erläuterungen der etwas unruhigen politischen Lage begann der Kaufmann aber wieder von Livorno zu schwärmen:

„Bei uns wird es im Winter nur ganz selten richtig kalt, und im Sommer mildert ein frischer Luftzug von der See die Hitze. Trotzdem läßt im Juli die Sonne das Gras schon am Halm zu Heu werden. Das gibt dann der salzigen Seeluft einen ganz besonderen Geruch. Die Bienen und andere Insekten freuen sich daran. Sie summen und brummen deshalb noch lauter als anderswo. Die Blumen blühen noch bunter, und den Friedhof machen die Zypressen zu einem prachtvollen Park. Man sieht von dort weit übers Meer. Und wenn man sich an den Herrlichkeiten der Natur sattgesehen hat, sollte man auch die Stadt nicht vergessen.

Kleine Palazzi mit lauschigen Innenhöfen laden zur Rast, der Dom aus dem 16. Jahrhundert zur Andacht ein."

Dieser Worte erinnerte sich Karl Thomas, als er viele Wochen später vor einem Kruzifix im Dom zu Livorno kniete. Er hatte mittlerweile die ersten Bewährungsproben als Kaufmannslehrling gut überstanden und auch sein neues Land bereits sehr genossen. Erleichtert dankte er dem Herrn für seine Hilfe, denn er fühlte sich auf dem richtigen Weg. Als Musiker wäre für ihn die mit dem Namen Mozart verbundene Verpflichtung unerträglich gewesen. Das Echo seines unsterblichen Vaters hätte ihn erdrückt.

Inbrünstig betete er nun für seinen Bruder. Möge der Herrgott dem die Kraft geben für eine Laufbahn im Schatten eines Genies.

Harte Lehrzeit

Franz Xaver Wolfgang Mozart war zwar fast immer irgendwie kränklich, zeigte aber schon früh hervorragendes musikalisches Talent. Er war ein ruhiger, sanfter, in sich gekehrter Bub und fühlte sich in der Gesellschaft Erwachsener viel wohler als beim Herumtollen mit Kindern. Eine Ausnahme hatte er nur bei seinem Bruder gemacht. Aber der war ja an der Moldau zurückgeblieben und mittlerweile längst in Italien. Bald erinnerte sich Franz Xaver nur mehr ganz schemenhaft an die unbeschwerten Tage bei den Niemetscheks oder im Park der Villa Bertramka.

Als Mutter und Sohn aus Prag zurückgekehrt waren, angelte sich Konstanze zunächst ihren dänischen Untermieter. Sie stellte aber gleichzeitig eine seltsame Veränderung in der Wiener Gesellschaft fest.

Plötzlich galt der Name Mozart wieder etwas, und man riß sich darum, die Witwe und auch ihren Sohn einzuladen. Der kleine „Wowi", wie ihn seine Mutter nannte, machte dabei eine durchaus gute Figur. Da er nicht besonders gerne viel sprach, war es ihm am liebsten, wenn er auf dem Pianoforte etwas vorspielen durfte. Sein erster Lehrer Johann Andreas Streicher hatte ihm sehr schnell eine beachtliche Fertigkeit beigebracht. Wenn er schon als Siebenjähriger große Sonaten perfekt vortrug, bestaunten ihn die Leute fast genauso wie früher das Salzburger Wunderkind. Bald wetteiferten drei Klavierlehrer um die Ehre, einen Mozart auszubilden. Neben Streicher waren dies der Salzburger Sigismund Neukomm und Johann Nepomuk Hummel, der Lieblingsschüler seines Vaters.

Sie stellten sogar ihre Honorarforderungen bis zu einem Zeitpunkt zurück, an dem der Schüler selbst genügend Einnahmen haben würde. Die Klavierausbildung war ja nicht alles. Antonio Salieri bemühte sich, aus Wolfgang einen passablen Sänger zu machen. Joseph Haydn aber hatte Konstanze bekanntlich nach dem Tod ihres Mannes versprochen, sich in punkto Komposition um ihren „Herzenssohn" zu kümmern. Da die Wahl getroffen war, konnte er sich nun voll auf Wolfgang konzentrieren. Bei Abwesenheit von

Haydn vertrat ihn Johann Georg Albrechtsberger mit Vergnügen, denn der war ja dem Vater zu großem Dank verpflichtet.

Wenn man bedenkt, daß auch sein späterer Firmpate, Abbé Joseph Vogler, als Musiklehrer zur Verfügung stand, ist es schwer vorstellbar, wie das schmächtige Kerlchen diese „Ausbildungswut" seiner Umgebung einigermaßen verkraften konnte.

Es war ein Glück für den kleinen Mozart, daß sich wenigstens der Abbé vorwiegend um einen anderen Schüler aus der Familie kümmern mußte. Carl Maria von Weber, Sohn von Konstanzes Tante Genoveva, war nämlich nach deren Tod aus Salzburg nach Wien gekommen. Michael Haydn hatte ihn an Vogler empfohlen.

Auch Gottfried van Swieten bemühte sich um Wolfgang und unterstützte seine Ausbildung. Er hatte aber natürlich längst erkannt, daß das größere Genie woanders wohnte, und konzentrierte sich vorwiegend auf Ludwig van Beethoven. Der widmete dem alten Baron dann auch seine 1. Symphonie, die am 2. April 1800 im Burgtheater erstmals gespielt wurde.

Leopold Mozart hatte seinerzeit seinen Sohn wahrscheinlich auch überfordert. Aber als hervorragender Musiker und guter Pädagoge konnte er wenigstens einigermaßen abschätzen, welche Beanspruchung er Wolfgang Amadeus zumuten durfte. Und außerdem war er auch dessen einziger Lehrer, sodaß kein Wettstreit auf dem Rücken des Schülers ausgetragen wurde.

Konstanze ließ in diesen entscheidenden Kinderjahren ihres Sohnes jedes Gefühl für das rechte Maß vermissen. Sie hämmerte ihm lediglich pausenlos ein, daß er dem Namen Mozart keine Schande machen dürfe. Charakteristisch für ihre Geisteshaltung in dieser Zeit ist ein Gedicht, das sie dem zehnjährigen Sohn am 20. 6. 1801 ins Stammbuch schrieb:

„Ein Kind, das seine Eltern kränkt
das wider sie auf Böses denkt,
das nicht der Eltern Segen sucht
wird öffentlich von Gott verflucht.
Erschrecklich wird sein Ende sein

es rennt in Schmach und Qual hinein.
Dies zur Warnung meines lieben Wowis von
seiner zärtlich liebenden Mutter."

Von zärtlicher Liebe ist bei einer derartigen „Drohung" aber auch wirklich nichts zu spüren.

Wolfgang nahm sich alle Aneiferungen und Mahnungen sehr zu Herzen und arbeitete unermüdlich. An harmlose Kinderspiele oder ganz einfach einmal an entspannendes Nichtstun wagte er überhaupt nicht zu denken.

Schon mit elf Jahren entstanden seine ersten Kompositionen. Zum Namenstag im Jahre 1802 schenkte er seiner Mutter ein „Rondo Allegro für Pianoforte in F-Dur". Ob es dafür eine besondere Belohnung gab oder nur den obligatorischen Kuß auf die Stirn, ist nicht überliefert. Wohl aber erfuhr die Nachwelt von Wolfgangs riesiger Freude über die erste Taschenuhr seines Lebens. Die schenkte ihm der Graf Szaniawski für ein ihm gewidmetes Quartett in g-Moll für Klavier, Violine, Viola und Cello.

Konstanzes Jagd nach Erfolgen ihres Sohnes schien wie das Spiel mit Seifenblasen. Hascht man danach zu heftig, zerplatzen sie! Und sie strebte einfach zu ehrgeizig nach Ruhm und Beifall für ihren Jüngsten. Der sollte ununterbrochen beweisen, daß er zu Recht gegenüber seinem Bruder bevorzugt worden war.

Zum Glück hatte Georg Nikolaus von Nissen etwas mehr Gefühl für die Nöte eines überforderten Knaben. Er baute behutsam ein gutes Verhältnis zu seinem zukünftigen Stiefsohn auf. Nissen sorgte auch dafür, daß Wolfgang im Schottengymnasium eingeschult wurde. Damals hieß diese von Benediktinern geführte Lehranstalt noch St.-Anna-Gymnasium. Dort kam Franz Xaver Wolfgang endlich auch mit jungen Leuten zusammen, und sein Leben bestand nicht nur aus Musik. Besonders an Sprachen zeigte er sich sehr interessiert, und bald konnte er sich mit Nissen auf französisch, italienisch und englisch unterhalten. Auch Konstanze sprach übrigens fließend französisch, sie empfand aber die Sprachstudien ihres Sohnes eher als hinderlich für seine musikalische Entwicklung.

Zwei Jahre vor Wolfgang war bei St. Anna ein recht eigenwilliger Schüler eingetreten. Er war sehr verschlossen, manchmal sogar depressiv, und seine lispelnde Aussprache machte ihn oft zum Gespött seiner Mitschüler. Am liebsten wurde er in Ruhe gelassen und zog sich dann mit einem Buch in einen stillen Winkel zurück. Sein Name war Franz Grillparzer. Er las einfach alles, was ihm unter die Finger kam: Goethe, Schiller, Cooks Weltumseglung, aber auch Shakespeare und „Nathan, der Weise". Zu seinen Eltern hatte er ein gestörtes Verhältnis. Sie überließen ihn hauptsächlich den Dienstboten. Die versorgten den Knaben dann auch gelegentlich mit weniger anspruchsvoller Literatur.

So bekam er von einem Stubenmädchen das Textbuch zur „Zauberflöte", die ihn sofort faszinierte. Bald klimperte er auch ein paar Melodien daraus auf dem Klavier, denn das Büchl enthielt auch Notenbeispiele. Er haßte zwar seine häßliche Klavierlehrerin, nun war er aber froh, die Papageno-Arien spielen zu können. Es wurde einer seiner größten Wünsche, diese phantastische Märchenoper einmal zu hören. Sie war nämlich mittlerweile ins „Theater an der Wien" übersiedelt, und die ganze Stadt sprach von der prächtigen Neuinszenierung. Aber bisher hatte er leider noch keine Gelegenheit zu einem Opernbesuch gehabt.

Durch Zufall hörte er dann, daß zwei Klassen unter ihm ein Sohn Mozarts im Anna-Gymnasium eingeschult worden war. Und nun geschah etwas Merkwürdiges: Grillparzer, der sonst jedem aus dem Weg ging, suchte den Kontakt zu Wolfgang Mozart. Er ging einfach in dessen Klasse und sprach ihn an. Das Lispeln und die sonstige Zurückhaltung waren vergessen, Franz wollte einfach sehen, wie der Sohn des großen Komponisten aussah.

Von da an wurden die beiden gute Freunde. Irgendwie waren sie beide Außenseiter in der Welt ihrer Mitschüler. Wolfgang hatte wegen seiner Musikstudien nie Zeit zum Spielen, und Franz vergrub sich lieber in seine Bücher. Gehänselt wurden sie beide – der eine wegen des leichten Sprachfehlers, der andere wegen seiner schwächlichen Statur. Das schweißte zusammen, außerdem waren sie fast gleich alt. Wolfgang hatte nur wegen seines Musikstudiums erst später in die Schule eintreten können.

Franz Grillparzer sollte einer der wenigen Menschen werden, die das Tragische im Leben Franz Xaver Wolfgangs wirklich verstanden. Er selbst hat sich – wohl unter dem Einfluß seines Freundes – auch intensiv mit der Klangwelt beschäftigt. Sein absolutes Gehör gab ihm einen gesunden Instinkt für das Große in der Musik.

Für ihn war Wolfgang Amadeus Mozarts Stil unerreichbar. Gerade das machte in seinen Augen die Lebensaufgabe für dessen Sohn unlösbar.

Grillparzer hat später, nach dem Tod des Freundes, seine Gefühle für den überforderten Sohn eines Genies in einem bewegenden Gedicht zum Ausdruck gebracht:

„Daß keiner doch Dein Wirken messe
der nicht der Sehnsucht Stachel kennt
Du warst die trauernde Zypresse
an Deines Vaters Monument ...
Wovon so viele einzig leben,
was Stolz und Wahn so gerne hört,
des Vaters Name war es eben,
was Deiner Tatkraft Keim zerstört.
Begabt, um höher aufzuragen,
hielt ein Gedanke Deinen Flug:
Was würde wohl mein Vater sagen?
war, Dich zu hemmen, schon genug ..."

Schade, daß solche Worte meistens zu spät gesprochen werden. Vielleicht hätten sie Konstanze etwas umdenken lassen in ihrem Streben nach Perfektion für ihren Sohn. Ob sie ihn wirklich liebte? In ihren alten Tagen in Salzburg hat sie sich diesbezüglich einmal – dem Ehepaar Novello gegenüber – eher negativ geäußert.

Liebe hin, Liebe her. Die Mutter bestand darauf, daß sich Wolfgang trotz schulischer Beanspruchung unbedingt schon vor seinem 14. Geburtstag in einem richtigen Konzert präsentieren müsse. Und zwar als Komponist und Pianist!

Die beste Gelegenheit dazu bot eine Akademie im „Theater an der Wien" zum 73. Geburtstag seines Lehrers Joseph Haydn.

Trotz der napoleonischen Unruhen, trotz fortschreitender Teuerung und Geldentwertung war das Theater gut besucht, als Konstanze ihren Sohn aufs Podium führte. Zu Beginn hatte man die große g-Moll-Symphonie (KV 550) seines Vaters gespielt, und nun sollte er dessen C-Dur-Klavierkonzert (KV 467) interpretieren. Er erhielt großen Beifall. Nach dem Höhepunkt, der von Franz Xaver Wolfgang Mozart komponierten Kantate für das Geburtstagskind, gab es sogar „warmen Jubel", wie sich eine Zeitung ausdrückte. Der Text zu diesem leider verschollenen Werk für Soli, Chor und Orchester stammte übrigens vom sächsischen Botschaftsrat Georg Griesinger. Konstanze konnte nicht wissen, welche unangenehme Konsequenz der Kontakt mit diesem glühenden Mozart-Verehrer für sie haben würde. Sonst hätte sie den „Gelegenheitsdichter" niemals um diese Gefälligkeit gebeten.

Theaterdirektor Schikaneder hatte natürlich für das Debüt des Mozart-Sohnes kräftig die Reklametrommel gerührt. Und so erzielte man nicht nur eine Rekordeinnahme von 1.700 Gulden, sondern konnte auch den Besuch vieler Kritiker registrieren.

In der „Berliner Musikzeitung" von 1805 war beispielsweise zu lesen: „... er spielte für sein Alter sehr artig, auch seine Kantate gefiel. Man kann von ihm vieles erwarten, wenn ihn nicht zu frühes oder häufiges Lob verdirbt."

Schikaneder ehrte den jungen Künstler im privaten Kreis mit einem Gedicht, in dem er seiner Freude über den großen Erfolg Ausdruck verlieh.

Für Konstanze waren die Kritiken nicht enthusiastisch genug, und deshalb forderte sie ihren Sohn wieder zu verstärktem Bemühen auf. Der wäre so gerne zufrieden gewesen, aber das ließ seine ehrgeizige Umgebung einfach nicht zu.

„Ich studiere und mache dauernd öffentliche Examen", sagte er einmal recht verzweifelt.

Abbé Vogler, der „Pensionär der schönen Musen", wie er sich selbst nannte, schrieb ihm ins Stammbuch:

„Freue Dich nicht nur über den Namen Deines Vaters, hauche vielmehr Deinen Werken seinen Geist ein! Bestätige dadurch seine Unsterblichkeit, daß er in Dir fortlebt."

Antonio Salieri stellte ihm ein Zeugnis aus, denn nach dem Stimmbruch hatte Wolfgang die Gesangsstudien eingestellt: „Franz Xaver Wolfgang Mozart besitzt ein seltenes Talent und eine Begabung, die ihm sicherlich einen ebenso großen Erfolg wie dem Vater zeitigen werde."

Wolfgang verehrte zwar die Kunst seines Vaters, er konnte aber den ständigen Druck, der mit dessen Namen für ihn verbunden war, kaum noch ertragen. Schließlich war er ja eine selbständige Person und wollte seinen eigenen Weg finden. Es gab ja auch Erfolge für ihn! Das bereits erwähnte g-Moll-Quartett war von der „Chemischen Druckerei Wien" gedruckt worden, und nun erschien sein 1. Klavierkonzert in C-Dur, op. 14, sogar schon beim berühmten Leipziger Verlag Breitkopf und Härtel. Darauf war er besonders stolz, denn er hatte das Werk seiner ersten zarten Liebe, Julie von Luttichan, gewidmet.

Für Konstanze war das aber alles viel zu wenig. Den Novellos hat sie später anvertraut, daß sie die Faulheit ihres Sohnes bedauere. Sein Vater hingegen sei doch immer so voller Energie und Lebhaftigkeit gewesen.

Übrigens kennt man viele dieser Aussprüche Konstanzes aus einem Tagebuch des englischen Ehepaares. Es wurde 1945 in Fermo bei Ancona entdeckt. Die Tochter Novellos hatte in eine italienische Familie eingeheiratet und natürlich die Reiseeindrücke ihrer Eltern sorgfältig aufbewahrt.

Als dem „faulen" Wolfgang eines Tages die „Vaterländischen Blätter für den österreichischen Kaiserstaat" in die Hände fielen, war das Maß voll. Der Musikschriftsteller und Komponist Ignaz Franz von Mosel hatte sich darin in einer „Übersicht des gegenwärtigen Zustands der Tonkunst in Wien" folgendermaßen geäußert:

„Wolfgang, der jüngste Sohn des unsterblichen Mozarts, würde unstreitig für einen vortrefflichen Klavierspieler gelten können, wenn man nicht durch den Namen, welchen er trägt, zu mehr als gewöhnlichen Forderungen berechtigt zu sein glaubte, die er bis jetzt jedoch nicht ganz erfüllt. Er hat auch schon einige Versuche in der Komposition gemacht und gibt auch Lehrstunden."

Franz Xaver Wolfgang Mozart wurde es immer klarer, daß er nur dann glücklich werden konnte, wenn er sich der Einflußsphäre des väterlichen Geistes entzog.

Es traf sich gut, daß auch die Mutter ihrem „Dauerverlobten" Nissen nach Preßburg folgen wollte und so seinem Wunsch nach „Auswanderung" nichts entgegensetzte.

Das damals nur sechsklassige Gymnasium hatte Wolfgang gerade abgeschlossen, und so machte er sich auf die Suche nach einem Posten. Sehr weit weg sollte es sein, vielleicht sogar in Rußland, wo wahrscheinlich die wenigsten den Namen Mozart kannten.

Er hatte sich zwar mittlerweile in Wien einen netten Freundeskreis aufgebaut, aber wirklich schmerzen würde ihn nur der Abschied von Julie und natürlich von Franz Grillparzer. Der hatte mittlerweile juridische Studien begonnen und gemeinsam mit einigen Kommilitonen eine „Gesellschaft zur gegenseitigen Bildung" gegründet. Joseph Wohlgemut, der Sohn des Hofsekretärs, und Georg Altmütter, der spätere Universitätsprofessor, gehörten ihr an, und natürlich sollte auch Wolfgang Mozart Mitglied werden.

Der überraschte aber seinen Freund mit der Mitteilung, Wien den Rücken kehren zu wollen. Grillparzer ließ nichts unversucht, ihn umzustimmen. Alle möglichen Argumente warf er in die Waagschale. Als letztes Mittel arrangierte er sogar ein Zusammentreffen mit seiner weltgewandten Tante Margarete Leitgeb. Er hoffte auf deren Argumentation, denn sie hatte auch ihm in gelegentlichen depressiven Phasen schon sehr geholfen. Eigentlich konnte Franz den Freund ja gut verstehen. Wolfgang mußte angesichts des überragenden Genies seines Vaters ähnliche Gefühle haben wie er selbst, wenn er seine ersten literarischen Versuche mit den Werken seines Vorbilds Goethe verglich. Grillparzer kam sich dann als plumper, ungebildeter Nichtskönner vor. Aber der Geheimrat aus Weimar war ja glücklicherweise nicht sein Vater.

Wolfgang freute sich über das Gespräch mit Franzens Tante, denn sie verstand ihn viel besser als die eigene Mutter. Im Verlaufe der Unterhaltung brachte er in Erfahrung, daß sie die Frau jenes Fabrikanten Anton Leitgeb sei, der seinen Vater einst als Abgesandter des Grafen Walsegg so erschreckt hatte. „Sie hat eigentlich überhaupt nichts Erschreckendes an sich", stellte er angesichts ihres warmen, herzlichen Wesens fest. Umstimmen konnte aber auch sie ihn nicht mehr.

Als ein gewisser Graf Viktor Bawarowsky aus Lemberg nach Wien kam, um einen Erzieher und Musiklehrer für seine Kinder zu suchen, war das für Franz Xaver Wolfgang Mozart wie ein Wink des Schicksals. Wolfgang wußte zwar wenig von Galizien oder gar von der Provinz Podkamien, wo das Schloß des Grafen lag. Er hatte nur gehört, daß es so ziemlich die östlichste Ecke der Monarchie war. Nur Tarnopol lag als einigermaßen bedeutende Stadt noch etwas weiter im Osten. Aber Lemberg oder Tarnopol, das war ja wahrscheinlich schon egal. Dort würde man sicher nicht immer nur nach dem Vater fragen, sondern auch den jungen Mozart akzeptieren. Und schließlich sollte er beim Grafen Bawarowsky nicht nur den Sohn erziehen, sondern auch der angeblich sehr begabten Tochter Henriette Klavierunterricht erteilen. Über ihr Aussehen hatte der Vater noch nichts verlauten lassen. So bildete sich Wolfgang einfach ein, daß sie bildhübsch ware. Mit großen Augen und einer aufregenden Figur würde sie ihn Julie sicher bald vergessen lassen.

Vielleicht wäre der junge Mozart damals in Wien geblieben, hätte er geahnt, welch harten Zeiten Franz Grillparzer entgegenging. Der Freund fühlte sich dann auch zeitweise in schrecklichem Unglück völlig verlassen. Die Kanzlei des Vaters ging unter den napoleonischen Kriegseinflüssen pleite, sein jüngster Bruder ertränkte sich, die Mutter nahm den Strick und seine beiden anderen Brüder gerieten auf die schiefe Bahn.

All diese schrecklichen Nackenschläge, zu denen noch Mißerfolge seiner Dramen kamen, stürzten ihn oft in tiefe Niedergeschlagenheit. Mit eiserner Energie rappelte er sich aber immer wieder hoch. Obwohl er bei Hof als unruhiger und gefährlicher Kopf galt, wurde er gerne in die Gesellschaft Intellektueller eingeladen. Er wirkte durch seine Persönlichkeit, und man schätzte seine geistvollen Kommentare.

Der Schauspieler Heinrich Anschütz sagte über ihn: „Die schlichte Offenheit, das scheu-bescheidene Wesen sprach mich so vertraut an, daß ich mit dem ersten Blick in diese klaren, blauen Augen dem seltenen Manne für das Leben ergeben war."

Erst später, als sein Lieblingsstück „Weh dem der lügt" bei Presse und Publikum ein totaler Mißerfolg wurde, zog er sich verbittert zurück.

Des Dichters Leitwort wurde „In Selbstbewahrung liegt die Ruh!" Es hätte auch das Motto Franz Xaver Wolfgang Mozarts sein können. Er suchte Ruhe und Selbstbewahrung im galizischen Lemberg. Leider haben sich die beiden Männer dadurch für lange Zeit aus den Augen verloren.

Suche nach einem Grab

Die ausländischen Diplomaten in Wien pflegten natürlich Kontakte untereinander, und so kannte Georg Nikolaus von Nissen auch den sächsischen Botschafter Georg Griesinger. Dessen poetische Ader war ihm bei einer Geburtstagseinladung des italienischen Konsuls aufgefallen, als der Sachse ein launiges Gedicht vortrug. Durch eingestreute italienische Brocken hatte er den unüberhörbaren Tonfall seiner Heimat gemildert und so eine verblüffende Wirkung erzielt. Nissen hatte am nächsten Morgen Konstanze von dieser sprachlichen Delikatesse erzählt und sie damit auf eine Idee gebracht. Schon lange war sie nämlich auf der Suche gewesen nach einem geeigneten Text für die Kantate Wolfgangs zum Geburtstag Joseph Haydns.

Bei nächster Gelegenheit hatte sie Griesinger darauf angesprochen, und der fühlte sich sehr geehrt. Er war ein großer Verehrer Mozarts und fand es besonders schön, für den ersten großen Auftritt des jungen Wolfgang einen kleinen Beitrag leisten zu können. Natürlich verzichtete er auf jedes Honorar, und deswegen wollte ihn Konstanze wenigstens einmal zu einer gemütlichen Jause einladen.

Das Konzert war längst vorbei, die Kantate recht gut gelungen, aber zusammen Kaffee getrunken hatte man bisher noch nicht. Immer war irgendetwas dazwischengekommen. Terminnot des Diplomaten, Lektionen Wolfgangs oder sonst irgendetwas. Nun aber war es endlich soweit.

Konstanze hatte den Tisch festlich gedeckt. Guglhupf mit Rosinen und sogar eine Schokoladentorte würde es geben. Und Nissen stellte für den Gast sogar seinen besten Cognac bereit. Wolfgang war von der Mutter angehalten worden, seine schwarzen Beinkleider, weiße Strümpfe und die Schuhe mit den Messingschnallen anzuziehen. Zähneknirschend hatte er sich gefügt und sogar noch seine neue rote Weste angelegt. Denn auch er war ja dem Sachsen dankbar. Als er nun wieder zurück ins Wohnzimmer kam, meinte Konstanze, ein Abbild ihres verstorbenen Mannes vor sich zu sehen. Ausnahmsweise nahm sie Wowi zärtlich in den Arm. Der Sohn war ganz verblüfft. „Nur weil ich die rote Weste angezogen habe?" fragte er.

„Nein, sondern weil ich stolz auf Dich bin", antwortete sie lächelnd.

Auch Georg Nikolaus war in sehr aufgeräumter Stimmung. Jetzt brauchte eigentlich nur noch der Gast zu erscheinen. Und tatsächlich hörte man bald Pferdegetrappel durchs Fenster.

Gleich darauf bimmelte es, und der Botschaftsrat stand vor der Tür. Schnell entwickelte sich ein sehr angeregtes Gespräch. Themen gab es ja genug. Die Resonanz des Konzertes in der Wiener Gesellschaft, die Uraufführung des „Fidelio", vor allem aber die immer neuen Überraschungen durch Napoleon Bonaparte. „Gerade hat er den Russen bei Friedland eine empfindliche Niederlage beigebracht und Königsberg besetzt", berichtete der Sachse. Um so überraschter war er dann über Wolfgangs Nachricht, demnächst nach Lemberg auswandern zu wollen. Griesinger hatte doch gerade noch geglaubt, den Karrierestart des Mozartsohnes in Wien gefördert zu haben.

„Galizien ist aber bestimmt ein sehr heißes Pflaster. Es liegt zwar wesentlich südlicher als der jetzige Kriegsschauplatz, grenzt aber doch auch an Rußland. Und dort wird es in absehbarer Zeit viel Bewegung geben", meinte er. Nun erzählte auch Nissen von dem Plan, aus politischen Gründen vorübergehend nach Preßburg übersiedeln zu wollen. Konstanze würde er dabei gerne mitnehmen. Natürlich waren sich Mutter und Sohn in diesen Angelegenheiten längst einig. Sein eigenes Hauptmotiv, nämlich die Befreiung von einem unerträglich gewordenen Druck, hatte Wolfgang aber nie erwähnt.

„Mein älterer Sohn ist in Italien gut aufgehoben. Vielleicht kann man auch Wolfgangs Berufung nach Lemberg unter den gegebenen Umständen als Glück bezeichnen. Zumal niemand weiß, wann wir wieder nach Wien zurückkommen werden", sagte Konstanze. Der sächsische Botschaftsrat nickte verständnisvoll. „Und in die tiefe Provinz Podkamiens wird sich der Franzosenkaiser ja doch nicht verirren", meinte er lächelnd.

Wenig später, als man schon beim Cognac angelangt war, äußerte Georg Griesinger eine Bitte: „Da sich in nächster Zeit niemand von der Familie Mozart in Wien aufhalten wird, möchte wenigstens ich gelegentlich die letzte Ruhestätte unseres verehrten Meisters besuchen."

Konstanze war zunächst ganz blaß geworden. Dann spürte sie, wie sich Feuerröte über Dekolleté und Gesicht ausbreitete.

Der sächsische Diplomat bemerkte aber von all dem nichts, sondern fuhr unbeirrt fort: „Da ich aber gehört habe, daß das Grab auf dem Friedhof nur schwer zu finden ist, wäre es schön, wenn Ihr mich einmal dorthin begleiten könntet. Vielleicht sollten wir alle gemeinsam nach St. Marx fahren. Ich stelle meine Kutsche gerne zur Verfügung."

Die Hausfrau gewann nur mühsam ihre Fassung wieder und schaute betreten auf ihren Sohn. Der hatte nämlich auch gelegentlich nach dem Grab des Vaters gefragt und sich dann stets über ihre ausweichenden Antworten gewundert. Nun war die Stunde der Wahrheit gekommen. Auch Nissen verstand eigentlich nicht, warum Konstanze in all den Jahren nie den Wunsch nach einem Friedhofsbesuch geäußert hatte. Jetzt würde er es hören. Die erwartungsvollen Blicke der drei Männer machten die Witwe Mozarts noch unsicherer. In schrecklicher Verlegenheit wand sie sich wie ein Wurm.

„Ihr könnt Euch denken, es war damals eine schreckliche Situation. Ich lag krank darnieder, meine Sinne waren wie betäubt, und ich dachte, Baron van Swieten hätte alles gut organisiert. Später hörte ich aber, daß es sogar unterblieben ist, die Stelle der letzten Ruhe mit einem Kreuz und dem Namen des Verstorbenen zu versehen."

„Soll das heißen, daß Ihr die Grabstätte des teuren Toten gar nicht wiederfinden würdet?" fragte der Botschaftsrat zweifelnd. Eine drückende Stille herrschte plötzlich im Raum. Es hieß nämlich nicht nur das. Konstanze mußte verschämt gestehen, daß sie nach dem Tode Mozarts noch nie auf dem St. Marxer Friedhof gewesen war. Immerhin waren seither siebzehn Jahre vergangen.

Angesichts solcher Pietätlosigkeit wäre Griesinger am liebsten gleich aufgestanden und gegangen. Wolfgang schämte sich für seine Mutter, aber auch für sich selbst. Warum hatte er nicht mit mehr Nachdruck nachgeforscht? Nissen versuchte, die Situation zu retten. „Laßt uns doch gemeinsam hinausfahren nach St. Marx. Vielleicht finden wir den Totengräber oder andere Bedienstete, die sich an damals erinnern können." Das war zwar ziemlich illusorisch nach so langer Zeit, aber man mußte ja einmal anfangen, irgendetwas in dieser Richtung zu tun.

Vielleicht konnte man sich auch an Gräbern von Toten orientieren, die in der gleichen Zeit wie Mozart gestorben waren. Griesinger fragte etwas provokant: „Wißt Ihr denn wenigstens sicher, daß er tatsächlich in St. Marx liegt?" Die auf so peinliche Weise bloßgestellte Witwe nickte nur unter Tränen. Sehr überzeugend schien das aber eigentlich auch nicht.

Ganz im Gegensatz zum munteren Geplauder vor einer Stunde beim Kaffee verlief die Kutschfahrt ziemlich einsilbig.

„Diesen Weg muß damals auch der Wagen mit dem Sarg gefahren sein", dachte Wolfgang, als sie das Stubentor passiert hatten und über die Grünflächen des Glacis rollten. Nissen fühlte mit Konstanze. Sie hatte sich wie ein Häuflein Elend in eine Ecke gedrückt. „Wer weiß, was damals alles auf sie eingestürmt ist", dachte er. Verstehen konnte er sie aber trotzdem nicht. In all den Jahren, in denen sie zu Wohlstand gelangt war, wäre doch genügend Zeit gewesen, eine würdige Lösung zu finden. Nun war es wahrscheinlich zu spät dazu. Daß die damalige Aktion van Swietens vielleicht ein mögliches Verbrechen verschleiern sollte, daran dachte er natürlich nicht. Der sächsische Botschaftsrat aber war verärgert.

„Ich werde jetzt die Sache in die Hand nehmen", sagte er, als sie beim Friedhofstor ankamen. Der Gottesacker machte auf den ersten Blick einen verträumten, richtiggehend verschlafenen Eindruck. Man konnte sich vorstellen, daß die Toten dort auch ohne Grabstein recht gut ruhten. Dieser erste Eindruck machte das Quartett etwas zuversichtlicher. Der umtriebige Sachse hatte schnell den Totengräber ausfindig gemacht. Der mühte sich gerade im Schweiße seines Angesichtes, den steinigen Boden für ein neues Grab aufzuhacken.

„Mozart? Kenne ich nicht", brummelte er auf die Frage Griesingers. Mit Hilfe einiger Kreuzer wurde er aber schnell gesprächig.

„Den Totengräber von 1791 sucht Ihr? Der ist längst tot. Und seinen Nachfolger werdet Ihr sicher auch nimmer finden. Ich bin der

Josef Rottmeyer und arbeite seit ein paar Jahren hier. Mein Vorgänger war der Simon Preischl, und die anderen sind längst vergessen. Totengräber sind eben keine so bedeutenden Leute, daß man sie sich lange merken müßte", meinte er dann noch lächelnd.

„Außerdem graben wir die armen Leute, die keine eigene Gruft haben, sowieso alle sieben Jahre um. Die Gebeine werden dann gleichmäßig wieder im Erdreich verteilt.

Als zu Zeiten Josephs II. die Leichen nur im Sack in die Grube geworfen und noch mit Kalk bestreut wurden, blieb sowieso kaum etwas übrig. Jeder neue Kaiser will aber etwas anderes haben! Das gibt immer nur noch mehr Arbeit bei unserem kärglichen Hungerlohn! Wann war das mit Eurem Mozart? 1791? Da hatten wir ja schon den Kaiser Leopold. Da gab's vielleicht auch schon wieder Särge, und es sind ein paar Knochen mehr übriggeblieben von den Toten."

Als der Mann merkte, daß seine Worte die Friedhofsbesucher doch etwas schockiert hatten, wollte er noch etwas Tröstliches sagen.

„Jedenfalls haben doch alle, die hier unter dieser Wiese liegen, ein großes, schönes Grab. Eben halt nicht ganz allein. Ist das nicht sogar besser? Da oben auf dem Hügel steht doch sogar ein riesiges Kreuz. Das gilt dann eben für alle. Ist doch ein schöner Gedanke, oder?"

Der Totengräber meinte nun, für die paar Münzen genug erzählt zu haben. Außerdem hatte er bald Feierabend, denn es dämmerte bereits.

Franz Xaver Wolfgang hatte sich etwas von den anderen entfernt und ging nachdenklich über die grasbedeckte, von Sträuchern umsäumte große Fläche. Darunter mußte er nun also die Überreste seines Vaters vermuten. „Möglicherweise war wirklich alles besser so", dachte er. „Vielleicht ist es für den, dessen Werk für die Unendlichkeit geschaffen wurde, das schönste Grab. Ohne Stein und ohne feste Umrandung! Seinem Geist durften einfach keine Grenzen gesetzt werden!"

Eigenartigerweise fühlten sich alle etwas erleichtert, als sie nun schweigend wieder in die Stadt fuhren. Bestimmt hat ihnen Wolfgang Amadeus von seinem himmlischen Platz aus geholfen, die peinliche

Situation zu meistern. Vielleicht brauchte er auch in unserer Welt gar keinen Ruheplatz. Alfred Einstein sagte doch einmal: „Mozart war nur ein Gast auf dieser Erde!"

Der sächsische Botschaftsrat verabschiedete sich eher kühl von Konstanze. In den „Vaterländischen Blättern" ließ er später einmal einen Artikel über seine Eindrücke am Friedhof von St. Marx veröffentlichen. Als Gentleman nahm er dabei große Rücksicht auf Mozarts Witwe.

Lemberg in Galizien

Es war eine lange und beschwerliche Fahrt von Wien bis Lemberg. Das Wetter war genauso schlecht wie die Straßen. Die Stimmung der ständig wechselnden Reisegesellschaft paßte sich oft der neblig trüben Umgebung an. Je weiter man nach Osten kam, desto intensiver rochen die neu zusteigenden Fahrgäste der gelben Postkutsche nach Knoblauch und desto eigenwilliger wurde ihr Reisegepäck. Als man gerade Preßburg, den zukünftigen Wohnort seiner Mutter, passiert hatte, zwängte sich eine sehr beleibte Bäuerin auf den Sitz neben Franz Xaver Wolfgang Mozart.

Ihren Weidekorb hatte der Postillon anderweitig verstaut, von einer großen, geflochtenen Tasche wollte sie sich aber nicht trennen. Die beförderte sie auf ihrem gewaltigen Schoß. Der junge Musiker blickte krampfhaft aus dem Fenster, um nur ja von ihr nicht angesprochen zu werden. Umso erstaunter war er, als man plötzlich recht heftig an seinem Ärmel zupfte. Er tat zunächst so, als ob er nichts bemerkte. Als aber das Gezwicke nicht aufhörte, wandte er doch den Kopf und schaute mit indigniertem Blick zur Seite. Da staunte er nicht schlecht über die Ursache der Belästigung. Ein prächtiges Exemplar von einer Gans hatte es geschafft, den langen Hals durch das Geflecht der Bäuerinnentasche zu graben. Der große, orangefarbene Schnabel des Federviehs erkundete nun die Umgebung und war dabei an Nachbars Ärmel gelangt. Ein vis-à-vis sitzender alter Mann, dessen Bart noch die Speisenfolge des letzten Abendessens erkennen ließ, hatte schon lange die Sache beobachtet. Er amüsierte sich über die vergeblichen Versuche Wolfgangs, die Annäherung des gut gemästeten Riesenvogels zu ignorieren.

Lachend zog der Mann eine Wodkaflasche aus der Tasche, nahm einen kräftigen Schluck daraus und bot sie dann dem jungen Mitreisenden an. Den schüttelte es bei dem Gedanken, mit dem unappetitlichen Reisegefährten aus einem Gefäß trinken zu müssen. Immerhin gelang ihm die abwehrende Geste so höflich, daß der Bärtige nicht beleidigt war.

Gerne hätte der junge Mozart die Reise schon hinter sich gehabt, aber es war erst ein Bruchteil des Weges geschafft. Glücklicherweise stieg die dicke Bäuerin bald aus, was die Gans mit freudigem Geschnatter quittierte. Höchstwahrscheinlich ahnte sie nichts von dem traurigen Schicksal, das ihr bald bevorstand. Bis Martini war es nämlich nicht mehr lange hin.

Die napoleonischen Wirren hatten auch bei der Post Spuren hinterlassen. Mit dem Ende des „Heiligen Römischen Reiches Deutscher Nation" war die Reichspost aufgelöst worden. Der Fürst von Thurn und Taxis behielt zwar in einigen Ländern seine Rechte, vieles mußte aber umorganisiert werden. Neugeschaffene Grenzen schufen neue Grenzpostämter und Zollstationen und auch ungewohnte Verhältnisse für die Reisenden. Neue Währungen, andere Maßsysteme für Entfernungen und Gewichte sowie veränderte Tarife machten zunächst alles komplizierter.

Als Wolfgang auf seiner langen Reise endlich das Königreich Galizien und Lodomerien erreicht hatte, waren Kutschen und Gasthöfe zum Glück schon weniger überfüllt. Er hatte sich höchstens noch hie und da mit gackernden Hühnern, nicht aber mit zudringlichen Gänsen auseinanderzusetzen.

Das Sprachgewirr aus Polnisch, Russisch, Deutsch, Ukrainisch, Armenisch, Rumänisch und Ungarisch wurde hingegen immer größer. Er erhielt einen Vorgeschmack von dem, was ihn in seinem neuen Lebensraum erwartete. Überrascht stellte er fest, daß manchmal Jiddisch die einzige Möglichkeit für die Menschen war, sich untereinander zu verständigen. Der Einfluß der Juden in allen östlichen Teilen der Monarchie war groß, und so hatten sich viele von deren Ausdrücken in die einzelnen Sprachen gemischt. Sie bildeten nun eine Basis für die Verständigung.

Auf der letzten Tagesreise vor Lemberg war nur mehr ein alter polnischer Gelehrter mit seiner wenig attraktiven Tochter in der Kutsche. Die hatten glücklicherweise ebenso wenig Lust auf Konversation wie er selbst, und so konnte Wolfgang endlich in Ruhe seinen Gedanken nachhängen. Sie waren recht zwiespältig.

Die krächzenden Krähen, die in dichten Schwärmen über die nebelgrauen Novemberwiesen zogen, waren nicht angetan, eine optimistische Stimmung zu erzeugen. Hätte Georg Trakl damals schon gelebt und wäre mit durch diese Landschaft gefahren, gäbe es über seine Eindrücke bestimmt ein Gedicht. Dem buckligen, von Gräben und Bächen durchzogenen Auf und Ab fehlten die Blumen, die es im Sommer fürs Auge erfreulich machten. In wenigen Wochen würden Schnee und bereiftes Geäst die Landschaft wohltuend verändern. Nun aber war November. Höchstens wenn ein paar schüchterne Sonnenstrahlen die Nebel durchdrangen, konnte man in den unendlichen Buchenwäldern im Hintergrund so etwas wie Farbe erkennen.

Je mehr sich die Kutsche Lemberg näherte, desto häufiger sah man kleine Ansiedlungen ebenerdiger Häuschen. Sie machten mit ihren vier bis sechs wuchtigen Fenstern zur Straße schon einen recht soliden Eindruck. Noch immer versperrten zwar Schweine- oder Gänsescharen zeitweise den Weg, aber man konnte zumindest ahnen, daß man sich einer Kulturlandschaft näherte. Sah so das richtige Umfeld für den Sohn Mozarts aus? Wolfgang waren unterwegs starke Zweifel gekommen. Mit der Einfahrt in Lemberg aber waren diese wie weggeblasen. Entlang des Flüßchens Poltew an zwei Hügel geschmiegt sah er eine wunderschöne Stadt. Italienische Architekten hatten für polnische Patrizier herrliche Renaissancehäuser gebaut. Viele Kirchen, schöne Parks mit kleinen Statuen und Triumphbögen, vor allem aber die prächtigen Paläste der österreichischen Kommandanten prägten das Stadtbild. Bevor nach der ersten Teilung Polens im Jahre 1772 die Truppen Maria Theresias in Lemberg einmarschiert waren, wohnten dort gelegentlich noch polnische Könige.

Nun hatte Polen ja schon die dritte Teilung innerhalb von vierzig Jahren hinter sich. Ziemlich fatalistisch wartete man jetzt ab, bis die dauernden Machtverschiebungen zwischen Franzosen, Preußen, Russen und Österreichern endlich zu einem Ende kommen würden. Zunächst gehörte Galizien aber zur Habsburger Monarchie, und darüber war man eigentlich gar nicht böse. Seit der Machtübernahme durch Kaiserin Maria Theresia war vieles anders geworden. Man gründete gute Schulen, das Volk war aufgeklärter, und die rechtliche sowie auch ökonomische Lage der Bauern hatten sich entscheidend gebessert. Unter den Söhnen der Kaiserin, beziehungsweise ihrem Enkel Franz setzte sich diese Entwicklung fort. Lemberg wurde zu einem pulsierenden Zentrum. Es lag zwar am östlichsten Rand der Monarchie, hatte aber Handelsbeziehungen in die ganze Welt. Die katholische Kirche war hier eine besonders starke Macht und pflegte engen Kontakt zur herrschenden Dynastie. Es gab einen Dom und viele andere prächtige Gotteshäuser. An Sonntagen waren aber selbst die zu klein und restlos überfüllt. Leute, die nur einen Stehplatz ergattert hatten, konnten bei der heiligen Wandlung nur mit Mühe das Knie beugen.

Aber auch der Einfluß des Judentums war nicht zu übersehen. Schon beim ersten Kontakt mit der Stadt fielen Wolfgang die orthodoxen Vertreter dieses Glaubens mit ihren gewaltigen Bärten und den speziellen Hüten auf.

Darüberhinaus konnte man die Hauptstadt Galiziens als Schmelztiegel für gute österreichische Beamte ansehen. Die unterschiedlichsten Einflüsse aus verschiedenen Richtungen vermischten sich hier. Weltoffenheit und Vitalität schufen gute Voraussetzungen für politische Karrieren, und so hat Lemberg der Kaiserstadt Wien sogar eine ganze Reihe von Ministern geschenkt. Die Familien dieser hochqualifizierten Leute, wie die Potockis oder die Goluchowskis, hatten hier genau so schöne Palais wie der Graf Viktor Bawarowsky, der neue Dienstherr Wolfgang Mozarts. Dieser besaß zusätzlich in der Provinz Podkamien, etwa 100 Kilometer östlich von Lemberg, nahe der russischen Grenze, einen imposanten Landsitz.

Schon nach wenigen Wochen fühlte sich der junge Musiker an seinen neuen Wirkungsstätten richtig wohl. Man hatte ihm eine Wohnung im Schloß in Podkamien eingerichtet, er verfügte aber auch über ein Zimmer im Stadtpalais. Für die häufigen Wege hin und her stand ihm die gräfliche Kutsche zur Verfügung. Baronesse Henriette, die Tochter des Grafen, und auch Lukas, der etwas jüngere Sohn, wohnten auf dem Landsitz und wurden dort von verschiedenen Lehrern privat unterrichtet.

Es war nicht so wie einst am Hof des Erzbischofs Colloredo in Salzburg, wo sein Vater und die anderen Musiker die Mahlzeiten mit dem Küchenpersonal einzunehmen hatten. Hier speiste Franz Xaver Wolfgang mit der gräflichen Familie an einer hochherrschaftlichen Tafel. Meist saß er der noch nicht ganz fünfzehnjährigen Henriette gegenüber und hatte fast nur Augen für ihren jugendlichen Liebreiz. Er war ja selbst noch keine siebzehn Jahre alt. Die zarten Küsse mit Julie in Wien waren seine bisher einzigen Erfahrungen mit dem weiblichen Geschlecht. Und so kam es vor, daß Lehrer und Schülerin leicht erröteten, wenn sich bei Tisch ihre Blicke trafen. Bei Henriette überzog die Röte dann auch das kleine Dekolleté, das bereits recht gut entwickelte Formen ahnen ließ. Die Gräfin bemerkte diese Anzeichen beginnender Verliebtheit sehr wohl und sorgte dafür, daß ihre Tochter niemals mit dem Wiener Musiklehrer alleine war. Eine Zofe mußte immer dabei sein.

Die war auch nicht übel anzusehen und ist vielleicht sogar hie und da auf den Gedanken gekommen, den jungen Lehrer ihrerseits etwas in der Kunst der Liebe zu unterweisen. Da aber alles im gräflichen Haus sehr diskret zuging, ist nicht bekannt geworden, ob sie dabei Erfolg hatte.

Wohl kaum, denn in Podkamien hatte Wolfgang nur Augen für Henriette. Die aber durfte er nicht anrühren. Sie machte dafür große Fortschritte im Klavierspiel. Die täglichen Lektionen dauerten bis zu vier Stunden, und sie wurde wirklich bald eine hervorragende Pianistin.

Der junge Mozart hatte als zusätzliche Schülerinnen zwei Lemberger Komtessen. Sie waren beide knapp zwanzig und wohl weniger an den Fortschritten auf dem Pianoforte interessiert als an der Verführung ihres Lehrers. Ihre Erfahrung ließ sie spüren, daß der noch niemals bis zu den intimsten Geheimnissen eines weiblichen Körpers vorgedrungen war. Sie wollten ihm Gelegenheit dazu geben. Eine versuchte die andere in ihrem Raffinement zu übertreffen. Die Ausschnitte wurden immer tiefer, und wenn der Lehrer hinter ihnen stand, um die Noten umzublättern, wurde ihm ganz heiß. Er mußte nicht mehr ahnen, er konnte sehen, was sich sonst hinter Spitzen und Rüschen verbarg.

Es war sicher nicht leicht für ihn, diesen Versuchungen zu widerstehen, und wir wollen es dahingestellt sein lassen, ob schließlich Henriettes Unschuld oder die reife Weiblichkeit einer der Komtessen gesiegt hat.

Etwas später bekam er noch weitere Schülerinnen aus besten Lemberger Familien. Auch solche, die er in Gesang unterrichten mußte, und da kam ihm die gute Schule Antonio Salieris zugute. Für diese Elevinnen komponierte er auch schöne Lieder, meistens mit Flöte als Begleitinstrument. Ein in Lemberg ansässiger Professor lieferte ihm dazu die Texte, zum Beispiel „An die Bäche", für sein Opus 21. Wahrscheinlich hat ihn das Großangebot holder Weiblichkeit in seiner unmittelbaren Umgebung stark geprägt und zu einem Romantiker gemacht. An seinen mährischen Freund Franz Aust, einen Verwandten seiner Tante Josepha Hofer, schrieb er in dieser Zeit: „Die Flöte ist ein so sanftes Instrument, welches gut zu meinem schwärmerischen Talent paßt."

In Briefen an seinen Bruder nach Italien sowie an seine mittlerweile in Preßburg verehelichte Mutter äußerte er sich begeistert über die gräfliche Familie Bawarowsky, aber auch ganz allgemein über das Leben in Lemberg.

Konstanze aber scheint schon wieder einmal nicht mit ihm zufrieden gewesen zu sein. Vielleicht war sie auch über seine Liedkompositionen nicht informiert, denn sie schrieb sehr kritisch an Karl Thomas, der mittlerweile in Mailand ansässig war:

„In Polen hat Wolfgang nur drei Sonaten für Flöte und Klavier gemacht. Damit bin ich nicht zufrieden, denn das ist viel zu wenig für einen jungen Menschen, der seinem Vater Ehre machen soll."

Der junge Mensch aber gewann in Lemberg Lebenserfahrung und lernte viele interessante Dinge.

Eines Tages traf er in einem Kaffeehaus einen älteren Herrn, der sich als Isidor Rosenzweig vorstellte. Der kannte natürlich den Namen Mozart und war auch sonst am Musikleben Wiens sehr interessiert. Wolfgang erzählte ihm von seinem eigenen Konzert zu Haydns Geburtstag, von der „Fidelio"-Erstaufführung und von anderen Ereignissen in der Donaustadt, die ihm noch geläufig waren. Er merkte, daß für sein Gegenüber, wie für viele andere Menschen Galiziens, Wien der Mittelpunkt des Denkens war. Schnell kam er seinem Gesprächspartner näher, sodaß er es auch wagte, ihm eine sehr persönliche Frage zu stellen:

„Ihr habt einen sehr poetischen Namen, den ich noch nie gehört habe. Könnt Ihr mir vielleicht seinen Ursprung erklären?" Herr Rosenzweig lächelte, überlegte kurz und sagte dann sehr freundlich:

„Ich bin Jude und verdanke meinen Namen einem österreichischen Beamten, der anscheinend Sinn für Poesie hatte."

Wolfgang blickte erstaunt hoch, denn er hatte noch nie mit einem Juden gesprochen. Außerdem konnte er noch keinen Zusammenhang zwischen Rosenzweig und einem österreichischen Beamten erkennen.

„Meine Familie hieß früher Plotnikov. Als Joseph II. mit seinem ‚Toleranzedikt' den Juden in diesem Lande gleiche Rechte einräumte wie den Christen, erlaubte er ihnen auch, deutsche Namen anzunehmen. Wie vielen anderen strenggläubigen Verfechtern unseres Glaubens war meinem Großvater aber die Emanzipation nicht recht. Er verweigerte die Annahme eines deutschen Namens. Der Kaiser aber kannte keinen Spaß und wies seine Beamten an, den widerspenstigen Juden einfach Namen zuzuteilen.

Der Phantasie waren dann keine Grenzen gesetzt. Manche Amtmänner machten sich's leicht und gingen einfach die Farbskala rauf und runter. Andere aber gaben sich mehr Mühe mit der Namensauswahl und kreierten, wie Ihr es genannt habt, ‚poetische Namen', wie eben den meinen. Ihr seid ja noch längere Zeit hier, und so werden Euch sicher auch noch die Herren Grünspan, Mandelblüte, Nußbaum, Bernstein oder Apfelduft begegnen."

Alles lief eigentlich wunderbar. Wolfgang genoß herrschaftliches Leben bei den Bawarowskys und anderswo, lernte aber auch mehr und mehr die Volksseele Galiziens kennen. Man hätte meinen können, er wäre zufrieden gewesen.

169

So war es eine Riesenüberraschung für alle, daß er im Oktober 1810 die Stellung in der gräflichen Familie quittierte. Wie schon gesagt, ging dort alles immer sehr diskret zu. Es erfuhr auch niemand, ob Wolfgang vielleicht der mittlerweile zum Weibe erblühten Henriette zu nahe getreten war und man ihn zum Verlassen des Schlosses aufgefordert hatte. Nichts war herauszukriegen, nur eben daß das Arbeitsverhältnis beendet wäre. Immerhin hatte er die Tochter des Hauses zur besten Pianistin des Landes gemacht.

In dieser Zeit schrieb er recht deprimiert an Karl Thomas nach Mailand: „Es ist ein trauriges, einsames Leben, das ich hier führe. Ich bin zwar stets unter guten Menschen, habe auch genügend Schüler, kann aber als Künstler wenig profitieren."

Ein Brief an den Verlag Breitkopf und Härtel in Leipzig klingt wenig später ähnlich mutlos:

„Was die Ausbildung meines kleinen Talentes betrifft, geht es mir hier sehr schlecht. Mein einförmiges, unmusikalisches Leben läßt mich nichts zustandebringen."

Vielleicht hat ihm auch seine schwächliche Gesundheit zu schaffen gemacht. Er klagte in vielen Briefen, das Klima Galiziens nicht vertragen zu können, und dachte sogar öfter an eine Rückkehr nach Wien.

Im Sommer 1811 trat er aber doch wieder eine Stellung in einem herrschaftlichen Haus in Lemberg an.

Ein Konzert, das er anläßlich seines 20. Geburtstages im Juli veranstaltet hatte, wurde ein großer Erfolg. Der kaiserlich-königliche Kämmerer Janiscewski war von seiner Virtuosität am Klavier begeistert und unterbreitete ihm ein sehr reizvolles Angebot. Er sollte die Familie des hohen Beamten unterrichten, würde aber darüberhinaus auch für eigene künstlerische Betätigung eine solide finanzielle Basis erhalten. Damit fand er in Galizien den Mäzen, den sein Vater in Wien so lange vergeblich gesucht hatte.

Mit der Annahme dieses Angebots entschied sich Franz Xaver Wolfgang Mozart, seine Laufbahn für einige weitere Jahre in Lemberg fortzusetzen.

Berufswechsel

Karl Thomas Mozart hatte seine kaufmännische Lehre in Livorno längst abgeschlossen und war nach Mailand übersiedelt. Der Verzicht auf eine Musikerlaufbahn war ihm doch schwerer gefallen als ursprünglich gedacht. So wollte er wenigstens indirekt mit dem Metier seines Vaters verbunden bleiben und versuchte, mit Instrumenten zu handeln. Er wandte sich diesbezüglich an Johann Andreas Streicher, den ersten Lehrer seines Bruders. Der war nämlich nicht nur Pianist, sondern auch Klavierbauer. Die Familie war seinerzeit mit dem entsprechenden Know how von Augsburg nach Wien gezogen und hatte dort großen Erfolg. Auch in Mailand wären erstklassige Pianofortes und Cembalos gut zu verkaufen gewesen.

Karl Thomas mußte jedoch bald erkennen, daß ihm seine eigene Gewissenhaftigkeit beim Geschäftsaufbau im Wege stand. Er konnte sich einfach nicht entschließen, die für den Start unvermeidlichen Schulden zu machen. Den Sinn für Sparsamkeit hat er wohl mehr vom schwäbischen Großpapa Leopold und weniger von seinem Vater geerbt.

Mit Brief vom 7. Januar 1805 schrieb er an Johann Andreas Streicher nach Wien:

„Sie werden selbst einsehen, daß ich in meiner Lage verschiedene Schwierigkeiten zu überwinden habe. Und da der Kredit, den ich von meinem Prinzipal erbitten will, hauptsächlich von Baron Schubart abhängt, welchen ich vor seiner Zurückkunft von Pisa nicht sprechen kann, habe ich gegenwärtig nichts als unsichere Hoffnungen."

Mit „Prinzipal" meinte Karl Mozart den Inhaber des Mailänder Handelshauses, bei dem er beschäftigt war. Ihn wollte er als Partner für den Klavierhandel gewinnen und die Infrastruktur des Geschäftes auch für seine Zwecke nutzen. Baron Schubart war ein dänischer Diplomat, der auf Vermittlung Georg Nikolaus von Nissens die Bürgschaft für einen Kredit an Mozart übernehmen sollte.

Nissen kümmerte sich – soweit er konnte – um beide Stiefsöhne, obwohl er Karl Thomas noch nie gesehen hatte. Konstanze räumte ihrem Partner schon vor der Ehe väterliche Rechte ein. Vor allem seinem Einfluß war es zu danken, daß auch sie sich langsam ihrer mütterlichen Pflichten bewußt wurde. So vermochte sie sich nun auch in die Lage Karls zu versetzen, als er wieder Sehnsucht nach der Musik bekam.

Er fand sich einfach im Handelsstand nicht zurecht, zweifelte an sich und geriet in eine tiefe seelische Krise.

Für den Bruder hatte er seinerzeit um Kraft für den schweren Weg in des Vaters Spuren gebetet. Jetzt flehte er den Herrgott für sich selbst um Beistand an. Er wollte nämlich in Mailand Musik studieren. Mehr als sieben Jahre hatte er sich als Kaufmann versucht. Doch nun schien das „Mozartblut" einfach stärker zu sein, und er kehrte reumütig in den Schoß der Muse zurück.

Italienische Freunde ebneten ihm den Weg. Seine Mutter stellte er einfach vor vollendete Tatsachen. Er freute sich darüber, daß sie gar nicht so negativ reagierte, wie eigentlich zu befürchten war. Am 5. März 1806 schrieb sie ihm nach Mailand:

„Dein Wunsch ist und bleibt auch der meine. Nur bitte ich Dich, gehe mit Verstand, wie es einem Menschen in Deinem Alter zukommt, zu Werke! Ich wußte längst, daß Dir die Musik nicht gleichgültig sein oder bleiben könne. Ob Du aber darinnen so fleißig warst oder sein wirst, wie Du es sein solltest, weiß ich ja nicht. Dies mußt Du besser wissen als ich. Ich überlasse daher alles Deiner Einsicht und will Dir auch gewiß nicht abraten. Nur erinnere Dich stets meiner so herzlichen Lehren, nämlich daß keiner von Mozarts Söhnen mittelmäßig sein darf, um sich nicht mehr Schande als Ehre zu machen. Hast Du dies alles überlegt und findest Dich diesem schweren Fache gewachsen, so bin ich es ganz zufrieden. Sei also doppelt fleißig! Überdies muß ich Dir sagen, daß Du in Deinem Bruder einen starken Rivalen hast, dem wir's freilich nicht gestehn, um ihn nicht stolz zu machen ..."

Ein recht verständnisvoller Brief, obwohl sich Konstanze auch darin den „drohenden Hinweis" auf den väterlichen Namen nicht verkneifen konnte. Er wußte selbst, daß er seinem Vater keine Schande machen durfte, und knackte weiß Gott hart genug an dieser Nuß!

Und schließlich war es ihre damals für ihn so unverständliche Entscheidung gewesen, die ihn mehr als sieben Jahre lang von einer Musikerausbildung ferngehalten hatte.

Seine Mailänder Freunde, vor allem die Familie d'Asti von Astenburg kümmerten sich rührend um ihn. Frau Marianne d'Asti, eine Tochter des Salzburger Gutsverwalters Ludwig Troger, hatte schon seinen Vater anläßlich einer Italienreise mit heimischen Leberknödeln und Sauerkraut verwöhnt. Was der in seiner deftigen Sprache auf höchste Weise gepriesen hatte.

Vor allem an den Kommentar über die blähende, aber verdauungsfördernde Wirkung des köstlichen Genusses erinnerte sich Frau Marianne noch sehr gut. Natürlich erzählte sie auch Karl davon, aber sie tat noch viel mehr für ihn. Sie ebnete die Wege in angesehene Familien, vor allem aber zu den besten Musiklehrern. Da war der Name Mozart natürlich ein Vorteil, denn jeder war stolz darauf, einen Sohn des großen Maestros unterrichten zu dürfen. Auch Joseph Haydn sprach bei großen italienischen Meistern im Sinne von Mozarts Ältestem vor.

Schließlich wurde Karl Thomas Schüler des Mailänder Musikpädagogen und Komponisten Bonifacio Asioli, dessen Metier hauptsächlich die Vokalmusik war. Karl machte darin schnell Fortschritte und wandte sich bald auch Instrumentalkompositionen zu. Sein Stiefvater hatte ihm dazu geraten, und es fand sich auch dafür ein guter Lehrer. Vor allem Asioli bestätigte immer wieder Karls Talent und zeigte auch Interesse an der Karriere des jüngeren Bruders.

Die ersten beiden Jahre des Musikstudiums verliefen für Karl Thomas recht erfreulich. Um sich seinen Lehrern gegenüber erkenntlich zeigen zu können, bat er seine Mutter um einige Noten des Vaters. Er erhielt schließlich die Partituren der Krönungsoper „Titus" und des „Don Giovanni", die er Bonifacio Asioli schenkte.

Konstanze entwickelte aus der Ferne für Karl Thomas bald den gleichen Ehrgeiz wie vorher schon für Franz Xaver Wolfgang. Sogar 40 Gulden schickte sie ihm monatlich, um seine wirtschaftliche Lage zu verbessern.

Die war nämlich etwas prekär geworden, seit sich einer seiner großzügigsten Gönner, der Consigliore Pinali, aus unerfindlichen Gründen von ihm abgewandt hatte. Karl war sehr schockiert darüber gewesen. War der Besitzer eines prächtigen Palais am Mailänder Domplatz von ihm enttäuscht? Dachte er, der Name Mozart allein würde genügen, jeden Monat ein Werk für abendliche Soirees herbeizuzaubern? Oder hatte er sich Karl Thomas gar als Partner für seine ausgesprochen häßliche Tochter Adriana vorgestellt?

Der junge Musikstudent konnte sich das Verhalten des Consigliore nicht erklären. Je mehr er darüber nachdachte, desto unsicherer wurde er, denn er bezog die Situation doch mehr auf sein musikalisches Schaffen als auf Adriana.

Er mußte zwar zugeben, dem Mädchen gegenüber wirklich sehr zurückhaltend gewesen zu sein. Andererseits konnte er sich kaum vorstellen, daß ein Herr aus höchsten lombardischen Kreisen Interesse daran haben könnte, einen armen Musiker zum Schwiegersohn zu bekommen.

Es mußte also seine Musik sein, die nicht gefiel. Karls Zweifel konnten auch dadurch nicht behoben werden, daß ihm der rührige Georg Nikolaus von Nissen eine Verbindung zum Grafen Litta vermittelte. Der betätigte sich dann wie vorher Pinali als Mäzen. Allerdings in wesentlich bescheidenerem Umfang. Karl Thomas hatte als Gegenleistung zweimal pro Monat bei Abendgesellschaften auf dem Pianoforte Musik zu machen. Während sich die Hautevolee Mailands an köstlichsten Delikatessen und an seinem Spiel erfreute, dachte er am Klavier viel über sich selbst nach. War er wieder gescheitert? Mußte er zum zweiten Male einen Weg aufgeben, den er so hoffnungsvoll gestartet hatte?

Als Pianist durch die Palazzi der Mailänder Aristokratie zu tingeln, das wäre genau die „Mittelmäßigkeit", vor der ihn die Mutter so gewarnt hatte! Damit würde er dem Namen Mozart keine Ehre machen, und das durfte einfach nicht sein. Andererseits spürte er immer mehr, daß sein musikalisches Talent nicht ausreichte, sich wesentlich über dieses Niveau zu erheben. Die Krise, in die er nun schlitterte, war tiefer als alle vorherigen seelischen Notstände. Er dachte viel an seinen verehrten Prager Lehrer und Ziehvater Franz Xaver Niemetschek. Was würde der wohl zum andauernden Hin und Her im ungeordneten Leben seines Schülers sagen?

Konstanze und Georg Nikolaus von Nissen hatten mittlerweile in Preßburg geheiratet. Sie versuchten ihn mit wohlgemeinten Briefen aufzurichten und zu einer Rückkehr nach Wien zu bewegen. Was aber sollte er dort? Seine engsten Angehörigen wohnten in Preßburg und Lemberg. Johann Georg Albrechtsberger und Joseph Haydn, die in Wien als Lehrer in Frage gekommen wären, waren im Abstand von nur zwei Monaten gestorben. Und wie sich der neuerliche Einmarsch Napoleons auf das Leben in der Kaiserstadt auswirken würde, konnte im Augenblick wohl niemand sagen. Man munkelte zwar in Mailand, daß Reichskanzler Fürst Metternich einen Friedenskurs steuere. Dessen Höhepunkt sollte die Hochzeit des Korsen mit der österreichischen Kaisertochter Marie Louise werden. Damit müßte eigentlich der Frieden zu sichern sein, aber Karl Thomas traute der Angelegenheit doch noch nicht.

Joseph Weigl, ein Patensohn Haydns und recht erfolgreicher Opernkomponist, schrieb Karl nach Mailand und stellte ihm eine Stellung als Kapellmeister in einem Wiener Theater in Aussicht. Mozarts Sohn aber blieb dem Wiener Kulturleben gegenüber skeptisch. Möglicherweise dachte er an die schweren letzten Jahre seines Vaters. Vielleicht hatte er aber nicht nur die Sparsamkeit, sondern auch etwas vom nüchternen Geschäftssinn seines schwäbischen Großvaters geerbt. Jedenfalls schienen ihm alle Berufsaussichten, die sich in Wien boten, nicht konkret genug. Außerdem scheute er sich natürlich – mehr oder weniger gescheitert – in die Musikstadt an der Donau zurückzukehren.

Glücklicherweise fand er in dieser schweren Zeit ein weibliches Wesen, das ihn zumindest zeitweise seinen Kummer vergessen ließ. Zum erstenmal erlebte er nach ein paar flüchtigen Abenteuern den Zauber einer echten Liebe. Antonietta hieß das zarte, schwarzhaarige Mädchen mit den dunklen, ausdrucksvollen Augen. Sie war eines Abends, als er während einer großen Soiree wieder einmal Melodien seines Vaters spielte, zu ihm ans Klavier getreten. Bewundernd schaute sie auf seine schlanken Hände, die dem Pianoforte so herrliche Töne entlockten. Als er – etwas irritiert – hochblickte, traf ihn ein liebevoller, beinahe sehnsüchtiger Blick. Karl konnte gar nicht anders als zurücklächeln. Er spielte gerade Paraphrasen über eine Arie aus dem „Figaro":

„Ihr, die Ihr Triebe des Herzens kennt, sagt mir ist es Liebe, die in meinem Herzen brennt", fragt der blutjunge Cherubin die Gräfin Almaviva und deren Zofe Susanna.

Es war reiner Zufall, daß der Pianist gerade jetzt diese Melodie spielte, denn er hatte ja das Herannahen Antoniettas gar nicht bemerkt. Die schwärmerische Italienerin bezog den Text der Arie, die sie gut kannte, sofort auf sich.

„In meinem Herzen brennt es auch", flüsterte sie ihm ins Ohr, bevor sie sich errötend wieder unter die anderen Gäste mischte.

Es kam, wie es kommen mußte. Aus der ersten schüchternen Begegnung am Klavier wurde eine heiße Liebe. Antonietta war Halbwaise und stammte aus sehr guter Mailänder Familie. Ihre Mutter hatte sie schon früh verloren, und der Vater, ein Conte di Marignano, war so vielbeschäftigt, daß er sich kaum um seine heranreifende Tochter kümmern konnte. Diese war dann hauptsächlich von Lehrern und weiblichen Dienstboten umgeben.

Ihr einziger verwandtschaftlicher Kontakt war die gebürtige Salzburgerin Marianne d'Asti von Astenburg, in deren Haus bekanntlich auch Karl Thomas Mozart verkehrte. Fast ungestört konnte sich das Pärchen dort treffen, und so ist es bestimmt nicht bei einem Busserl geblieben. Es war wie seinerzeit in Wien, als die Baronin von Waldstätten schützend ihre Arme über die junge Liebe seines Vaters zu Konstanze Weber ausgebreitet hatte.

Antonietta war ein wirklich schönes Mädchen, an dem eigentlich überhaupt nichts auszusetzen war. Die jugendliche Frische ihrer achtzehn Jahre, der zarte Teint und die makellose Figur beeindruckten Karl sehr. Vor allem aber wirkte ihr warmherziges, gefühlvolles Wesen in dieser Zeit wie Balsam auf sein Gemüt. Wenn ein solch liebreizendes Menschenkind an ihm Gefallen fand, dann konnte es ja nicht gar so schlecht um ihn stehen. Sie lobte seinen Charme, sein hinreißendes Klavierspiel und seine Ausgeglichenheit. Vor allem aber überzeugte sie ihn davon, daß Musik auch als Nebenbeschäftigung sehr viel Freude machen könne. Es sei auch als Sohn eines Genies keine Schande, in einem anderen Beruf sein Geld zu verdienen und Musik lediglich als Passion zu betreiben. So befreite ihn Antonietta vom Trauma des gescheiterten Mozartsohnes.

Sein Bruder hatte ein Leben lang dagegen anzukämpfen.

Der dänische Baron Schubart schrieb damals an Nissen:

„Karl ist den Musen nicht treu geblieben, sondern unter das Zepter des Merkur geraten."

Der ältere Mozartsohn war aber zu diesem Zeitpunkt schon kein Händler mehr, sondern trat als Beamter in den Dienst des Vizekönigs von Neapel. Der herrschte gerade als Gefolgsmann Napoleons in Mailand. Karl Thomas betätigte sich zunächst als Übersetzer im Unterrichtsministerium und arbeitete später in der staatlichen Buchhaltung.

Die Verbindung mit Antonietta di Marignano ging leider irgendwann zu Ende. Sie fügte sich schweren Herzens dem Befehl ihres Vaters und heiratete einen reichen Mailänder Aristokraten. Karl Thomas litt sehr unter der Trennung, behielt aber seine schöne erste Liebe stets in dankbarer Erinnerung. Sie hatte ihm in seiner schwersten Lebenskrise geholfen, den richtigen Weg zu finden.

Europa wird neu geordnet

Die Mozartbrüder erlebten den Beginn des 19. Jahrhunderts sehr weit voneinander entfernt, aber unter ähnlichen politischen Umständen. Napoleon beeinflußte auch ihr Leben, und sie waren beide zunächst fasziniert von dessen dynamischer Persönlichkeit. Nach einiger Zeit sahen sie aber die Geltungssucht des streitbaren Emporkömmlings mit immer kritischeren Augen. Der kleine Korse zwang ganz Europa seinen Willen auf und machte das „Heilige Römische Reich Deutscher Nation" zur Farce. Kaiser Franz II. legte dessen Krone nieder und deponierte sie in der Schatzkammer der Wiener Hofburg. Kurz zuvor hatte er sich zum ersten Kaiser von Österreich ausrufen lassen.

Karl Thomas Mozart wurde in Mailand vorübergehend Untertan des Artillerieoffiziers aus Ajaccio auf Korsika, der nun nicht nur Kaiser der Franzosen, sondern auch König von Italien war. Österreich hatte die Lombardei gemeinsam mit den Niederlanden abtreten müssen. Die altehrwürdige Krone der Langobarden saß nun auf dem Haupt Napoleons, der in den italienischen Provinzen Vizekönige einsetzte.

Als er im Mai 1809 sogar Wien wieder besetzte, verdichteten sich die Gerüchte um eine baldige Hochzeit der österreichischen Kaiserstochter mit dem französischen Usurpator. Im Frieden von Schönbrunn verlor aber Kaiser Franz I. zunächst nochmals viel Land, darunter auch Galizien und Teile Nordböhmens. Das vorübergehend österreichisch gewordene Salzburg mußte gemeinsam mit Tirol und Teilen Oberösterreichs an die mit Napoleon verbündeten Bayern abgetreten werden. Das rief vor allem in Tirol großen Widerstand hervor. Speziell die Bauern im Süden des Landes unter ihrem Führer Andreas Hofer setzten sich erbittert zur Wehr. Ihr Freiheitskampf wurde zwar heimlich von höchsten Wiener Kreisen unterstützt, mußte aber erfolglos bleiben. Mittlerweile hatte nämlich ein gerissener Diplomat längst die Fäden für eine politische Ehe gesponnen, die Österreich vor künftigen Attacken Napoleons schützen sollte. „Tu felix Austria nube" einmal unter ganz anderen Vorzeichen!

Fürst Clemens Wenzel Lothar von Metternich, der neue österreichische Außenminister, war bis zum Ausbruch der Kampfhand-
lungen zwischen Österreich und Frankreich Botschafter des Kaisers
in Paris gewesen. Als Lebemann par excellence hatte er dort in bester
Gesellschaft verkehrt. Es war ihm nicht verborgen geblieben, daß der
Kaiser der Franzosen zwar gefürchtet, vom alteingesessenen Adel
aber ob seiner niederen Herkunft höhnisch belächelt, ja sogar ver-
achtet wurde. Nur die Ehe mit einer Prinzessin aus traditionsreichem
Herrscherhaus konnte ihn von diesem Makel befreien. Wer wäre
dazu besser geeignet gewesen als die achtzehnjährige Habsburgerin
Marie Louise? Die Überraschung war groß, als sich die üppige
Kaiserstochter später sogar in den zweiundzwanzig Jahre älteren
Emporkömmling aus Korsika verliebte. Der Plan Metternichs begann
aufzugehen. Napoleon verstieß seine unfruchtbar gewordene Gattin
Josephine und konnte es gar nicht erwarten, zur blutjungen
österreichischen Prinzessin ins Ehebett zu steigen.

Kaiser Franz I. mußte nun erst einmal seinen neuen Schwiegersohn
militärisch unterstützen. Der schlaue Metternich aber lauerte von
Anfang an darauf, Napoleon Bonaparte durch Diplomatie in die Knie
zu zwingen. Und tatsächlich sollte sich diese Chance bald ergeben.

Zunächst zeigte der Korse Verständnis für die finanziell sehr angespannte Lage seines Schwiegervaters. Für den großen Rußlandfeld-
zug forderte er deshalb von den Habsburgern lediglich eine Unterstützung von 30.000 Mann. Unter dem Kommando von Karl Philipp
Fürst zu Schwarzenberg sollten sie in Galizien den rechten Flügel der
napoleonischen Armee absichern.

So kam es, daß Franz Xaver Wolfgang Mozart in Lemberg zwar wie
sein Bruder in der Lombardei unter französischem Gouvernement
lebte, trotzdem aber fast nur von österreichischen Landsleuten
umgeben war. Sie hatten das wesentlich günstigere Los gezogen als
die übrige Heeresmacht Napoleons. Die begann im Sommer 1812 die
Invasion Rußlands. Moskau nahm man fast kampflos ein, doch dann
wurde ein früher Wintereinbruch zum Verbündeten der Truppen des
Zaren. Die Franzosen mußten den Rückzug antreten und gingen

größtenteils in der Schnee- und Eiswüste Rußlands jämmerlich zugrunde. Die Kampfmoral aus den Revolutionstagen, als man für Freiheit, Gleichheit und Brüderlichkeit kämpfte, war buchstäblich eingefroren.

Als Zar Alexander I. den österreichischen Kaiser aufforderte, die Führung einer europäischen Befreiungsarmee zu übernehmen, blieb dieser zunächst noch neutral.

„Ihr könntet der Retter Europas und der ganzen Menschheit werden", schrieb Alexander I. Die Rücksicht auf seine Tochter und der Rat Metternichs ließen Franz I. noch zögern. Erst als Napoleon in mittlerweile völlig unbegründeter Überheblichkeit die anderen Großmächte immer wieder brüskierte, stellte sich auch Österreich auf die Seite Preußens und Rußlands. Die Verbündeten machten den österreichischen Feldmarschall Schwarzenberg zu ihrem Oberkommandierenden. In der „Völkerschlacht zu Leipzig" im Oktober 1813 wurde Napoleon besiegt und zum Rückzug über den Rhein nach Frankreich gezwungen. Längst hatten auch die Wittelsbacher und andere deutsche Fürsten, die mit den Franzosen im „Rheinbund" verbündet gewesen waren, die Seiten gewechselt. Schließlich gelang den Alliierten im März 1814 sogar die Einnahme von Paris. Im Siegestaumel schrieb Erzherzog Johann, der Bruder des Kaisers, nach Wien:

„Aus Nichts stieg Napoleon, zu Nichts wird er wieder! Mögen alle ehrgeizigen Eroberer hier sich ein neues Beispiel nehmen, was es sei, Gerechtigkeit und Mäßigung zu vergessen."

Der Aufsteiger aus Korsika mußte für sich und seine Nachkommen auf die Krone Frankreichs verzichten und wurde auf die Insel Elba verbannt. Die Bourbonen kehrten auf den französischen Thron zurück.

Im Frieden von Paris wurden die großen Linien des neuen Europas bereits skizziert. Seine endgültige Gestalt sollte es aber erst auf dem Wiener Kongreß erhalten. Organisation und Leitung dieser gigantischen Veranstaltung wurden in die Hände des österreichischen Außenministers Fürst Metternich gelegt. Der wollte Europa zu einem in sich geordneten Ganzen mit Wien als geistigem und geographischem Mittelpunkt machen. Die große europäische Tradition der

„Casa Austria" schien dem gebürtigen Rheinländer ein geeignetes Bindeglied für unterschiedliche Volksinteressen zu sein.

Das kurze Aufflackern der kriegerischen Tätigkeit Napoleons nach dessen Flucht aus Elba hat die Arbeit des Wiener Kongresses nicht behindert, sondern höchstens beschleunigt. Nach seiner vernichtenden Niederlage von Waterloo hatte man den Korsen auf der Atlantikinsel St. Helena nun sicherer verwahrt. Seine Gemahlin Marie Louise war an den Wiener Hof zurückgekehrt, wo auch der gemeinsame Sohn als „Herzog von Reichstadt" aufwuchs.

Österreich umfaßte nun auch wieder die Lebensräume der Mozartbrüder. Sie hatten die „napoleonischen Stürme" unbeschadet überstanden – als Musiker in Lemberg und als Beamter in Mailand.

Kaiser Franz I. beherrschte jetzt sowohl Galizien im Nordosten als auch die Lombardei mit ihrer reichen Hauptstadt im Südwesten. Und als Karl Thomas Mozart dort die Position eines kaiserlich-königlichen Staatsbuchhaltungsoffizials erlangte, hatte er für sein Leben ausgesorgt. Nun konnte er sich der Musik in einer Weise widmen, die ihn nicht mehr belastete, sondern nur in herrlicher Weise beglückte. In der Bewahrung des Andenkens an seinen verehrten Vater erwarb er sich fortan große Verdienste.

Vor Beginn seiner Tätigkeit als Beamter korrespondierte Karl viel mit der Familie. Auch sein Bruder und Georg Nikolaus von Nissen, der Stiefvater, bestärkten ihn in seinem Entschluß. Bei den Kommentaren Franz Xaver Wolfgangs spielte sicher auch dessen eigene Enttäuschung über sein eher provinzielles Musikerdasein in Lemberg eine Rolle.

Aus den Briefen läßt sich aber ein sehr herzliches Verhältnis zwischen den Brüdern ableiten. Auch seine Mutter bedachte Karl nun gelegentlich mit kleinen Aufmerksamkeiten. Wahrscheinlich hatte er mittlerweile längst eingesehen, daß ihre Entscheidung, ihn seinerzeit nicht zum Musiker ausbilden zu lassen, richtig gewesen war.

Die Nissens waren im Herbst 1809 aus Preßburg wieder nach Wien gekommen. Sie bereiteten mittlerweile die Übersiedlung nach Kopenhagen vor. Dort sollte Georg Nikolaus eine hohe Position im Amt für politische Zensur übernehmen.

Über Karls Entschluß, sich nun endgültig als Beamter in Mailand niederzulassen, waren Konstanze und er sehr erleichtert. Dies ist dem Brief Nissens vom 13. Juni 1810 nach Mailand deutlich zu entnehmen: „Wir wünschen Ihnen von Herzen Glück und freuen uns mit Ihnen. Geben Sie uns bald Nachricht, welches der eigentliche Name Ihres Amtes ist, was Sie nun heißen, worin Ihre Geschäfte bestehen und welche Gage und Agremens, zum Beispiel ob Wohnung und Tafel damit verbunden ist ...

... Sie wissen, daß Ihr großer Vater kein Vermögen, sondern Schulden und ein unbedeutendes Mobiliar hinterließ, welches letztere bei weitem nicht so viel betrug, als Ihrer Mutter im Heiratskontrakt zugesagt war.

Indessen wurde es taxiert, und Ihrer Mutter dagegen überlassen, daß sie nach dessen Verhältnis ihren Kindern eine Summe bestimmte und deponierte. Diese Summe war für jedes 200 Gulden ... Ihre Mutter hat durch ihre Reisen, durch die Aufführung von Konzerten, sowie durch den Verkauf von Originalpartituren Ihres Vaters das Glück gehabt, nicht nur die Schulden zu bezahlen, sondern auch ein kleines Kapital zu sammeln ...“

Konstanze war also wohlhabend geworden. Aus dem sicheren Gefühl der Geborgenheit an der Seite eines gut situierten Beamten entwickelte sie nun mehr Wärme als je zuvor. Sie glaubte, besonders an Karl Thomas einiges gutmachen zu müssen.

So war es ihr besonders wichtig, noch vor der Übersiedlung nach Kopenhagen den Transport von Mozarts Klavier nach Mailand zu regeln. Sie schrieb dazu an Karl Thomas:

„Ich eile Dir zu sagen, daß ich soeben von Bridi komme und fünf Dukaten für Dich bezahlt habe, damit Du das Pianoforte Deines Vaters sogleich bekommst. Es geht noch diese Woche mit dem Vetturino Christoforetti ab ...“

Im November 1810, schon in Kopenhagen, erhielt Konstanze von ihrem Sohn die Nachricht, daß das Instrument wohlbehalten angekommen wäre. Er betrachtete es zeitlebens als seinen wertvollsten Besitz. Nach seinem Tode vererbte er es nebst einigen Noten seines Vaters und einem ansehnlichen Geldbetrag der Stiftung Mozarteum in Salzburg.

Die Stiefel von Olgas Vater

Der Wiener Kongreß hatte unter anderem auch um eine Lösung der polnischen Frage gerungen. Die getroffene Entscheidung war jedoch höchst unglücklich und barg neuen Zündstoff. Das Königreich Polen wurde nämlich von der Landkarte gelöscht und unter den Monarchen Preußens, Österreichs und Rußlands aufgeteilt. Krakau und sein „Wawel", die stolze Burg mit den Gräbern der polnischen Könige, wurde zum Freistaat erklärt und unter die Patronanz der vorgenannten Herrscher gestellt. Österreich trat das westgalizische Land zwischen den Flüssen Bug und Pilica an Zar Alexander I. ab, behielt aber Lemberg und den Tarnopoler Kreis.

Wahrscheinlich hatten die Habsburger mehr Gefühl für den verletzten Stolz der Polen als die anderen Besatzer. Im Wawel waren einige österreichische Erzherzoginnen Königinnen geworden und hatten polnische Herrscher geboren. Und schließlich war es doch Polens König Johann Sobieski gewesen, der mit seinem Heer 1683 die Kaiserstadt Wien aus Türkennot befreit hatte. Die Beute aus jener Zeit, die Prunkzelte des Großwesirs Kara Mustafa, füllen noch heute mehrere Räume des Museums in der Burg von Krakau.

In der Krypta der Wawelkathedrale liegt neben mancher Habsburgerin auch der eigenwillige Nationalheld Tadeus Kosciuszko. Er kämpfte mit dem Geld des französischen „Figaroautors" Beaumarchais für die Unabhängigkeit Amerikas, bevor er zum Freiheitskrieg Polens gegen Russen und Preußen aufrief. Die Habsburger waren ihm, und wohl auch den anderen Nachfahren Sobieskis, weniger suspekt. Vielleicht hatte das hauptsächlich religiöse Gründe. Wer die Inbrunst erlebt, mit der beispielsweise vor den Apostelfiguren des Veit-Stoß-Altares oder in den Maiandachten der Krakauer Marienkirche gebetet wird, bekommt einen Eindruck von der Tiefe katholischen Glaubens in Polen. Der Türmer von Sankt Marien bläst noch heute jede Stunde ein Lied zu Ehren der Gottesmutter weit ins Land.

Die Hohenzollern waren protestantisch und die russischen Zaren orthodox. Sie konnten in diesem Umfeld einfach nicht warm werden und die Menschen des Landes nicht mit ihnen. In Lemberg war die Situation sehr ähnlich wie in Krakau. Dort stellten zwar die Ruthenier den Großteil der Bevölkerung und sie erregten sich oft über die Bevorzugung der Polen in ihrer Stadt.

Die Habsburger aber verstanden es trotz der Gegensätze, die katholische Seele des Landes in ihrem Sinne zu nutzen. Den Juden in Galizien und den anderen Volksgruppen ließen sie ihre Eigenheiten.

Dieser Schmelztiegel verschiedener Kulturen hätte eigentlich ein ideales Umfeld für das künstlerische Schaffen Franz Xaver Wolfgang Mozarts sein müssen. Aber obwohl Lemberg als Hauptstadt Galiziens dem fernen Wien in vielem nacheiferte, beklagte der Musiker oft den provinziellen Charakter der östlichen Metropole. Der örtliche Adel ließ zwar seine Kinder musikalisch ausbilden, was ja schließlich die Grundlage der gesicherten Existenz Mozarts war. Der Umgang in den Palais seiner Dienstherrn, vor allem aber das geringe Talent der meisten seiner Schüler begann ihn aber bald zu langweilen. Die Stellung beim kaiserlich-königlichen Kämmerer Janiszewski gab er deshalb schon nach 18 Monaten auf. Von da an betätigte er sich als freischaffender Künstler und selbständiger Klavierlehrer. Harmlose Liebeleien, wie mit Henriette Bawarowsky und anderen Komtessen, brachten zwar etwas Abwechslung in seinen Alltag, trotzdem fehlte ihm aber die künstlerische Anregung. Lemberg war eben doch nicht Prag oder Salzburg und schon gar nicht Wien. Nicht einmal Notenpapier konnte er dort in genügender Menge auftreiben. Er mußte sich zur Beschaffung seiner Utensilien immer mit dem Leipziger Verlag Breitkopf u. Härtel in Verbindung setzen.

Als er manchmal zu wenig Muße zum Komponieren fand, weil er an allen möglichen Vergnügungen der Adelsfamilien teilnehmen mußte, schämte er sich fast dafür. Man hatte ihm von seinem Vater erzählt, daß dieser manchmal nächtelang durchgearbeitet hatte. Und er vergeudete seine Zeit mit langweiligen Polonaisen an der Hand hochnäsiger Baroninnen und ihrer meist reizlosen Töchter. Vielleicht inspirierte ihn aber gerade die Stimmung solcher Abende zu einigen Kompositionen. Eine Reihe seiner Werke für Klavier nannte er nämlich „Polonaises mélancoliques".

Wie in seiner frühesten Jugend, als ihn seine Mutter in den Wiener Salons vorstellte, war er auch auf den meisten Lemberger Soirees froh, dem Gesellschaftstratsch durch Flucht ans Pianoforte zu entkommen.

Seine bescheidene Art, die angenehme Erscheinung und vor allem sein seelenvolles Klavierspiel machten ihn zu einem beliebten Gast in vornehmen Kreisen. Er hatte keinen Mangel an Schülern, denn die Czartoryskis, die Poniatowskys und andere Adelige waren stolz darauf, sich für ihre Kinder einen so kultivierten Lehrer zu leisten.

Eine richtige Pflegestätte für Musik war in Lemberg aber nur das Haus des Gubernialrates von Baroni-Cavalcabo. Dessen viel jüngere Gattin und die recht begabte kleine Tochter Julie unterrichtete der junge Mozart nicht nur im Klavierspiel, sondern auch in Kompositi-on. Unter „Gubernialrat" verstand man damals einen Inhaber diver-ser Regierungsfunktionen. Frau Josephine von Baroni-Cavalcabo war eine geborene Gräfin Castiglioni, stammte also aus einem italieni-schen Adelsgeschlecht. Sie war die eigentliche Seele des Hauses und für die meisten kulturellen Aktivitäten verantwortlich. Dunkelhaarig und von feingliedriger Gestalt, unterschied sie sich sehr von den meisten Lembergerinnen der Gesellschaft. An denen hätte wahr-scheinlich Peter Paul Rubens seine Freude gehabt, denn sie waren meist blond, von grober Statur und mit gewaltigen Formen ausgestattet.

Josephine wirkte dagegen fast wie die ältere Schwester ihrer Tochter, und Franz Xaver Wolfgang fühlte sich sehr zu ihr hingezogen. Jedenfalls hat sie ihn außerordentlich inspiriert.

Plötzlich waren nämlich die musikalischen Einfälle wieder da, auf die er so lange gewartet hatte. Zwischen 1813 und 1817 hatte er seine fruchtbarste Phase als Komponist. In dieser Zeit schrieb er eine dem Fürsten Kurakin gewidmete Harmoniemusik für Flöte und zwei Hörner, Phantasien und Variationen über russische und polnische Themen, deutsche Lieder mit Klavierbegleitung und schließlich als Opus 25 sein 2. Klavierkonzert in Es-Dur.

Als Konzertpianist hatte er anläßlich des Lemberg-Besuches der Königin Karoline von Sizilien einen berauschenden Erfolg. Endlich hielt er sich für einen würdigen Sohn seines Vaters. Jubel herrschte im Konzertsaal, nicht nur nach dessen Werken, sondern auch nach seinen eigenen.

Im Überschwang der Gefühle nannte er sich von da an auch Amadeus. Wolfgang Amadeus Mozart-Sohn wollte er künftig heißen, und sein Ruhm würde bald über Lemberg und sogar über die Monarchie hinausreichen – wie der seines Vaters.

Bald aber kam die totale Ernüchterung! Schon seit einiger Zeit hatte er eine gewisse Zurückhaltung in der Korrespondenz mit seinem Verlag festgestellt. In seiner beginnenden Euphorie maß er dem jedoch kaum Bedeutung bei. Nun – im Jahre 1817 – lehnte Breitkopf und Härtel alle von ihm angebotenen neuen Kompositionen ab! Er war wie vor den Kopf geschlagen! Auch Josephine Baroni-Cavalcabo konnte ihm nicht aus seiner Enttäuschung heraushelfen. Der bedeutendste deutsche Musikverlag hatte seine Werke zurückgewiesen! Er fühlte sich leer und ausgebrannt – als Komponist kläglich gescheitert und als Mensch enttäuscht.

In trostloser Melancholie schlich er an einem Novembertag, der genauso trüb war wie seine Stimmung, durch die Straßen Lembergs.

Es begann schon zu dämmern, und nur wenige Menschen waren unterwegs. Vorbei an Rathaus, erzbischöflichem Palais und Dom ging er in die engen Gäßchen der Altstadt. Er wollte niemanden sehen aus den Palais der Adeligen, wo er sonst unterrichtete oder konzertierte. Selbst vor Josephine schämte er sich, obwohl er dort am ehesten Trost gefunden hätte. Das Verhältnis mit ihr verunsicherte ihn in zunehmendem Maße. Schließlich war sie verheiratet und ihr Gatte ein sehr einflußreicher Mann. Wolfgang wagte es nicht, aus der Freundschaft eine Liebesbeziehung zu machen, litt darunter aber sehr.

„Vielleicht ist das auch besser so, denn zwischen uns steht ja, wie damals bei Henriette, ein Klassenunterschied! Und als armer, verkrachter Komponist kann ich den niemals überbrücken", sprach er laut zu sich selbst, als er gerade an einem Hauseingang vorbeiging. Er hatte die junge Dame gar nicht gesehen, die da in der offenen Tür stand.

„Haben der Herr mich gemeint?" fragte sie und strahlte ihn mit ihren tiefblauen Augen freundlich an. Erschrocken blickte er zur Seite und wollte mürrisch verneinen. Da aber bemerkte er ihren liebevollen Blick und konnte gar nicht anders als zurücklächeln.

„Nein, nein, ich habe wohl mit mir selbst gesprochen", meinte der Musiker und wollte schon weitergehen.

„Besonders schöne Geschichten sind es aber sicher nicht gewesen, die Ihr Euch da erzählt habt. Mit solch finsterer Miene!"

Jetzt mußte Wolfgang doch wieder etwas schmunzeln. „In der Tat bewegen mich keine sehr erfreulichen Gedanken."

„Dann trinkt doch einfach eine Tasse Tee mit mir", sagte sie unbekümmert, „das wärmt und vertreibt die Sorgen. Gleich um die Ecke ist eine kleine Teestube."

Er zögerte noch etwas, doch dann siegte der natürliche Liebreiz dieses Mädchens. „Abgemacht", stimmte er schließlich zu, „man nennt mich übrigens Wolfgang Amadeus."

„Das ist aber ein wohlklingender Name. Ich heiße Olga Josephina", sagte sie und nahm ohne Scheu seinen Arm. „Meine Freunde sagen einfach Olga zu mir, aber eigentlich habe ich meinen zweiten Namen viel lieber."

In dem Lokal schien sie gut bekannt zu sein. Viele junge Leute grüßten freundlich. Sie tranken Grog, Punsch oder nur ganz einfach Tee aus einem Samowar. Es war mittlerweile finster geworden, und die Kellnerin hatte Kerzen auf den Tisch gestellt.

„Hier verkehren hauptsächlich Studenten und kleine Gewerbetreibende. Bevor sie nach Hause gehen, wärmen sie sich etwas auf und tauschen die letzten Neuigkeiten aus. Man fühlt sich manchmal wie in einer großen Familie. Und da ich fast immer allein bin, gehe ich gerne hierher. Man kennt sich, und deshalb ist es auch nicht anstößig, wenn ich als Mädchen ohne Begleitung hierher komme."

Wolfgang genoß seinen heißen Tee, die gemütliche Atmosphäre und Olgas erfrischende Natürlichkeit. Langsam begann er seinen Kummer zu vergessen. Sie erzählte ihm, daß ihre Mutter schon lange verstorben wäre, der Vater einen kleinen Schusterladen betreibe und sie ihm den Haushalt führe. Verliebt sei sie mit ihren achtzehn Jahren schon zweimal gewesen, aber sie habe den Wenzel und auch den Ljubomir hinausgeworfen, als die zudringlich geworden waren. Wollte sie mit dieser doch sehr intimen Aussage die Verhältnisse von vornherein klarstellen? Die Bestätigung kam sofort.

„Ich möchte mich doch aufbewahren für den Richtigen, wenn der irgendwann einmal kommt. Nun wäre es aber schön, wenn auch Ihr mir etwas über Euch erzählen würdet."

„Verzeiht mir! Ich genieße es einfach, Euch zuzuhören. Vor einer Stunde war ich noch ziemlich verzweifelt, und durch Euch finde ich mein Leben plötzlich wieder lebenswert."

Wolfgang konnte seinen Blick gar nicht von Olga wenden. Ihr langes, blondes Haar schimmerte im Kerzenlicht, aus dem feingeschnittenen Gesicht mit dem Stupsnäschen blitzte der Schalk, und unter dem leinenen Mieder deuteten sich Formen an, die Wenzels und Ljubomirs Versuche verständlich machten. Verglich er ihre natürliche Unbekümmertheit mit dem gespreizten Getue der Baronessen und Comtessen, mit denen er sonst meist verkehrte, wurde ihm richtig warm ums Herz. Er erzählte ihr von seinem Kummer. Davon, daß er als Sohn eines weltberühmten Vaters zu dauerndem Erfolg verdammt sei, aber als Komponist immer wieder schwere Rückschläge erleide. Gerade habe er begonnen, an sich zu glauben und sich deshalb auch wie sein Vater „Amadeus" genannt. Da kam die niederschmetternde Nachricht von der Ablehnung seiner letzten und – wie er meinte – besten Werke durch den Verlag.

Olga hatte den Namen Wolfgang Amadeus Mozart vorher noch nie gehört. Rein instinktiv gab sie aber dem Sohn dieses berühmten Mannes den richtigen Rat:

„Gibt es irgendetwas, das Ihr genauso gut könnt wie Euer Vater?" fragte sie nach einer Weile.

„Höchstens Klavierspielen", sagte Wolfgang.

„Dann solltet Ihr nie mehr etwas anderes tun als das. Mein Vater hat sich vor zwei Jahren auch ganz auf Stiefeln konzentriert, denn er macht die besten der Stadt. Früher hatte er viele Wettbewerber, heute ist er in seinem Fach konkurrenzlos."

Wenn Wolfgang Amadeus-Sohn in späteren Jahren auf dem Konzertpodium Erfolg hatte, mußte er oft an die Stiefel von Olgas Vater denken. Der Entschluß, sich zukünftig nur noch als Pianist und höchstens noch gelegentlich als Dirigent zu betätigen, dürfte auf jenen Abend in der Teestube zurückgehen. Jedenfalls sind kaum noch Kompositionen von ihm aus späteren Jahren bekannt.

Am 17. Dezember 1818 verabschiedete er sich mit einem Konzert im Redoutensaal von seinen Freunden und vom Lemberger Publikum. Er spielte neben Werken seines Vaters sein 2. Klavierkonzert. Melancholisch und leidenschaftlich wie sein Schöpfer sei es gewesen, meinten die örtlichen Kritiker.

Die Wiener „Allgemeine musikalische Zeitung" schrieb weniger wohlwollend: „Es mag, näher betrachtet, seine Vorzüge haben, aber es ließ kalt."

Immerhin erbrachte das Konzert den beachtlichen Reingewinn von 1.700 Gulden. Sie dienten als Finanzierungshilfe für eine große Konzertreise, die Wolfgang Amadeus Mozart-Sohn für beinahe drei Jahre durch halb Europa führen sollte.

Josephine und die kleine Julie von Baroni-Cavalcabo genossen das Konzert neben anderen hochgestellten Persönlichkeiten auf den Ehrenplätzen im Redoutensaal. Sie freuten sich über den Erfolg ihres Lehrers, dem sie ein Leben lang verbunden bleiben würden. Im Gegensatz zum Wiener Kritiker ließ sie auch das Es-Dur-Konzert nicht kalt.

In der letzten Reihe aber saß mit glänzenden Augen und hochroten Wangen ein blondes Mädchen, das es überhaupt nicht für möglich hielt, daß ein Mensch einem Klimperkasten derartige Musik entlocken konnte. Sie war stolz auf ihren neuen Freund und liebte ihn mittlerweile von Herzen. Die beiden sahen sich bis zur Abreise Wolfgangs fast täglich in der Teestube und auch anderswo. Inwieweit er dabei immer an die Erfahrungen Ljubomirs und Wenzels gedacht hat, darüber schweigt die Chronik.

Die Tournee nach Rußland

Es war nicht einfach in diesen Zeiten, ausgedehnte Konzertreisen zu unternehmen. Schon gar nicht in den Gegenden, die sich Wolfgang Amadeus Mozart-Sohn zunächst für seine Tournee ausgesucht hatte. Während in den meisten Ländern der Monarchie das Fürstenhaus derer von Thurn und Taxis längst ein dichtes Netz von Postverbindungen aufgebaut hatte, war dieses in Galizien noch recht dürftig. Die totale Veränderung der territorialen Verhältnisse in der napoleonischen Zeit hatte das Postwesen weit zurückgeworfen.

Nordöstlich von Lemberg gab es kaum reguläre Verbindungen. Es war schon schwer genug, Briefe in die Ukraine oder gar nach Moskau zu transportieren, geschweige denn Menschen mit einigem Gepäck. Die mußten einfach geduldig auf günstige Gelegenheiten warten. Manche Adelige schickten zum Beispiel öfter Kutschen in ihre entlegenen Güter, oder Kaufleute stellten Transportzüge für Handelsware zusammen. Mit etwas Glück konnte man dann eben auch ein Plätzchen zur Mitfahrt ergattern. Einen besonders regen Verkehr unterhielten überall die Metzger, denn die waren ja darauf angewiesen, ihre leicht verderblichen Güter möglichst schnell zu transportieren. Deren Strecken waren aber naturgemäß meist ziemlich kurz. Und ob es besonders angenehm war, zwischen Schweinehälften, Kalbsköpfen und allerlei Innereien zu reisen, sei dahingestellt.

Wolfgang Mozart hätte sicher manchmal gerne auf solche Umstände verzichtet, aber er mußte einfach jede Reisemöglichkeit wahrnehmen. Feste Taxen für die Beförderung gab es noch nicht, und so wurde mit den Metzgern genauso um den Fahrpreis gefeilscht wie mit den Postmeistern auf offiziellen Kursen. Die bezogen nämlich keine feste Besoldung, sondern durften statt dessen die Einnahmen aus der Personenbeförderung für sich behalten.

Recht angenehm gestaltete sich die Reise, wenn die Schneelage die Fahrt mit Schlitten erlaubte. Das war aber durch den milden Winter des Jahres 1819 nur auf verhältnismäßig kurzen Strecken der Fall.

Durchgeschüttelt, verstaubt und erschöpft, landete der österreichische Musiker schließlich an seinem ersten Ziel. Auf Vermittlung der Familie von Baroni-Cavalcabo sollte er auf dem Landsitz eines ukrainischen Fürsten vor einem erlesenen privaten Kreis konzertieren.

In dieser grenznahen Gegend, etwa auf halbem Weg zwischen Lemberg und Kiew, lagen große Wegstrecken zwischen den einzelnen Anwesen und natürlich noch größere zu den nächsten Städten. So waren die vermögenden Herrschaften hinsichtlich ihrer kulturellen Bedürfnisse auf Selbsthilfe angewiesen. Aus der Korrespondenz mit Josephine von Baroni-Cavalcabo kannte die Fürstin die Reisepläne Mozarts nach Rußland und wollte die Gelegenheit zu einem Konzert in ihrem Schlößchen nutzen.

Es gab ja in dieser Zeit noch keine Konzertagenturen oder ähnliche Einrichtungen, sondern man war auf private Initiative angewiesen. Normalerweise mußten sich die Künstler die benötigten Musiker samt Instrumenten oder auch Gesangskräfte selbst organisieren und geeignete Lokalitäten für die Auftritte ausfindig machen. Oft brauchte man auch Bewilligungen lokaler Behörden, manchmal sogar des Hofes. So war es natürlich höchst vorteilhaft, wenn einflußreiche Menschen bei den Vorbereitungen mithalfen.

In der Ukraine fand Wolfgang diesbezüglich ideale Voraussetzungen vor. Natascha, die Tochter des Hauses, sollte einen Teil des Abends mitgestalten, und so gab sich ihre Mutter bei der Organisation besondere Mühe. Die kleine Geigerin zerstreute die künstlerischen Bedenken des Gastes schon bei den Proben. Er hatte einiges Notenmaterial für Violine und Klavier mitgebracht, darunter die sechs Variationen seines Vaters über das Lied „Hélas, j'ai perdu mon amant" (KV 360). Die spielte sie schon beim ersten Versuch fast fehlerlos vom Blatt. Es machte ihm zunehmenden Spaß, mit dem Mädchen zu musizieren, und so übten sie zusätzlich noch die Sonate in e-Moll (KV 304). Das Werk, oder zumindest ein Satz daraus, sollte eventuell als Zugabe gespielt werden.

Dann war endlich der große Tag gekommen. Schon im Verlaufe des Nachmittags trafen immer wieder Pferdeschlitten aus der ganzen

Gegend ein, und die hohen Herrschaften ergingen sich in den Räumlichkeiten des Schlosses. Die rührige Fürstin hatte wirklich an alles gedacht. In den offenen Kaminen verbreiteten knisternde Feuer angenehme Wärme, und die großen Vasen waren mit Tannengrün und Mispelzweigen gefüllt. Liebevoll auf schönen Tellern oder in silbernen Schalen angerichtet, standen überall kleine Leckereien bereit.

Große achtflammige Kerzenleuchter erzeugten im Festsaal des Schlosses ein warmes Licht, das von den unzähligen Spiegeln in angenehmer Weise reflektiert wurde. Erwartungsvolle Spannung hatte die festlich gekleideten Menschen erfaßt, als die Solisten des Abends den Saal betraten. Die fünfzehnjährige dunkelblonde Natascha in einem roten Samtkleid mit Spitzenbesatz, der Pianist in dezentem Schwarz mit weißem Jabot. Als das Mädchen die Geige ansetzte, war ein leichtes Zittern der Hände nicht zu übersehen. Dann spielte sie aber fehlerlos und sauber. Die gefühlvolle Begleitung durch Wolfgang Amadeus wirkte sehr beruhigend auf sie.

Das Publikum war begeistert und erklatschte sich als Zugabe noch die komplette e-Moll-Sonate. In der Pause konnte das Mädchen dann erleichtert Limonade schlürfen, denn den zweiten Teil des Programms wollte Mozarts Sohn mit eigenen Werken allein bestreiten. Er spielte seine Variationen über polnische und russische Themen. Es war ein Teil der Werke, die Breitkopf und Härtel abgelehnt hatten. Der Beifall des erlesenen Publikums tat seiner verwundeten Seele gut. Und als er dann als letzte Zugabe frei über die Kavatine des „Figaro" phantasierte, nahm der Jubel im verschneiten Osten Europas fast südländisches Format an. Das Konzert wurde ein großer Erfolg. Natürlich standen die kleine Natascha und der Gast aus Lemberg den ganzen Abend im Mittelpunkt.

Die Tische bogen sich, und es gab auch erlesene Getränke. Das Fürstenpaar war stolz auf seine Tochter und natürlich auch darauf, daß es ihm gelungen war, einen Musiker mit so berühmtem Namen zu engagieren. In diesen Kreisen war Mozart natürlich auch in der Ukraine ein Begriff. Man wunderte sich lediglich, daß dessen Sohn nun nicht in Wien oder Salzburg, sondern in Lemberg ansässig war.

„Da steckt bestimmt eine geheimnisvolle Liebschaft dahinter", flüsterte die Gattin des Fürsten Wasilij Gregori ihrem Gemahl zu. Dessen Nase hatte sich nach dem achten Gläschen Krimsekt bereits leicht gerötet.

„Solange die galizischen Schönheiten ihn nicht vom Musizieren abhalten, kann uns das doch egal sein. Wenn er aber jetzt schon im Zarenreich ist, könnte er ja auch bei uns einen Klavierabend geben."

Fürst Wasilij besaß große Ländereien in der Nähe von Schitomir und wollte sich ebenfalls als Kunstmäzen profilieren.

„Daran hätte ich auch längst schon gedacht", meinte Baron Fedorowitsch Grissin, der mit seiner Tochter aus Kiew gekommen war und somit den längsten Weg auf sich genommen hatte.

„Leider ist mir aber kurz vor meiner Abreise ein Ukas des Zaren zu Ohren gekommen, der das verbietet. Wegen des Todes seiner Mutter hat Alexander I. eine viermonatige Hoftrauer angeordnet. In dieser Zeit haben sämtliche öffentlichen und privaten Veranstaltungen, also auch Konzerte, zu unterbleiben."

Wolfgang Amadeus war gerade mit einem Glas in der Hand zu dieser Gruppe getreten und hatte den letzten Satz des Barons noch gehört. Er war ganz blaß geworden. Vorsichtig fragte er noch einmal nach, aber er hatte sich nicht verhört. Vier Monate keine Konzerte mehr im Zarenreich! All seine Vorbereitungen, die unzähligen Briefe, alles umsonst. Als sich die Situation herumsprach, bedauerte man Mozarts Mißgeschick mehr als den Tod der Zarenmutter, denn die war schon sehr alt und auch nicht besonders beliebt gewesen.

Es gab für Wolfgang Amadeus nur eine Entscheidung: zurück nach Lemberg und Neuorganisation der Reise in eine andere Richtung.

500 Kilometer hin und her, in schlechten Fahrzeugen und auf miserablen Straßen, für ein einziges Konzert!

Bei all dem Unglück hatte die Sache aber auch ein Gutes. Er würde Olga wiedersehen, und die Vorfreude darauf gab ihm neue Zuversicht.

Am nächsten Morgen zeigte sich die Landschaft mit frischem Schnee. Das makellose Weiß hob die vorher doch eher deprimierte Stimmung Wolfgangs. Er spielte zum Abschied – nur für das Fürstenpaar – gemeinsam mit Natascha noch einmal die e-Moll-Sonate. Als Dank dafür stellte ihm der Hausherr neben einem großzügigen Honorar auch für einen guten Teil des Rückweges seinen Schlitten mit Kutscher und zwei feurigen Rappen zur Verfügung. Mit fröhlichem Geklingel der am Zaumzeug der Pferde angebrachten kleinen Glöckchen ging es dann in schneller Fahrt durch die tief verschneite, überwiegend ebene Landschaft zurück in Richtung Lemberg.

Wolfgang Amadeus hatte nun viel Zeit, um in Ruhe einen neuen Plan zu überlegen. Vom Zarenreich hatte er zunächst genug. So beschloß er, statt nach Osten eine Reise in den Nordwesten vorzubereiten.

Über Lublin und Warschau wollte er nach Ostpreußen fahren und schließlich von der Hansestadt Danzig aus die Schiffsfahrt über die Ostsee nach Dänemark wagen. Nach elf Jahren würde es in deren neuem Land ein Wiedersehen mit Mutter und Stiefvater geben! Er freute sich darauf, obwohl er nicht genau wußte, wie sie auf seinen schweren Rückschlag als Komponist reagieren würden.

Je länger die Fahrt mit den unterschiedlichsten Fuhrwerken dauerte, desto froher wurde er über den erzwungenen Abbruch seiner Rußlandreise. Er hatte noch nicht einmal ein Fünftel des ursprünglich vorgesehenen Weges zurückgelegt und fühlte sich jetzt schon wie gerädert. Nun hoffte er auf bessere Verkehrsverhältnisse im Norden. Vor allem aber konnte er das Wiedersehen mit Olga kaum erwarten.

Die glaubte einen Geist vor sich zu sehen, als sie eines Abends in die Teestube trat. Dann tat sie einen lauten Schrei und flog in seine Arme. Ihre Küsse waren innig und verlangend, und man darf ruhig darüber rätseln, ob sie vielleicht in dieser Nacht ihren Prinzipien untreu geworden ist. Möglicherweise war sie ja in den zurückliegenden Wochen der Einsamkeit zur Überzeugung gelangt, daß er doch für sie der Richtige wäre. Und dann hatte sie sich lange genug aufbewahrt!

Ostpreußen – Zufluchtsland der Salzburger

Mit jedem Abend, den er an der Seite Olgas verbringen durfte, mit jedem ihrer zärtlichen Liebesbeweise freute er sich mehr über den Abbruch seiner Konzertreise.

Nun mußte er zwar viel korrespondieren, denn für neue Arrangements war er wieder auf die Fürsprache hoher Herrschaften angewiesen.

Aber mit der Zeit spürte er eine ganz neue Resonanz auf seine Anfragen. In Rußland und auch im russischen Teil Polens hatten Fürsten, Barone und das reiche Bürgertum die Gelegenheit eines Konzertes ausschließlich zur Repräsentation nutzen wollen. In vielen Briefen aus den Provinzen Ostpreußens, aus Masuren oder dem Samland, spürte er aber sofort ein verblüffendes Interesse an seiner Person. Der Name Mozart war fast überall ein Begriff. In einem Brief hieß es: „Wir freuen uns ganz besonders, den Sohn unseres berühmten Salzburger Landsmannes begrüßen zu dürfen. Es wird wie vor der Vertreibung sein! So, als hätte sich die Burg Königsberg plötzlich in die Festung Hohensalzburg verwandelt." Dieses Schreiben war vom Beamten Georg Rottenberger gekommen. Den hatte Freiherr von Plotho mit der Organisation eines Konzertes in seinem Gut beauftragt. Der Vater des Gutsherrn war seinerzeit als preußischer Abgesandter in Salzburg tätig gewesen, um die recht komplizierten Vermögensverhältnisse der nach Ostpreußen emigrierten Protestanten zu regeln.

Wolfgang Amadeus hörte von diesen Ereignissen zum erstenmal. Er war ja erst 60 Jahre nach der Vertreibung geboren, und das nicht einmal in Salzburg, sondern in Wien, wo die Lutherischen kaum eine Rolle spielten. Als aber in vielen Briefen, nicht nur aus Königsberg, sondern auch aus Allenstein, aus Elbing und aus Frauenburg immer wieder Hinweise auf Salzburger Vergangenheit zu lesen waren, begann er nachzuforschen.

In der Lemberger Universitätsbibliothek fand er schließlich einen Folianten, in dem mit akribischer Genauigkeit das Schicksal evangelischer Untertanen des Salzburger Erzbischofs Leopold Anton von

Firmian geschrieben stand. Er staunte, was in der Heimat seines Vaters alles passiert war, und berichtete Olga abends ganz aufgeregt: „Stell Dir vor, ich werde in Preußen eine ganze Menge früherer Landsleute meines Vaters treffen. Vor etwa achtzig Jahren mußten alle Menschen, die sich zum lutherischen Glauben bekannten, Salzburg verlassen.

König Friedrich Wilhelm I. von Preußen hat sie dann gerne aufgenommen, weil große Teile seines Landes durch die Pest entvölkert waren. Von diesen Menschen lebt jetzt natürlich niemand mehr, aber deren Kinder und Enkelkinder haben sich die Erinnerung an Salzburg bewahrt. Ich werde mich unter ihnen wie zu Hause fühlen."

„Hoffentlich machen sie Dich nicht auch zum Lutheraner. Ich möchte doch so gern hier im Dom heiraten", setzte sie ganz leise hinzu und wurde dabei rot wie eine Himbeere. Jetzt hatte sie sich dazu hinreißen lassen, ihren heimlichen Wunsch auszusprechen, und schämte sich ein wenig dafür! Andererseits mußte sie ja endlich etwas Druck auf den Mann ausüben, dem sie geschenkt hatte, was ein junges Mädchen als größten Schatz besitzt. Wolfgang nahm seine Freundin zärtlich in den Arm, denn er wußte im Augenblick nichts zu erwidern.

Ans Heiraten hatte er noch überhaupt nicht gedacht, aber so ganz unangenehm war ihm der Gedanke auch nicht. Zuerst aber mußte er sich eine solidere finanzielle Basis schaffen. Dazu sollte die Konzertreise dienen. Das setzte er dann seiner Olga auseinander, und sie zeigte sich auch sehr verständig. Zur Bekräftigung versprach er ihr noch, ein Reisetagebuch zu führen. Allabendlich würde er seine Erlebnisse eintragen. Nach seiner Rückkehr sollte sie es dann erhalten und könnte sich so von seiner Treue überzeugen. Als sie ihn etwas ungläubig ansah, hob er zwei Finger und sagte: „Ich schwöre Dir hoch und heilig, dabei ganz ehrlich zu sein." Bald nach diesem Gespräch nahte die Stunde des Abschieds.

Im kleinen galizischen Dorf Lubicza, wo er in einem recht primitiven Gasthof die erste Nacht auf der Reise verbrachte, begann er sein Versprechen einzulösen. Es war ein lauer Maienabend des Jahres

1819. Rundherum grünte und blühte es, und auch die elenden Kutschen auf den holprigen Straßen hatten seine schwärmerische Stimmung nicht zu zerstören vermocht. Die romantischen Worte, die er dem Tagebuch anvertraute, waren von ungeduldiger Sehnsucht erfüllt.

Als später eine dralle Magd erschien, um ihm einen stärkenden Wodka auf den Tisch zu stellen, widerstand er der Versuchung einer Kontaktaufnahme. Er wandte den Blick zur Seite, obwohl ihm zwei kaum verhüllte galizische Äpfel entgegenlachten.

· Die junge Frau war ob solcher Mißachtung ihrer Reize fast beleidigt, denn von den örtlichen Bauern war sie anderes gewohnt.

Würde aber Wolfgang Amadeus über zwei Jahre solchen Anfechtungen standhalten können? Oder wird vielleicht sogar Olga in der gemütlichen Teestube einmal schwach werden? Nach zwei Tagen der Trennung konnte man darüber noch keine Vermutungen anstellen. Man mußte einfach abwarten.

In Lublin, etwa auf halbem Wege zwischen Lemberg und Warschau, ergab sich durch einen Zufall die Möglichkeit zu einem lukrativen zusätzlichen Konzert. Wolfgang hatte unterwegs einen polnischen Fürsten kennengelernt, und der fand schnell Gefallen an dem jungen Musiker. Eigentlich hätte er ja in seinem Schloß nur ein Frühlingsfest mit Tanz organisieren wollen. Aber nun, als Einlage, ein Klavierkonzert mit diesem Mozart wäre doch sicher eine besondere Attraktion. Ehrlich gesagt, hatte er sich den allerdings viel älter vorgestellt. Irgendjemand in Warschau hatte sogar unlängst erzählt, er wäre gestorben, aber niemand kenne sein Grab!

„Man kann wirklich nichts geben auf den Tratsch der Leute", murmelte der Fürst in seinen Bart.

„Wie belieben?" fragte Wolfgang Amadeus, und der polnische Adelige wurde recht verlegen.

„Ach, ich wunderte mich bloß über die Gerüchte, die manchmal verbreitet werden. Hat mir doch unlängst jemand in Warschau erzählt, der berühmte Mozart wäre längst tot, und nun sitzt Ihr mir gegenüber. In Fleisch und Blut!"

„Wenn von einem berühmten Mozart die Rede war, hat man sicher meinen Vater gemeint, und der ist tatsächlich seit beinahe 28 Jahren tot", sagte der Musiker bescheiden. Etwas selbstbewußter setzte er hinzu: „Aber auch ich bin ein guter Klavierspieler und werde Euren Ansprüchen bestimmt genügen."

Der skeptische Blick des polnischen Fürsten schien diese Aussage etwas in Zweifel zu ziehen, aber er konnte nun ja nicht mehr zurück. Deshalb schlug er dem jungen Mann so kräftig auf die Schulter, daß der erschrocken zusammenzuckte, und sagte lachend:

„Mozart bleibt Mozart! Die meisten Fürsten, Barone und Grafen hier sind sowieso nicht besonders musikalisch. Die merken den kleinen Trick dann genauso wenig wie ich. Und den Weibern ist ein fescher, junger Mozart sicher lieber als ein verknöcherter alter."

Wolfgang Amadeus wußte nicht genau, ob er sich über diese Wendung freuen oder ärgern sollte. Einerseits kam ihm das Konzert als zusätzliche Einnahme sehr gelegen. Andererseits wollte er aber nicht, daß man das Publikum täuschte.

Sei es wie es sei. Das Konzert wurde genauso ein Erfolg wie ein paar Tage später das lang vorbereitete in Warschau. Es stellte sich aber heraus, daß der polnische Fürst die Bildung seiner Landsleute stark unterschätzt hatte. Kaum jemand hielt den achtundzwanzigjährigen Pianisten für Wolfgang Amadeus Mozart-Vater. Man freute sich lediglich, daß der Sohn ein ebenso guter Klavierspieler war wie jener.

Die kleine Episode zeigte, daß es vielleicht doch kein so glücklicher Gedanke gewesen war, auf seine beiden ersten Vornamen Franz Xaver zu verzichten und sich – wie sein Vater – nur noch Wolfgang Amadeus zu nennen. Er blieb aber trotzdem dabei und trat auch künftig nur noch als Wolfgang Amadeus Mozart-Sohn auf.

Die Konzerte und die positive Resonanz darauf beim Publikum machten ihm viel Freude. Schwierigkeiten bereitete lediglich eine hartnäckige Entzündung seiner Augen, die er sich auf der Reise zugezogen hatte. Während er in einer zugigen Postkutsche bei Niszow die Weichsel überquerte, gab es einen dramatischen Wettersturz. Regengüsse, begleitet von heftigen Stürmen, die Sand aus dem

Küstenbereich mitführten, lösten das prächtige Frühlingswetter ab. Nicht nur die Baumblüte war in Mitleidenschaft gezogen worden, sondern auch die Gesundheit der Passagiere.

Zum Glück spielte Wolfgang die gesamten Konzertprogramme auswendig. Die schmerzenden Augen waren zwar unangenehm, beeinflußten aber kaum sein perfektes Spiel.

Nachdem er Warschau hinter sich gelassen hatte, konzentrierte er sich mehr und mehr auf Ostpreußen, die neue Heimat vieler Salzburger. Er hatte in letzter Zeit wirklich viel darüber gelesen. Nun konnte er es kaum mehr erwarten, das Land des Bernsteins, der unendlich vielen Seen und der bis zu den Ufern reichenden Kiefern- und Birkenwälder zu sehen. Er freute sich vor allem auf Königsberg. Die Hochmeister des deutschen Ritterordens, Herzöge und preußische Könige haben dort geherrscht. Auch jetzt war es wieder Haupt- und Residenzstadt. Friedrich Wilhelm III. war zwar mit Königin Luise vor Napoleon nach Memel geflohen, mittlerweile aber längst wieder zurückgekehrt.

Man schätzte ihn als pflichtgetreu, sittenstreng und sparsam. Politisch war er eher unentschlossen. Da aber an seinem Hofe Wissenschaften und Künste hoch geschätzt wurden, hoffte natürlich auch Mozart auf die Unterstützung des Königs.

Die Stunden auf der langen Fahrt in den Norden vergingen viel schneller, seit er sich gedanklich intensiv mit dem Land beschäftigte. Zu gerne hätte er ja auch noch den Raum Trakehnen-Gumbinnen im Osten bereist, wo sich die berühmte Pferdezucht konzentrierte. Man hatte dort die riesigen, durch die Pest entvölkerten Flächen in idealer Weise genutzt. Die Tiere kannte man mittlerweile in ganz Europa. Seit mehr als dreißig Jahren brannte man jedem in Trakehnen geborenen Vollblüter die siebenendige Elch-Schaufel auf das rechte Hinterteil.

Neben dem Raum Königsberg hatten sich in Gumbinnen die meisten Salzburger niedergelassen. Vor allem das wäre natürlich einen Besuch wert gewesen. Wolfgangs Zeitplan hätte sich dadurch aber zu sehr verschoben, und so wählte er die kürzeste Route nach Königsberg.

Als er bei Plonsk die polnische Grenze überschritt, kam ihm das wie die Einfahrt ins Paradies vor. Das Land rundherum wurde immer schöner. Es gab teilweise sogar gepflasterte Straßen, und man kam durch sehenswerte Dörfer und Städtchen. In Allenstein gab er zwar kein Konzert, aber er übernachtete dort in einer blitzsauberen Herberge. Bevor er sich zu Tisch setzte, besichtigte er die im geschützten Bogen der Alle angelegte backsteinerne Burg. Nikolaus Kopernikus hatte als Landpropst dort gewohnt und vom mächtigen Turm aus seine ersten Himmelsbeobachtungen gemacht. Sie waren die Basis für die damals sensationelle Erkenntnis, daß sich die Erde um die Sonne dreht. Diese möglicherweise größte Entdeckung aller Zeiten hat er dann durch seine Arbeiten in Frauenburg bestätigt. Veröffentlicht wurde sie aber erst viel später, denn der geniale Ostpreuße fürchtete Sanktionen durch die Kirche. Sein „heliozentrisches Weltbild" paßte nicht zu den damals gültigen klerikalen Anschauungen.

Wolfgang Mozart saß bei einem Krug Bier im „Dorfkrug" von Allenstein und wartete auf sein Essen.

Der freundliche alte Herr, der ihm die Sehenswürdigkeiten der Kapitelburg, die hölzernen Wehrgänge, die mächtigen Gewölbe und die Burgkapelle, gezeigt hatte, war mit ihm gekommen. Er freute sich über das Interesse des jungen Mannes an seinem Land und konnte auch viel darüber erzählen. Bis vor kurzem war er nämlich Sekretär des Kapiteladministrators, also des höchsten Beamten in Allenstein, gewesen. Mozart war ihm kein Begriff, und so unterließ es Wolfgang Amadeus auch, seine Herkunft großartig zu erläutern. Er sagte lediglich, daß sein Vater gebürtiger Salzburger gewesen wäre und er sich deshalb hier auch für das Schicksal ehemaliger Landsleute interessiere. Salzburg war ein gutes Stichwort.

Der Alte, den die Wirtin Leo Balschukat genannt hatte, begann von der Tüchtigkeit und vom Fleiß der Leute aus den Alpen zu schwärmen. Von ihrer Kultur erzählte er, von ihren Volkstänzen und ihrer Anpassungsfähigkeit.

„Nur mit der Sprache hatten wir gegenseitig über lange Jahre Probleme, aber das hat sich nun auch langsam gegeben."

Wolfgang lächelte verständnisvoll, denn er mußte sich mächtig konzentrieren, um Herrn Balschukat überhaupt zu verstehen.

„Wir sprechen aber keinen Dialekt, sondern Hochdeutsch mit einer gewissen Lokalfärbung. Von all den Leuten, die über Jahrhunderte bei uns Zuflucht gefunden haben, sind ein paar Brocken hängengeblieben. Wir haben ja nicht nur die Salzburger bei uns aufgenommen, sondern vorher schon Niederländer, Schotten und vor allem auch Hugenotten. Für die wird bis heute in Königsberg jeden Sonntag eine französische Messe gelesen."

Man sah Leo Balschukat an, daß er stolz war auf die wahrhaft tolerante, europäische Gesinnung seiner Landsleute.

Wolfgang Amadeus gönnte ihm seinen Stolz und sagte:

„War es tatsächlich nur die Entvölkerung durch die Pest, die Raum für Fremde schuf? Oder ist es einfach der offene Charakter der Menschen, der Gäste sich so wohl fühlen läßt, daß sie am liebsten bleiben wollen?"

Der Beamte im Ruhestand lächelte geschmeichelt.

„Es gibt eigentlich wenig, das man über meine Landsleute nicht sagen könnte. Mein früherer Dienstherr, der Kapiteladministrator, hat sich einmal die Mühe gemacht, eine Liste mit typisch ostpreußischen Eigenschaften zusammenzustellen.

Bestimmt habe ich schon ein paar vergessen, aber einige kann ich schon noch nennen: genügsam, klug, sozial denkend, bescheiden, frech, verschwenderisch, dumm, einfach, bieder, unsozial, anmaßend, bildungshungrig, faul, genußsüchtig, trunkenboldig, nüchtern, rassig, ehrlich, treu, niemals zufrieden, ausdauernd. Sie sind gute Arbeitstiere mit meist allzu kräftigen Hinterteilen ..."

Während der Aufzählung all dieser „Tugenden" zwinkerte Leo manchmal ironisch und verschmitzt. Zum Glück trat endlich die Wirtin mit einem Tablett voller dampfender Schüsseln an den Tisch und unterbrach Leos Redeschwall. Ihre Kehrseite war eine hervorragende Illustration zur letzten Aussage des ehemaligen Sekretärs. Die Liste seines Dienstherrn war zwar noch längst nicht zu Ende, aber Wolfgang interessierten nun die Köstlichkeiten auf dem Tablett viel mehr.

„G'selchtes mit Kraut und Knödeln", seufzte er in wohliger Vorfreude, eigentlich mehr zu sich selbst. Er konnte sich vorstellen, daß
den Salzburgern solche Kost behagte. Die Wirtin verteilte alles auf
die Teller und sagte dazu:

„Rauchfleisch mit Kumst und Klößen gibt es heute. Wohl bekomm's!"
Sicher hatte sie Wolfgangs Bezeichnung für ihre Speisen gar nicht gehört.
Vielleicht dachte sie aber auch, er hätte ein Tischgebet gemurmelt.

Eine Weile kauten die beiden Männer schweigend, dann aber
wurde Wolfgang neugierig.

„Schmeckt wirklich köstlich, dieses Sauerkraut, aber ich habe nicht
verstanden, wie die Wirtin es nannte."

„Das ist kein gewöhnliches Sauerkraut, das ist Kumst, eine ostpreußische Spezialität. Eßt erst einmal fertig, dann rufe ich die Wirtin
und bitte sie, Euch das Geheimnis seiner Zubereitung zu verraten."

Bald war es soweit. Wolfgang nahm noch einen kräftigen Schluck
Bier, Herr Balschukat klatschte in die Hände und sagte, als die
Wirtin erschien: „Sagt doch diesem Herrn, wie der wunderbare
Kumst bei Euch bereitet wird."

„Ach Gottche", meinte die Angesprochene, „das ist doch nichts für
Fremde."

„Das ist kein Fremder, sein Vater ist Salzburger!"

„Erbarmung, ein Salzburger Herrche!"

Ein breites Grinsen legte sich nun über das derbe Gesicht der Frau
mit den hohen Backenknochen und dem gewaltigen Hinterteil. Sie
hatte mehrfach mit den Salzburgern beste Erfahrungen gemacht und
ließ sich deshalb auch zur Erklärung ihres „Betriebsgeheimnisses"
überreden. Warum dazu allerdings das Erbarmen des Herrn nötig
war, vermochte Wolfgang nicht zu begreifen. Erst später klärte ihn
Herr Balschukat auf: „Jeder gute Ostpreuße sagt täglich mindestens
dreißigmal ‚Erbarmung'. Das hat nichts mit besonderer Frömmigkeit
zu tun. Es ist einfach sein liebstes Wort, und er sagt es bei allen
möglichen und unmöglichen Gelegenheiten."

„Erbarmung", konnte der Musiker darauf nur sagen, und eigentlich
hatte er die auch nötig, als ihm die Wirtin hinter die Schliche des

Kumsts führte. Zum Glück hatte er ja aber seine Mahlzeit schon hinter sich.

Ein ganz spezielles Faß sollte es sein, in dem man fadenförmig geschnittene Kohlblätter legte. Dann müßte man mit nackten Füßen in das Faß steigen und eine halbe Stunde kräftig stampfen. Dann kämen wieder neue zerkleinerte Kohlblätter hinzu, und das nächste Familienmitglied müßte ins Faß. Großvater, Onkel, Tante und zum Schluß die Dienstmagd!

„Die hat nämlich so ein ganz besonderes Aroma an den Füßen", ergänzte der Sekretär Balschukat. Dabei grinste er so spitzbübisch, daß Wolfgang nicht genau wußte, was er von dieser zusätzlichen Erklärung halten sollte. Auch im Gesicht der Wirtin war nichts genaues zu lesen. Sie fügte aber noch sehr sachlich hinzu, daß man leicht merken könnte, wenn der Kumst besonders gut geraten sei. Dann würde es nämlich im Zimmer fast unerträglich stinken. Erbarmung!

Leo Balschukat war für Wolfgang Amadeus aber nicht nur ein guter Führer durch die eher derbe ostpreußische Küche, er gab ihm auch wertvolle Hinweise für die weitere Reise. Von Allenstein bis Königsberg könnte er sich weitgehend auf einer seinerzeit vom Deutschen Ritterorden gebauten Straße bewegen. Es gab sogar reguläre Verbindungen mit Postkutschen.

Gerade flußabwärts, zwischen Schippenbeil und Königsberg, würde sich bestimmt auch oft die Möglichkeit zu einer Bootsfahrt ergeben. „Die Schiffer fahren aber nur ungern sehr weite Wege, weil sie sonst Schwierigkeiten beim Rücktransport ihrer Boote haben", erklärte der Alte noch abschließend.

Frohgemut setzte der Musiker nach diesem angenehmen Aufenthalt seine Reise fort. Er genoß die romantische Landschaft zwischen Ermland und Masuren. Bewundernd blickte er zu backsteinernen Burgen, Kirchen und Schlössern auf.

Pestmale, Gedenksäulen und Kapellen an den Wegkreuzungen stimmten ihn nachdenklich. Auch dieses blühende Land hatte viel Schreckliches zu erdulden gehabt, schon bevor das Schicksal den Salzburgern dort einen neuen Platz zuwies.

Die Jungfernfahrt

Auch Königsberg ist unter Napoleon französisch besetzt gewesen. Zu allem Überfluß hatten die fremden Truppen auch noch eine Pferdeseuche ins Land eingeschleppt. Bald setzte ein großes Viehsterben ein. Nach den Plünderungen der Güter durch die Soldaten gefährdete es die Existenz vieler Feudalherren. Erst jetzt, nach fast zehn Jahren, hatten die ostpreußischen Adelsgeschlechter diesen Tiefpunkt in ihrer Geschichte endlich überwunden. Auch die Bauern, denen Friedrich Wilhelm III. nach Drängen von Königin Luise die Freiheit gegeben hatte, kamen langsam zu Wohlstand. Das Ende der Erbuntertänigkeit hatte zwar zunächst unter den Gutsherren böses Blut erzeugt, schließlich siegte aber die Vernunft. Eine gesunde Reorganisation führte zu besserer Verteilung des Reichtums.

Ein breiter gewordenes Bürgertum aus Handwerkern, Gewerbetreibenden, Lehrern und Beamten lebte in zunehmendem Wohlstand und in völliger Religionsfreiheit. Zog am Fronleichnamstag die Prozession mit dem Allerheiligsten durch die Straßen, schmückten auch Protestanten und sogar Juden ihre Fenster. Nach dem frommen Brauch stürzte man sich dann gemeinsam in fröhliches Treiben. Schießen, Kegeln und Würfeln waren beliebte Volksbelustigungen, und überall herrschte ein rauher, aber humorvoller Ton. Die bunten Märkte waren ein Spiegelbild der Lebensfreude des Volkes. Appetitlich in frischen Blättern angerichtete Butter, Eier in Flechtkörben, Gänse, Enten, Hühner, Tauben, lebende Fische, duftende Pilze und Beeren sowie Kartoffel und alle möglichen Arten von Gemüse bildeten ein fast unendliches Angebot.

Unterschiedliche Namen und Sprachelemente schwirrten durcheinander. Aber die holländisch-stämmigen Claßen und de Vries, die hugenottischen Dubois und Guillaume, die polnischen Batocki und Nadolny, die litauischen Adomeit und Ondruschkat und schließlich die Salzburger Rohrmoser und Schattschneider hatten keine Probleme miteinander. Beim Handeln hauten sie sich zwar gegenseitig alle kräftig übers Ohr, aber das gehört eben auch zum Markt.

Nicht nur das urbane, sondern auch das geistige Leben erreichte in dieser Zeit in Königsberg einen Höhepunkt. Immanuel Kant und dessen Schüler Johann Gottfried Herder wurden zu Begründern einer völlig neuen philosophischen Richtung. Noch Jahre nach deren Tod beherrschten Diskussionen ihrer Thesen die Salons.

Wolfgang Mozart staunte über Herders revolutionäre Ideen zu einem neuen Schulsystem und über Kants „kategorischen Imperativ": „Handle so, daß die Maxime deines Willens jederzeit zugleich als Prinzip einer allgemeinen Gesetzgebung gelten könnte." Damit formulierte er sehr prägnant eine ganz einfache Leitlinie für menschliche Ethik. Über Kant und Herder hörte Wolfgang nur erzählen, denn sie waren bereits einige Jahre tot.

Ein Königsberger Universalgenie aber lernte er persönlich kennen: Ernst Theodor Amadeus Hoffmann. Kants Sittengesetze wurden durch ihn eigentlich schon ad absurdum geführt. Als Berliner Gerichtsassessor war er wegen ausgedehnter Zechgelage strafweise in ein winziges Provinzstädtchen versetzt worden. Sein großes Talent als Maler, Dichter und Musiker ließ ihn aber immer wieder neue Chancen ergreifen. Er verblüffte nicht nur in seiner Geburtsstadt Königsberg, sondern auch in Berlin durch phantastische Erzählungen. Er verwob Geheimnisvolles mit Magischem und Grausigem. Seine Zuhörer zog er meist vollkommen in seinen Bann. So geschah es auch Wolfgang im Salon des Malers Andreas Knorre, wo er Hoffmann erstmals begegnete.

Mozart wartete ungeduldig auf seinen Konzerttermin, nutzte aber die Zeit zu Kontakten mit der geistigen Elite Königsbergs. So traf er auf diesen Hoffmann, der sich – wie er selbst – Amadeus nannte. Viele Menschen hatten sich um ihn geschart, als er das Märchen von Undine erzählte, dem geheimnisvollen Meerfräulein, das keine Seele hatte und doch so voller Liebreiz war.

„Ein wundervoller Stoff. Er würde sich gut als Libretto für eine Oper eignen", sagte Mozart später zu E. T. A. Hoffmann, als sich die beiden Künstler in einer ruhigen Ecke angeregt unterhielten.

„Ich habe ihn bereits vertont. Anläßlich des Geburtstages von König Friedrich Wilhelm III. fand vor drei Jahren im Schauspielhaus am Berliner Gendarmenmarkt die Uraufführung der Oper ‚Undine‘ statt."

Hoffmanns Freund, Friedrich de la Motte-Fouqué, ein Preuße hugenottischer Herkunft, hatte über einen uralten Stoff eine Novelle geschrieben. Es ging um sogenannte Elementargeister. Diese übernatürlichen Wesen können Gestalt und Eigenschaften von Menschen annehmen, aber es fehlt ihnen die Seele.

Fouqué selbst hat später aus der Novelle über die unglückliche Liebe der Wasserfee Undine ein Opernlibretto gemacht. Hoffmann schrieb die Musik dazu.

„Ich habe den preußischen Oberlandesbaudirektor Karl Friedrich Schinkel als Bühnenbildner gewonnen, und so wurde die Festaufführung ein Riesenerfolg."

Wolfgang Mozart staunte über seinen Gesprächspartner. Er erschien als romantischer Träumer, aber er verwirklichte seine Träume durch sehr konkretes Handeln. Viele seiner dichterischen Werke sind durch mystisches Dasein und Leben nach dem Tode gekennzeichnet. Es gelang ihm oft, Wahnsinn und Grauen menschliche Züge zu geben und zum Mittelpunkt seiner Geschichten zu machen. Seine Zuhörer waren nie ganz sicher, ob er selbst schon ein irrer Bestandteil seiner Geschichten war oder ob er noch als ganz normaler Mensch unter ihnen saß. Doppelgänger, phantastische Spiegelungen, Maskenzauber, Feen und Teufel kennzeichneten die Geisteswelt, in der er sich bewegte.

Mozart dachte unter Hoffmanns Einfluß in Königsberg oft über eine eigene Oper nach. Schließlich besann er sich aber doch auf Olgas Ausspruch über die Stiefel ihres Vaters und konzentrierte sich weiter auf sein meisterhaftes Klavierspiel.

Das Konzert am 10. Juli 1819 in Königsberg wurde zu einem Riesenerfolg. Die Tochter Andreas Knorres sang zunächst mit ihrer wunderbaren Sopranstimme zwei Arien aus dem „Figaro". Den weiteren Verlauf des Abends gestaltete Wolfgang selbst mit eigenen Werken. Leider hatte die große Hitze einige Leute vom Besuch des Konzerts abgehalten. Es gab aber doch recht gute Einnahmen und Riesenbeifall. Sogar ein Kritiker aus Leipzig war angereist, und so konnte man eine Woche später in der „Allgemeinen musikalischen Zeitung Leipzig" lesen: „Kinder berühmter Männer sind gewöhnlich einer harten Beurteilung unterworfen, indem man sie mit ihren Vätern vergleicht. Sie müßten deren Ruhm noch überstrahlen, um den Ansprüchen zu genügen, die die Welt an sie stellt. Allein man vergißt, daß der Heros nicht Heros wäre, wenn er lauter Heroen zeugte ... Es freut mich nun, über dieses jungen Mannes Fortschritte in der Kunst der Komposition lobend sprechen zu können und Deutschland auf ihn aufmerksam machen zu dürfen ... Denjenigen Musikfreunden, die sich nicht zum Konzert eingefunden hatten, können wir dreist sagen, daß sie etwas versäumt haben. Der berühmte Name täuschte nicht.

Mozarts Geist war in der Tat gegenwärtig, und das allbekannte Fortepiano schien in ein neues Instrument verwandelt ... Herr Mozart beabsichtigt, auf seiner Rückreise Hamburg, Berlin, Leipzig und Dresden zu besuchen, alsdann aber nach Lemberg zu seinen Klavierschülern zurückzukehren. Ist denn in Deutschland für Mozarts Sohn kein Plätzchen offen, das seinem Talent Muße gäbe?"

Der wohlmeinende Kritiker konnte ja nicht wissen, daß die Liebe den jungen Musiker zurück nach Lemberg zog.

Zunächst aber konnte er für lange Zeit nur seinem Reisetagebuch sehnsuchtsvolle Äußerungen anvertrauen. Oft genug, wenn er auf den Poststationen kein Schreiben Olgas vorfand, äußerte er sich deprimiert und enttäuscht. Waren aber Briefe da, teilte er dem Tagebuch seine Freude darüber mit.

„Eine sehr ruhige Nacht war die Folge des letzten Beweises Deiner Liebe", trug er in Danzig ein, als er die ersehnte Post vorgefunden hatte. Er schrieb gleich begeistert zurück. Die Begegnung mit E. T. A. Hoffmann in Königsberg, die Konzerte dort und in Elbing, die abwechslungsreiche Fahrt entlang des „Frischen Haffs" und schließlich das faszinierende Leben in der Hansestadt Danzig boten Themen genug. Er versuchte Olga all seine Eindrücke möglichst plastisch zu beschreiben. Mit Berichten über die Konzerte hielt er sich meist nicht so lange auf. Vielmehr schilderte er das Leben rundherum.

Die Reisen waren kalkulierbarer geworden. Die Postkutschen verkehrten in dieser Gegend bereits fahrplanmäßig und mit festgesetzten Preisen. Das Fahrgeld setzte sich aus Chausseegeld, Brückengeld, Vorspanngeld, Schmiergeld und Trinkgeld zusammen. Der Spruch „Wer gut schmiert, fährt auch gut" kam zu besonderer Bedeutung, wobei aber weniger die Achsen der Kutschen als die Postillone gemeint waren. So waren wohl Schmier- und Trinkgeld beinahe als eine Einheit zu sehen.

Etwa 25 Kilometer legte man zwischen zwei Posten zurück, dann gab es Pausen zum Pferdewechsel. All den Stationen sah Wolfgang Amadeus mit freudiger Erwartung entgegen, denn sie waren gleichzeitig auch Anlaufstelllen für Briefe an Reisende. Riesenfreude und Enttäuschung lagen dann dicht beisammen.

Danzig, die prächtige Gotik- und Renaissancestadt kurz vor der Weichselmündung, beeindruckte ihn besonders. Nicht nur, daß er im Hause des Geheimrats Jebens, eines Zuckerfabrikanten, wunderbar aufgenommen wurde, lagen dort auch zwei Briefe für ihn bereit. Sie beschwingten ihn so, daß er nicht nur in kleinen Kreisen hervorragend musizierte, sondern auch für die vielen neuen Eindrücke besonders aufgeschlossen war. Er bestaunte das Krantor aus dem 15. Jahrhundert und die „Lange Brücke" und betrat dann ehrfürchtig den Mariendom, das wohl eindrucksvollste Beispiel deutscher Backsteingotik. Er suchte dort nach dem „Jüngsten Gericht", einem Triptychon des Brügger Malers Hans Memling, dessen abenteuerliche Geschichte man ihm in Königsberg erzählt hatte.

Von Papst Pius II. war 1473 wieder einmal zu einem Kreuzzug gegen die Türken aufgerufen worden. Der Herzog von Burgund ließ dafür mit einem Kredit der Medici aus Florenz zwei Galeeren bauen. Der Kreuzzug kam – wie so oft – wegen irgendwelcher Querelen unter den christlichen Fürsten nicht zustande. Man einigte sich schließlich, die Schiffe anderweitig zu verwenden. Unter burgundischer Flagge, aber mit Florentiner Besatzung sollten sie Handelsware transportieren. Hauptsächlich Alaun und Seide beförderten sie zwischen der Toskana und Flandern. Auf einer dieser Fahrten sollte dann ausnahmsweise das Memling'sche Kunstwerk von Brügge nach Italien geschafft werden. Es war von den Medici für eine Florentiner Kirche bestellt worden. Hans Benecke, ein Kaperfahrer der Hanse-stadt Danzig, hatte wohl Wind bekommen von der wertvollen Fracht und griff die Handelsschiffe auf offener See an. Die Galeere „San Marco" konnte entkommen, die „San Giorgio" aber, mit dem Triptychon, geriet in die Hände des Seeräubers. Der Kunstraub löste internationale Verwicklungen aus. Die um ihren Altar geprellten Medici beschwerten sich beim Beauftragten der Hanse in Utrecht. Karl der Kühne, als Herzog von Burgund, protestierte gegen die Mißachtung seiner Flagge. Der Papst exkommunizierte den Piraten, doch der blieb davon ungerührt. Er ließ vielmehr das monumentale Kunstwerk in der Marienkirche seiner Heimatstadt aufstellen. Wahrscheinlich erhoffte er sich dadurch Gottes Hilfe für weitere Kaperfahrten!

Wolfgang Mozart stand nun, 350 Jahre später, vor dem Altar. Die Bilder beeindruckten ihn noch mehr als die an sich schon imposante dreischiffige Hallenkirche. Er versuchte in den Gesichtern der vielen nackten Menschen zu lesen, die der Seelenwäger Michael in Gerettete und Verdammte trennte. Zu welcher Gruppe würde er wohl einst gehören, wenn man ihn aus dieser Welt abberief? Er konnte sich zwar nicht vorstellen, daß ein Erzengel mit glänzender Rüstung mittels einer Waage über ihn richten sollte. Aber er glaubte doch daran, am Ende seiner Tage einer himmlischen Macht Rechenschaft ablegen zu müssen. Und so vertraute er an diesem Abend seinem Tagebuch viele Gedanken über den Sinn seines Lebens an. War er mit seinem Talent richtig umgegangen? Hatte er die Chancen genutzt, die Gott ihm geboten hat?

Die Angst vor der bevorstehenden Konfrontation mit den für ihn unbekannten Gewalten des Meeres ließ ihn noch mehr an das Jenseits denken. Als er jedoch wieder aus der Kirche trat, hatte er neuen Mut gefaßt. Lebensmut und Kraft zum Abenteuer. Er beschloß, sich sofort um eine Möglichkeit zur Seefahrt nach Dänemark zu kümmern.

Als er im Hafenbereich eintraf, zog ihn das bunte Treiben dort sofort in seinen Bann. Anscheinend stand ein großes Ereignis bevor, denn je näher er der Küste kam, desto größer wurde das Gedränge.

Vor lauter Menschen konnte er das Meer noch gar nicht sehen. Einen vorbeihastenden Matrosen befragte er über die Ursache des Menschenauflaufs.

„Seht doch, dort drüben in der Werft wird ein neues Schiff für den Stapellauf vorbereitet", rief der ihm zu, eilte aber sofort weiter.

Nun konnte auch Wolfgang Mozart das mit Blumen geschmückte Tor der Werft sehen und dahinter die riesigen Masten eines Seglers. Immer wieder wurde ihm aber die Sicht verstellt. Werftarbeiter in ihren Zunfttrachten, Matrosen, aber auch elegante Damen, ausgelassene Mädchen und gewichtige Herren in Schwarz mit steifem Kragen strömten alle in eine Richtung. Er ließ sich einfach mittreiben. Am Werfttor teilte sich die Menge. Ein Teil strömte weiter. Die eleganten Leute aber entrichteten bei einem furchteinflößend aussehenden Kontrolleur einen Obolus und konnten dann die Stufen einer Tribüne ersteigen.

Von dort würde man das ganze Schauspiel überblicken können. So entschloß sich auch Mozart, dafür einige Münzen springen zu lassen. Mit jeder Stufe, die er erkletterte, wurde sein Blick besser. Es war überwältigend. Vor der Unendlichkeit des offenen Meeres sah er einen gewaltigen Schiffskörper aus honigfarbenem Eichenholz auf dem Stapel liegen. Darüber riesige Masten, Rahen und ein verwirrendes Netz von Tauen und Strickleitern. Der Musiker konnte sich gar nicht vorstellen, daß Menschen in der Lage sein würden, mit diesem Wirrwarr zurechtzukommen.

„Ob er wohl schwimmen wird, dieser Kahn?" fragte ihn ein neben ihm stehender Mann ironisch schmunzelnd.

Wolfgang Amadeus blickte zur Seite und sah in ein zerfurchtes Seemannsgesicht.

„Ich weiß es nicht, ich sehe so etwas zum erstenmal."

„Ihr könnt beruhigt sein, hier waren die besten Bootsbauer am Werk, die man sich denken kann", sagte der Alte.

„Ich selbst habe früher mit ihnen gearbeitet." Er erntete einen ehrfürchtigen Blick des jungen Musikers und begann dem die Vorgänge zu erklären.

„Dort, unter der nach Teer und Schwefel stinkenden Qualmwolke, arbeiten Dutzende von Werftarbeitern daran, den Unterwasserrumpf mit einem dicken, heißen Brei einzuschmieren. Diese ‚Bodensalbe‘, wie man das Gemisch aus Holzkohlenteer, Schwefel und gestoßenem Glas nennt, schützt das jungfräuliche Eichenholz später vor Salzwasser und Muschelkalk. Jetzt aber, beim Stapellauf, hilft dieser Belag, gemeinsam mit Talg und grüner Seife auf den Schmierplanken, den Schiffskörper ins Wasser rutschen zu lassen.“

Tatsächlich sah man nun, als sich der Qualm verzogen hatte, eine andere Gruppe von Männern die Rutschflächen präparieren.

„Der Stapellauf ist der kritischste Punkt beim ganzen Schiffsbau. In dem Moment, in dem man die Stützen entfernt, liegt der Schiffskörper nur noch auf seinem eigenen schmalen Kiel und den beiden Schmierplanken. Darauf rutscht dann das Schiff auf dem glitschigen Belag in sein eigentliches Element. Nachdem der Meister die Haltetaue durchschlagen hat, befindet sich das Schiff für einige Sekunden in einem höchst labilen Gleichgewicht.“

„Könnte es dann auch umkippen?“ fragte Wolfgang Mozart ganz ängstlich.

Er stellte sich den furchtbaren Schaden vor, der dann entstehen würde.

„Es könnte“, sagte der alte Seemann trocken. Die Zuschauer hatten sich nun alle ihre Plätze gesichert. Je näher der entscheidende Moment rückte, desto ruhiger wurde es. Auch den jungen Musiker hatte atemlose Spannung erfaßt. Ein Geistlicher sprach salbungsvolle Segnungsworte, bevor die Gattin des Reedereibesitzers zur Schiffstaufe schritt. Ein Geselle hatte ihr eine kleine Flasche gereicht.

„Weihwasser aus der Marienkirche“, flüsterte der Seemann Wolfgang zu.

„Ich taufe Dich auf den Namen ‚Seemöwe‘. Mögest Du stets Wasser unter dem Kiel und Wind in Deinen Segeln haben“, rief sie mit klarer Stimme und spritzte schwungvoll das Weihwasser auf den Schiffsbug.

Ein blonder Junge, vielleicht der jüngste der Gesellen, überreichte nun dem Schiffsbaumeister mit einer tiefen Verbeugung eine Axt.

Keinen Laut hörte man, außer dem Rauschen des Meeres. Sorgsam prüfte der Meister die Schneide. Dann nahm er den Stiel in beide Hände und führte das Beil in hohem Bogen über seinen Kopf. Die Menge begleitete das Durchschlagen der schweren Haltetaue mit einem Aufschrei. Man spürte eine fast unerträgliche Spannung, doch einige Sekunden lang tat sich gar nichts. Dann aber begann die „Seemöwe" auf den Schmierplanken langsam nach unten zu rutschen. Sie schwankte ein wenig. Schließlich wurde sie aber schneller und schneller und stieß mit dem Bug in die aufschäumende Gischt.

„Gott sei Dank, sie schwimmt", sagte Wolfgang erleichtert zu seinem Nachbarn, und die Menge brach in Beifall aus.

„Sie soll in zwei Tagen über Dänemark ins englische Liverpool segeln", sagte der Alte und zog genüßlich an seiner Pfeife. „Ich würde gerne noch einmal mitfahren. Kapitän Johann Gerz hätte mir sogar ein Plätzchen angeboten. Aber meine Frau ist krank, und ich muß hier bleiben", seufzte er traurig.

„Ob Ihr mich vielleicht mit Herrn Gerz bekanntmachen könnt? Ich suche einen Platz für eine Überfahrt nach Kopenhagen, wo meine Mutter wohnt."

Der Kapitän der frisch getauften „Seemöwe" zog sein gegerbtes Seemannsgesicht in tiefe Falten, als der Musiker bald darauf etwas ängstlich sein Anliegen vortrug.

„Ich habe zwar noch ein Plätzchen in einer Koje frei. Wir segeln aber durch den Öresund an Kopenhagen vorbei und gehen erst in Helsingör an Land. Ihr müßtet dann mit einer Kutsche über Frederiksund in die dänische Hauptstadt zurückkehren. Das wären etwa zwei Tagesreisen."

Man einigte sich, und so wurde die Fahrt von Danzig über die Ostsee nach Dänemark nicht nur für die „Seemöwe" zur Jungfernfahrt, sondern auch für Wolfgang Amadeus Mozart-Sohn.

„Es steht nun in Gottes Wille, ob ich je wieder Land sehen werde", schrieb er abends an Olga.

Dann aber schiffte er sich ein und harrte aufgeregt der Dinge, die da kommen sollten. Fasziniert beobachtete er die Matrosen, wie sie unter dem Kommando des Kapitäns die Strickleitern rechts und links der Masten hinaufkletterten. Auf den Rahen rutschten sie hinaus, um weitere Segel zu lösen. Eine andere Gruppe von Seeleuten drehte die Rahe und holte die unteren Ecken der Segel heran, bis diese prall im Morgenwind standen. Das Schiff fuhr nun voll im Wind und erreichte bald, bei höher werdendem Wellengang, seine Höchstgeschwindigkeit. Wolfgang klammerte sich krampfhaft an die Reeling und versuchte, den Tanz des Bodens unter seinen Füßen durch Bewegungen seiner Beine auszugleichen. Die frische, salzige Seeluft vertrieb Anflüge von Übelkeit. Er dachte aber mit Schaudern daran, daß er das Geschlinger des Schiffes auch nachts in seiner finsteren Koje ertragen müßte.

Die erbärmliche Kost aus Erbsen, Pökelfleisch und Schiffszwieback, das rhythmische Wiegen seines eher an einen Sarg erinnernden Bettes und der alles durchdringende Gestank nach Erbrochenem seekranker Mitpassagiere belasteten Wolfgang in fast unerträglicher Weise. Als man dann tagsüber in Sichtweite an Kopenhagen vorbeisegelte, hätte er alles darum gegeben, schon jetzt an Land gehen zu dürfen. Doch die „Seemöwe" rauschte in voller Fahrt weiter.

Er hatte das Zeitgefühl vollkommen verloren, doch irgendwann war auch diese Tortur überstanden. Kreidebleich, aber glücklich und in Vorfreude auf das Wiedersehen mit seiner Mutter, setzte er den Fuß auf dänischen Boden.

Doch bei der Paßkontrolle wartete ein neuer Schreck. Der Beamte hielt ihn zurück und rief nach zwei Polizisten. Ein Redeschwall ergoß sich über Herrn Mozart, aber er konnte keinen Ton dieser eigenwilligen Sprache verstehen. Da hakten ihn die Männer in Uniform einfach unter und führten ihn ab. Der Sohn des berühmten Wolfgang Amadeus Mozart wurde beim Betreten dänischen Bodens verhaftet! So jedenfalls erschien es ihm, und auch seine Mitreisenden mußten diesen Eindruck gewinnen.

„Wahrscheinlich wurde er steckbrieflich gesucht", flüsterte ein Danziger Seidenhändler seinem Nachbarn zu.

Man beeilte sich, möglichst schnell aus der Umgebung des „Verbrechers" wegzukommen. Schließlich würde man vielleicht noch selbst in dessen Machenschaften hineingezogen!

Wiedersehensfreuden

Wolfgang Amadeus war ziemlich verzweifelt. Endlich hatte er die Strapazen der Seefahrt gut hinter sich gebracht, und nun nahm man ihn ohne jede Erklärung ganz einfach fest. Das Zimmer, in das ihn die beiden Polizisten gebracht hatten, sah zwar nicht wie eine Gefängniszelle, sondern eher wie eine Amtsstube aus. Gefesselt hatte man ihn auch nicht, also konnte das Vergehen, dessen man ihn bezichtigte, nicht allzu groß sein.

Ob ihm der Name seines Stiefvaters nützen könnte? Immerhin war der ein hoher Beamter des dänischen Königs! Wolfgang kramte aus seiner Tasche die Adresse der Nissens heraus: Kopenhagen, Lavendelstraße 79, hatte er sich auf einem kleinen Zettel notiert. Der sollte nun sein Trumpf sein! Den Stiefsohn des Amtsleiters für politische Zensur würde man bestimmt nicht hinter Schloß und Riegel setzen. Was immer man ihm auch vorzuwerfen hatte.

Da öffnete sich die hintere Tür des Zimmers, in dem er seines Schicksals harrte. Er glaubte, Augen und Ohren nicht zu trauen. Mit ausgebreiteten Armen und einem gewinnenden Lächeln kam ein uniformierter Herr auf ihn zu, verbeugte sich höflich und sagte in tadellosem Deutsch: „Herzlich willkommen in Dänemark, mein lieber Herr Mozart. Ich habe Euch eine Botschaft Eurer verehrten Mutter und Eures Stiefvaters zu übermitteln. Um sicher zu gehen, Euch auch wirklich nicht zu verfehlen, wählte ich den Weg über eine vorläufige Festnahme bei der Paßkontrolle. Ich hoffe, meine Beamten waren höflich und haben Euch nicht allzusehr erschreckt. Leider sind meine Mitarbeiter der deutschen Sprache nicht mächtig, sodaß sie die Situation nicht sofort erklären konnten."

Wolfgang enthielt sich eines Kommentars über die Höflichkeit der Polizisten. Er war nur froh über die glückliche Wendung seines ersten Kontaktes mit uniformierten Dänen. Vor allem, als er endlich den Grund für die eigentümliche Nachrichtenübermittlung erfuhr, war die Freude groß. Die Nissens befanden sich im nur wenige Kilometer entfernten königlichen Bad Frederiksund zur Kur. Da sie Wolfgangs

Route für die Schiffspassage nicht kannten, hatte Georg Nikolaus in den in Betracht kommenden Häfen, also auch in Helsingör, Nachricht hinterlassen.

„Ich wurde also tatsächlich steckbrieflich gesucht", sagte der junge Musiker lachend, als er mit dem freundlichen Polizeimeister eine Tasse Tee trank.

Tee hatte für die Dänen eine ganz besondere Bedeutung. Nicht nur durch seine belebende Wirkung, sondern auch als kommerzielles Produkt. Neben Konfitüre, Seide, Porzellan und kunstvollen Lackarbeiten war er die wichtigste Importware im Chinahandel. Helsingör war aber mehr ein Umschlagplatz für Waren nach England.

Während Mozart auf eine Kutsche wartete, sah er neben der „Seemöwe" noch andere Segler mit Danziger Flagge im Hafen liegen.

Die meisten von ihnen würden mit baltischen Produkten durch Kattegat und Skagerak in die Nordsee fahren. Kobaltpigmente, Mecklenburger Fensterglas, Bleichmittel, Honig, Talg und Bernstein brachten sie zu den britischen Inseln.

Wolfgang versuchte, sich durch intensive Beobachtung des bunten Hafengeschehens etwas abzulenken. Es gelang ihm aber kaum. Und als er dann endlich hinter zwei nicht mehr ganz jungen Schimmeln in Richtung Frederiksund rollte, klapperten seine Zähne. Das Wiedersehen mit der Mutter nach elf Jahren Trennung stand bevor! „Ich kann nicht sagen, wie mir zumute war, ich zitterte am ganzen Leibe, als ich mich dem ersehnten Augenblick näherte", vertraute er später seinem Tagebuch an.

Als Mutter und Sohn dann im Kurpark aufeinander zugingen, erkannten sie sich kaum wieder. Aber es gab ja keinen Zweifel, und so stürzten sie sich selig in die Arme. Georg Nikolaus von Nissen hatte sich etwas im Hintergrund gehalten. Auch er begrüßte seinen Stiefsohn sehr herzlich, nachdem ihn Konstanze endlich aus ihren Armen freigegeben hatte.

Schon beim ersten Kontakt mit der Mutter bemerkte Wolfgang eine sehr positive Veränderung in ihrem Wesen. Seine ganze Kindheit über hatte er nie soviel Zärtlichkeit gespürt, wie nun bei dieser Begrüßung.

„Alles Vergangene ist vergessen. Sie ist mir eine liebende, wirkliche Mutter geworden, was sie wohl immer war, mir aber nicht zeigen wollte." So schrieb er in den glücklichen Tagen von Frederiksund.

Er erzählte Konstanze viel von den Jahren in Lemberg, von seiner großen Liebe und der schönen Freundschaft zu Josephine von Baroni-Cavalcabo.

Natürlich hätte seine Mutter eine Verbindung zu wohlhabenden Kreisen gerne gesehen. Aber sie zeigte auch sehr viel Verständnis für sein Verhältnis zu Olga.

Georg Nikolaus von Nissen war der gleiche vorbildliche Stiefvater geblieben, der er Wolfgang schon in dessen Kindheit gewesen war. Er laborierte zwar etwas an einem Augenleiden, war aber stets heiteren Gemüts.

Und so entwickelte sich in diesen ersten Tagen in Dänemark innerhalb der Familie ein inniges Verhältnis. Es wurde niemals mehr getrübt und später – zumindest brieflich – auch auf Karl Thomas ausgedehnt.

Da die Nissens ihre Kur nicht unterbrechen wollten, reiste Wolfgang nach einigen Tagen allein nach Kopenhagen weiter. Er konnte dort die Wohnung in der Lavendelstraße benützen und staunte über die Ordnung und Reinlichkeit, die dort herrschten. Mit viel hellem Holz und Textilien in den Landesfarben rot und weiß hatten sich Konstanze und Georg Nikolaus ein sehr heimeliges, typisch dänisches Interieur geschaffen.

Die Konzertvorbereitungen in Kopenhagen zogen sich endlos in die Länge. Nach vier Wochen hatte Wolfgang immer noch keine Genehmigung, obwohl man ihm bei unzähligen Empfängen viele interessante Leute vorstellte. Der Schriftsteller Birch oder die Komponisten Kuhlau und Weyse waren aber wohl nicht die richtigen Verbindungsleute zu den Entscheidungsträgern. Erst der österreichische Gesandte Baron Steigentisch konnte den entscheidenden Kontakt zum Oberhofmarschall Adam Wilhelm Hauch vermitteln. Der erlaubte dann endlich ein Konzert, und das sogar im königlichen Theater! Eine Festveranstaltung sollte es werden anläßlich des Besuches eines italienischen Ministers. Dadurch erhielt die Angelegenheit eine besondere Dimension. Konsule, Gesandtschaftsräte, Diplomaten und hohe Beamte würden mit ihren Damen im Theater sein und Mozarts Auftritt zu einem gesellschaftlichen Ereignis machen.

Wolfgang Amadeus hatte sich entschlossen, zwei Klavierkonzerte in C-Dur vorzutragen: Eines von seinem Vater (KV 467) und schließlich sein eigenes Opus 14. Die Vorbereitungen gestalteten sich schwieriger als erwartet. Notenmaterial mußte kopiert und fast jedes Orchestermitglied einzeln besucht werden. Gemeinsame Proben aller Musiker gab es nur wenige. Zum Glück hatte es Mozart aber mit hervorragenden Könnern zu tun, sodaß man schnell zu einem harmonischen Zusammenspiel fand. Bald waren alle von Vorfreude auf das große Ereignis erfüllt.

Natürlich weilten auch die Nissens längst wieder in Kopenhagen, als das Konzert endlich am 29. September stattfinden konnte. Es wurde ein sensationeller Erfolg. Das riesige Theater war ausverkauft, und man feierte Mozarts Sohn enthusiastisch. Wolfgang Amadeus war besonders stolz darauf, daß die Mutter, die früher seine Darbietungen immer so kritisch beurteilt hatte, diesen Abend miterleben konnte.

„Ich war gestern wirklich sehr glücklich, denn das Konzert machte viel Sensation", schrieb er ins Tagebuch.

Die großen Einnahmen reichten aus, seinen Lebensunterhalt für eine ziemlich lange Zeit zu bestreiten. Er konnte sich dadurch auf der bevorstehenden langen Reise durch Deutschland sogar hie und da eine Extra-Kalesche leisten. Diese waren nicht nur komfortabler als die fahrplanmäßigen Postkutschen, sondern man konnte auch Route und Tempo selbst bestimmen.

Am 8. Oktober reiste er aus der dänischen Hauptstadt ab.

„Gott gebs, daß ich die Mutter wiedersehe", schrieb er, bevor er sich in Richtung Schleswig auf den Weg machte. Das Wetter war günstig, und so gab es kaum größere Probleme. Den „Großen Belt" zwischen Fünen und Seeland überquerte er in eineinhalb Stunden, und auch der „Kleine Belt" nach Jütland stellte kein besonderes Hindernis dar.

Bevor er schließlich nach Hamburg aufbrach, gönnte er sich in Schleswig einige Tage Ruhe. Er wurde dort vom Justizrat Kamphöfner, einem Vetter seines Stiefvaters, bestens aufgenommen. Es tat sehr gut, die schönen Tage von Kopenhagen, das Konzert, vor allem aber das neugewonnene Verhältnis zu seiner Mutter noch einmal im Geiste nachzuerleben. Nur die Briefe Olgas beunruhigten ihn etwas: „Wenn ich Dich nur überzeugen könnte, daß ich auch entfernt nur Dir lebe, nichts denke, noch fühle als Dich, daß ich nur den Augenblick segne, der uns wieder vereint", hatte sie zuletzt geschrieben. Eigentlich ein besonders sehnsuchtsvolles Schreiben, aber irgendwie las er daraus den Ausdruck schlechten Gewissens. Warum zweifelte sie an seiner Überzeugung von ihrer Treue? Hatten sich vielleicht doch irgendwelche Kontakte in der Teestube vertieft? Leises Mißtrauen schlich sich in die vorher so problemlose Beziehung. Er wurde dadurch die ganze weitere Reise belastet. Nicht zu unrecht, wie sich später herausstellte!

Er konzertierte dann recht erfolgreich in Lübeck, Bremen und Hamburg. Der dortige Musikdirektor Gottlieb Schwencke, der Nachfolger Carl Philip Emanuel Bachs, machte ihn mit Ludwig Spohr bekannt. Der sah nicht nur besonders gut aus und war ein angesehener Komponist, sondern beeindruckte Mozart vor allem durch sein hervorragendes Violinspiel.

„Ich habe nie einen gehört, der schönere Töne aus seiner Geige zieht", trug er in sein Tagebuch ein, nachdem er einem Konzert Spohrs beigewohnt hatte.

Auch Wolfgangs eigene Konzerterfolge konnten sich sehen lassen, obwohl er nicht immer ganz bei der Sache war. Einerseits beunruhigten ihn Olgas Berichte über eine rätselhafte Krankheit, andererseits war er oft mit seinen Gedanken bereits in Berlin. Dort sollte er Anfang Januar 1820 vor König Friedrich Wilhelm III. konzertieren.

Am 12. Dezember fuhr er in die Stadt an der Spree ein und begann vom ersten Moment an, das Kulturleben dieser Metropole zu genießen. Der Wiener Carl August Seidler war als Konzertmeister an der Hofoper engagiert und kümmerte sich rührend um seinen Landsmann. Schon einen Tag nach Mozarts Ankunft sahen sie gemeinsam Goethes „Faust". Dann aber waren die Tage hauptsächlich von reger Probenarbeit ausgefüllt. Nur einmal gönnte sich Wolfgang noch

eine Unterbrechung, nämlich um einer Aufführung des „Figaro"
beizuwohnen.

„Welch herrliche Musik! Warum mußte mein Vater der Welt so früh
entrissen werden?" schrieb er ins Tagebuch.

Dann aber widmete er seine Zeit ausschließlich der Vorbereitung
des größten Konzertes. Man hatte ihm erzählt, daß der König solche
Veranstaltungen fast immer schon vorzeitig verlasse. Nur wenn er
ganz besonderen Gefallen an den Darbietungen finde, würde er bis
zum Ende bleiben.

Mozart und natürlich auch Seidler wollten diese Probe bestehen.
Und so übten sie mit dem Orchester in einer Intensität, welche die
Musiker bis dahin nicht gewohnt waren. An jedem Detail wurde
sorgfältig gefeilt. Schon nach der Generalprobe sagte Mozart zum
Konzertmeister: „Ich habe den Orchesterpart zu meinem Es-Dur-
Konzert niemals so perfekt spielen gehört. Hoffentlich stellt auch der
König ähnliches fest."

Als der große Abend gekommen war, lag knisternde Spannung in
der Luft. Manche hochgestellten Gäste waren natürlich nur des
gesellschaftlichen Ereignisses wegen erschienen. Viele Ältere aber
freuten sich auf den Sohn des Mannes, den sie vor dreißig Jahren hier
gehört hatten. Wieder mußte sich der Filius am Vater messen lassen.
Der hatte damals vor Preußens Königin Friederike konzertiert.

Das imaginäre Wettspiel beflügelte den Sohn, und der häufige Blick
in die Loge des Königs erhöhte noch seine Spannung. Der Monarch
blieb bis zum Schluß! Die Musiker fühlten sich dadurch noch mehr
geehrt als durch den tosenden Beifall, der auf sie niederprasselte.

Am nächsten Tag erschien ein Bote bei Mozart. Er überbrachte ein
Billett des Königs: Seine Majestät wünschte am 1. Februar ein weiteres Konzert zu hören! Wolfgang Amadeus war sprachlos. Er mußte
zwar sein gesamtes Reiseprogramm umstellen, aber für diese Ehre
und die fast 500 Reichstaler, die damit verbunden waren, tat er das
gerne. Ein Konzert, welches eine Rieseneinnahme garantierte und für
das außer den Musikproben nichts besonderes zu organisieren war,
erschien wie ein Geschenk des Himmels. Ob dabei der von einem

Journalisten zitierte „Geist des Vaters" seine Hände mit im Spiel hatte?

Der Kritiker schrieb in der „Allgemeinen musikalischen Zeitung": „Wir hatten im Theater Gelegenheit, das treffliche Spiel des Wolfgang Amadeus Mozart, des jüngsten Sohnes des unsterblichen Komponisten, auf dem Pianoforte öffentlich zu genießen. Er spielte ein eigenes Konzert (Es-Dur, op. 25) und ein von Johann Nepomuk Hummel komponiertes ‚Rondo brillant'. Der Geist seines Vaters ruht auf ihm. Sein präziser Anschlag, die bewundernswerte Beweglichkeit der Finger und das ausdrucksvolle Spiel rechtfertigen vollständig die großen von ihm erregten Erwartungen."

Auch im zweiten Berliner Konzert mit dem d-Moll-Konzert seines Vaters (KV 466) und eigenen Variationen blieb der König bis zum Ende.

Kaum aber hatte er seine Loge verlassen, glaubte Mozart, man wolle das Haus einreißen. Ungeachtet der noch applaudierenden Zuhörer stürmten unzählige Handwerker in den Saal. Innerhalb von wenig mehr als einer halben Stunde verwandelten sie den Konzertsaal in eine Tanzfläche! Man war ja mitten im Karneval, und der König hatte mit seiner Entscheidung nicht nur Mozarts Reiseplan, sondern auch den Berliner Ballkalender durcheinander gebracht.

Nun begegneten sich an den Garderoben die von einem Kunstgenuß erfüllten Konzertbesucher und die maskierten Gäste einer Redoute. Mit preußischer Disziplin wurde aber auch dieses Problem gemeistert.

Wolfgang Amadeus folgte nun weiter den Spuren seines Vaters. Er konzertierte im Leipziger Gewandhaus und später auch in Dresden. Dort war seit drei Jahren sein Cousin Carl Maria von Weber als Leiter des Hoftheaters tätig. Natürlich trafen sich die Vetter, sie waren sich aber nicht besonders sympathisch. So blieb es sozusagen bei einem „Pflichttermin", bevor Wolfgang im März 1820 an die Stätte seiner Kinderjahre, nach Prag, zurückkehrte.

Vor 24 Jahren hatte ihn die Mutter aus der Obhut der Familien Duschek und Niemetschek wieder nach Wien geholt. Er sollte bei berühmten Lehrern auf höhere musikalische Aufgaben vorbereitet werden. Heute konnte er sich vorstellen, wie sehr sein Bruder damals unter dieser offensichtlichen Zurücksetzung gelitten haben mußte. Karl Thomas wurde die musikalische Ausbildung verweigert, welche die Mutter aus unerfindlichen Gründen nur für den Jüngeren vorgesehen hatte. Vielleicht wäre Karl mit Lehrern wie Albrechtsberger, Haydn oder Salieri ein noch viel besserer Musiker geworden als er selbst. Wolfgang freute sich auf eine Aussprache mit dem Bruder. In wenigen Wochen würde dazu in Mailand Gelegenheit sein. Karls Briefe waren in all den Jahren immer von besonderer Herzlichkeit gewesen. Sein Verhalten zeugte von menschlicher Größe, und die hatte er wohl in erster Linie seinen Prager Zieheltern zu verdanken. Sowohl Professor Niemetschek als auch Josepha Duschek lebten noch. Wolfgang hatte zwar nur mehr ganz vage Erinnerungen an sie, trotzdem wollte er ihnen möglichst schnell einen Besuch abstatten. In der „Villa Bertramka", dem Paradies seiner frühen Kindheit, sollte das erste Zusammentreffen stattfinden. Die auf die Villa zuführende Kastanienallee hatte er noch schemenhaft im Gedächtnis, obwohl er doch erst fünf Jahre alt gewesen war, als er Prag verlassen hatte.

Die alten Herrschaften begrüßten ihn herzlich, und bald stellte sich eine Vertrautheit ein, wie sie nur bei einer besonderen Geistesverwandtschaft möglich ist. Man hatte unendlich viele gemeinsame Themen. Der Professor zog Wolfgang sofort mit in die Welt der Biographie von dessen Vater.

Der Sohn erlebte auf diese Weise viele Stationen der zurückliegenden Konzertreise ein zweitesmal. Die Zeit verging wie im Fluge, und nach all den Prager Eindrücken freute sich Wolfgang noch mehr auf seinen Bruder als vorher schon.

Es waren zwar noch Konzerte in Wien und Graz zu absolvieren, aber es zog ihn mit immer größerer Macht nach Mailand. Josepha Duschek hatte ihm erzählt, wie rührend Karl sich schon als Kind um ihn gekümmert hatte. Nun wollte er den Bruder nach fast einem Vierteljahrhundert endlich wieder in die Arme schließen. Am 20. August fuhr er bei glühender Hitze in die lombardische Hauptstadt ein.

Es wird sicher nicht nur die hohe Temperatur gewesen sein, die bei der Begrüßung feuchte Spuren auf den Gesichtern der Brüder hinterließ.

Kein Konzert in Mailand

Karl Thomas und sein jüngerer Bruder verstanden sich auf Anhieb glänzend. Kein Schatten der Vergangenheit fiel auf ihre Beziehung. Natürlich zeigte sich der Mailänder Beamte zunächst hauptsächlich an Berichten über die Nissens aus Kopenhagen interessiert. Er freute sich, von einer Veränderung im Wesen der Mutter zu hören. Er hatte sie wenig warmherzig in Erinnerung. Sonst wären bestimmt schon mehr Briefe mit Bitten um mütterlichen Rat von Mailand nach Dänemark unterwegs gewesen.

Nach der Hochzeit Antoniettas mit ihrem reichen Baron hatte sich Karl Thomas Hals über Kopf in ein sehr erotisches Liebesverhältnis gestürzt. Die heißen Nächte mit Graziella blieben nicht ohne Folgen. Ein gesundes uneheliches Kind wäre schon eine Belastung gewesen, die kränkliche Konstanze aber überforderte das Paar restlos. Als das arme Mädchen schließlich starb, war die gegenseitige Liebe seiner Eltern längst erloschen. Nach der Beerdigung des Kindes trennte man sich schnell.

In Karl entstand eine schreckliche Leere. Er versuchte schließlich, in der Beziehung zu einer sehr reifen Frau wieder zu sich selbst zu finden. Maria war fast zwanzig Jahre älter als er. Nicht schön, aber sehr charmant und gepflegt, gab sie ihm einfach jene mütterliche Zuneigung, die er wahrscheinlich sein ganzes Leben vermißt hatte. Ihre vier Kinder waren längst aus dem Haus, und deren Vater, der alte Schulrat, lag schon einige Jahre unter der Erde. Und so war es zweimal wöchentlich für Maria ein Fest, wenn sie Karl Thomas mit einem herrlichen italienischen Essen verwöhnen konnte. Der Mozartsohn fühlte sich bei ihr in jeder Hinsicht geborgen. Er fand all das, was er schon als Kind entbehren mußte. Auch seine bisherigen Liebesverhältnisse waren nie von soviel Wärme erfüllt gewesen. Ähnliche Gefühle hatte er bisher eigentlich nur Josepha Duschek und den Niemetscheks entgegengebracht.

Die Prager Zieheltern waren es auch, die ihn einst den Schock der Zurücksetzung durch Konstanze feinfühlend überwinden halfen. Sie formten aus Karl jenen liebenswürdigen Menschen, der keinen Groll gegen den Bruder aufkommen ließ und seiner Mutter ein Gefühl distanzierter Verehrung entgegenbrachte.

Die mütterliche Liebe holte er sich – viel später – nun bei Maria. Eigentlich überflüssig zu sagen, daß die Beziehung rein platonisch blieb.

Wolfgang Amadeus war recht verzweifelt gewesen, als er auch in Mailand keine Briefe von Olga vorgefunden hatte. Anderswo wäre dies ja mit Problemen bei der Zustellung zu erklären gewesen. Hier aber fiel diese „Ausrede" weg. Sein Bruder wohnte seit langer Zeit an der gleichen Adresse, und diese hatte er Olga längst mitgeteilt. Es mußte also irgendetwas passiert sein!

Natürlich merkte Karl die tiefe Enttäuschung seines Gastes, aber er bedrängte ihn nicht. Er wollte abwarten, bis dieser selbst sein Herz öffnete. Das geschah dann auch bald.

„Wir sind morgen bei meiner Freundin Maria zum Essen eingeladen. Du kannst Dich auf eine richtige Orgie italienischer Kochkunst freuen. Ihre Meeresfrüchte sind ein Gedicht, die Spaghetti sensationell. Von den ‚Dolces' ganz zu schweigen!"

„Eigentlich ist mir gar nicht nach opulentem Essen zumute", antwortete Wolfgang auf diese verlockende Ankündigung.

„Ich habe schlicht und einfach Liebeskummer, und der schlägt sich bei mir immer auf den Magen. Auch die Aussicht, hier erst Ende September konzertieren zu können, bessert meine Laune nicht gerade."

Tatsächlich ruhte der Kulturbetrieb in Mailand im Sommer – der Hitze wegen – total.

„Ich habe immerhin drei Karten für die Premiere in der ‚Scala' am 2. September organisiert. Da kannst Du schon einmal vor Deinem Konzert die Atmosphäre italienischer Musikereignisse studieren. Und im übrigen wird Dir gerade jetzt ein Gespräch mit einer reifen Dame sehr gut tun. Glaube mir, ich spreche aus Erfahrung."

Es dauerte gar nicht lange, und Wolfgang stand einem delikaten Abendessen schon viel aufgeschlossener gegenüber.

Dann begannen die Brüder ihre bisherigen Erfahrungen mit dem weiblichen Geschlecht auszutauschen. Das tat ihnen beiden sehr gut. Wolfgang erzählte von der wunderbaren Beziehung zu Olga, vom Gleichklang ihrer Seelen, aber auch von seinem unguten Gefühl nach den letzten Briefen.

„Wenn ich Dich nur überzeugen könnte, daß ich auch entfernt nur Dir lebe", hat sie geschrieben. „Warum zweifelt sie daran, mich überzeugen zu können? Hat sie ein schlechtes Gewissen? Und nach diesem Brief hörte ich immer weniger von ihr. Wochenlang kein Lebenszeichen. Und da soll man nicht verzweifeln. Ich kenne doch die vielen netten jungen Männer in der Lemberger Teestube!

Wahrscheinlich haben einige nur darauf gewartet, bis ich endlich das Feld freigebe. Und wenn ein Mädchen erst einmal die richtige Liebe kennengelernt hat, fällt ihm die Beherrschung wahrscheinlich genauso schwer wie uns Männern."

Wolfgang bekam Herzklopfen, wenn er an die Nächte mit Olga vor seiner Abreise dachte.

„Von Heirat im Lemberger Dom hat sie geträumt! Vielleicht habe ich da in meiner Überraschung zu reserviert reagiert. Möglicherweise hat sie längst einen gefunden, der bereit ist, sie schnell vor den Altar zu führen."

„Es ist alles möglich, aber wie Du das Mädchen geschildert hast, hätte sie Dir in diesem Fall wenigstens einen Abschiedsbrief geschrieben."

„Vielleicht fehlte ihr der Mut dazu, denn sie weiß ja, wie sehr ich sie liebe."

Darauf wußte Karl nun nichts mehr zu erwidern. Ganz vorsichtig lenkte er das Gespräch auf schöne Freundschaften und begann von seiner Maria zu schwärmen. Nicht nur von ihrer Kochkunst, sondern auch von ihren inneren Werten, ihrer Wärme und ihrem Verständnis für alle Probleme.

„Du hast mir doch auch von einer Dame aus der Lemberger Gesellschaft erzählt, mit der Dich eine tiefe Freundschaft verbindet."

„Das stimmt wohl, aber es ist zwischen ihr und mir eben nur Freundschaft", sagte Wolfgang. „Zu mehr hatte ich keinen Mut, denn schließlich ist Josephine verheiratet. Sie ist nur drei Jahre älter als ich und ihre Tochter, meine Klavierschülerin, leider noch ein Kind. Irgendwann wird Julie genauso schön sein wie die Mutter, aber so lange möchte ich doch nicht warten."

Während des Gespräches war Karls Blick auf einen Briefumschlag gefallen, der umgekehrt auf dem Tisch lag. Anstelle eines Absenders war ein wunderschön geschwungenes „J" zu sehen.

„Hat Josephine Dir denn auch geschrieben?" fragte er interessiert.

„Ach nein, das ist der letzte Brief Olgas, den ich vorhin noch einmal gelesen habe. Sie heißt eigentlich Olga Josephina. Ihr Vater nannte sie aus Bequemlichkeit immer einfach Olga, und so ist ihr dieser Rufname geblieben. Da sie aber Josephina viel schöner findet, unterschreibt sie ihre Briefe mit diesem künstlerischen ,J'."

Um seinen Bruder auf andere Gedanken zu bringen, schlug Karl für den Abend einen Besuch des Marionettentheaters vor. Es war Mailands einzige künstlerische Aktivität während der Sommerpause.

Wolfgang fand die Darbietungen aber miserabel. Die elende Hitze und die schlechte Luft bereiteten ihm darüberhinaus rasende Kopfschmerzen. Der Rotwein, dem sie nach der Vorstellung in einer Taverne reichlich zusprachen, machte den „Brummschädel" nur noch schlimmer, und so war der jüngere Mozart an diesem Abend sehr unleidlich. Er konnte plötzlich an Italien überhaupt nichts Positives mehr finden. Der arme Karl, der doch stolz war auf das Land, in dem er seit mehr als zwanzig Jahren lebte, traute seinen Ohren nicht. Anscheinend hatte sich bereits einiger Unmut bei seinem Bruder aufgestaut.

„Die Landschaft ist langweilig, der Dom sieht aus wie Zuckerguß, und das Klima finde ich unerträglich. Die Straßenräuberei blüht und gedeiht, und selbst bei Tage ist man seines Lebens nicht sicher. Wärest Du nicht hier, würde mich nichts in Italien halten. Ich segne den Augenblick, an dem ich wieder deutschen Boden unter den Füßen habe."

Am nächsten Morgen plagte Wolfgang das schlechte Gewissen. Eigentlich wußte er gar nicht mehr so ganz genau, was er mit seinem besoffenen Kopf alles von sich gegeben hatte. Sicher war es aber für einen Wahlitaliener nicht besonders erfreulich gewesen. Karl nahm die Entschuldigung des Bruders mit einem milden Lächeln an und sagte nur: „Ist schon gut! Heute abend solltest Du aber etwas vorsichtiger sein, denn Maria ist eine große Patriotin! Ihr verstorbener Mann war Präsident des lombardischen Heimatbundes."

Es wurde ein schöner Abend. Das Essen schmeckte ausgezeichnet, und die Hausfrau war eine erstaunlich gebildete, wohltuend unkomplizierte Frau. Sie erkundigte sich eingehend nach dem Leben in Lemberg und sagte mit einem Augenzwinkern: „Ein so fescher und noch dazu so berühmter Klavierlehrer wird sich ja der galizischen Comtessen und Baronessen kaum erwehren können."

„Er hält es – wie ich – lieber mit einer schöngeistigen Freundschaft. Daneben allerdings – und das unterscheidet ihn zur Zeit von mir – ist er hoffnungslos verliebt in eine Schuhmacherstochter", erklärte Karl.

„Hoffnungslos ist wahrscheinlich genau richtig. Seit mehr als vierzehn Monaten bin ich nun unterwegs, und in den letzten Wochen habe ich kaum Briefe von ihr erhalten. Auch hier in Mailand nicht, wo ich ganz sicher damit gerechnet habe."

Das Gespräch plätscherte angenehm dahin. Man trank nach dem köstlichen Essen noch Kaffee und einen kleinen Grappa. Wolfgang verstand immer besser, daß sich sein Bruder bei dieser Maria sehr wohl fühlte, obwohl sie ja altersmäßig seine Mutter sein konnte. Vielleicht war aber genau das der Grund für seine Zuneigung. Mit seiner richtigen Mutter hatte Karl ja nie über einen längeren Zeitraum zusammengelebt.

Maria war erstaunlich gut über die Musikszene Italiens informiert. Bald war die bevorstehende Premiere in der „Scala" das Hauptgesprächsthema. Die Mailänderin bedauerte sehr, daß weder „Don Giovanni" noch „Figaro" oder „Cosi" auf dem Programm standen. Es hätte ihr viel Spaß gemacht, mit den beiden Söhnen des Komponisten eine Mozartoper zu hören.

„Fast vierzigmal hat man im letzten Jahr ‚Cosi fan tutte' gespielt. Normalerweise verschließt man sich ja hier gegenüber ausländischen

Werken. Bei Mozart ist das aber etwas anderes. Er ist sozusagen ‚Ehrenitaliener‘, und seine Da-Ponte-Opern gelten nicht als künstlerischer Import."

Bei dieser Liebeserklärung an Mozart bekam Wolfgang ein noch schlechteres Gewissen wegen seines gestrigen „Ausrutschers". Er wußte ja, wie sehr sein Vater dieses Land geschätzt hatte. Nur er selbst konnte eben dem feuchtheißen Süden nicht viel abgewinnen.

Karl, der sich schon als halber Italiener fühlte, sagte voller Stolz: „Einer meiner größten Schätze ist ein Brief, den unser Papa an ‚Großvater Leopold nach Salzburg geschrieben hat. Ich habe ihn im Wortlaut im Kopf. Es heißt dort: ‚So hab' ich halt in keinem Land so viel Ehre empfangen, bin nirgends so geschätzt worden, wie in Italien.' Mutter schickte mir das Originalschreiben, als ich begann, bei Bonifacio Asioli in Mailand Musik zu studieren."

Man hatte Mozart seinerzeit noch vor der Errichtung der „Scala" im alten „Teatro Regio Ducale" unglaublich gefeiert. Die Begeisterung kannte damals keine Grenzen.

„Leider versucht die Direktion der ‚Scala' gerade jetzt wieder einmal ein Experiment", sagte Maria.

„Wir werden uns deshalb mit dem unbekannten Werk eines Herrn Luigi Carlini auseinandersetzen müssen."

Als sich die beiden Mozartsöhne am Premierentag mit ihrer charmanten Begleiterin dem neoklassizistischen Bau der „Scala" näherten, erklärte Karl seinem Bruder die Geschichte des Hauses.

„Maria Theresia wollte die unter der österreichischen Herrschaft nicht gerade glücklichen Lombarden bei Laune halten. ‚Ganz Italien ist eine Oper', sagt man, und so war es naheliegend, den Menschen hier ein neues Haus zu bauen. Das alte Hoftheater war nämlich 1776 zum drittenmal in seiner Geschichte abgebrannt. Man ließ die alte Kirche Santa Maria alla Scala abreißen und an ihrer Stelle die Oper errichten."

„Deshalb erleben wir an diesem heiligen Ort oft so gesegnete Aufführungen", bemerkte Maria lächelnd.

Karl war aber mit seinen Erklärungen noch nicht fertig. „Der Architekt Piermarini schaffte den Bau in der Rekordzeit von zweieinhalb Jahren, und am 3. August 1778 konnte man mit Salieris ‚Europa riconosciuta‘ eröffnen. Die Kaiserin prophezeite beim Festakt, daß dieses Haus den Ruhm der berühmtesten Operntheater in den Schatten stellen würde."

„Und das tat es schließlich auch", ergänzte Maria stolz.

„Wir Italiener lieben es, Gedanken in die große, pathetische Phrase einzubetten. Darum liegt uns die überspitzte Ausdrucksweise der Oper. Sie ist deshalb auch mit Abstand unsere liebste Musikgattung." Beinahe entschuldigend lächelte sie Wolfgang an, denn sie wußte ja, daß dieser fast ausschließlich Klavier- und Orchestermusik schrieb. „Da werde ich mich ja ganz schön anstrengen müssen, um mit meiner Musik hier zu bestehen", meinte er auch sogleich.

Mittlerweile war man über die spiegelglatten, hellgrauen Marmorböden des Foyers in den Zuschauerraum gelangt. Dem Gast verschlug es nun fast den Atem. Hinter der relativ schlichten Fassade hätte er niemals ein derart monumentales Innenleben vermutet. Sechs Ränge türmen sich hoch in diesem riesigen Hufeisen. Alles ist in den Farben Rot, Créme und Gold gehalten, die Logen sind mit rotem Damast ausgekleidet. Den riesigen Kristalluster in der Mitte sowie die Kandelaber an den Brüstungen hatte man mit unzähligen Kerzen bestückt. Sie verbreiteten ein sanftes rötliches Licht.

Das riesige Haus füllte sich langsam mit festlich gekleideten Menschen. Ihr Stimmengewirr mischte sich mit bizarren Klängen aus dem Orchestergraben, wo die Musiker ihre Instrumente stimmten.

Maria freute sich über den großen Eindruck, den das Theater offensichtlich auf den Bruder ihres Freundes machte.

„Unlängst hatten wir den französischen Schriftsteller Marie-Henri Stendhal hier zu Gast", sagte sie. „Der war auch außerordentlich beeindruckt von der Stimmung, die einen beim Betreten des Zuschauerraumes umfängt. Er meinte, daß wohl nichts auf Erden besser geeignet wäre, die Seele in den Zustand musikalischer Empfänglichkeit zu versetzen."

Genauso empfand es Wolfgang, als er sich nun entspannt in seinem Sitz zurücklehnte. Der Dirigent wurde mit höflichem Beifall begrüßt.

Die Ouvertüre gefiel noch recht gut, aber je länger die Aufführung dauerte, desto enttäuschter reagierte das Publikum. Häufig hörte man Buh-Rufe, teilweise sogar schrille Pfiffe.

Nichts mehr war zu spüren von der weihevollen Stimmung, die Stendhal beschrieben hatte. Wolfgang konnte sich von den negativen Auswirkungen italienischen Temperaments überzeugen. Die Leute lieben ihre Oper und vergöttern die Stars! Aber wehe, die Aufführung ist von schlechter Qualität! Dann gibt es schnell einen handfesten Wirbel.

' Weder Luigi Carlini, der Komponist, noch der Dirigent oder die Sänger wagten sich am Schluß vor den Vorhang. Es herrschte ein wildes Tohuwabohu, und einige aufgeregte Menschen verlangten sogar ihr Geld zurück. Mailand hatte wieder einmal einen Theaterskandal. Wolfgang war geschockt! Es war aber auch tatsächlich eine jämmerliche Musik gewesen und einer „Scala" wirklich nicht würdig.

Als die Brüder nach der Vorstellung noch den milden Abend genossen, wurde überall bereits vom „Skandal in der Scala" gesprochen. Wie ein Lauffeuer hatte es sich verbreitet, daß der Carlini mit seiner Oper durchgefallen wäre. Wahrscheinlich hätte ein Attentat auf den Erzherzog auch kein größeres Aufsehen erregt.

„So etwas darf mir mit meinem Konzert einfach nicht passieren", sagte Wolfgang und beschloß, sich gleich morgen früh intensiv in die Vorbereitungen zu stürzen.

Die Organisation von Konzerten war überall lästig. Hier in Mailand erlebte er aber, trotz intensiver Unterstützung durch seinen Bruder, täglich neue Überraschungen. Auf dem Programm standen die g-Moll-Symphonie (KV 550) und einige Konzertarien seines Vaters sowie sein eigenes 2. Klavierkonzert.

Programme und Billette waren längst gedruckt, er hatte aber noch immer keine Sängerin. Nach der Opernpleite in der „Scala" hatte ihm die Primadonna abgesagt, und Signora Cossetti, der Ersatz, war schwer erkältet. Selbst die Beschaffung eines geeigneten Klavieres bereitete Schwierigkeiten, nicht zu reden von der Erstellung eines guten Orchesters.

Karl Thomas ärgerte sich grün und blau, denn er fühlte sich für all die Katastrophen persönlich verantwortlich. Es war ja „sein" Mailand, und er hatte es seinem Bruder doch so schmackhaft machen wollen. Mehr als zehnmal eilte er zur „Scala", um Orchestermusiker anzuwerben. Sie würden gerne helfen, ließ sich der Direttore endlich erweichen. Für Proben hätten sie aber wegen des Opernbetriebes keine Zeit!

Als Wolfgang Amadeus diese Nachricht hörte, platzte ihm endgültig der Kragen: „Ohne Proben kein Spiel", schrie er seinen Bruder an, als ob der etwas dafür könnte.

„Schließlich hat man eine Verantwortung vor dem Publikum! Und eine Blamage wie dieser Herr Carlini kann sich ein Mozartsohn nicht leisten!"

Karl war restlos enttäuscht. Der verhinderte Dirigent und Konzertpianist hingegen fühlte sich bald richtig erleichtert. Er hatte das Gefühl, einer Katastrophe gerade noch entgangen zu sein. Das Kapitel „Konzerte in Italien" war für ihn ein für allemal erledigt.

Die verbleibenden Tage in Mailand konnten die Brüder nun ohne Streß nur ihrer persönlichen Beziehung widmen. Sie kamen sich dadurch immer näher. So hatte die Konzertabsage auch ihre guten Seiten.

Der Abschied war schmerzlich. „Gott gebe, daß ich ihn bald wiedersehe", schrieb Wolfgang in sein Tagebuch. Es sollten jedoch bis zu einer neuerlichen Begegnung zwanzig Jahre vergehen!

Wolfgang fuhr von Mailand mit der Kutsche bis Como und ließ sich dann per Schiff nach Riva übersetzen. Von Chiavenna aus nahm er dann zu Pferd in einer kleinen Gruppe die nicht ganz ungefährliche Überquerung des Splügenpasses in Angriff. Die Berge waren teilweise schon schneebedeckt. Als er die „Via mala", die gefährlichste Stelle, erreichte, dunkelte es bereits. Der Weg zwischen den ungeheuren Felsmassen war schmal und ohne Geländer. Weder der Mond noch ein einziges Sternchen flimmerten. Jeder Fehltritt des Pferdes konnte das Leben kosten.

Als der Mozartsohn endlich wohlbehalten in Chur angelangt war, schrieb er stolz in sein Tagebuch: „Ich möchte trotz aller Mühsal dieses Abenteuer nicht missen! Auch das Schauerliche hat seinen Reiz, wenn es einmal glücklich überstanden ist."

Von Chur aus reiste er in einem bequemen viersitzigen Wagen mit drei sehr guten Pferden nach St. Gallen und von da aus schließlich nach Zürich.

Dort konnte er schon eine Woche nach seiner Ankunft einen großen Konzerterfolg feiern. Die eidgenössische Konzertgesellschaft hatte alles bereits vortrefflich organisiert. Nach dem Chaos von Mailand war das ein sehr erfreulicher Kontrast. Hätte Wolfgang auch noch einen Brief von Olga vorgefunden, wäre er sich wie im Paradies vorgekommen. Leider blieb ihm diese Freude versagt.

Alte Tanten und ein Jugendfreund

Das Leben eines Künstlers auf Tournee war eigentlich ziemlich eintönig. In mehr oder weniger regelmäßigen Abständen wiederholte sich immer das gleiche Spiel. Strapaziöse Reisen, Streit mit schlechten, unwilligen Musikern und Ärger über verstimmte Klaviere oder ungeeignete Lokalitäten.

Manchmal machte sogar die Beschaffung der Instrumente oder des Notenmaterials Probleme, und meistens standen die hohen Kosten in keinem Verhältnis zum schließlich erwirtschafteten Gewinn.

Hatte er alles einigermaßen geregelt, war Wolfgang Amadeus meist so erschöpft, daß er sich vor den Konzerten längere Ruhepausen gönnen mußte. Selten hatte er Zeit und Muße, die Städte, in denen er gerade gastierte, wirklich kennenzulernen und zu genießen.

Es gab aber auch Ausnahmen. Die waren dann meist von menschlichen Begegnungen geprägt. Die Wochen mit Mutter und Stiefvater in Kopenhagen oder der lange Aufenthalt bei Karl in Mailand entschädigten Wolfgang für viele Strapazen. Natürlich stellten auch die Auftritte vor dem preußischen König in Berlin oder vor anderen hochgestellten Persönlichkeiten Höhepunkte in seinem Musikerleben dar.

Nach Konzerten in Bern, Rastatt, Bruchsal, Frankfurt, Darmstadt, Karlsruhe, Stuttgart, Ulm und Augsburg war Wolfgang Amadeus im März 1821 in München angekommen. Hier wollte er sich über zwei Monate aufhalten.

Die Erfahrungen, die er in der bayerischen Hauptstadt machte, waren unterschiedlich. So findet sich beispielsweise am 9. April eine bemerkenswerte Eintragung in seinem Tagebuch: „Heute abend war das fünfte und schlechteste Konzert! Madame Schlösser trat mit der Hofsopranistin Vecchi in einem Duett und später allein mit einer Arie auf. Sie war beklommen, sang anfangs schlecht und später noch schlechter. Der Bassist Hanmüller sang die große Arie des Sarastro durch die Nase und kalt." Es muß nicht unbedingt der reine Kunstgenuß gewesen sein. Aber Herr Mozart trug es wenigstens mit Humor. Sah er doch freudig einem großen Ereignis seiner Reise entgegen.

Er war mit der königlich bayerischen Staatskapelle bei Hofe engagiert! Am 24. April sollte ein Konzert vor König Max Joseph stattfinden. Wolfgang Amadeus stand für sein Es-Dur-Klavierkonzert nicht nur ein hervorragendes Orchester, sondern auch ein gutes Instrument zur Verfügung. Es konnte also gar nichts schiefgehen! Dann erschien zwei Tage vor dem großen Ereignis ein Abgesandter des Königs im Gasthof Mozarts.

„Seine Majestät sieht sich zum größten Bedauern genötigt, das Konzert in der Residenz abzusagen", lautete die lakonische Botschaft. Der livrierte Bote deutete eine leichte Verbeugung vor dem konsternierten Musiker an und legte diskret ein Kuvert auf den Tisch. Ein „Highlight" der Konzertreise hätte es werden sollen. Und dann diese ärgerliche Wendung!

Max Joseph hatte es nicht nötig, seine Entscheidung zu erklären. Man durfte rätseln. War es ein Todesfall wie einst in Rußland, waren es andere Verpflichtungen des Monarchen, oder hatte er einfach keine Lust? Im Endeffekt war es schließlich egal.

Der Lakai war längst verschwunden, als Wolfgang endlich den Briefumschlag öffnete. Er enthielt 300 Gulden und ein Billett des Königs! Immerhin eine noble Absage. Trotzdem blieb eine große Enttäuschung zurück, als Mozarts Sohn schließlich zum ersten Besuch der Geburtsstadt seines Vaters aus München abreiste.

Seine leider bereits außerordentlich sehbehinderte Tante Maria Anna von Berchtold zu Sonnenburg war nach dem Tod ihres Mannes aus St. Gilgen wieder nach Salzburg zurückgekehrt. Sie bewohnte dort das sogenannte „Barisani-Haus", direkt neben dem Ritzerbogen. Ungeduldig erwartete die verwitwete Freifrau dort ihren Neffen. Längst hatte sie für ihn das schönste Zimmer mit Blick auf die Kollegienkirche vorbereiten lassen.

Wolfgang war neugierig auf die mittlerweile siebzigjährige Schwester seines Vaters, galt sie doch noch immer als hervorragende Pianistin. Es war ein bewegendes Treffen! Die Tante war momentan seine einzige persönliche Verbindung zu dieser bemerkenswerten Stadt. Sein Vater hatte Salzburg eher gehaßt als geliebt.

Und auch seine Mutter war in ihrer Jugend, wohl vor allem wegen des gespannten Verhältnisses zum Schwiegervater, nicht unbedingt eine Freundin der „Mozartstadt", wie sie sich heute nennt.

Trotzdem planten die Nissens, nach der Pensionierung Georgs, die Übersiedlung an die Salzach. Für Konstanze übten die Heilquellen Bad Gasteins eine ähnliche Anziehungskraft aus wie seinerzeit die Thermen in Baden bei Wien. Auch für die diversen gesundheitlichen Probleme des mittlerweile geadelten dänischen Beamten würden die Wässer Gasteins sehr bekömmlich sein. Und so bereitete man für Herbst 1821 den Umzug vor.

Während die Tante beim Kaffee interessiert den Erzählungen ihres Neffen lauschte, beobachtete er sie verstohlen. Die zart und gebrechlich wirkende alte Dame ließ nicht mehr das einst so quicklebendige „Nannerl" vermuten. Selbst ein gemeinsamer Spaziergang zu den Sehenswürdigkeiten der Stadt und den früheren Wohnhäusern der Familie war ihr zu anstrengend. Nur am Klavier wirkte sie noch frisch wie eh und je. Noten konnte sie zwar kaum noch lesen, dafür hatte sie aber ein riesiges Repertoire im Kopf. Vor allem natürlich fast das gesamte Klavierwerk ihres Bruders. Gemeinsames Musizieren machte Tante und Neffen viel Freude.

Als sich Wolfgang zu einem Stadtrundgang verabschiedet hatte, schrieb Freifrau von Berchtold zu Sonnenburg in ihr Stammbuch: „In meinem 70. Lebensjahr habe ich noch die unaussprechliche Freude, den Sohn meines unvergeßlichen Bruders das erstemal zu sehen und ihn, ganz nach dem Geschmack des Vaters, spielen zu hören."

In der Bildergalerie des Salzburger Schlosses Leopoldskron entdeckte Wolfgang kurz vor seiner Weiterreise nach Wien ein Porträt eines Herrn Gasparo Antonio von Baroni-Cavalcabo. Der war ein stattlicher Mann gewesen und hatte im vorigen Jahrhundert gelebt. Sofort tauchte natürlich bei diesem Namen Lemberg vor seinem geistigen Auge auf. Und mit der Stadt Josephine und natürlich auch Olga.

Die ältere Freundin würde er schon bald in Wien treffen, denn der Gubernialrat von Baroni-Cavalcabo war für einige Zeit dorthin übersiedelt. In der Grünangergasse besaß der Diplomat eine große

Wohnung, und auch der Klavierlehrer der Familie würde dort Logis nehmen können.

Es war ein merkwürdiger Zufall. Genau in diesem Haus hatten vor dreißig Jahren auch die Hofdemels gewohnt. Magdalena war bekanntlich die Klavierschülerin seines Vaters gewesen, und die Beziehung hatte sich nicht nur auf das Pianoforte beschränkt.

Wolfgang war die Liebschaft und die schreckliche Tragödie, die durch dieses „Gschpusi" ausgelöst worden war, unbekannt. Auch eine mögliche Verbindung des Geschehens zur unwürdigen Beerdigung seines Vaters konnte er natürlich nicht ahnen. Er wäre wohl sonst kaum zu den Baroni-Cavalcabos in die Grünangergasse gezogen.

Glücklicherweise war Josephine nur seine Freundin und nicht seine Geliebte. Und da er – trotz fehlender Briefe – noch immer auf Olga hoffte, würde sich daran auch in Wien nichts ändern. Eine Wiederholung der Tragödie war also ziemlich sicher auszuschließen.

Hätte Wolfgang Amadeus aber gewußt, wie nah er am Ursprung des Rätsels um die anonyme Grabstätte seines Vaters stand, wäre er außer sich geraten.

Zu sehr hing ihm, noch nach mehr als zwölf Jahren, jener peinliche Besuch am St. Marxer Friedhof nach. Geschämt hatte er sich damals vor dem sächsischen Botschaftsrat Griesinger. Vor allem für seine Mutter, aber auch für sich selbst! Mit siebzehn Jahren hätte er ja längst einmal intensiv auf einen Besuch an Vaters Grab gedrängt haben müssen.

Und dann war es ein ganz Fremder, der die Initiative ergriff. Es war wirklich eine Schande! Noch heute wurde ihm ganz heiß, wenn er an die entwürdigende Szenerie auf dem Gottesacker dachte.

In der Grünangergasse konnte er natürlich nicht wissen, auf welchem Boden er stand. Dort aber war die Bluttat geschehen, die den Baron van Swieten wahrscheinlich bewogen hatte, seinen Freimaurerfreund schnell und möglichst schwer auffindbar verscharren zu lassen.

Einem kultivierten Menschen, der immer ein Gönner und Freund Mozarts gewesen war, konnte man so etwas normalerweise wirklich nicht zutrauen. Er hatte es wahrscheinlich nur getan, um möglichen

Schaden von Lebenden fernzuhalten. Das macht sein Handeln für die Nachwelt ein wenig verständlicher.

Mozarts Sohn ahnte nichts von alldem. Er sehnte immer mehr das Wiedersehen mit Olga herbei, andererseits wurde die Angst immer größer, daß er sie verloren haben könnte.

Selbst in Wien, wo er auf den Spuren seiner frühen Jugend und seiner ersten Konzerterfolge wandelte, eilten seine Gedanken immer wieder nach Lemberg. Niemand konnte ihn von den Gedanken an Olga ablenken. Eros war eben doch stärker als Plato. Dessen Lehren von der vergeistigten Liebe konnte er ja manchmal, Josephine betreffend, nachvollziehen. Nun aber stand ihm der Sinn doch viel mehr nach dem begehrenswerten Körper seiner Schuhmacherstochter.

Kontakte mit alten Freunden seines Vaters, wie dem Baron Jaquin oder dem Abbé Stadler, brachten Abwechslung in sein Leben in Wien. Den Abbé unterstützte er in dessen Bemühen um die Anerkennung des Requiems als Mozartwerk. Der Graf von Walsegg lebte nämlich noch und machte immer wieder seine Autorenrechte geltend. Stadler war wohl der einzige, der den wahren Sachverhalt aufklären konnte. Er hatte ja selbst seinerzeit das unvollendete Werk von Joseph Eybler erhalten. Nach der Instrumentierung des „Offertoriums" gab er es aber an Süßmayr weiter, weil er den für kompetenter hielt. Vor allem aber war der Franz Xaver von Mozart selbst autorisiert worden. Und so setzte sich der ehemalige Abt von Kremsmünster damals über Konstanzes Wünsche hinweg.

Leider hatte Stadler aus dieser Zeit wenig Schriftliches in Händen. So hoffte er auf alte Briefe, die vielleicht in den Besitz der Mozartsöhne gelangt sein könnten.

Wolfgang mußte den Abbé enttäuschen. Er glaubte auch nicht, daß sich bei seiner Mutter oder bei Karl Thomas ein Beweisstück finden würde, das man gegenüber dem Verlag Breitkopf und Härtel ins Feld führen könnte. Süßmayr war ja längst tot, und bei Eybler fand sich auch kein geeigneter Brief. So mußte Stadler weiter forschen, denn er hatte es sich in den Kopf gesetzt, den Grafen von Walsegg als Schwindler zu entlarven.

Immerhin waren die Stunden mit dem Filius seines Freundes eine Beglückung für den alten Herrn, und er bedauerte die baldige Trennung sehr.

Bevor sich der Mozartsohn dann von Wien aus wieder nach Lemberg auf den Weg machte, wurde er in der Kaiserstadt noch einigemale von der Vergangenheit eingeholt. Besonders bewegend war für ihn das Zusammentreffen mit Aloysia Lange, der älteren Schwester seiner Mutter. Wolfgang wußte, daß der Vater seinerzeit in Mannheim unsterblich in sie verliebt gewesen war.

Ihre Zurückweisung hatte ihn schwer getroffen. Viele Freunde hegten damals eine häßliche Vermutung:

Mozart habe Konstanze nur den Hof gemacht, um der Welt zu beweisen, daß er auch eine Weber'sche herumkriegen könnte. Großvater Leopold dachte da ganz anders. Er konnte dieser badischen Sippe überhaupt nichts abgewinnen.

Der Vorschlag seines Sohnes, mit Aloysia eine Konzertreise nach Italien zu machen, hätte ihn damals fast um den Verstand gebracht.

Erschüttert schrieb er: „Wie kannst Du Dich doch von so einem abscheulichen Gedanken auch nur eine Stunde einnehmen lassen … Fort mit Dir nach Paris! Und das bald!!"

Leopolds Enkel sah sich nun diese Tante Aloysia gut an. Selbst jetzt, noch als über Sechzigjährige, hatte sie eine Ausstrahlung, um die sie manche junge Frau beneidete. Wolfgang konnte sich gut vorstellen, daß ein Kontakt mit ihr vor vierzig Jahren alles andere als ein abscheulicher Gedanke gewesen sein mußte. Auch ihm erschien sie noch heute reizvoller als seine eigene Mutter je gewesen war. Und darüberhinaus galt sie als eine der besten Sängerinnen ihrer Zeit.

„Vor 26 Jahren begegnete ich Dir als Kind. Als Jüngling sah ich Dich wieder, und ohne Dich zu erkennen, erreichte Dich mein Herz", schrieb sie ihm ins Stammbuch. Wolfgang Amadeus war stolz auf diese Eintragung.

Aber nicht nur die Wiener Vergangenheit seiner Eltern holte ihn ein, sondern auch seine eigene. Irgendwann traf er zufällig Franz

Grillparzer, den Jugendfreund. Die alten Tage im Schottengymnasium wurden bei ihrer Begegnung wieder lebendig. Sie erinnerten sich auch der gemeinsamen Sturm- und Drangperiode, die zur Gründung der „Gesellschaft zur gegenseitigen Bildung" geführt hatte.

Die jungen Leute verstanden sich damals so gut, weil sie ein gemeinsames Problem hatten. Sie fühlten sich beide von ihren Vorbildern fast erdrückt. Bei Wolfgang war es der Schatten des genialen Vaters, der ihn verfolgte und der ihn schließlich in die östlichste Ecke der Monarchie trieb. Grillparzer hatte sich als erbärmlicher Dilettant gefühlt, wenn er seine Werke mit denen Goethes verglich.

Nun waren beide gereift. Mozart versuchte, sich immer wieder einzuhämmern, daß er eine unabhängige, eigenständige Persönlichkeit sei.

Einen Vergleich mit dem Vater würde niemand aushalten. Deshalb brauchte auch er sich nicht ständig an ihm messen zu lassen.

Schon die Gespräche mit dem Bruder hatten viel zur Festigung dieser Erkenntnis beigetragen. Franz Grillparzer brachte beinahe noch mehr Verständnis für ihn auf. Unsagbares Leid, das er in den vergangenen Jahren ertragen mußte, hatte ihn hart gemacht. Vielleicht schärfte sich aber gerade dadurch sein Sinn für das wahrhaft Wichtige im Leben.

In stundenlangen Gesprächen mit seiner Dauerfreundin Katharina Fröhlich äußerte er immer wieder Zweifel an der Existenz Gottes. Wenn es ihn gab, wieso konnte er soviel Unglück zulassen?

Vater Grillparzer, ein nicht gerade vermögender Advokat, war spröde und keiner echten Liebesbeziehung fähig gewesen. Trotzdem löste sein früher Tod eine unglaubliche Unglücksserie in der Familie aus. Franzens jüngster Bruder Adolph ertränkte sich in der Donau. Die Mutter betrieb daraufhin Askese. Sie verfiel in religiösen Wahn und wollte auch ihre Umwelt an der Wollust des Schmerzes teilhaben lassen. Schließlich erhängte sie sich am Dachboden.

Franz war der einzige „Wohlgeratene" der vier Söhne. Bei Hofe war er allerdings wegen eines angeblich antichristlichen Gedichtes in

Ungnade gefallen. Da man ihn von da an als Religionsspötter und Verächter der Autorität einstufte, schikanierten ihn Zensur und Polizei in zunehmendem Maße. Beispielsweise mußte sein Drama „König Ottokars Glück und Ende" ein Jahr auf die Genehmigung zur Aufführung warten.

Zum Glück – und das war wohl der einzige Glücksfall in seinem Leben – gefielen dem damaligen Finanzminister Philipp Graf Stadion seine Werke. Und so wurde Grillparzer nach relativ uninteressanten Tätigkeiten in der Hofbibliothek und im Finanzdienst durch dessen Fürsprache Theaterdichter des Burgtheaters.

Damit war er mit einem Schlag aller finanziellen Sorgen enthoben. Sein Leben aber blieb überschattet von Hypochondrie und wirren Liebeserlebnissen.

Nach der erschütternden „Lebensbeichte" des großen Dramatikers erzählte auch Wolfgang viel von sich. Die beiden Männer entdeckten jene Geistesverwandtschaft wieder, die sie schon in ihrer Jugend empfunden hatten.

Auch ihr Verhältnis zum anderen Geschlecht zeigte viele Parallelen. Was Josephine von Baroni-Cavalcabo für Wolfgang bedeutete, war Katharina Fröhlich für Grillparzer. Dessen große Liebe aber hieß Charlotte. Da sie die Frau seines Vetters und Freundes Ferdinand von Paumgarten war, litt er unter fast unerträglichen Schuldgefühlen. Trotzdem kam er nicht von ihr los. Das Verhältnis zu Katharina gestaltete sich dadurch quälend und schmerzlich.

„Für Herzen und für Geister regiert der Augenblick", schrieb er ihr ins Stammbuch.

Sie blieb ihm trotz aller Differenzen zeitlebens in rührender Anhänglichkeit verbunden. Wie Josephine von Baroni-Cavalcabo ihrem Wolfgang Amadeus.

Dem kam bei Grillparzers Bericht über Charlotte von Paumgarten ein ganz neuer, quälender Gedanke. Sollte Olga bereits vor ihm einen anderen festen Freund gehabt haben? War sie etwa zu dem zurück-gekehrt? Er versuchte sich damit zu beruhigen, daß sie ja Jungfrau gewesen war, als er erstmals mit ihr geschlafen hatte.

Konnte sie aber auch später allen Anfechtungen standhalten? Er hoffte inständig, daß Olga überhaupt noch in Lemberg war. Vielleicht fertigte ihr Vater jedoch seine berühmten Stiefel mittlerweile längst woanders.

Wolfgang Amadeus hatte sich von Grillparzer und auch von Wien verabschiedet. Ein weiter Weg in schaukelnden und ratternden Kutschen lag bereits hinter ihm. Unendliche Stunden aber hatte er auf dem Weg nach Nordosten noch vor sich. Sie waren erfüllt von Sehnsucht nach seiner Olga.

Das Päckchen mit dem roten Band

Die Empfindungen Wolfgangs auf dem letzten Wegstück waren ähnlich wie damals bei seiner ersten Reise nach Lemberg. Vor fünfzehn Jahren war er ebenfalls mit bangen Gefühlen durch die herbstliche, nebelverhangene Aulandschaft des Poltew gefahren. Der Knoblauchgeruch der Reisegefährten hatte sich ebensowenig verändert wie deren Gepäck. Auch heute gehörten schnatterndes Federvieh und hie und da sogar ein quiekendes Ferkel dazu. 1807 hatte er ängstlich seinem Dienstantritt beim Grafen Bawarowsky entgegengesehen. Heute wußte er genau, was ihn im Hause Baroni-Cavalcabo erwartete. Die Diplomatenfamilie war kurz vor ihm wieder nach Hause zurückgekehrt. Schon bald würde er Josephine treffen und der kleinen Julie Klavierunterricht erteilen.

Eigentlich hätte er keinen Grund zur Aufregung gehabt, denn alles würde seinen gewohnten Lauf nehmen. Und trotzdem war er noch viel nervöser als damals.

Endlich hatte man Lembergs Stadtgebiet erreicht. Als die Kutsche an den vielen steinernen Damen vor den Palais vorbeirollte, würdigte er diese kaum eines Blickes. Wie in allen anderen größeren Städten der Monarchie trugen sie – barbusig und doch keusch – Portale und Balkone auf ihrem Kopf. „Zarte Damen mit Herkulesjob" nannte jemand einmal die vergleichbaren goldenen Ladies im Wiener Musikvereinssaal.

Wolfgang Amadeus hatte aber auf den letzten Kilometern vor dem Ziel keinen Sinn für bauliche Schönheiten. Schon gar nicht für steinerne Busen, da ihm doch seine Phantasie dauernd Olgas verführerische Formen aus Fleisch und Blut vorgaukelte. Er wagte aber nicht, sich darauf zu freuen. Zu grausam würde sonst die Enttäuschung sein.

Er ließ sich auch nicht direkt zur Teestube, sondern zuerst zu seiner Wohnung bei den Baroni-Cavalcabos fahren. Wolfgang hoffte nur, nicht sofort auf Josephine zu treffen. Sie hätte sonst gleich gemerkt, wie heillos durcheinander er war. Glücklicherweise befand sich seine Seelenfreundin außer Haus. Nur die kleine Julie stürmte sofort auf ihn zu. Sie war schon Weibchen genug, sofort ein „Bussi" einzufordern. Seine Verwirrung konnte er vor ihr aber gerade noch verbergen.

Schimpfend wuchtete der Kutscher das schwere Gepäck mit den vielen Noten ins Haus. Erst ein recht nobles Trinkgeld hellte dessen Miene wieder etwas auf. Dann ratterte die Kutsche davon. Wolfgang Amadeus Mozart-Sohn war wieder zu Hause. Fühlte er sich in dieser Stadt tatsächlich heimisch? Viel würde von den nächsten Stunden abhängen. Er sehnte sie herbei, aber er fürchtete sich auch davor. Hoffen und Bangen kämpften in seinem Inneren. Schließlich siegte die Hoffnung, und er machte sich ganz langsam auf den Weg. Für einen schnelleren Schritt war die Zuversicht doch nicht groß genug.

Er ging genau die Strecke, die er damals gewählt hatte. Vorbei an Rathaus, erzbischöflichem Palais und Dom. Durch die engen Gäßchen der Altstadt näherte er sich Olgas Wohnung. Sie lag ganz in der Nähe der Teestube. Sein Herz klopfte bis zum Hals, als er vor dem Haus des Schusters ankam. An dieser Tür hatte Olga damals gestanden, als er, im Selbstgespräch versunken, mißmutig vor sich hintrottete. „Haben der Herr mich gemeint?" hatte sie gefragt und ihn dabei mit ihren blauen Augen angestrahlt.

„Ach, stünde sie doch jetzt auch ganz einfach hier. Ich würde ihr die Schreibfaulheit sofort verzeihen und sie in die Arme schließen", dachte er. Doch die Tür blieb zu. Rundherum machte alles einen eher verwahrlosten Eindruck. Die Läden der Schusterwerkstatt waren geschlossen. Dafür hätte es ja noch eine Erklärung gegeben, denn es war längst Feierabend. Als Wolfgang aber beim Versuch, die Haustür zu öffnen, mehrere Spinnweben entdeckte, lief es ihm kalt über den Rücken. Durch diesen Eingang war lange niemand mehr gegangen. Also war das Haus unbewohnt.

Ängstlich hastete er zur Teestube. Dort wurde er mit lautem „Hallo" begrüßt, denn die meisten Gäste kannten ihn noch und wußten, daß er auf einer langen Reise gewesen war. Er jedoch hatte kaum einen Blick für die Studenten und Handwerker, die ihm freundlich entgegenblickten. Atemlos fragte er nur: „Wo ist Olga?"

„Ja, wenn Ihr das nicht wißt", sagte ein blonder Tischler, stellvertretend für alle Anwesenden, „wir haben keine Ahnung. Sie ist seit mehr als einem halben Jahr spurlos verschwunden!"

Wolfgang war weiß geworden wie die Wand. Mit ungläubigen, entsetzten Augen ließ er sich auf den nächstbesten Stuhl fallen.

Die Gäste der Teestube waren alle untereinander und somit auch mit Olga gut bekannt gewesen. Oft hatte sie ihnen von den Berichten Wolfgangs über seine Reise erzählt.

Seit April war das Mädchen aber wie vom Erdboden verschluckt. Die Freunde vermuteten, sie habe das Alleinsein nicht mehr ertragen und sei ihm entgegengereist. Das stellte sich nun als Irrtum heraus.

„Der Tod ihres Vaters im März war ein schwerer Schock für sie. Danach schien es uns noch plausibler, daß sie Euch gesucht hat", sagte ein Student der Rechte. Alles sprach nun aufgeregt durcheinander. Nur die etwa vierzigjährige Wirtin Tatjana war ziemlich ruhig geblieben. Um Wolfgangs Lebensgeister wieder zu wecken, stellte sie ihm aber bald einen sehr „steifen" Grog auf den Tisch. Dann beugte sie sich zu ihm herunter und flüsterte ihm etwas ins Ohr. Die anderen dachten, es wären ein paar tröstende Worte.

Kurz danach aber erhob sich Wolfgang und ging in die kleine Küche. Es war gemütlich dort.

Über dem Herdfeuer summte der Teekessel. Tatjana machte sich, zunächst ohne etwas zu sagen, an einer Kommode zu schaffen. Aus einer Schublade holte sie ein kleines Päckchen hervor. Es war mit einem roten Band verschnürt.

„Das ist ein Gruß von Olga", sagte sie etwas verlegen. „Sie hat es mir anvertraut. Von frühester Kindheit an, seit dem Tode ihrer Mutter, offenbarte sie mir ihre größten Geheimnisse. So weiß ich auch, wie sehr sie Euch liebt."

Bei diesen Worten spürte Wolfgang neue Hoffnung und Zuversicht in sich aufsteigen. „So sagt mir doch endlich, wo ich sie finden kann", rief er beinahe unbeherrscht aus.

„Genau das kann ich nicht. Sie ist mit dem Vater ihres Kindes weit weg gezogen." Nun rang auch Tatjana um ihre Fassung. Unter Tränen fügte sie hinzu: „Auch ich werde sie nie mehr wiedersehen."

„Mit dem Vater ihres Kindes?" fragte der Musiker fassungslos.

„Es ist ein russischer Großfürst. Niemand kennt ihn hier. Auch die Freunde in der Teestube nicht. Sie glaubten, Olga sei nach dem Tod ihres Vaters zu Euch gereist. Und ich ließ sie in ihrem Glauben. Olgas kleines Bäuchlein ist vor ihrem Verschwinden niemandem aufgefallen. Sie hat es durch ihre Kleidung geschickt kaschiert. Ich mußte ihr in die Hand versprechen, außer Euch niemandem etwas von ihrem Fehltritt zu erzählen. Ein solcher ist es wohl gewesen, denn geliebt hat sie wirklich nur Euch."

Wolfgang hatte sich an den kleinen Küchentisch gesetzt und das Gesicht zwischen die Hände vergraben. So konnte man nicht sehen, daß er weinte. Aber Tatjana spürte es.

Mitfühlend legte sie ihre Hand auf seinen Rücken und sagte: „In diesem kleinen Päckchen sind Eure Briefe und Olgas Abschiedsgruß. Sie war sehr verzweifelt. Die Legalisierung der Verbindung mit dem Fürsten war ihr einziger Ausweg aus der Schande. Nun lebt sie irgendwo im riesigen russischen Reich zwischen Moskau und St. Petersburg. Auch ich weiß nichts Genaueres. Irgendwann nach der Taufe des Kindes wird sie mir aber bestimmt schreiben."

Nachdem sich Wolfgang einigermaßen gesammelt hatte, fragte er leise: „Wie kam sie denn an einen Großfürsten?"

Die Wirtin lächelte. „Eigentlich seid Ihr selbst an dieser Verbindung schuld." Verblüfft starrte sie der Musiker an. „Olga hatte bei Eurem Abschiedskonzert derartigen Gefallen an klassischer Musik gefunden, daß sie von da an öfter solche Veranstaltungen besuchte. Hochgestellte Kunden ihres Vaters schenkten ihr hie und da eine Karte. Vielleicht hat sie Euch sogar davon geschrieben."

„Davon schon, aber kein Wort von einem Fürsten", brummelte Wolfgang.

„Den aber hat sie im Redoutensaal getroffen. Irgendwann verführte er sie dann. Näheres erzählte sie nicht einmal mir. Nur als ihre ‚Tage' zum zweitenmal ausgeblieben waren, schüttete sie mir in ihrer Verzweiflung ihr Herz aus. Längst hatte sie ihre Schwäche bitter bereut. Mit jedem Tag wurde ihr klarer, daß sie nur Euch und nicht den adeligen Russen liebte. Immerhin erwies er sich als Ehrenmann und scheute sich nicht, die Konsequenzen zu ziehen. Als er ihr einen Antrag machte, war sie – wie sie mir sagte – zu feige, zu ihrer wahren Liebe zu stehen. Willenlos ergab sie sich ihrem Schicksal."

Die Tränen mühsam zurückhaltend, drückte der Musiker Tatjana kurz an sich. Dann steckte er das kleine Päckchen mit den Briefen in die Tasche. Wortlos und ohne auf die neugierigen Blicke der Gäste zu achten, verließ er die Teestube. Er war ziemlich sicher, daß er diesen Ort nie mehr betreten würde.

Als Josephine von Baroni-Cavalcabo an diesem Abend leise an Wolfgangs Tür klopfte, rührte sich nichts. Julie hatte aber ihren Klavierlehrer kommen sehen und die Mutter darauf aufmerksam gemacht. Er mußte also in seinem Zimmer sein. Vorsichtig öffnete sie die Tür. Vor dem flackernden Kaminfeuer saß Wolfgang mit gänzlich abwesendem Gesichtsausdruck. Er hatte das Erscheinen der Hausfrau gar nicht bemerkt, während er ein Stück Papier nach dem anderen den Flammen übergab. Um ihn herum lagen noch viele Briefe verstreut. Ein rotes Bändchen, das sie einmal zusammengehalten hatte, lag achtlos daneben. Einen kleinen Zettel hatte der Luftzug in die Nähe der Tür getrieben. Josephine mußte sich gar nicht besonders anstrengen, um die wenigen Zeilen lesen zu können, die darauf in schön geschwungener Schrift geschrieben standen: „Verzeih mir, ich kann nicht anders. Aber ich werde Dich immer lieben! Olga." Für die Verabschiedung verwendete sie nicht, wie in all ihren Briefen, das geschwungene „J", sondern ihren Rufnamen. Er hatte ihn nämlich immer so zärtlich geflüstert!

Man sollte die Feinfühligkeit von Frauen niemals unterschätzen. Natürlich hatte Josephine längst gespürt, daß ihr Seelenfreund eine junge Geliebte hatte. Eigentlich gönnte sie ihm das, denn schließlich war er ein Mann mit normalen körperlichen Bedürfnissen. So war sie gar nicht besonders überrascht über den Wortlaut auf dem Zettel.

Sie trat näher zu Wolfgang und nahm ihm vorsichtig jene Briefe aus der Hand, die er gerade in die Flammen werfen wollte.

„Es wird Euch später vielleicht einmal leid tun", sagte sie leise. Überrascht sprang er aus seinem Sessel hoch und starrte sie einen Moment lang entgeistert an. Dann schloß er sie wortlos in die Arme. Sofort überkam ihn an ihrer Brust ein Gefühl der Geborgenheit.

Er machte nicht die geringsten Anstalten, irgendetwas vor ihr zu verbergen. Im Gegenteil! Er forderte sie sogar auf, einige seiner Briefe an Olga zu lesen. Es erleichterte ihn, endlich mit einem vertrauten Menschen über alles zu reden.

Später, als sie zusammen vor dem Kamin eine gute Flasche Rotwein tranken, holte er sogar das Tagebuch. Sie sollte sich davon überzeugen, daß er auf der Reise keusch gelebt hatte wie ein Mönch.

Wahrscheinlich war dieser Abend dafür ausschlaggebend, daß Josephine von Baroni-Cavalcabo den Klavierlehrer ihrer Tochter irgendwann zu ihrem Geliebten machte. Schließlich war auch sie nicht aus Holz und ihr dreißig Jahre älterer Gemahl nicht mehr der allerbeste Liebhaber. Vielleicht war der Gubernialrat insgeheim sogar froh darüber, daß ihm jemand die „lästigen Verpflichtungen" abnahm.

Vormärzstimmung

Man nannte den Staatskanzler „Kutscher Europas". Diese Bezeichnung war gar nicht so schlecht gewählt, denn auf dem Wiener Kongreß hatte Fürst Metternich die Zügel fest in die Hand genommen. Er lenkte länger als dreißig Jahre die Mächtigen des Erdteils ganz in seinem Sinne. Während des Kongresses hatten ihn Huren, Spitzel und Polizeiagenten mit geheimsten Informationen versorgt. Die amourösen Abenteuer des russischen Zaren mit feschen Weibern wurden ihm ebenso berichtet wie der Inhalt von Geheimgesprächen des französischen Außenministers Talleyrand mit seinem englischen Kollegen. Später setzte er den neu aufgebauten Polizeiapparat auf die Bürger an. Sie wurden in bisher nie gekannter Weise überwacht. Damit hatte er aber die Zügel zu straff angezogen und Widerstand provoziert. Es gab ein Aufbegehren im Volk, das er zunächst stark unterschätzte. Bald gärte es überall. Seine Feinde warfen ihm vor, ein System der Unterdrückung über ganz Europa, besonders aber über Österreich ausgebreitet zu haben. Die entwürdigende Zensur erweckte den Widerstand charaktervoller Schriftsteller, die sich härtestem Geistesdruck ausgesetzt sahen.

Metternich aber ließ sich nicht beirren und schon gar nicht belehren. Er hatte den Tyrannen Europas nicht am Schlachtfeld, sondern durch List und Diplomatie besiegt. Seine Methoden mußte zwar jeder demokratisch denkende Mensch verurteilen, sein System führte aber zu einer ungewöhnlich langen Friedensperiode. Er hatte die Menschen unter Napoleon zittern sehen. Nun wollte er sie in ein geeintes Europa und in eine bessere Zukunft führen.

Seine staatsmännische Einsicht hinderte ihn daran, Frankreich vollständig zu vernichten. Er wollte nicht eine Universalherrschaft durch eine andere, sondern eine falsche Weltordnung durch eine richtige ersetzen. An diesem Metternich'schen Ordnungsprinzip schieden sich die Geister. Für ihn gab es eine eindeutige Abstufung der Werteordnung Autorität und Freiheit. Wollte jemand Freiheit ohne Autorität, dann wollte er Anarchie! In der Volkssouveränität sah Metternich den gefährlichsten Feind des staatlichen und sozialen Rechtszustandes.

„Enthusiastische Gefühle, glühende Begeisterung und Patriotismus entstehen meist in unberechenbaren Niederungen. Sie trennen die Menschen mehr als daß sie dadurch zusammengeführt werden. Positiv können sich nur Impulse auswirken, die von oben nach unten wirken, denn nur in denen liegt Autorität." So etwa könnte die Maxime Metternichs gelautet haben.

Er wollte ein stabiles Gleichgewicht in Europa schaffen. Die ausgewogene Herrschaft Österreichs, Preußens, Rußlands, Englands und Frankreichs schien ihm ein Garant für den Frieden zu sein.

Leider machte er seine Rechnungen ohne „das Volk", egal welcher Nationalität. Bald brodelte es überall unter der Oberfläche. Das stärker werdende Proletariat wurde zu einer politischen Größe. Das wohlhabende Bürgertum hingegen hatte resigniert und sich in die Welt des Biedermeier geflüchtet.

Karl Thomas Mozart erlebte als österreichischer Beamter in Mailand hautnah, wie sich dort ein ungutes revolutionäres Klima entwickelte. Nachdem man Venetien und die Lombardei direkt unter kaiserliche Hoheit gestellt hatte, wurden regierungsseitig viele Fehler gemacht. Oft genug wies Karl seine Vorgesetzten darauf hin, daß man italienisches Nationalbewußtsein nicht durch Polizeigewalt austreiben könne. Schließlich lebte er schon lange mit einer lombardischen Patriotin zusammen. Er half sich durch sein verbindliches Wesen und ließ die Leute spüren, daß er sich mittlerweile längst als einer der ihren fühlte. Aber das war rühmliche Ausnahme, und so ließen blutige Unruhen nicht lange auf sich warten.

Bald machte sich im riesigen Österreich zwischen Lombardei und Galizien jene Stimmung breit, die im März 1848 schließlich zum Sturm im Hause Habsburg führen sollte.

Wolfgang Amadeus Mozart-Sohn hatte – nach der Enttäuschung mit Olga – sein Leben in Galizien wieder einigermaßen geordnet. Hie und da beklagte er zwar noch immer die schlechten Theaterverhältnisse oder den sehr bescheidenen Konzertbetrieb. Aber irgendwie hatte er sich längst damit abgefunden, daß sich in Lemberg alles auf einer etwas anderen Ebene abspielte als in Wien. Man versuchte zwar der Kaiserstadt nachzueifern, aber es wurde eben doch nur provinzielles Niveau erreicht.

Es gab ein Theater, eine Oper und ein Militärkasino. Das Leben aber blieb geprägt von östlicher Behäbigkeit. Doch gerade dieses unvergleichliche Durcheinander von ruthenischen Bauern, deutschen, ungarischen und tschechischen Beamten, Husaren, jüdischen Händlern und näselnden Aristokraten machte den Charme dieses Ortes aus. Er bot alle Vorteile einer monarchistischen Kleinstadt.

Als man den Wiener Lottobeamten Joseph von Spaun, den wohl besten Freund Franz Schuberts, Mitte der Zwanzigerjahre nach Lemberg versetzte, war dessen Erschrecken groß. Er war es gewohnt, im Kreise von Künstlern und Intellektuellen, wie Franz von Schober, Anselm Hüttenbrenner, Franz Grillparzer oder Johann Michael Vogel, zu verkehren. Und nun schickte man ihn in den äußersten Winkel der Monarchie. Erst der Hinweis Grillparzers, daß Mozarts Sohn freiwillig dorthin gegangen sei, stimmte ihn etwas optimistischer.

Bald fand er durch Wolfgang Eingang im Hause Baroni-Cavalcabo und schrieb ganz überraschte Briefe nach Wien: „Die Liebenswürdigkeit der Hausfrau hat mich überwältigt. Sie verstand es, eine Atmosphäre zu schaffen, die ich kaum in einem Wiener Salon erlebt habe. Die Mischung von etwa fünfzig Deutschen und Polen, Fürsten und Grafen, Generälen, Geistlichen und Theaterleuten, die ich dort auf der ersten Konzertsoiree kennenlernte, war sehr bemerkenswert. Frau von Baroni sang mit samtweicher Stimme, die Tochter Julie spielte hervorragend Klavier und Herr Mozart dirigierte das kleine Orchester."

Bei dieser Gelegenheit bahnte sich zwischen Joseph von Spaun und Wolfgang Amadeus eine echte Freundschaft an. Sie hat beiden sehr geholfen. Zunächst profitierte hauptsächlich Spaun, der durch Mozarts Verbindungen die Monarchie in Galizien aus ganz anderer Sicht erlebte.

Die unterschiedlichen Kulturkreise konnten sich hier zu dieser Zeit noch ohne größere Probleme gegenseitig überlagern. Genau dieses vielsprachige und vielgestaltige Milieu meinte später Fritz Herzmanovsky-Orlando, als er sagte: „Der Untergang des alten Österreich war eine der katastrophalsten Humorlosigkeiten der Geschichte." Im fernen Wien stöhnte man immer mehr unter den Auswüchsen der Metternich'schen Zensur. Selbst aus Kreisen der Hocharistokratie wurde Kritik am herrschenden System laut. Unter dem Pseudonym „Anastasius Grün" schrieb Anton Alexander Graf Auersperg die „Spaziergänge eines Wiener Poeten". Er brandmarkte darin genau die Zustände, die Franz Grillparzer eher zurückhaltend, Johann Nestroy aber mit beißendem Spott kommentierte: „Die Zensur ist die jüngere von zwei schändlichen Schwestern. Die ältere heißt Inquisition. Die Zensur ist das lebendige Geständnis der Großen, daß sie nur verdummte Sklaven treten, aber keine freien Völker regieren können." Der geistreiche Satiriker Nestroy fand immer wieder Wege, seine Botschaften trotz Zensur an die Öffentlichkeit zu bringen. Nicht nur einmal wurde er dafür mit Geld- oder sogar Gefängnisstrafen belegt.

Wolfgang Amadeus kannte die Stimmung unter den Wiener Künstlern vor allem aus seinen Gesprächen mit Grillparzer und nun durch den Kontakt mit Spaun. Er wäre mit seiner Musik sicher nicht mit der Zensur in Konflikt gekommen, aber allein das Klima geistiger Unfreiheit hätte ihn belastet. So war er zunächst froh, in Lemberg zu leben, wo sich solche Auswüchse nur in sehr gemäßigter Form zeigten. Darüberhinaus gehörte er hier mittlerweile zu den prominentesten Bürgern. Das gefiel ihm besser, als in Wien oder einer anderen Kunstmetropole ein Schattendasein zu führen. Und das immer mit der Hypothek belastet, „daß sich ein Sohn Mozarts keine Mittelmäßigkeit erlauben darf". Dieses Wort seiner Mutter aus frühen Kindheitstagen verfolgte ihn sein ganzes Leben.

Er war selbstkritisch genug, seine Bedeutung als Künstler richtig einzuschätzen. Mit dem Titanen Beethoven, der mittlerweile das Musikgeschehen der Zeit beherrschte, aber auch mit dem jungen Romantiker Franz Schubert könnte er sich nicht vergleichen. Vielleicht war unter diesen Gesichtspunkten Wolfgangs Leben in Lemberg tatsächlich der für ihn optimale Kompromiß.

Viele Menschen dieser Zeit flüchteten aus einem Gefühl politischer Ohnmacht in biedermeierliche Lebenshaltung. Er war vor dem Genie des Vaters an einen seinem Talent angemessenen Platz geflohen.

In Wien aber braute sich langsam die politische Stimmung des „Vormärz" zusammen. Es gab enorme Veränderungen wirtschaftlicher und gesellschaftlicher Art. Die zunehmende Industrialisierung hatte viele Menschen aus bäuerlichem Milieu in die Großstadt gezogen. Die gesamteuropäisch schlechte ökonomische Situation trieb aber so manches junge Unternehmen schnell wieder in den Ruin. Die Arbeitslosigkeit stieg nicht allein deshalb, sondern auch durch die zunehmende Mechanisierung früher manuell ausgeführter Tätigkeiten. So war Josef Maderspergers Erfindung der Nähmaschine nicht nur ein Segen, sondern kostete vielen Näherinnen den Broterwerb.

Die Stellenlosen mußten für wahre Hungerlöhne jede Tätigkeit annehmen. Dadurch wuchs die Massenarmut und damit auch die angespannte Stimmung im Volk.

Das politisch ohnmächtige, aber wohlhabende Bürgertum zog sich in die gemütlichen Wohnungen zurück. Es wurden neue Formen des Mobiliars und der Mode kreiert, die der Zeit ihren Namen gaben. Im „Biedermeier" pflegte man die Hausmusik, malte, dichtete und tanzte. Modezeitschriften erschienen mit kolorierten Kupfer- und Stahlstichen und regten die Phantasie zu immer eleganterer Bekleidung an. Die Wiener Schneider kopierten die von Paris vorgegebenen Linien und fügten noch ihre eigenen Schnörkel dazu.

Die Mozartsöhne erlebten in ihrem südlichen und östlichen Umfeld ähnliche Veränderungen der Gesellschaftsstruktur. In Oberitalien erreichte die Seidenweberei unter dem Einfluß der neuen Mode höchstes Niveau. Am Ende der Zwanzigerjahre florierte dieser Industriezweig auch in Wien, wobei fast die Hälfte der 600 Betriebe in der Vorstadt Schottenfeld registriert waren. Die Verbesserung der Produktionstechnik erlaubte nun auch die Herstellung der für das Biedermeier charakteristischen Streublumenmuster. Diese verzierten von da an nicht nur Damenkleider, sondern auch elegante Herrenwesten.

Auch der Mailänder Beamte Karl Thomas Mozart hatte seinen Anteil am Konjunkturaufschwung der Wiener Textilindustrie. Er bearbeitete nämlich die Einbeziehung der oberitalienischen Provinzen in das Zollgebiet der Monarchie. Dadurch wurde die Rohstoffversorgung Wiens mit ungefärbter, noch nicht verwebter Seide sichergestellt.

In Galizien vollzog sich der Weg ins Biedermeier natürlich etwas langsamer als im übrigen Österreich. Die besseren Kreise, vor allem die Diplomaten und ihre Familien, hielten aber enge Verbindung zur Kaiserstadt. Und so sah man bald auch auf dem Lemberger Korso Damen mit gebauschten Röcken, eng geschnürten Taillen und überdimensionierten Ärmeln. Die modischen Herren, zu denen man auch Wolfgang Mozart zählen konnte, trugen Gehröcke in Dunkelblau oder Schiefer. Als Aufputz wählte man dezent gefärbte Westen, meist verziert mit den schon erwähnten Blümchen.

Die entsprechenden Accessoires waren Zylinder, Spazierstöcke mit Griffen aus Elfenbein oder Silber, vor allem aber kunstvoll geschlungene Halsbinden. Der in dieser Zeit lebende französische Schriftsteller Honoré de Balzac sagte einmal: „Die Kunst, seine Krawatte zu binden, ist für den Weltmann das, was für den Staatsmann die Kunst, ein Diner zu geben, bedeutet." Er galt als leidenschaftlicher Beobachter der menschlichen Gesellschaft, also wird schon etwas dran gewesen sein an dieser Aussage.

Der Zylinder, einmal niedriger, einmal etwas höher, mit schmaleren oder breiteren Krempen, behauptete über Jahrzehnte seinen Platz in der Herrenmode. Er war die Kopfbedeckung des staatstreuen, konservativen Bürgers. Je unruhiger die Zeiten wurden, desto mehr knüpfte sich an dieses „Outfit" auch die politische Gesinnung des Trägers. „Angströhre" nannte man diese konventionelle Kopfbedeckung manchmal spöttisch. Wohl deshalb, weil die Träger keinen Mut hatten, sich gegen die Obrigkeit aufzulehnen. Sichtbares äußeres Zeichen freigeistiger Gesinnung war der Schlapphut. Er galt schlechthin als Kopfbedeckung der Revolutionäre. Man sah ihn mehr und mehr, je weiter die Zeit dem März 1848 zustrebte.

Wolfgang Mozart gehörte bei den Baroni-Cavalcabos beinahe schon zur Familie. Seine Beziehung zur Hausfrau hatte sich, für die Umgebung fast unmerklich, verändert. Aus Freundschaft war Liebe geworden. Josephines alternder Ehemann ahnte nichts oder wollte einfach nichts wissen. Nur Julie, das kleine Weibchen, registrierte eifersüchtig die Veränderung in der Beziehung des Klavierlehrers zu ihrer Mutter. Da sie insgeheim für Wolfgang Amadeus schwärmte und auch die Mutter innig liebte, litt sie unter der neuen Situation. Schließlich akzeptierte sie aber den Musiker fast wie einen Vater, während der Gubernialrat in eine Art Oparolle rutschte. Man hatte sich arrangiert.

Gerade als eines Nachmittags im Salon gemeinsam der Tee eingenommen wurde, erschien der Postbote mit einer betrüblichen Nachricht: Am 22. März 1826 war in Salzburg Georg Nikolaus von Nissen gestorben.

Noch knapp drei Wochen zuvor hatte er ein bemerkenswertes Schreiben an seinen Stiefsohn geschickt. Es war von Todesahnung gezeichnet: „Ich bin im sechsundsechzigsten Jahr und habe täglich ein Gefühl im Kopfe, das ich für ein Symptom der Gefahr eines Schlagflusses halten muß." Das Schreiben war eine Ergänzung zu Nissens Testament, und er bat den Empfänger inständig, Konstanze erst nach seinem Ableben davon zu unterrichten. Und nun war das Unfaßbare so schnell geschehen.

Wolfgang Amadeus reagierte sehr betroffen. Der dänische Diplomat war ihm in wichtigen Perioden seines Lebens wie ein echter Vater gewesen. Geschickt hatte er oft Konstanzes wenig mütterliche Art kompensiert. Während Wolfgangs Besuch in Kopenhagen war dann ein besonders herzliches Verhältnis entstanden, das auch Konstanze mit einschloß. „Sie ist mir eine liebende, wirkliche Mutter geworden", schrieb er damals in sein Tagebuch, und Nissen hatte daran bestimmt großen Anteil.

Dem Kondolenzbrief, den der Sohn sofort nach Salzburg sandte, ist dessen große Verehrung für den Stiefvater zu entnehmen:

„Ich fühle recht sehr, was Du an ihm verloren hast, aber auch mich fesselten die Bande der Liebe und der Dankbarkeit an ihn. Er war mein einziger und treuester Freund und überdies noch mein Wohltäter, mein Erzieher und meine Stütze. Auf ihn konnte ich bauen und war überzeugt, in allen möglichen Fällen, an ihm einen treuen Ratgeber und Helfer zu finden."

Karl Thomas kondolierte natürlich ebenfalls sofort, nachdem die Trauerbotschaft in Mailand eingetroffen war. Da er seinen Stiefvater aber nie gesehen hatte, fielen seine Worte zwar warmherzig, aber doch nicht so emotionell aus.

Es war dann auch nicht er, sondern sein Lemberger Bruder, der sich bald zu einem Besuch der Mutter in Salzburg entschloß. Konstanze wohnte dort mittlerweile mit ihrer jüngsten Schwester Sophie zusammen, die ihr seinerzeit in den letzten Stunden Mozarts so sehr beigestanden war.

Eigenartigerweise war deren Ehemann Jakob Haibl genau am gleichen Tag verstorben wie Nissen. Möglicherweise faßten die Schwestern dies als Wink Gottes auf, ihre Lebensbahnen künftig zu verknüpfen. Es gab ja schon früher Parallelen in ihrem Leben, allerdings vollkommen anderer Art. Ihre Männer hatten nämlich beide nach Schikaneder-Texten Opern komponiert. Haibls „Tiroler Wastl" war mancherorts sogar erfolgreicher als „Die Zauberflöte". Im „Theater an der Wien" und sogar in Goethes Weimarer Hoftheater wurden die Werke jedenfalls alternierend aufgeführt.

Sophie war Konstanze nicht nur am Totenbett Mozarts, sondern auch in anderen kritischen Situationen beigestanden. Mindestens dreimal hatte sie die ältere Schwester im Kindbett betreut. Unter anderem auch nach der Niederkunft von Wolfgang Amadeus, der ursprünglich Franz Xaver Wolfgang getauft worden war.

Dieser Kontakt in für Konstanze schwierigen Phasen hatte anscheinend eine ganz besondere Beziehung geschaffen. Als der Musiker jedenfalls im August 1826 in Salzburg bei den beiden älteren Damen eintraf, tröstete er nicht nur die Mutter, sondern fühlte sich auch zu Tante Sophie besonders hingezogen. Und so dirigierte er wenige Tage später im Dom das Requiem seines Vaters nicht nur für Nissen, sondern auch für Jakob Haibl, den Komponisten des „Tiroler Wastl".

Konstanze schrieb nach der Requiemaufführung an einen Bekannten: „Nach einstimmigem Urteil wurde Mozarts Requiem in Salzburg niemals so gut aufgeführt wie unter der Direktion meines Sohnes."

Ein Besuch am Sebastiansfriedhof zeigte Wolfgang, daß seine Mutter aus der Vergangenheit gelernt hatte. Niemand sollte mehr vergeblich nach der letzten Ruhestätte ihres Mannes suchen müssen. Auf dem schönen kleinen Obelisken, den sie am Grab hatte errichten lassen, war in goldenen Lettern Georg Nikolaus von Nissen verewigt. Die Namen Leopold Mozart oder Eva Rosina Pertl, die Urgroßmutter mütterlicherseits, fand Wolfgang allerdings nur auf unscheinbaren Steinen. Sie sind in dieser Familiengrabstätte ebenso begraben wie Jeanette von Sonnenburg, die schon mit sechzehn Jahren verstorbene Tochter „Nannerls", und Genoveva Weber, die Mutter des Komponisten Carl Maria.

Während also die beiden Weberschwestern wieder in einer Wohnung lebten, fanden sie zu einer anderen alten Dame der Familie überhaupt keinen Kontakt. Maria Anna von Berchtold zu Sonnenburg hat es Konstanze wohl nie verziehen, daß sie ihres Bruders Frau geworden war.

Und so fehlte auch das Bedürfnis, der Schwägerin zu begegnen, als diese wieder in Salzburg lebte. Es wären nur wenige Schritte gewesen vom Barisanihaus zu Konstanzes letzter Wohnung nächst der Michaelskirche. Nach dem Tode ihres Georg Nikolaus war sie aus dem Nonntaler „Öbstlerhaus" mit Sophie dort eingezogen.

Vielleicht wartete jede der Damen auf den ersten Schritt der anderen. Möglicherweise war es auch die starke Sehbehinderung, die der Freifrau Kontakte mit der Außenwelt zu sehr erschwerte.

Jedenfalls war Wolfgang Amadeus baß erstaunt über die Aversionen, die er bei Mutter und Tante spürte. Sie erstickten all seine Vermittlungsbemühungen im Keim.

Er war ein wenig traurig über diese Entwicklung, denn er mochte die Schwester seines Vaters und konnte noch immer herrlich vierhändig mit ihr musizieren. Sie gab den Ton an, und er improvisierte dazu. In den Nachbarhäusern öffneten sich dann alle Fenster, um diesem Wohlklang Einlaß zu gewähren.

„Es ist so wie früher, als das Nannerl mit dem Wolferl spielte", sagte ein alter Mann, der neben dem Ritzerbogen wohnte. Von dort hörte er jetzt das meisterhafte Klavierspiel wie früher von der anderen Seite aus Mozarts Geburtshaus.

Es war sozusagen ein „Schwanengesang", denn die Freifrau starb drei Jahre später und hat ihren Neffen nicht wiedergesehen. Man begrub sie in einer würdigen Feier neben Michael Haydn auf dem Petersfriedhof.

Es war aber nicht nur der fehlende Kontakt zwischen Mutter und Tante, der Wolfgang betroffen machte, sondern auch die ziemlich pessimistische Stimmung, die in der Stadt herrschte. Sechs Jahre zuvor, bei seinem ersten Besuch, hatte er das noch auf die Auswirkungen des fürchterlichen Stadtbrandes zurückgeführt, der am rechten Salzachufer gewütet hatte. Nun waren zwar die Sebastianskirche und andere wichtige Gebäude wieder aufgebaut. Viele Ruinen standen aber noch immer, und an der wirtschaftlichen Stagnation hatte sich nichts verändert. Die Eingliederung des früher selbständigen Erzbistums in den österreichischen Länderverband hakte an allen Ecken und Enden. Man wurde als einer der fünf oberösterreichischen Landkreise von Linz aus durch „Kaiserlich-königliche Kreishauptleute" verwaltet.

Das nagte am Selbstbewußtsein der Salzburger! Wie sich denken läßt, hatte Metternich aber dafür wenig Verständnis. Darum regte sich auch an der Salzach bald der Widerstand. Getarnt als sogenannte „Kassuppengesellschaft", gründete sich im Gasthaus Trautmann in Maxglan eine revolutionäre Gesellschaft von Bürgern und Intellektuellen. Sie hatte sich den Wiederanschluß an Bayern zum Ziel gesteckt.

Bevor Mozart über Wien wieder nach Lemberg abreiste, gab er im Salzburger Rathaus eine musikalische Akademie. Sein Name weckte Emotionen bei den Zuhörern, und so wurde er gemeinsam mit seiner Mutter stürmisch umjubelt. Spätestens zu diesem Zeitpunkt faßte er den Entschluß, sich für das Kulturleben Salzburgs stärker zu engagieren. Er wollte einen Beitrag zur Renaissance der Geburtsstadt seines Vaters leisten. Sie hat es ihm aber leider kaum gedankt.

Josephine und Julie

Im Sommer 1832 reiste Wolfgang Amadeus zum 70. Geburtstag seiner Mutter wieder nach Salzburg. Karl Thomas war in dieser Zeit leider finanziell etwas klamm und auch nicht so lange abkömmlich. Sonst hätte es erstmals seit den Tagen von Prag ein Zusammentreffen beider Söhne mit der Mutter geben können. So blieb es Wolfgang vorbehalten, diese zu einem dreiwöchigen Kuraufenthalt nach Gastein zu begleiten.

Konstanze hatte bereits mit Nissen öfter die Heilwirkung der dortigen Wässer genossen. Nun wollte auch ihr Sohn einmal etwas für seine angegriffene Gesundheit tun. Hie und da quälten ihn nämlich Magenschmerzen, und auch sein Allgemeinbefinden war nicht immer das beste. Auf seine Umgebung wirkte er in dieser Zeit bedrückt und melancholisch.

Der Schriftsteller Johann Peter Lyser, der ihn damals traf, schilderte in einem Brief seine Eindrücke:

„So sehr ich mich über die Begegnung freute, so wenig konnte ich meine Bestürzung über die Veränderung, die mit ihm vorgegangen war, verbergen. Das war nicht mehr die feine, elegante Jünglingsgestalt, die bei aller Bescheidenheit frei, aufrecht und sicher dahinschritt! Das war nicht mehr das leuchtend begeisterte Künstlerauge, nicht mehr das heitere Antlitz mit der von reichen dunklen Locken umwallten Stirn und dem anmutig lächelnden Mund!"

Vielleicht bedrückte Wolfgang auch nur die jüngste Entwicklung des Lemberger Kulturlebens. Noch vor wenigen Jahren hatte der von ihm gegründete „Cäcilienchor" Aufsehen erregt. Zum Todestag seines Vaters konnte man sogar das Requiem aufführen. Die örtliche Presse überschlug sich vor Begeisterung.

Er selbst nahm diese neue Aufgabe so ernst, daß er bei Johann Mederitsch, einem Meister des Kontrapunktes, Kirchenmusik studierte. Die Erfolge mit dem Chor machten ihm auch wieder Lust aufs Komponieren, und er schrieb so manche Kantate. Eine davon – „Der erste Frühlingsmorgen" – war sogar der Kaiserin Karolina

Augusta gewidmet und wurde von ihr huldvoll angenommen. Der Wiener Verleger Tobias Haslinger gab das Werk als Mozarts op. 28 heraus.

Joseph von Spaun, der längst wieder nach Wien zurückgekehrt war, hatte auch Franz Schubert um ein Werk für den Chor seines Freundes gebeten. Dieser schickte tatsächlich seinen „23. Psalm" nach Lemberg. Das Dankschreiben des Mozartsohnes erreichte Schubert gerade noch am Sterbebett. Und so hat der Cäcilienchor den Psalm mit besonderer Inbrunst als Requiem für den großen Landsmann seines Leiters gesungen.

Fast war es auch der Abgesang des Chores. Noch am 31. Oktober 1828, an Wolfgangs Namenstag, wurde ihm zu Ehren ein großes Fest veranstaltet. Unter den zahlreichen Geschenken befand sich auch eine schöne Tasse mit Goldrand. Sie trug den Spruch „Kurz ist das Leben, ewig bleibend die Kunst". In Anbetracht kommender Ereignisse besonders sinnig, denn die „ewig bleibende Kunst" des Cäcilienchores löste sich wenige Monate später auf. Einige Mädchen heirateten, kleine Erdenbürger drängten ans Licht der Welt, und junge Männer wurden zum Militär einberufen. Finitum!

Es war ein Schock und eine riesige Enttäuschung für Mozart.

Als man wenig später seinen alten Kontrapunktlehrer beerdigte, begrub Wolfgang mit ihm auch viele Hoffnungen. Vielleicht hätte ihn der Cäcilienchor in der Sakralmusik auf Vaters Spuren geführt. So aber blieb ihm lediglich die recht wertvolle Musikaliensammlung des Johann Mederitsch als Erinnerung an die kurze kirchenmusikalische Periode seines Lebens.

Wahrscheinlich hatte sich der Musiker gerade in dieser trüben Phase befunden, als er Lyser traf und den zu seinem Brief veranlaßte.

Wolfgang wußte aber auch selbst, daß irgendetwas mit ihm nicht stimmte, und so begab er sich also mit seiner Mutter in die Hände des berühmten Gasteiner Badearztes Dr. Storch. Gemeinsam genossen sie in den Kurpausen die Faszination des riesigen Kataraktes, der dem Ort sein romantisches Gesicht gibt. Stundenlang konnten sie daneben stehen und das Kochen und Sprudeln der zu Schaum aufbrausenden

Wassermassen beobachten. Eigenartigerweise beruhigte sie der ohrenbetäubende Lärm, und sie vermißten beinahe etwas, wenn sie wieder in ruhigere Gefilde kamen. Für die langen Gespräche, die Wolfgang mit seiner Mutter führte, waren dann aber doch die stillen Waldwege geeigneter. Konstanze erzählte voll Stolz vom Besuch König Ludwigs I. von Bayern in Salzburg. Der hatte ihr zum Geburtstag eine zusätzliche Pension ausgesetzt. Wolfgang berichtete unter anderem vom Zusammentreffen mit seinem alten Freund Franz Grillparzer. Nichts Fremdes wäre zwischen ihnen gewesen.

Der Dichter hatte von seiner Deutschlandreise, dem Besuch bei Goethe in Weimar, den Schikanen der Zensur, aber auch von seiner Liebe zu der noch sehr jungen Marie Smolk von Smolenitz erzählt. „Ihre Vorzüge und Fehler vereinigen sich in einer Eigenschaft: Sie ist ein Kind!" sagte er. Dieses „Geständnis" seines Freundes gab Wolfgang nun den Mut, mit seiner Mutter über die aufkeimende Liebe zu Julie von Baroni-Cavalcabo zu sprechen. Seine mittlerweile neunzehnjährige Schülerin war nicht nur eine hervorragende Pianistin, sondern auch eine geradezu verwirrende Schönheit geworden. Sie war kein Kind mehr, und wenn er mit ihr musizierte, spürte er, wie sein Blut in Wallung geriet. Wie Grillparzer zwischen Kathi Fröhlich und seiner neuen Geliebten, stand Wolfgang plötzlich zwischen Mutter und Tochter. Josephine und Julie!

Wie zwei Schwestern sahen sie aus und hatten auch ein fast geschwisterliches Verhältnis zueinander. Und doch standen sie sich plötzlich als Rivalinnen um die Gunst ihres Klavierlehrers gegenüber. Sie waren viel zu feinfühlend, um nicht längst gemerkt zu haben, wie es um ihn stand. Beide hätten sich aber lieber die Zunge abgebissen, als über die Situation zu sprechen. Weder als Mutter zur Tochter noch umgekehrt. Und schon gar nicht zum „Objekt der Begierde".

Es ging alles seinen gewohnten Gang im Diplomatenhaushalt. Mozart musizierte abwechselnd mit Josephine und Julie, die Mahlzeiten wurden gemeinsam eingenommen, und abends traf man sich in der Bibliothek. Der alte Gubernialrat hatte nicht einmal gemerkt, wie sich das Verhältnis seiner Gattin zu Mozart veränderte. Nun entging ihm natürlich auch die Verliebtheit der Tochter. Zwischen den anderen drei „Hauptpersonen" aber konnte man das Knistern manchmal geradezu fühlen.

Wolfgang Amadeus schilderte seiner Mutter die Situation in Lemberg ziemlich plastisch. Der ruhige Waldweg im Gasteiner Tal half ihm, seine Hemmschwelle zu überwinden. Konstanze hatte ja seinerzeit in Kopenhagen schon viel von Josephine gehört. Damals hatte aber die Leidenschaft Wolfgangs noch Olga gegolten. So war die Mutter nun doch überrascht. Aus der Seelenfreundin des Sohnes war die Geliebte geworden und hatte mittlerweile auch noch Konkurrenz durch die eigene Tochter erhalten!

Da war guter Rat wirklich teuer. Konstanze hielt sich auch mit ihren Kommentaren sehr zurück. Sie dachte an ihre eigene Jugend und an die gelegentliche Rivalität unter den Weberschwestern, wenn es um Männer ging. Wahrscheinlich ist der Unterschied gar nicht so groß, ob eine jung gebliebene Mutter mit der Tochter wetteifert oder eine ältere Schwester mit der jüngeren.

Sie mußte sich eingestehen, daß sie bei „Wolferl" nie eine Chance gehabt hätte, wäre der damals in Mannheim von Aloysia erhört worden. Sie hätte aber den „Besitzstand" der Schwester akzeptiert, genauso wie sie das bei Josephas Franz Hofer, dem Violinisten, getan hatte. Eigenartigerweise ist sie sich mit der jüngsten Schwester Sophie nie richtig „ins Gehege" gekommen. Vielleicht war das auch der Grund, warum sie nun im Alter so harmonisch zusammen lebten.

„Josephine hat zwar die älteren Rechte", sagte Konstanze plötzlich, als sie auf einer der vielen Bänke entlang der Waldpromenade Rast machten.

„Trotzdem hat Euer Verhältnis ja keine Zukunft, solange der Gubernialrat noch lebt. Also solltest Du vorsichtig prüfen, ob die Tochter für Dich eine echte Lebenspartnerin sein könnte."

„Daran denke ich die ganze Zeit. Ich muß auch zugeben, daß ich Julie wahnsinnig begehre. Trotzdem komme ich von Josephine nicht los und will es eigentlich auch gar nicht. Sie ist ein wesentlicher Teil meines Lebens. Ich habe ihr unendlich viel zu verdanken. Sie hat mir geholfen, mein Leben in Lemberg aufzubauen. Sie führte mich aus dem Tief nach Olgas Verschwinden, und sie verhält sich auch jetzt großartig. Bestimmt hat sie längst gemerkt, wie es um Julie und mich steht. Ich bringe es einfach nicht übers Herz, ihr weh zu tun. Genau darin liegt mein Dilemma."

„Wer Liebe sucht, muß auch auf Schmerz gefaßt sein", sagte Konstanze leise. „Mit Schmerz, den man sich selbst zufügt oder der anderen entsteht! Auch wenn ihr der Verzicht zunächst sehr schwer fallen würde, wird Josephine dem Glück ihrer Tochter nicht im Wege 'stehen wollen. Also solltest Du trotz Deiner Skrupel die Möglichkeit einer Heirat mit Julie prüfen. Schließlich wäre sie ja auch eine sehr gute Partie."

Wolfgang zog sein Gesicht in ärgerliche Falten. Natürlich waren auch derartige Überlegungen nicht von der Hand zu weisen. Ihm ging es aber bei seinem Verhältnis zu den beiden Damen wirklich um echte Gefühle und nicht um den Geldbeutel.

Immerhin nahm Wolfgang Mutters Rat der Prüfung mit nach Lemberg. Die Situation dort blieb zunächst unverändert. Er schlief gelegentlich mit der Mutter und bekam Herzklopfen, wenn er neben der Tochter am Klavier saß. Josephine registrierte dann sehr wohl, wenn sein Oberarm beim vierhändigen Spiel wie zufällig Julies Busen berührte und der dann das Blut in den Kopf schoß.

Die beiden beherrschten sich aber, und schließlich war die Jüngste des „Terzetts" die Vernünftigste. Julie löste die verkrampfte Situation auf ihre Art. Sie verlobte sich nämlich mit einem jungen Mann aus bester Lemberger Gesellschaft. Wilhelm Amadeus Weber von Webenau verehrte die Gubernialratstochter schon lange. Endlich nahm er sich ein Herz und machte ihr eines Abends einen Antrag. Vielleicht hatte Julie um diese Zeit gerade gemerkt, daß Wolfgang mit ihrer Mutter intim geworden war. Möglicherweise spürte sie auch, daß sie der „Dreierbeziehung" auf Dauer nicht gewachsen sein würde. Jedenfalls wurde bald Hochzeit gefeiert. Nach dem ersten Schock über Julies schnelle Entscheidung war Wolfgang fast erleichtert. Endlich gab es wieder klare Fronten. Josephine freute sich besonders. Über die gute

Partie ihres Töchterleins und ganz heimlich natürlich auch über den Sieg gegen eine junge Rivalin.

Ludwig Cajetan von Baroni-Cavalcabo, der Gubernialrat, führte als stolzer Vater eine entzückende Braut zum Altar. Daß diese durch ihre Heirat die Beziehung Josephines zu ihrem Liebhaber erleichterte, wäre ihm niemals eingefallen. Vielleicht hätte es ihn mit seinen 74 Jahren aber auch gar nicht gestört.

Das Verhältnis Wolfgangs zu Julie wurde bald zu einer echten Freundschaft. Manchmal knisterte es noch ein wenig, aber die junge Ehefrau blieb ihrem Weber von Webenau treu. Leider konnte der sich seiner rassigen Frau nicht sehr lange erfreuen, denn er starb schon mit 45 Jahren.

Wolfgang Amadeus stand Julie in ihrem Schmerz bei. Es war aber zu diesem Zeitpunkt schon zu spät, die Freundschaft der beiden wieder in Liebe zurückzuverwandeln. So heiratete Julie dann in zweiter Ehe einen Herrn Johann Alois de Britto.

Genauso wie sein Bruder in Mailand fand auch Wolfgang nie den Weg in eine legalisierte Partnerschaft.

Olga war seine große Liebe gewesen, aber die hatte ihn enttäuscht. Vielleicht hätte Julie an ihre Stelle treten und die Dynastie Mozart erhalten können. Sie spürte aber die starke Bindung Wolfgangs an ihre Mutter und zog die Konsequenzen daraus.

So blieb Josephine von Baroni-Cavalcabo die Frau seines Lebens. Da der Gubernialrat Wolfgang aber um drei Jahre überlebte, kam sie für eine Ehe nie in Frage. Die freundschaftlichen Gefühle Josephines für Mozart stiegen aber in gleichem Maße, wie die erotische Beziehung nachließ. Irgendwann wurde aus der Geliebten wieder die Seelenfreundin und unentbehrliche Stütze in allen Lebenssituationen. Und so war es nur logisch, daß Wolfgang sie in seinem schon sehr früh aufgesetzten Testament zur Universalerbin einsetzte.

Enttäuschungen

„Nun ist er wieder frisch und gesund am 23. August mit meinem mütterlichen Segen nach Wien abgereist", schrieb Konstanze aus Gastein an den Musiklehrer Friedrich Schwaan nach Rostock. Mit dem korrespondierte sie öfter wegen des Verkaufs der Mozart-Biographie Nissens. Sie entwickelte diesbezüglich eine ganz erstaunliche Geschäftstüchtigkeit.

Wolfgang Amadeus hatte die Kur tatsächlich gut getan, und er verspürte auch wieder mehr Arbeitsfreude. In Wien hielt er sich nur kurz auf, um einige Freunde zu treffen. Dann reiste er zurück nach Lemberg. Dort trat er bald die Stelle eines Theaterkapellmeisters an. Seine finanzielle Situation verbesserte sich durch dieses Engagement erheblich, und das gab ihm neuen Lebensmut. So organisierte er im Sommer des Folgejahres für sich und Julie Weber von Webenau eine Konzertreise nach Dresden, Leipzig und Prag. Wolfgang konnte dazu alte Kontakte nützen, die sich seinerzeit während der großen Tournee ergeben hatten.

Natürlich stand das gemeinsame Musizieren dabei im Vordergrund. Aber Josephines Blicke, mit denen sie Freund und Tochter in Lemberg verabschiedete, sprachen Bände. Sie hatte schwere Bedenken, daß sich ein heimlich glosendes Feuer wieder entzünden könnte. Wilhelm Amadeus Weber von Webenau, der junge Ehemann, gab sich aber ähnlich sorglos wie sein Schwiegervater und appellierte damit an Wolfgangs Loyalität. Es war genau die richtige Methode. Julie gelobte Mann und Mutter unter Tränen, auf sich aufzupassen. Für ihren Begleiter war es nun Ehrensache, die junge Ehefrau nicht zu kompromittieren. So wurde es eine sehr harmonische Reise. Ohne jede erotische Komponente, dafür mit umso mehr interessanten Kontakten.

In Leipzig gab es ein Zusammentreffen mit dem jungen Robert Schumann. Sowohl Julie als auch Mozart waren von ihm durchaus angetan. Bei einer abendlichen Tafelrunde kam man sich recht nahe. Auch der Pianist Friedrich Wieck war mit von der Partie. Dessen erst

16jährige Tochter Clara hatte gemeinsam mit Julie konzertiert und dabei einen hervorragenden Eindruck hinterlassen. Sie spielte vor allem Werke des jungen Polen Frédéric Chopin, der gerade die Pariser Konzertsäle im Sturm eroberte.

Clara bewies eine für ihr Alter erstaunliche Reife. Man spürte, daß Schumann sie nicht nur wegen ihres Klavierspiels bewunderte. Vater Wieck wehrte sich aber gegen eine Verbindung seiner Tochter mit dem „Feuerkopf", wie er Schumann nannte. Er war zunächst dessen Klavierlehrer gewesen. Die Arbeit führte jedoch zu keinem Ergebnis. Der Schüler hatte nämlich durch unvernünftiges Üben den vierten Finger der rechten Hand so malträtiert, daß er gelähmt blieb. Roberts Karriere als Pianist war damit beendet, und als Komponist gab ihm Wieck wenig Chancen. Dessen Tochter führte Schumann aber später trotzdem vor den Altar.

Wie sich bald zeigte, waren Vater Wiecks Bedenken nicht ganz unbegründet. Weniger bezüglich Schumanns Qualifikation als Komponist, sondern wegen seiner sonstigen Aktivitäten. Er hatte in Leipzig die „Neue Zeitschrift für Musik" gegründet und machte das Organ zu einer Plattform der Revolution in der Kunst. Gegen alles, was ihn am Musikbetrieb seiner Zeit störte, kämpfte er recht undiplomatisch und mit unnötiger Schärfe. Daher auch der Name „Feuerkopf".

In vielen Dingen sprach er zwar Wolfgang Amadeus aus der Seele, der hätte sich aber niemals derartig im Ton vergriffen. Im Metternich'schen Österreich wäre das auch mit noch größeren Problemen verbunden gewesen als im liberaleren Sachsen.

Schade, daß Vater Mozart nicht mehr lebte. Dessen loses Mundwerk wäre für die Zeitschrift genau richtig gewesen.

Der unruhige Geist des genialen Schumann ließ ihn nirgends eine sichere Position finden. Schließlich trieb er ihn sogar in den Wahnsinn.

Der an jenem Abend in Leipzig begonnene Kontakt mit Mozart und seiner Begleiterin blieb aber längere Zeit aufrecht. Er hat sich später in Wien noch vertieft. Schumann widmete Julie sogar die gefühlvolle „Arabeske" für Klavier.

Es war für Mozarts Lemberger Umgebung sehr überraschend, daß er sich im September 1835 schon wieder auf Reisen begab. Zum viertenmal innerhalb von drei Jahren nach Salzburg! Es kann nicht allein die Sehnsucht nach der Mutter gewesen sein. Viel eher sah er wohl endlich Chancen für eine Karriere in der Geburtsstadt seines Vaters!

Möglicherweise haben ihn die Gespräche mit Schumann bestärkt, noch einmal etwas für die eigene Laufbahn zu tun. Was war ein Theaterkapellmeister in Galizien im Vergleich zum Inhaber der vergleichbaren Stelle in Salzburg? Oder gar zum Direktor im kürzlich gegründeten „Dom-Musik-Verein und Mozarteum"? Seine Mutter schrieb ihm, daß dieser Posten noch vakant sei und er bestimmt dafür in Frage käme.

So ließ er seinen Job als Lemberger Theaterkapellmeister kurzfristig wieder im Stich, schlug sogar ein Angebot aus Weimar für eine ähnliche Stelle aus und machte sich schnellstens wieder auf den Weg nach Salzburg.

Die Reise endete mit einer großen Enttäuschung. Nicht Wolfgang Amadeus wurde Direktor der Institution, die seinen Namen trug, sondern ein aus Wien zugewanderter Jurist namens Franz von Hilleprandt. Wolfgangs verständnisvoller Charakter akzeptierte sogar, daß in den Gründerjahren ein Advokat auf dem Direktorenposten wichtiger war als ein Musiker. Man ernannte ihn dafür zum Ehrenkapellmeister. Das blieb er dann aber auch, als nach einer gewissen Zeit doch ein Musiker, nämlich der gebürtige Schlesier Alois Taux, zum Mozarteums-Direktor gemacht wurde. Zu diesem Zeitpunkt hatte Wolfgang Amadeus bereits resigniert.

Der Geiger und Hornist Taux war zuletzt Kapellmeister in Linz gewesen. Er organisierte später die Festlichkeiten zur Enthüllung des Mozartdenkmals in Salzburg dermaßen perfekt, daß er dadurch die Hochachtung der Mozartbrüder gewann. Mit Karl Thomas blieb er bis zu dessen Tod befreundet.

Konstanze versuchte, Wolfgang über die Salzburger Enttäuschung hinwegzuhelfen, indem sie ihm die geschäftlichen Aktivitäten mit der

Nissen-Biographie übertrug. Der Verkauf lief nämlich gar nicht schlecht.

Aus der Sicht des Sohnes war der renommierte Leipziger Musikverlag Breitkopf und Härtel die geeignetste Firma zur Vermarktung des Buches. So überwand er die Verstimmung wegen der seinerzeitigen Ablehnung seiner Kompositionen und bot den Sachsen den gesamten Restbestand an.

Tatsächlich kam es zu einem Abschluß. 420 Reichstaler waren ein Trostpflaster für den entgangenen Direktorenposten im Mozarteum. Ein Äquivalent für die große Enttäuschung waren sie aber nicht.

Heimkehr

In dieser Zeit fand ein Wandel in der europäischen Musikszene statt. Wien hatte seine dominierende Stellung zunächst verloren. Der Tod Beethovens und Schuberts innerhalb von nur zwanzig Monaten hatte eine riesige Lücke gerissen. Es gab keine mit den Wiener Klassikern vergleichbaren aktuellen Vorbilder mehr. Die Walzerkomponisten Joseph Lanner und Johann Strauß-Vater wirkten mehr in Ball- als in Konzertsälen. So kommt es, daß die im Biedermeier in Wien komponierte klassische Musik heute weitgehend ignoriert wird. Umso höher schätzt man die Malerei dieser Epoche.

Franz Schubert hatte die Tür zur Romantik weit aufgestoßen. Sein Stern verglühte aber schon mit 31 Jahren. Die österreichische Musikszene war auf diese Situation nicht vorbereitet. Führende Persönlichkeiten fehlten von da an über Jahrzehnte.

Und so spielte sich die „Reaktion der Seele gegen den Primat des Intellekts", wie jemand einmal romantische Musik nannte, in Deutschland, Italien und Frankreich ab. Dort dafür im überreichen Maße. Mendelssohn, Schumann, Weber, Marschner, Rossini, Donizetti, Bellini, Meyerbeer, Chopin, Liszt und Berlioz waren alles Zeitgenossen von Mozarts Sohn. Ihre Musik betont mit einprägsamer Melodik den Ausdruck menschlicher Gefühle. Liebe und Leidenschaft, aber auch die „Verträumtheit mondbeglänzter Zaubernächte", wie Ludwig Tieck sich ausdrückte, erforderten eine Verfeinerung bisher üblicher Harmonik. Chromatik, Modulation und Dissonanz werden ebenso eingesetzt wie neue Rhythmik und individuelle Instrumentierung. Gerade in einer Zeit zunehmender Mechanisierung sollte besonders unterstrichen werden, wodurch sich der Mensch von toter Materie unterscheidet. Und keine Kunst ist besser geeignet Sensibilität auszudrücken, als die Musik. Sie ist als „Sprache der Seele" die wahre Verkörperung romantischen Sehnens.

Wolfgang Mozart spürte wohl das „musikalische Vakuum", das plötzlich in Wien entstanden war. Als er sich aber 1838 zur Rückkehr an die Donau entschloß, war es für ihn zu spät, die Situation entsprechend auszunützen.

Er fühlte sich ausgebrannt und war nicht mehr in der Lage, entscheidende neue Impulse zu setzen. Im Vollbesitz seiner Kräfte hätte er vielleicht verhindern können, daß seine Geburtsstadt gegenüber Paris als Musikmetropole stark an Bedeutung verlor. Wiens Pianistentradition war durch seinen Vater begründet worden. Er selbst hatte sich zwar nach Lemberg abgesetzt, aber Johann Nepomuk Hummel, Ignaz Moscheles und Carl Czerny, der Klavierpädagoge schlechthin, setzten sie fort. Es wäre also nur logisch gewesen, wenn der geniale Czerny-Schüler Franz Liszt hier geblieben wäre. Den aber zog es nach Paris, wo er sich gemeinsam mit seinem polnischen Freund Frédéric Chopin in den Salons feiern ließ. Liszt wurde die schillerndste Figur im Musikleben Europas. Nicht nur seine Kompositionen und sein Klavierspiel erregten Aufsehen, sondern vor allem auch seine zahllosen Affären mit Damen der Gesellschaft. Schließlich bewog er sogar die verheiratete Gräfin d'Agoult zur Flucht aus Paris. Über Genf reiste er mit ihr nach Italien.

Als Liszt 1838 wieder in Wien auftrat, lagen ihm die Frauen, aber auch männliche Musikenthusiasten zu Füßen. Der gerade wieder zurückgekehrte, eher biedere Mozartsohn hatte dem Charisma des gebürtigen Ungarn nichts entgegenzusetzen. Er war wieder einmal zu spät gekommen.

Vielleicht hätte er sich sogar ohne äußeren Anstoß überhaupt nicht mehr aus Galizien wegbewegt. Die Familie Baroni-Cavalcabo übersiedelte aber, nach Beendigung der Dienstzeit des Gubernialrates, endgültig wieder nach Wien. Und so zog Mozart einfach mit. Ohne Josephine wäre Lemberg für ihn noch trister gewesen, als er es in dieser Zeit sowieso schon empfand.

Der Musiker konnte wieder im Haus in der Grünangergasse wohnen. Bald war der Ort, an dem Vater Wolfgang Amadeus seinerzeit mit seiner Lieblingsschülerin Magdalena Hofdemel getändelt und Klavier gespielt hatte, wieder ein Zentrum klassischer Kammerkonzerte. Josephine organisierte jeden Monat musikalische Soirees für 50 bis 60 Personen. Meistens stand dort Julie Weber von Webenau im

Mittelpunkt, manchmal musizierte sie aber auch zusammen mit ihrem Lehrer.

Auch Clara Wieck spielte bei den Baroni-Cavalcabos Werke von Beethoven und Chopin. Sie konzertierte in dieser Zeit mehrfach in Wien und wurde überall stürmisch umjubelt. Ihr Bräutigam Robert Schumann war mit ihr aus Leipzig an die Donau gekommen. Er bemühte sich hier um eine Anstellung am Konservatorium und um Interessenten für seine „Allgemeine Musikzeitung". Dabei lernte er die politischen Zustände des „Vormärz" kennen. Die Wiener Zensurbehörde lehnte nämlich die Herausgabe seiner Zeitschrift rundweg ab. Man hatte längst geheime Auskünfte in Leipzig eingeholt. Und was man da über die revolutionären Ansichten des „Feuerkopfs" hörte, paßte gar nicht zu Metternich'schen Vorstellungen.

„Das hiesige Kunsttreiben ist wenig nach meinem Geschmack", schrieb Schumann dann, bevor er nach sechs Monaten Aufenthalt die Kaiserstadt wieder verließ. An Julie schickte er vor der Abreise noch ein Briefchen: „Empfehlen Sie mich Herrn Mozart! Ich schreibe dies nicht ohne Bewegung, wie Sie sich wohl denken können. Sagen Sie ihm, daß ich seiner oft und gerne denke!"

So ganz umsonst war Schumanns Besuch in Wien aber doch nicht. Ein Zufall hatte ihn nämlich mit Ferdinand Schubert zusammengeführt, der den Nachlaß seines Bruders Franz verwaltete. Robert besuchte ihn in dessen Wohnung und entdeckte dort unter einem Wust von Noten die große C-Dur-Symphonie (D 944) des Meisters. Schubert hatte sie zum Großteil im Sommer 1826 während des Urlaubs in Gmunden und Gastein komponiert. Kurz danach bot er das Werk der vor wenigen Jahren gegründeten „Gesellschaft der Musikfreunde" an. Das Orchester wies die Symphonie aber wegen der kaum zu bewältigenden technischen Schwierigkeiten zurück.

Eine Drucklegung kam deshalb nicht zustande, und so hat Schubert die Aufführung seiner größten Symphonie nicht mehr erlebt. Das Manuskript gelangte nach seinem Tod mit dem übrigen Nachlaß zu Bruder Ferdinand. Dort fand Schumann die Partitur und nahm sie mit nach Sachsen. Am 22. März 1839 dirigierte Felix Mendelssohn-

Bartholdy im Leipziger Gewandhaus zum ersten Mal dieses epochale Werk. Nach der triumphalen Aufführung schrieb er an Ferdinand Schubert: „Nach jedem Satz war ein großer, lang anhaltender Applaus, und was mehr als das bedeutet, alle Musiker waren ergriffen und entzückt von dem vortrefflichen Werk."

Bald nach seiner Rückkehr nach Wien war Wolfgang Amadeus wieder mit Franz Grillparzer zusammengetroffen. Man hatte den, nach dem Tode seines „Gönners" Graf Stadion, auf die uninteressante Stelle eines Archivdirektors in der Hofkammer abgeschoben. Seine Stücke brachten ihn immer wieder mit der Zensur in Konflikt, und auch in seinem Privatleben herrschte zeitweise ein ziemliches Chaos. Nur die früher durch viele dramatische Effekte gekennzeichnete Verbindung zu Katharina Fröhlich hatte sich mittlerweile in eine stille Freundschaft gewandelt.

Sie stand über all den kurzzeitigen, leidenschaftlichen Affären, die der Dichter immer wieder suchte, die ihn aber höchstens sexuell befriedigten. Grillparzers jugendliche Geliebte, Maria Smolk von Smolenitz, war mittlerweile erwachsen geworden und hatte seinen Freund Moritz Daffinger, den Maler, geheiratet. In dieser Ehe kam es aber sehr oft zu handgreiflichen Auseinandersetzungen. Die gute Maria eilte dann mit Beulen und blauen Augen wieder in Franzens Arme zurück. Nicht für lange Zeit, denn der hatte bald wieder eine neue stürmische Kurzzeitbeziehung.

Aber nach all diesen mehr oder weniger leidenschaftlichen Liebschaften blieb meist eine ziemliche Leere in ihm zurück. Es war immer dasselbe: Solange er werben konnte, glühte der Dichter vor Leidenschaft. Wurde ihm aber Gegenliebe entgegengebracht, erkalteten seine Gefühle schnell. Nur Katty hatte diese Gesetzmäßigkeit durchbrochen.

Nun näherte er sich aber langsam dem Leitsatz seiner zweiten Lebenshälfte: „In Selbstbewahrung liegt zuletzt die Ruh!"

Gespräche über Glück und Unglück in der Liebe brachte die Männer einander näher, obwohl der Musiker vieles anders sah als Grillparzer. So wäre er beispielsweise Olga sicher nie überdrüssig geworden. Des Dichters Festhalten an der Verbindung zu Katharina Fröhlich bestärkte Wolfgang aber in seiner immer schöner werdenden Freundschaft zu Josephine. Nichts konnte das Verhältnis mehr belasten, genausowenig wie jenes Grillparzers zu Katty. Der Dichter hat seine Lebensliebe dann auch literarisch verewigt. Im „Liebeskampf" zwischen Primislaus und der Titelfigur in seinem Trauerspiel „Libussa" verklärte er das Verhältnis zu Katty mit sanfter Ironie. Sich selbst sah er wohl mehr in der Gestalt des „armen Spielmanns", der Titelfigur seiner schönsten Erzählung.

In der Zeit von Wolfgangs Rückkehr nach Wien strotzte Grillparzer wieder einmal vor Schaffensfreude. Sein ungestümes Herz war zur Ruhe gekommen, und auch mit der Zensur hatte er sich endlich arrangiert.

In Gesprächen mit Freunden ließ er oft seinen wiedergefundenen Humor aufblitzen, und so wurde auch beim Wiedersehen mit Wolfgang Amadeus viel gelacht. Der Dichter erzählte die Geschichte, wie er einst zum Mozartverehrer geworden war: „Die Mutter meines Kinderfräuleins Klara hatte in der Zauberflötenpremiere einen der drei Affen gespielt. Unter dem Einfluß von Taminos Flötenklängen mußte sie sich in etwas tolpatschigen Tanzschritten wiegen. Dieses Ereignis nahm von da an in Klaras Familienchronik einen sehr hohen Stellenwert ein. Der Affe war zur zentralen Figur der Opernhandlung geworden. Noch bevor ich gehen konnte, wurde mir immer wieder die wunderschöne Melodie vorgesungen, mit der Tamino die Tiere tanzen läßt. Wahrscheinlich habe ich schon meine ersten Schritte so ausgeführt, wie Klaras Mutter als Affe tanzte. Kaum daß ich lesen konnte, besorgte mir das Kindermädchen ein Textbüchl, und dann sangen wir gemeinsam die Arien des Papageno.

Schon damals habe ich anscheinend die faszinierende Wirkung Mozart'scher Musik gespürt und von da an kaum eine andere gelten lassen."

Wolfgang Amadeus wußte nicht genau, ob er sich in dieses Kompliment mit einbezogen fühlen durfte. Eher wohl nicht, aber er freute sich über das überraschend heitere und ausgeglichene Wesen des Dichters.

Der wollte dann auch diesen bei ihm eher seltenen Gemütszustand in einer Komödie dokumentieren. „Weh dem der lügt" gilt heute, neben Kleists „Zerbrochenem Krug", als eines der wenigen großen deutschen Lustspiele. Grillparzer versuchte darin, den sittlichen Ernst Kants mit der kindlichen Heiterkeit des Shakespeare'schen „Sommernachtstraum" zu verbinden. Die Nachwelt hat ihn verstanden. Seine Zeitgenossen aber verdammten das Werk in Grund und Boden. Nach der nicht gerade optimal besetzten Uraufführung im Burgtheater zischte das adelige Publikum aus den Logen.

Es fand die Verbindung des Kochs Leon mit der Grafentochter Edrita unzumutbar. Die gebildeten Besucher nahmen darüberhinaus Anstoß an dem „Trottel" Galomir. Und als dann der Bischofsneffe Atalus mit Edrita in einer Scheune schlafend sichtbar wurde, wollten zart besaitete Damen sogar das Theater verlassen.

Grillparzer hätte es noch ertragen, daß ihn die meist überkritischen Presseleute „zerrissen". Das vernichtende Urteil des Publikums aber, das er in seiner Gesamtheit stets als höchsten Richter anerkannte, deprimierte ihn zutiefst.

Mitten aus einer seiner positivsten Phasen heraus wurde der Dichter nach dem Premierentag zum Einsiedler. Er zog sich vollkommen in sich selbst zurück und wurde auch für seine Freunde immer unzugänglicher. Man hatte ihn zutiefst gekränkt, und in diese Kränkung bezog er alle mit ein.

„Volkspoesie kann nur heißen, was den Weg zu seiner Vollendung unter der Teilnahme aller gemacht hat", hatte er früher einmal gesagt. Und nun mußte er erkennen, daß keiner diesen Weg mit ihm gegangen war. Auch seine Freunde nicht. Ernst Feuchtersleben und Eduard von Bauernfeld hatte er das Stück vorab vorgelesen, und auch deren Reaktionen waren ziemlich negativ ausgefallen.

Mozart war ja in der Zeit der Entstehung des Lustspiels noch gar nicht in Wien gewesen. Aber nun, nach dem Mißerfolg, spürte er, daß Grillparzer auch ihn mit den anderen in einen Topf warf. Verbittert zog sich der Dichter von jedem vertraulichen Umgang zurück. Er hatte sich von seinem Publikum, aber auch von seinen Freunden verabschiedet. Vergessen waren die schönen Gespräche mit dem Sohn seines musikalischen Idols, vergessen die vielen Gemeinsamkeiten, die sie noch kürzlich erkannt hatten. Nie mehr kam es zu einem so wohltuenden Meinungsaustausch über die Frauen, wie kurz nach der Rückkehr Wolfgangs nach Wien. Und als der Mozartsohn immer nur griesgrämig abgewiesen wurde, zog er sich schließlich auch zurück. Dabei hätte er gerade bei seinem Neuanfang in Wien einen echten Freund so dringend gebraucht.

Grillparzers Verhältnis zur Musik war so eigentümlich und widerspruchsvoll wie sein ganzes Wesen. In der Verehrung Mozarts aufgewachsen, galt ihm dessen Stil als der einzig berechtigte.

Beethoven hatte er sehr geschätzt, und mit Schubert war er befreundet gewesen.

Den romantischen Zeitgenossen konnte er aber wenig abgewinnen.

Möglicherweise schätzte er auch Wolfgang Amadeus als Künstler gering. Vielleicht zog er sich deshalb in einer Zeit, da er an seinen eigenen Qualitäten zweifelte, von ihm zurück. Er wollte nicht gemeinsam mit einem gescheiterten Musiker Trübsal blasen. Daß er den Sohn eines Genies als Mensch verstand, davon zeugt das wunderbare Gedicht, das er später unter dem Eindruck von dessen Tod verfaßte.

Brüderliches Wiedersehen

Die Mozartsöhne freuten sich riesig auf ihr erstes Zusammentreffen nach ewig langer Zeit. Natürlich gab es im Jahre 1840 aber auch noch andere bemerkenswerte Ereignisse.

In England hatte man beispielsweise die Photographie und die Briefmarke erfunden. Es erscheint fast unglaublich, daß diese Selbstverständlichkeiten des heutigen Lebens erst 150 Jahre existieren.

Briefe wurden damals noch mit Stempeln der „Fürstlich Thurn und Taxis'schen Post" versehen. Diese enthielten Angaben über entfernungsabhängige Taxen, das Bestimmungsgebiet und die Art der Bezahlung. Man konnte nämlich die Gebühren entweder voll entrichten oder auch nur bis zu einem sogenannten Postaustauschort. Der Preis für den restlichen Weg war dann vom Empfänger zu bezahlen.

Karl Thomas Mozart korrespondierte in dieser Zeit häufig mit seinem Bruder in Wien. Auch umgekehrt wurde die reitende oder fahrende Post mehrfach bemüht, denn es mußte ja die Reise des Mailänder Beamten an die Donau organisiert werden. Die Mozartbrüder waren höfliche Menschen, und so frankierten sie ihre Briefe natürlich jeweils voll.

Als endlich alle Einzelheiten der Wienreise Karl Thomas' fixiert waren, schickte er seinem Bruder mit dem letzten Brief auch ein kleines Geschenk. Er wollte Wolfgang schon vorab für dessen Mühe danken. Als er die Sendung dem Postkutscher übergab, wurde ihm sogar ein Einlieferungsschein ausgehändigt. Das ließ das korrekte Beamtenherz höher schlagen. Es war schon alles recht gut geregelt bei der Thurn und Taxis'schen Organisation!

In Mailand war das ja fast eine Selbstverständlichkeit. Das Fürstengeschlecht derer von Taxis war nämlich ein lombardisches und stammte aus der Nähe von Bergamo. Die Familie war für die römische Kurie tätig gewesen, bevor sie sich später in Augsburg niederließ. Dort entstanden Kontakte mit den Fuggern und schließlich auch zum Kaiserhaus.

Maximilian I. hatte Franz von Taxis 1489 mit der Errichtung des ersten Postkurses vom niederländischen Mechelen über Augsburg nach Innsbruck beauftragt. Der Kaiser war bestrebt, die Kommunikation in seinem riesigen Einflußbereich zu verbessern. Das ist ihm schließlich auch gelungen. Immerhin wurde damals schon ein Brief in fünf Tagen von Brabant nach Tirol befördert. Viel schneller geht das auch heute nicht.

Gabriel und Johann Baptista von Taxis, die Neffen des Gründers, bauten die Postkurse dann wenig später nach Süden und Südosten aus. Die Stationen waren auch noch zu Zeiten der Mozartsöhne weitgehend unverändert. Die Beförderung erfolgte nach wie vor durch reitende Boten oder Kutschen. Erst einige Zeit später, mit der Erweiterung des Eisenbahnnetzes, erhielt auch das Postwesen eine ganz neue Basis.

Wolfgang Mozart waren im Frühjahr 1838 überall in Wien Plakate aufgefallen, die eine Sensation ankündigten. Man konnte erstmals mit „brausenden Dampfwagen" nach Deutsch-Wagram reisen. Warum gerade dorthin, war auf den ersten Blick nicht zu erkennen. Immerhin war es aber sensationell. „Ganz ohne Pferde rasen die Wagen, nur von einer Dampfmaschine angetrieben, mit einer Geschwindigkeit von 30 km pro Stunde durch die Gegend", erklärte ein aufgeregter junger Mann, der neben Wolfgang stand und ein Plakat studierte. Der freute sich, dieses technische Wunderwerk bald seinem Bruder vorführen zu können. Zumal ein gewisser Herr Ignaz Weissenberger – wie man lesen konnte – extra für Bahnreisende am Zielort ein elegantes Restaurant errichtet hatte.

Es war der pure Luxus. Man konnte in einem eigenen Lokal in der Wollzeile die Fahrkarten erwerben und sich dann vom Stephansplatz per Fiaker zum Nordbahnhof in der Nähe des Praters bringen lassen. Dann begann das große Abenteuer! Hinter einer der drei schnaubenden Dampfrösser „Austria", „Herkules" oder „Moravia" raste man durchs Land. Alle drei Maschinen stammten aus der berühmten Werkstatt des Engländers Robert Stephensen in Newcastle. Die Fahrt ging über eine extra für diesen Zweck errichtete Donaubrücke und dauerte vierzig Minuten. Für einen Gulden wurde man sogar wieder zurück zum Ausgangspunkt befördert.

Mittlerweile konnte man mit diesem technischen Wunderwerk schon bis Brünn reisen. Genau 4 Stunden und 33 Minuten dauerte die Fahrt dorthin einschließlich der Aufenthalte in den Stationen.

„Das werde ich dem Karl aber nicht zumuten", dachte sich Wolfgang bei der liebevollen Vorbereitung des Programms für seinen Bruder. „Aber einen Tagesausflug mit dem Dampfroß in das elegante Bahn-Restaurant nach Deutsch-Wagram werden wir uns schon leisten."

Als der ältere Mozartsohn am 18. September 1840 mit dem Dampfschiff „Maria Anna" von Linz kommend in Wien eintraf, hatte er bereits eine andere große Neuerung im Verkehrswesen erprobt. Er war hingerissen von der Eleganz auf dem Schiff. Dessen holzgetäfeltes Interieur beeindruckte ihn ebenso wie die Schönheit der Landschaft rundherum. Die Wachau mit den herrlichen Blicken auf Burgen, Kirchen und Schlösser erweckte besondere Gefühle in ihm. Schließlich war es die erste Reise in sein Heimatland, nachdem ihn die Mutter schon als Kind zu den Niemetscheks nach Prag „abgeschoben" hatte. Er war ja dann aus Böhmen direkt ins italienische Livorno übersiedelt, um dort Kaufmann zu werden.

Zwanzig Jahre waren es nun her, seit ihn sein Bruder in Mailand besucht hatte. Maria war noch am Leben gewesen, und die wunderbare Freundschaft mit dieser hochgebildeten, mütterlichen Frau hatte sein Leben ausgefüllt. Sein Bruder war damals noch in Olga, die Schusterstochter, verliebt gewesen und hatte sehnsüchtig auf deren Briefe gewartet.

Trotzdem sprach er auch oft mit großer Hochachtung von seiner Seelenfreundin Josephine.

„Die ist ja zum Glück noch bei ihm, und ich werde sie bald kennenlernen", dachte Karl Thomas, als das Dampfschiff gerade die „Nase" des Leopoldsberges passierte. Er freute sich, daß wenigstens Wolfgang eine verständnisvolle Lebenspartnerin erhalten geblieben war. Auch wenn der diese Verbindung niemals legalisieren konnte.

Kurze Zeit später lagen sich die Brüder am Wiener Donaukai in den Armen. Es war ihnen, als seien sie erst gestern gemeinsam über den Mailänder Domplatz spaziert. Und doch lag fast ein halbes Menschenalter dazwischen.

Als aber Karl Thomas nach der ersten Wiedersehensfreude seinen Bruder genauer musterte, stellte er eine erschreckende Veränderung an ihm fest. Die Enttäuschungen der letzten Zeit waren ihm deutlich anzumerken. Jene Beobachtungen, die der Schriftsteller Johann Peter Lyser schon acht Jahre früher in einem Brief formuliert hatte, waren nun verstärkt. Eine fast gebrochene Gestalt, ein matter Blick, schüttere Haare und nur mehr ein melancholisches statt eines fröhlichen Lächelns. Das war nicht mehr der temperamentvolle Wolfgang Amadeus von Mailand. Wutschnaubend hatte er damals die Brocken hingeworfen, weil die Musiker der „Scala" vorgaben, keine Zeit für Proben zu haben.

Man sprach zwar mittlerweile auch in Wien voller Hochachtung von ihm, und er war längst ein anerkannter Pianist und Klavierlehrer. Der Lieblingsschüler Ernst Pauer, ein Enkel seines ehemaligen Lehrers Andreas Streicher, entwickelte sich sogar zum großartigen Virtuosen. Er wurde schließlich zum treuesten Freund in Wolfgangs letzten Lebensjahren.

Leider hatten den Mozartsohn längst wieder seine Minderwertigkeitsgefühle eingeholt. Als ihn die „Gesellschaft der Musikfreunde", ähnlich wie das Mozarteum, zum Ehrenkapellmeister machte, bezog er diese Auszeichnung mehr auf seinen Vater als auf sich selbst. Die Entwicklung zeigte, daß er mit dieser Einschätzung sogar recht hatte.

Nicht er, sondern der Deutsche Otto Nicolai wurde nämlich erster Kapellmeister am Hofoperntheater. Dessen Name ist nicht nur durch seine „Lustigen Weiber von Windsor" unsterblich geworden. Ein von ihm im Redoutensaal der Wiener Hofburg am 28. März 1842 organisiertes Konzert gilt als die Geburtsstunde der Wiener Philharmoniker. Nicolai hatte aus Mitgliedern seines Hofopernorchesters einen großartigen Klangkörper geformt und wurde nach der Aufführung der 7. Symphonie von Beethoven stürmisch gefeiert. Die Philharmoniker gedenken ihres Gründers noch heute alljährlich mit dem „Nicolai-Konzert".

Höhepunkt von Karls Wienbesuch war ein zu Ehren der Mozartbrüder organisierter Festgottesdienst in der Hofkapelle. Man spielte die F-Dur-Messe ihres Vaters. Die glockenhellen Stimmen der Sängerknaben, die an diesem Ort schon seit Kaiser Maximilians Zeiten die Sonntagsmesse singen, rührten Karl zu Tränen. Als er beim Sanctus neben seinem Bruder kniete, betete er genauso inbrünstig für ihn wie vierzig Jahre zuvor im Dom zu Livorno.

Damals hatte er für Wolfgang um Kraft für eine Laufbahn im Schatten des genialen Vaters gefleht. Jetzt galt sein Gebet Leib und Seele des jüngeren Bruders. Karl spürte, daß es um dessen Gesundheit schlechter stand, als er zugeben wollte. Daß Wolfgang psychisch seine Situation manchmal nur schwer verkraftete, war vielen seiner pessimistischen Äußerungen zu entnehmen.

Als sich die Brüder trennten, versprachen sie sich hoch und heilig, zwei Jahre später in Salzburg wieder zusammenzutreffen. Ein gemeinsamer Besuch der Mutter war sowieso längst fällig. Außerdem wurde dort die Errichtung eines Mozart-Denkmals am Michaelsplatz vorbereitet.

Ehrungen des Vaters gab es natürlich auch an dessen 50. Todestag in Wien. Vormittags spielte man das Requiem (KV 626) im Stephansdom, abends gab es eine Zusammenkunft von 200 geladenen Gästen im Kasino am Neuen Markt. Natürlich erhielt Wolfgang Amadeus den Ehrenplatz an der Festtafel. Es war eine Riesenfreude für ihn, dort endlich wieder einmal Franz Grillparzer zu sehen. Der saß mit Eduard v. Bauernfeld und Ernst Feuchtersleben in seiner unmittelbaren Nähe.

Der Mozartsohn spielte am Beginn der Festlichkeit zu Ehren des Vaters dessen Phantasie und Sonate in c-Moll (KV 475 und 457). Dann erhob sich Grillparzer und hielt eine Gedenkrede, die seine ganze Verehrung für den teuren Toten erkennen ließ. Er schloß seine Ansprache mit einem Gedicht:

Wenn man das Grab nicht kennt, in dem er Ruh' erworben,
Wen, Freunde ängstet das? Ist er doch nicht gestorben!
Er lebt in aller Herzen, aller Sinn
Und schreitet jetzt durch unsere Reihen hin.
Deshalb dem Lebenden, der sich am Dasein freute
Ihm sei kein leblos Totenopfer heute.
Hebt auf das Glas, das Mut und Frohsinn gibt
Und sprecht, es leerend, wie er's selbst geliebt:
„Dem großen Meister in dem Reich der Töne,
Der nie zu wenig tat und nie zu viel,
Der stets erreicht, nie überschritt sein Ziel,
Das mit ihm eins und einig war: das Schöne!"

Wolfgang Amadeus war von dieser Huldigung seines Vaters so
angetan, daß er den Text des Gedichtes sofort vertonte. Die vierstimmige Kantate wurde noch am selben Abend von einigen anwesenden
Sängern vorgetragen.

„Er ist wahrlich ein würdiger Sohn seines Vaters", murmelten
einige Anwesende ergriffen ob dieser Demonstration spontaner
Kreativität.

In jener Sternstunde konnte Wolfgang noch einmal zeigen, daß
doch Mozart'sches Genie in ihm steckte.

In der Folgezeit verschlechterte sich aber sein Gesundheitszustand
stetig. Nur der liebevollen Fürsorge Josephines war es zu verdanken,
daß er sich nicht vollends fallen ließ. Einige Male begleitete sie ihn zu
kurzen Aufenthalten in ländliche Regionen. Die Erholungsphasen
waren aber immer nur recht kurz.

Die Vorfreude auf das geplante Wiedersehen mit Mutter und Bruder in Salzburg und auf die Feierlichkeiten zur Denkmalenthüllung
hielt ihn aufrecht.

Dann aber verursachte eine niederschmetternde Nachricht einen
schweren Rückschlag: Sophie Haibel, seine Tante, verständigte ihn in
einem sehr mitfühlenden Brief vom Tod der Mutter. Als er das Schreiben in Händen hielt, hatte man die am 6. März 1842 verstorbene
Konstanze längst beerdigt. An der Seite ihres zweiten Mannes Georg

Nikolaus von Nissen und des wenig geliebten ersten Schwiegervaters Leopold Mozart ruht sie am Sebastiansfriedhof in der Salzburger Linzergasse.

Seit dem Besuch in Kopenhagen hatte sich Wolfgangs Verhältnis zur Mutter gegenüber früher viel herzlicher gestaltet. Die mehrmaligen Besuche in Salzburg hatten die Beziehung noch vertieft. So war er nun fast untröstlich. Unter dem Eindruck von Konstanzes Tod überfielen ihn immer wieder böse Ahnungen. Seine schlechte Gesundheit verstärkte den trüben Gemütszustand, und so machte er im Juni 1842, gerade fünfzigjährig, sein Testament. Er setzte Josephine von Baroni-Cavalcabo zur Universalerbin ein.

Bevor er Ende August zu den großen Festlichkeiten anläßlich der Denkmalenthüllung nach Salzburg reiste, präzisierte er noch einmal die sein Erbe betreffenden Verfügungen. Es handelte sich ja hauptsächlich um ideelle Werte, denn Reichtümer hatte der Musiker keine angehäuft. Sein Klavier, einige Autographen des Vaters und das Reisetagebuch waren wohl die wertvollsten Dinge, die einmal in Josephines Besitz übergehen sollten.

„Mensch, versieh dein Haus, denn du wirst sterben!"

Diese Worte des Propheten Jesaja setzte einst Maximilian I. an den Anfang seines Testaments. Vielleicht empfand Wolfgang Mozart vor seiner Reise nach Salzburg ähnlich wie der alte Kaiser. Er hatte jedenfalls in seinem Hause alles genauestens geregelt.

Salzburger Festlichkeiten

Diesmal benutzte der jüngere der Mozartbrüder eines der neumodischen Dampfschiffe.

Am Nußdorfer Kai bestieg er die „Maria Anna", um ein Stück seiner Salzburgreise auf der Donau zurückzulegen. Flußaufwärts war das eine ziemlich langwierige Angelegenheit. Die Donau-Dampfschiffahrtsgesellschaft ließ sich jedoch einiges einfallen, den Passagieren die 36 Stunden Fahrt von Wien bis Linz möglichst angenehm zu gestalten. Man konnte sich die Zeit mit Tarock, Bridge oder Schach vertreiben, und zeitweise spielte ein bäuerliches Trio ländliche Weisen.

Die Hitze in der Kajüte trieb Wolfgang auch nachts für lange Zeit an Deck. Gerade als der Vollmond das imposante Stift Melk aus der Dunkelheit auftauchen ließ, sah er unweit von sich eine Dame an der Reeling lehnen. Sie wollte wohl allein die Schönheiten der Sternennacht genießen, denn ihre Begleiterinnen hielten sich in einiger Entfernung auf.

Irgendwie ist es dann zu einem Gespräch zwischen dem Musiker und der Dame gekommen, wobei Wolfgang eine große Überraschung erlebte. Er stand nämlich neben Marie Louise, der Witwe Napoleons. Auch sie zeigte sich verwundert, denn unter dem Namen Wolfgang Amadeus Mozart war ihr nur der längst verstorbene Vater bekannt.

Anscheinend genoß sie aber die Unterhaltung mit dem kultivierten Musiker. Er erfuhr nämlich vieles aus ihrem bewegten Leben. Die Hofdamen hielten sich diskret im Hintergrund. Marie Louise, obwohl nur mehr Feldmarschallsgattin, leistete sie sich noch immer. Es war seinerzeit eine schwere Entscheidung für sie gewesen, Napoleon in die Verbannung nach Elba zu folgen oder nicht. Sie liebte ja ihren Gatten wirklich, andererseits hatte er ihr aber das Gefühl gegeben, daß er diesen Weg lieber alleine gehen wollte.

Sie konnte ja nicht wissen, daß er sich zwischenzeitlich bei einem leichten Mädchen angesteckt hatte. Natürlich wollte er die galante Krankheit in Abwesenheit Marie Louises auskurieren, und so fielen ihm einige Argumente ein, ihr die Reise nach Elba auszureden. Außerdem bereitete er ja seine Rückkehr vor, und dabei wäre ihm die Gattin vielleicht hinderlich gewesen.

Dem Wiener Hof war es natürlich politisch willkommen, daß die Kaiserstochter später nicht mehr auf die Aufrechterhaltung der Ehe mit Bonaparte bestand. Der Altersunterschied hatte sich eben doch bemerkbar gemacht und das Feuer erlöschen lassen.

Sie tröstete sich mit einem neuen Begleiter, den man ihr amtlich zugeordnet hatte. Feldmarschall Adam Albert Graf von Neipperg wurde nach Napoleons Tod auf St. Helena ihr zweiter Mann. Franz Joseph Karl Habsburg-Bonaparte, der gemeinsame Sohn mit dem Korsen, war schon mit 21 Jahren als „Herzog von Reichstadt" im Schloß Schönbrunn an Schwindsucht gestorben. Er war in der höchsten Wiener Gesellschaft außerordentlich beliebt gewesen. Zum Glück merkte er nie, daß ihn Metternich ständig beobachten ließ. Der schlaue Fürst wollte verhindern, daß revolutionäre Kreise Frankreichs den Mythos Napoleons in seinem Sohn wieder aufleben lassen könnten.

Dessen Mutter hatte schwere Jahre hinter sich. Für ihre Umgebung machte sie eigentlich immer alles falsch. Als sie sich mit achtzehn Jahren ihrem Vater zuliebe der Staatsräson geopfert hatte, mokierte man sich darüber. Als sie sich dann in den 22 Jahre älteren Emporkömmling Bonaparte wirklich verliebte, war man noch mehr schockiert. Als sie nicht mit nach Elba ging, warf man ihr schnöde Untreue vor. Wäre sie aber dem gestürzten Imperator gefolgt, hätte man sie bestimmt als Verräterin am Vaterland beschimpft. Besonders als Napoleon dann wieder am Festland landete und erneut für etwas mehr als hundert Tage Kaiser der Franzosen wurde.

Es war recht eigenartig. Zwei Menschen, die sich vorher noch nie gesehen hatten und deren Wege sich wohl auch nie mehr kreuzen würden, schütteten sich ihr Herz aus. Auch Wolfgang gab mehr von sich preis, als er es sonst gewohnt war. Vielleicht war es nur die Atmosphäre auf dem mondbeglänzten Schiff, die ihre Zungen löste. Vielleicht lag es am fast gleichen Alter, vielleicht aber auch am beidseitig vorhandenen Gefühl, vom Leben eine besonders schwierige Rolle zugeteilt bekommen zu haben.

Jedenfalls erfuhren der Musiker und die Kaiserstochter in den wenigen Stunden auf der Donau mehr voneinander als andere Menschen in Jahren des Zusammenlebens.

Wolfgang saß schon längst in der Kutsche, die ihn von Linz nach Salzburg bringen sollte. Aber noch immer dachte er an die Feldmarschallin mit der barocken Figur, in der wohl niemand auf dem Schiff die Witwe Napoleons vermutet hatte.

Das Gespräch zeigte ihm, wie oft man mit vorschnellen Urteilen Unrecht tut. Er hatte sich bis dahin gedanklich wenig mit dieser Dame beschäftigt. Aber er war ziemlich sicher, daß auch er sie – in Unkenntnis ihrer Persönlichkeit – falsch eingeschätzt hatte.

Karl Thomas war schon vor Wolfgang bei Tante Sophie in Salzburg eingetroffen. So konnte er in Ruhe die Geburtsstadt seines Vaters kennenlernen und sich auch von den Vorbereitungen überzeugen, die man für die Festlichkeiten zur Denkmalenthüllung getroffen hatte. Es war gewaltig!

Auf dem Michaelsplatz, der ja bald Mozartplatz heißen sollte, hatte man große Tribünen aufgebaut. Sie waren für Zuschauer, aber auch für die zahlreichen Mitwirkenden gedacht.

Die offiziellen Feiern, mit einer Riesenanzahl geladener Gäste, waren für drei Tage anberaumt. Danach sollte es noch ein „Nachfest" für die Bürgerschaft geben, mit Scheibenschießen, Pferderennen und anderen Volksbelustigungen.

Als Karl Thomas erfaßt hatte, wie sehr sein Bruder in diesen Tagen beansprucht werden würde, kamen ihm schwere Bedenken. Besorgt teilte er sich der noch recht robusten Tante Sophie mit. Die hielt die Ängste für übertrieben.

Als sie wenig später auch ihren jüngeren Neffen in die Arme schließen konnte, fand sie ihn sogar recht gut aussehend. Tatsächlich hatte Wolfgang gerade eine fast euphorische Phase. Vielleicht lag es am guten Gespräch mit der Kaiserstochter auf dem Schiff. Wahrscheinlich aber hatte ihn bereits die Atmosphäre der Festlichkeiten erfaßt. Er genoß es, neben dem von Ludwig Schwanthaler kreierten „steinernen Vater" im Mittelpunkt zu stehen. Das ließ ihn seinen schlechten Gesundheitszustand einfach vergessen.

Das große Ereignis begann am 4. September 1842 um sechs Uhr früh mit 25 Böllerschüssen. Um neun Uhr wurde im Dom unter Leitung des Salzburgers Sigismund von Neukomm, eines Schülers beider Haydn, Mozarts C-Dur-Messe (KV 337) aufgeführt. Nicht zufällig wählte Friedrich Fürst von Schwarzenberg, der Kardinal-Erzbischof von Salzburg, gemeinsam mit dem Dirigenten gerade dieses Werk aus.

Es war 1780, ein Jahr nach der „Krönungsmesse", in Salzburg entstanden. Mozart hatte – sozusagen aus Protest gegen die kirchenmusikalischen Vorstellungen seines geistlichen Dienstherrn – zwischen Gloria und Credo eine sehr profane „Sonata all'epistola" eingefügt. Herrlich beschwingt und leicht klingt dieses kurze Stück für Orchester und konzertierende Orgel. Die sehr weltliche Ergänzung der Liturgie entsprach der unwiderstehlichen Lust Mozarts, die Routine hergebrachter Formen zu parodieren. Der Erzbischof, der das Hochamt persönlich zelebrierte, war ein sehr modern eingestellter Mann mit teilweise sehr unkirchlichen Ambitionen. Er gilt beispielsweise als einer der ersten bedeutenden Alpinisten und trug viel zur Erschließung der Berge seines Landes bei.

Mit der Musikwahl für die Festmesse wollte er sein Verständnis für die Schwierigkeiten demonstrieren, die der große Sohn Salzburgs mit Erzbischof Colloredo gehabt hatte.

Vor 61 Jahren war Mozart mit einem Fußtritt aus erzbischöflichen Diensten entlassen worden, und heute setzte man ihm ein Denkmal.

Die C-Dur-Messe war Ausdruck des revolutionären Geistes ihres Schöpfers, aber auch ein stimmungsvoller Auftakt der Festlichkeiten. Das Agnus Dei schließt, nach dem Allegro für Soloquartett und Chor, mit einem ungewöhnlichen viertaktigen Piano-Schluß der fast unbegleiteten Solostimmen – dona nobis pacem!

Die ausgezeichneten Solisten und der wunderbar disponierte Domchor machten gerade diesen Teil zu einem musikalischen Leckerbissen.

Nach dem Gottesdienst formierte sich der Festzug. Die Regiments-musik, die Knappen des Salzbergwerks Hallein, Abordnungen der Zünfte mit ihren eindrucksvollen Fahnen, die beim Denkmalbau eingesetzten Maurer und Steinmetze mit einer Figur des Johannes, ihres Schutzheiligen, die Zöglinge des Mozarteums mit ihren Vorstehern, die Schuljugend in bunten Trachten und schließlich das Festkomitee boten ein farbenprächtiges Bild.

Die beiden Mozartsöhne hatten ihre Tante Sophie Haibel in die Mitte genommen. Man geleitete sie, gemeinsam mit der bayerischen Königsfamilie und der von Ischl gekommenen Kaiserinmutter Karolina Augusta, zu zwei festlich geschmückten Kutschen.

Die Autoritäten und Honoratioren der Stadt reihten sich, gemein-sam mit in- und ausländischer Prominenz, zu Fuß in den Festzug ein.

Vorbei an den schönsten Plätzen der Stadt und an Mozarts Geburtshaus in der Getreidegasse zog man schließlich vor das noch verhüllte Denkmal. Die Ehrengäste nahmen auf den festlich geschmückten Tribünen an der Westseite Platz. Orchester und Sänger postierten sich gegenüber, eingerahmt von den Zünften mit ihren Fahnen.

Nach einem dreimaligen Fanfarenstoß hielt Sigmund Ritter von Neukomm die Festrede. Eigentlich hätte er mit einem Gedicht Grillparzers abschließen sollen, aber es war zu spät in Salzburg angekommen.

„Des seid gedenk, und mahne dieser Tag.
Die Zeit, die Größres will und Kleinres nur vermag."
So hatte sich Grillparzer den abschließenden Vers vorgestellt.
Man konnte ihn später in einer Wiener Kulturzeitschrift lesen.

Doch auch Neukomm fand ein schönes Schlußwort, zu dem dann die Hülle des Erzmonumentes fiel. Ein tausendstimmiges Vivat, Trompetengeschmetter und Freudensalven begleiteten diesen feierli-chen Moment. Im Glanz des Sonnenlichtes sah man nun den großen Sohn der Stadt in wahrlich imperialer Haltung. Es ist sehr fraglich, ob er die in seinem Leben jemals eingenommen hatte. Aber er ist ja schließlich auch erst posthum zu übermenschlicher Größe gewachsen.

Nachdem wieder Ruhe eingekehrt war, begann die große Stunde des Sohnes. Wolfgang Amadeus dirigierte die Festkantate, die er für diesen Anlaß geschrieben hatte. Ein Musikkritiker aus Karlsruhe schrieb über dieses Ereignis:

„Der Festchor des Mozartsohnes konnte seine Wirkung nicht verfehlen. Mit ganz eigenen Empfindungen sah man einen Sprößling des Gefeierten an der Spitze des ausübenden Chores. Das steigerte noch wesentlich den günstigen Eindruck und veranlaßte die Menge am Schluß zu lauten Beifallsäußerungen."

Nachdem das Mozartcomité die Schenkungsurkunde des Denkmals an den Bürgermeister der Stadt Salzburg übergeben hatte, schloß die Feier mit einem weiteren Musikstück.

Wolfgang Amadeus-Sohn dirigierte, der Chor sang zur Melodie des Marsches aus „Titus". Der Jubel danach war so unbeschreiblich, daß man sich zu einem „da capo" entschließen mußte.

Am Abend desselben Tages fand im Carabinierisaal der Residenz ein Festkonzert statt. Natürlich spielte man nur Mozart, und im Mittelpunkt stand wieder dessen jüngerer Sohn. Er trug das d-Moll-Klavierkonzert (KV 466) in einer eigenen Interpretation vor. Die Kritiker waren des Lobes voll.

„Die eingelegten Kadenzen legten seine Gewandtheit als Tonsetzer und sein tiefes Erfassen des Mozart'schen Stiles dar", schrieb einer von ihnen. „Es war die reinste, schönste Opfergabe, welche die Pietät des Sohnes und Künstlers dem Genius des Vaters und Meisters darbringen konnte", schloß er überschwenglich.

Wolfgang Amadeus hatte an diesem Abend noch einmal alles gegeben. Es war sozusagen sein „künstlerischer Schwanengesang". Der Schlußakkord des väterlichen Werkes war gleichzeitig auch sein letzter, den er öffentlich spielte.

Nach dem Konzert fand am Mozartplatz ein Fackellauf statt, bei dem man mit den Lichtern die Buchstaben W A M bildete. Das Denkmal erstrahlte in bengalischem Feuer, und von der Festungsorgel ertönten feierliche Klänge.

„Hätte man hier unserem Vater doch auch zu seinen Lebzeiten einmal derartig gehuldigt", sagte Wolfgang zu seinem Bruder, bevor er sich nach diesem ereignisreichen Tag erschöpft zur Ruhe begab. Der Cheforganisator des Festivals, Mozarteumsdirektor Alois Taux, hatte wirklich an alles gedacht. Nicht nur, daß er für das Volk an verschiedenen Plätzen auch „Schnadahüpfl" und Jodler singen ließ, tanzten überall fesche „Buam und Dirndln". Es gab sogar einen „Älplerumzug" mit Pferden und Kühen, die man wie für den Almabtrieb geschmückt hatte. Am Weiher vor dem Schloß Leopoldskron fand ein Schifferstechen statt, das Militär zeigte seine Schieß- und Schwimmkünste, und in Hellbrunn freute man sich über besonders originelle Wasserspiele.

Taux bemühte sich auch ganz besonders um die Familie Mozart. Abseits vom Festgetriebe ließ er in St. Sebastian einen feierlichen Trauergottesdienst für Konstanze ausrichten und zeigte deren Söhnen auch sonst seine Wertschätzung.

Während zwischen Wolfgang und Taux noch so etwas wie Rivalität zu spüren war, entwickelte sich der Kontakt mit Karl Thomas zu echter Freundschaft. Aber auch der jüngere Mozartsohn mußte sich eingestehen, daß er hinsichtlich Organisationstalent dem aktuellen Mozarteumsdirektor nicht das Wasser reichen konnte.

Beim abschließenden Festball, den Erzbischof Fürst Schwarzenberg in seinem Schlößchen in Aigen veranstaltete, drehte sich alles um den genialen Vater und dessen fast vergessene Söhne. Es war das erstemal, daß sie gemeinsam im Mittelpunkt eines gesellschaftlichen Ereignisses standen. Wahrscheinlich spürten sie, daß es auch das letztemal sein würde.

Ende in Karlsbad

Nach den turbulenten Ereignissen war es an der Salzach wieder still geworden. In der „Allgemeinen Wiener Musik-Zeitung" vom 5. November 1842 konnte man lesen:

„Salzburg hat seine Festkleider wieder abgelegt. Es ist nun mehr oder weniger von der Bühne abgetreten, um auf seinen letzthin erworbenen Lorbeeren einige Zeit auszuruhen."

Die Mozartsöhne verließen die Stadt mit gemischten Gefühlen. Einerseits waren sie stolz auf ihren Vater. Sein Denkmal ziert nun für Jahrhunderte einen der schönsten Plätze der Stadt. Andererseits waren die Brüder aber auch bedrückt von den pompösen Festlichkeiten. Es war ihnen wieder einmal deutlich gemacht worden, wie tief sie im Schatten des großen Genies standen.

Kein Hahn würde in fünfzig Jahren noch nach ihnen krähen, geschweige denn irgendjemand ein Denkmal für sie errichten.

Karl Thomas hatte sich zuvor längst mit seinem Dasein als unbedeutender Beamter abgefunden. Die Salzburger Tage rissen aber alte Wunden wieder auf. Die Zurücksetzung von Prag kam ihm wieder ins Gedächtnis. Nun war Wolfgang Amadeus als aktiver Mitwirkender wieder im Mittelpunkt des Festes gestanden. Seinen älteren Bruder hingegen hatte man bis zur Soiree beim Erzbischof kaum beachtet. Das schmerzte schon etwas. Karls freundliches und überaus tolerantes Naturell ließ ihn aber schnell darüber hinwegkommen.

„Sie hatten ja recht, neben dem Vater nur Wolfgang zu feiern. Denn nur er hat ja wirklich etwas zum Gelingen der Feiern beigetragen. Ich war nur ein ganz normaler Besucher, wie viele andere auch." Mit dieser fairen Erkenntnis zog er sich selbst schnell wieder aus dem Tief.

Ganz anders sein Bruder. Die Ereignisse hatten ihn bewegt und auch mitgenommen. Als alles endlich überstanden war, fühlte er sich matt und total ausgelaugt. Der Abschied von Bruder und Tante regte ihn zusätzlich auf.

Es zeigte sich, daß er den seelischen und körperlichen Beanspruchungen derartiger Ereignisse nicht mehr gewachsen war. Einem Salzburger Freund schrieb er zum Abschied ins Stammbuch: „Laß über Deinen Knecht Dein Antlitz leuchten. Hilf mir durch Deine Güte." Es klang wie ein Hilfeschrei an seinen Schöpfer.

Nach Wolfgangs Rückkehr bemerkte Josephine in Wien eine eigenartige Veränderung in seinem Wesen. Er wirkte in zunehmendem Maße mißvergnügt und verbittert.

Sein immer schon vorhandenes Mißtrauen gegen das eigene Talent wurde durch eine merkwürdige Entscheidung des bayerischen Königs noch verstärkt. Mozart wollte Ludwig I., der ja bei den Feiern in Salzburg anwesend gewesen war, zum Dank dafür den dort uraufgeführten Festchor widmen. Der Monarch lehnte aber aus unerfindlichen Gründen ab.

Etwas Balsam auf Wolfgangs Wunde war die Ernennung zum Ehrenkapellmeister der „Academia Santa Cecilia" in Rom. Gäste der Salzburger Festlichkeiten hatten beim bedeutendsten Kulturinstitut Italiens den Antrag auf Verleihung dieser Würde gestellt. Aber selbst das blieb im Metternich'schen Staat nicht ohne Umständlichkeiten für den Ausgezeichneten. Er mußte erst in der Hofkanzlei ansuchen, ob er die Ehrung überhaupt annehmen durfte.

Viele Menschen waren in Salzburg beeindruckt gewesen von Wolfgangs Leistungen als Komponist, Dirigent und Pianist. So häuften sich die nachträglichen Lorbeeren, und der Ausgezeichnete wurde immer mißmutiger ob der damit verbundenen Komplikationen. Die diamantbesetzte Nadel des französischen Königs Louis Philipp nahm er aber doch mit großer Genugtuung entgegen. Der französische Gesandte in Österreich hatte die Empfehlung zu dieser seltenen Auszeichnung gegeben.

Obwohl Wolfgang Amadeus nach Salzburg nicht mehr öffentlich konzertierte, beschäftigte er sich trotz angegriffener Gesundheit viel mit Kammermusik. Josephine liebte die Konzerte im Freundeskreis in der Grünangergasse. Mozart spielte darin öfter mit seinem Schüler

Ernst Pauer vierhändig. Manchmal kamen aber auch Trios und sogar Quintette zustande.

Auf geheimnisvollem Wege war Josephine an die Noten Franz Schuberts zu einem „Notturno" in Es-Dur für Klavier, Violine und Violoncello gekommen. Dieses klangselige lyrische Werk (D 897), das gerade einmal dreizehn Minuten dauert, wurde oft gespielt und fast immer zum Höhepunkt des Abends.

Die ursprüngliche Wiener Heiterkeit Schuberts ist darin schon von tiefer Melancholie durchsetzt. Das Werk – vielleicht ist es nur ein zunächst verworfener Satz des B-Dur-Trios – entsprach genau der sentimentalen Stimmung Wolfgang Mozarts in dieser Zeit. Er hatte oft Tränen in den Augen, wenn er den wunderbaren Klavierpart spielte.

Im Winter 1843 erkrankte der jüngere der Mozartsöhne an einem schweren Magenleiden. Die Ärzte rieten zu einer Kur in Karlsbad. Er wollte aber lieber erst die kalte Jahreszeit abwarten.

Im Frühsommer 1844 machte er sich dann in Begleitung seines Lieblingsschülers Ernst Pauer auf die Reise. Als die beiden Pianisten Mitte Juni im böhmischen Bad eintrafen, hatte sich Wolfgangs Zustand erheblich verschlechtert. An eine Kur war gar nicht zu denken, und der erst achtzehnjährige Gefährte war ziemlich ratlos. Er korrespondierte mit Frau von Baroni-Cavalcabo, mit der befreundeten Klavierbauerfamilie Streicher in Wien sowie mit Karl Thomas Mozart in Mailand.

Der war gerade dabei, mit seinem Diener Giuseppe samt Hund in eine billigere Wohnung zu ziehen. Die alte konnte er sich nicht mehr leisten. Aus finanziellen Erwägungen kam für ihn auch eine teure Reise nach Karlsbad momentan nicht in Frage. Im übrigen hätte ihm seine Dienststelle auch keinen Urlaub gewährt. So versuchte er, Wolfgang mit einem langen Brief Mut zuzusprechen. Karl hatte schon bei der Trennung in Salzburg gespürt, daß er seinen Bruder nicht mehr wiedersehen würde. Nun nahm dieses Gefühl den tröstlichen Worten seines Briefes die Wirkung. Sie sollten optimistisch klingen, waren aber doch von tiefer Traurigkeit erfüllt.

Josephine war nach dem Hilferuf von Ernst Pauer schnellstmöglich nach Karlsbad gereist. Dort versuchte sie dann, gemeinsam mit dem Schüler des schmerzgepeinigten Mozartsohnes, dessen Tage einigermaßen erträglich zu gestalten. Die behandelnden Ärzte hatten keine Hoffnung mehr.

Als am 29. Juli 1844 gegen neun Uhr abends die letzte Stunde nahte, war Ernst Pauer mit dem Sterbenden allein. Er ist in diesen Tagen von Karlsbad um Jahre gereift.

„Lohne der Himmel unserem lieben Ernst alle dem teuren Hingeschiedenen erwiesene Sorgfalt und seinen Beistand! Keine Worte vermögen meine Dankbarkeit auszudrücken."

So schrieb Karl Thomas Mozart an Johann Baptist Streicher, den königlichen Klavierbauer auf der Landstraße. Der hatte nämlich seinerzeit die Verbindung Pauers zu seinem Lehrer hergestellt.

Die Beerdigung am 1. August auf dem kleinen Friedhof neben der Andreaskirche wurde vom Karlsbader Musikverein sehr würdig gestaltet. Am Vormittag sang man in der Dekanalkirche das Requiem (KV 626), am offenen Grab einen Choral. Dem Sarge folgten neben Frau von Baroni-Cavalcabo und Ernst Pauer auch der Karlsbader Musikdirektor Josef Labitzky, der das Requiem dirigiert hatte.

Josephine regelte alles im Sinne des Verstorbenen. Aufgrund des Testamentes erklärte sie sich bereit, die Erbschaft zu übernehmen, und beauftragte den Wiener Hofadvokaten Dr. Batsches mit der Verlassenschaftsabhandlung.

Da sie selbst Ehrenmitglied dieser Institution war, legte sie für den Fall ihres eigenen Todes das Mozarteum als Erbe des Mozartnachlasses fest. Es sollte zusätzlich ihre eigene musikalische Bibliothek sowie Porträts der jugendlichen Mozartsöhne erhalten.

Wolfgang hat, neben Noten und vielen Schriftstücken, auch das Reisetagebuch hinterlassen. Der Nachwelt gab es einige Rätsel auf. Olgas Briefe, signiert mit dem schwungvollen „J" ihres zweiten Namens, schufen zusätzliche Verwirrung. Deshalb sind auch in der Berichterstattung die wichtigsten Frauen in Wolfgangs Leben oft zu einer Gestalt verschmolzen. Frau von Baroni-

Cavalcabo war historische Realität, Olga vielleicht nur ein schöner Traum.

Josephine überlebte den jüngeren Mozartsohn um sechzehn Jahre. Nach ihrem Tod gelangte Wolfgangs Reisetagebuch eigenartigerweise zum Wiener Antiquar Alexander Posonyi und von dort über viele Umwege in die Bibliothek des königlichen Konservatoriums nach Brüssel. Dort befindet sich das Original noch heute.

In der Wiener Augustinerkirche, im Salzburger Dom und natürlich auch in der Lemberger Dominikanerkirche wurden Gedenkfeiern abgehalten, in deren Mittelpunkt immer das Requiem seines Vaters stand.

Den schönsten Nachruf aber, der von größtem Verständnis für die Probleme eines Geniesohnes gekennzeichnet ist, widmete ihm sein Freund Franz Grillparzer. Am 8. August 1844 erschien in der „Wiener Zeitschrift für Kunst" das Gedicht „Am Grabe Mozarts, des Sohnes":

So bist Du endlich hingegangen
Wohin der Geist Dich ewig zog.
Und hältst den Großen dort umfangen,
Der adlergleich zur Sonne flog.

Daß keiner doch Dein Wirken messe
Der nicht der Sehnsucht Stachel kennt
Du warst die trauernde Zypresse
An Deines Vaters Monument.

Wovon soviele einzig leben
Was Stolz und Wahn so gerne hört,
Des Vaters Name war es eben
Was Deiner Tatkraft Keim zerstört.

Begabt, um höher aufzuragen
Hielt ein Gedanke Deinen Flug:
„Was würde wohl mein Vater sagen?"
War, Dich zu hemmen, schon genug.

Und war's zu schaffen Dir gelungen
Was manchen andern hoch geehrt

Du selbst verwarfst es, kaum gesungen,
Als nicht des Namens Mozart wert.
Nun öffnen sich dem guten Sohne
Des großen Vaters Arme weit.
Er gibt, der Kindestreu zum Lohne
Ein Teilchen Dir Unsterblichkeit.
Der Name Dir ein Schmerzgenosse
Er wandelt sich von heut in Glück;
Tönt doch von Salzburgs Erzkolosse
Ein Echo auch für Dich zurück.
Wenn dort die Menge sich versammelt
Ehrfürchtig Schweigen alle bannt,
Wer dann den Namen Mozart stammelt,
Hat ja den Deinen auch genannt.

Wolfgang Amadeus Mozarts Sohn hatte die Bürde seines Namens nicht zu ertragen vermocht. Er war an dem Bewußtsein, seinen Vater nicht erreicht zu haben, zerbrochen.

Ironie des Schicksals

Das Leben Karl Thomas Mozarts verlief mittlerweile eigentlich recht eintönig. Er kam seinen wenig aufregenden Pflichten als kaiserlicher Beamter nach und litt keine Not. Er konnte sich aber auch keine großen Extravaganzen leisten.

Seit Marias Tod hatte sich der Kontakt zu seinem großen Mailänder Bekanntenkreis mehr und mehr gelockert. Soirees und andere Gesellschaften bedeuteten ihm immer weniger. Der dort geübte gespreizte Konversationston ging ihm auf die Nerven.

Er widmete sich in seiner Freizeit lieber der Musik. Hie und da korrespondierte er auch mit Persönlichkeiten aus Kunst und Kultur. Dazu gehörte der Mozarteumsdirektor Alois Taux, dem er seit den Tagen von Salzburg sehr verbunden war.

1849, im letzten Urlaub vor seiner Pensionierung, leistete sich Karl Thomas noch einmal eine Reise nach Wien. Er wollte hauptsächlich den „Mozarthof" in der Rauhensteingasse 8 sehen, den man an Stelle des Sterbehauses seines Vaters errichtet hatte. Eine Bronzebüste mit Gedenktafel erinnerte dort an den großen Toten. Ansonsten war er vom Gebäude wohl ebenso enttäuscht wie heutige Mozartfreunde, wenn sie an dieser Adresse das moderne Kaufhaus „Steffl" vorfinden. Immerhin hat man dort seit neuestem eine kleine Gedenkstätte eingerichtet.

Der Sohn wandelte dann auf den Spuren seines Vaters in die Domgasse zum „Figarohaus". „Hier stehe ich also am Wendepunkt seines Lebens", dachte Karl Thomas beim Anblick der respektablen, aber doch recht düsteren Fassade.

„Auch meine ersten Schritte habe ich in diesem Haus getan."

Er konnte noch nicht ahnen, daß jene Oper, deren letzte Takte sein Vater hier im April 1786 geschrieben hatte, auch sein Leben entscheidend beeinflussen würde. Zum Glück diesmal in positivem Sinne!

Es war wirklich merkwürdig. „Die Hochzeit des Figaro" hatte wegen ihres aus damaliger Sicht brisanten Librettos den finanziellen

Ruin Wolfgang Amadeus Mozarts eingeleitet. Bald sollte gerade dieses Werk dessen Sohn zum wohlhabenden Mann machen.

„Ihr habt Euch die Mühe gegeben, geboren zu werden, weiter nichts. Seid im übrigen ein recht gewöhnlicher Mensch", ließ der Autor des Stückes „Der tolle Tag" den Kammerdiener Figaro zu seiner gräflichen Herrschaft sagen.

Der Poet war Pierre Augustin Caron de Beaumarchais, und seine Komödie hatte Lorenzo da Ponte bekanntlich als Vorlage für Mozarts Oper verwendet.

Die Adeligen mußten zu jener Zeit noch keine Steuern zahlen. Sie konnten aufgrund der Privilegien ihrer hohen Geburt von der Arbeit der anderen leben. In solchen Aussprüchen sahen sie natürlich eine unglaubliche Provokation. Die Revolution warf ihre Schatten voraus.

„Das Volk wird das Stück zu den Sternen emporheben, in dem Wahn, damit einen Sieg über die Regierung errungen zu haben", hatte der französische König Ludwig XVI. damals über den „tollen Tag" gesagt und das Werk zunächst verboten. Wenig später wurde es doch aufgeführt. Der Adel war natürlich verschnupft. In Wien bekam das später – wie beschrieben – in erster Linie Mozart zu spüren.

Überraschenderweise konnte der Zorn der Hautevolee dem Pariser Freimaurer Beaumarchais überhaupt nichts anhaben. Im Gegenteil! Der „Figaro" machte ihn weltberühmt und half mit, nach der Revolution seinen Reichtum ins Unermeßliche zu vermehren.

Man kann Beaumarchais durchaus als Universalgenie bezeichnen, dessen besondere Stärke ein hervorragender Geschäftssinn war. Als Sohn eines Pariser Uhrmachers erlernte er ebenfalls dieses Handwerk und brachte es sogar zum königlichen „Horloger". Er schaffte es, für Ludwig XVI. die bis dahin kleinste Uhr der Welt herzustellen und wurde dafür fürstlich entlohnt.

Daneben war er Dramatiker, Publizist, Handelsherr, Harfen- und Klavierlehrer, Buchverleger, Spekulant und Geheimagent. Aus allem machte er Geld. So konnte er sich auch eine aufwendige Auseinandersetzung mit der königlichen Zensur leisten. Er zog alle Register und setzte schließlich die Aufführung des „tollen Tages" an der

„Comédie Francaise" durch. Sie wurde ein hochpolitisches Ereignis, aber das allein genügte dem Dichter nicht. Er hatte sich schon lange darüber geärgert, daß Bühnenautoren an den Aufführungen ihrer Werke kaum etwas verdienten. Den Gewinn steckten bis dahin nur die Theaterinhaber und die Schauspieler ein. Das wollte er ändern!

Die durch seine vielseitige Tätigkeit gegebene finanzielle Unabhängigkeit gab ihm die Möglichkeit, einen langen und zähen Kampf für die Rechte der Autoren zu führen.

Und er siegte! Für sich, aber auch für die Generationen nach ihm. Seine Tätigkeit als Publizist gab ihm die Möglichkeit, sich an die Öffentlichkeit zu wenden. So schrieb er beispielsweise in einer Zeitschrift:

„In den Foyers unserer Schauspielhäuser meint man, es sei nicht edel von den Autoren, gemeine Geldfragen anzuregen. Ihre höchste Sorge soll doch sein, nach Künstlerruhm zu streben! Gewiß: Nichts ist lockender als Ruhm. Nur vergißt man eines dabei: Wer sich seiner auch nur einmal im Jahr erfreuen will, ist von der Natur dazu verdammt, dreihundertfünfundsechzigmal im Jahr zu Mittag zu essen.

Der Krieger und der Staatsmann erröten nicht, den edlen Lohn für ihre Dienste einzuheimsen. Immer höhere Grade streben sie an und die verschaffen ihnen höhere Einnahmen!

Weshalb sollte der Sohn Apollos, der Sohn der Musen, der unablässig notgedrungen mit dem Bäcker rechnen muß, just mit den Schauspielern nicht rechnen?"

Bald kassierten nicht nur die Darsteller ihre Gagen, sondern auch Beaumarchais und seine Kollegen. Tantiemen nannte man ihre prozentualen Anteile an den Einkünften der Theater. Der ehemalige königliche Hofuhrmacher konnte es sich bald sogar leisten, den Unabhängigkeitskampf seines amerikanischen Freimaurerkollegen George Washington großzügig zu unterstützen. Er selbst lebte in großem Luxus in einem respektablen Palais mit riesigem Park. Als er 1799 starb, hinterließ er seinen Erben ein beachtliches Vermögen. Er hatte aber auch für die Autoren des 19. Jahrhunderts eine ganz neue Basis für deren Arbeit geschaffen.

In ganz Europa wurden nach und nach Gesetze zum Schutz des geistigen Eigentums von Dichtern und Komponisten erlassen. Vor Beaumarchais hatte der Urheber sein Werk ein für allemal verkauft und keinerlei Anspruch auf weitere Einnahmen daraus gehabt. Bald standen ihm nun Vergütungen für jede Aufführung oder für jeden neuen Druck zu.

Für Wolfgang Amadeus Mozart kamen diese legislativen Maßnahmen leider zu spät. Seinem älteren Sohn Karl Thomas aber war es vergönnt, die Früchte der Arbeit seines Vaters zu ernten.

Die neu erstrittenen Rechte waren erblich und erloschen erst siebzig Jahre nach dem Tod des Urhebers. Das ist übrigens bis heute so geblieben.

Die „Gesellschaft für musikalische Aufführungsrechte" (GEMA) vertritt seit der Mitte des 19. Jahrhunderts die Interessen von Komponisten und Textdichtern. Genau um diese Zeit setzte sich Karl Thomas Mozart als kaiserlicher Beamter zur Ruhe. Die auch in der Lombardei ziemlich heftigen Unruhen von 1848 hatte er glücklicherweise unbeschadet überstanden.

Nun träumte er davon, aus dem ungesunden Mailänder Klima in eine ländliche Umgebung zu ziehen. Sein Diener Giuseppe schwärmte ihm immer von den wunderbaren Quellen seines Geburtsortes Caversacchio vor. Sie wären ein ideales Heilmittel gegen die rheumatischen Beschwerden, die Karl Thomas seit langer Zeit quälten. Der konnte sich sehr gut ein Leben auf einem Landgut im Grünen vorstellen. Lange Spaziergänge durch Feld und Au sowie lustige Runden am bäuerlichen Biertisch würden ihm gut tun. Die Realisierung dieses Traumes bedurfte allerdings eines Wunders. Und dieses Wunder hat sich dann tatsächlich ereignet!

Genau zu diesem Zeitpunkt plante nämlich der Direktor der Pariser Oper, zur Abwechslung von Rossini, Meyerbeer und Verdi und zur Erholung von Wagner wieder einmal einen Mozart auf die Bühne zu bringen. „Die Hochzeit des Figaro" schien ihm geeignet, denn dieses Werk hatte ja schon zu Zeiten Ludwigs XVI. Aufsehen erregt. Nun, im neuen Kaiserreich Napoleons III., täte es dem Adel sicher recht gut, wieder einmal an die vorrevolutionären Ideen erinnert zu werden. Frankreichs „Grand Opera", damals noch in der verschachtelten Rue le Pelletier zu Hause, überstrahlte an Glanz die Opernhäuser der übrigen Welt. Hatte ein Werk dort Erfolg, war ihm der auch anderswo ziemlich sicher.

Natürlich wurde in diesem Musentempel auch Politik gemacht. So hatten die Mitglieder des Pariser Jockeyclubs kürzlich dem Wagner'-schen „Tannhäuser" mit einem ohrenbetäubenden Pfeifkonzert aus ihrer Loge ein Debakel bereitet. Ein solches Risiko wollte die Direktion nicht noch einmal eingehen, und so inszenierte man den bewährten „Figaro". Möglicherweise steckten auch Sparmaßnahmen hinter der Idee, denn der bühnentechnische Aufwand für dieses Werk war vergleichsweise gering. Vielleicht glaubte man auch, ohne die neumodischen Tantiemenzahlungen auszukommen.

Die Witwe Mozarts war ja vor einigen Jahren gestorben, und ihr als Musiker noch einigermaßen bekannter Sohn Wolfgang lebte auch nicht mehr. Weitere Nachkommen aber waren in Paris unbekannt.

Glücklicherweise nahm Karl Thomas doch noch recht intensiv am europäischen Musikgeschehen teil und unterhielt einige internationale Kontakte. Er reiste zwar nicht gerne, weil ihn sein Rheuma sehr quälte. Aber er lud manchmal Freunde zu Hausmusikabenden ein und beschäftigte sich nach seiner Pensionierung fast ausschließlich mit Musik. Besonders viel Zeit widmete er natürlich dem Lebenswerk seines Vaters. Bekannte informierten ihn über gelungene Konzerte oder Opernaufführungen, und so blieb ihm auch die Premiere der „Hochzeit des Figaro" in Paris nicht verborgen. Als ehemaliger kaiserlicher Beamter kannte er natürlich auch das neue Urheberrecht, das in Frankreich bereits eingeführt war. So durfte er sich bald auf eine fette Einnahme freuen. Das „Wunder" bahnte sich an.

Der Pariser Operndirektor staunte gewaltig, als er plötzlich aus Mailand den Brief eines Herrn Karl Thomas Mozart erhielt. Höflich bat der darin um Begleichung der fälligen Tantiemen für den „Figaro". Nichts war es mit den Sparmaßnahmen! Man überzeugte sich davon, daß der Urheber des Briefes tatsächlich ein legitimer Sohn

Wolfgang Amadeus Mozarts war und mußte zähneknirschend 10.000 Franken in die Lombardei schicken.

Für Karl Thomas war die Summe ausreichend, sich in Caversacchio sein erträumtes ländliches Anwesen zu kaufen. Giuseppe hatte längst in seinem Heimatort ein geeignetes Objekt ausfindig gemacht. Die Heilquellen des Ortes linderten Karls Gichtleiden tatsächlich. So hatte ihm der „Figaro" in einer Landschaft, die sehr ans Salzburgische erinnert, die Basis für einen geruhsamen Lebensabend geschaffen.

Die alte Pariser Oper in der Rue le Pelletier, die dem Sohn Mozarts zu Wohlstand verhalf, ist einige Jahre später abgebrannt. Sie wurde durch das Gebäude des Architekten Charles Garnier ersetzt, das die Franzosen als schönstes Theater der Welt bezeichnen. Zum Zeitpunkt des Brandes war die Planung für den Neubau längst abgeschlossen.

Eigentlich waren Sicherheitsgründe dafür ausschlaggebend. Man hatte auf die Kutsche des kaiserlichen Paares vor der Oper einen Bombenanschlag verübt. Wie durch ein Wunder wurden weder Napoleon III. noch seine Gattin Eugénie verletzt. Aber die Karosse war in der Enge der Altstadtgäßchen hoffnungslos eingekeilt gewesen. Nach dem glücklichen Ausgang des Attentats beauftragte der Kaiser den Pariser Präfekten Georges Haussmann mit der Neuplanung des Distrikts zwischen dem ersten und dem achten Arrondissement. Der ließ dann die Prachtstraße der Avenue de l'Opéra vom Louvre aus zum Platz des neuen Prunktheaters durchbrechen. Für das Opernhaus selbst hatte man einen Wettbewerb ausgeschrieben, und den gewann der erst 35jährige Charles Garnier.

Sein Haus wurde zur baulichen Krönung seiner Zeit, zum mondänen Zentrum der besseren Gesellschaft. Aristokratie und gehobene Bourgeoisie des ausgehenden 19. Jahrhunderts gaben sich hier ein Stelldichein. Aufgrund seines neuerworbenen Reichtums hätte sich Karl Thomas durchaus in diese elegante Gesellschaft einreihen können.

Paris war für die Mozarts ein Schicksalsort. Karls Großmutter war dort in der tristen Umgebung eines Untermietzimmers nahe des

Friedhofs Saint-Eustache gestorben. In aller Stille hat man sie dort zur letzten Ruhe gebettet. Nur ihr Sohn war an einem heißen Sommertag des Jahres 1778 gemeinsam mit dem Musiker Franz Joseph Haina dem Sarg gefolgt.

Wolfgang Amadeus Mozart war an der Seine nicht besonders erfolgreich gewesen. Der Tod der Mutter war für ihn trauriger Tiefpunkt einer schwierigen Zeit.

Und so erscheint es fast als Ironie des Schicksals, daß gerade Paris seinem Sohn einen Lebensabend in solidem Wohlstand sicherte. Und das durch Aufführungen jener Oper, die dem Leben des Vaters eine so tragische Wendung gegeben hatte.

Ein liebenswerter Mensch

Sein Werk hatte Wolfgang Amadeus Mozart für die musikalische Welt zu einer Lichtgestalt gemacht. Als Mensch ist er diesem Anspruch nicht immer ganz gerecht geworden. Er war zwar oft heiter, gelegentlich sogar derb und ausgelassen, aber fast nie von „liebenswürdiger Anmut", wie er manchmal geschildert wird. Von den vier letzten Mozarts – Leopold, Wolfgang Amadeus-Vater und -Sohn sowie Karl Thomas – war bestimmt letzterer der einfachste Charakter.

„Man muß ihn nach dem ersten Augenblick gleich lieb haben", schrieb Felix Mendelssohn-Bartholdy nach einem Zusammentreffen mit ihm in Italien.

Karl ging zwar als „k.k. Staatsbuchhaltungsoffizial" in Pension, er war und blieb aber im Herzen Musiker. Gerade deshalb hat er die Zurücksetzung früher Jahre sicher stärker empfunden, als er sich das anmerken ließ.

Konstanzes Machtwort aus Prager Kindertagen versperrte ihm das Tor zu einem Berufsweg als Musiker. Behutsam versuchten Prof. Niemetschek und Josepha Duschek, seine gekränkte Seele wieder aufzurichten. Das ist ihnen schließlich auch gelungen. Sie formten aus Karl den liebenswürdigsten Vertreter seiner Dynastie. Wie für alle Mozarts war Musik sein wahrer Lebensinhalt.

Mit zweiundzwanzig Jahren hatte er noch einmal einen verzweifelten Anlauf zu einer Musikerkarriere genommen. Das Scheitern dieses Versuchs löste zunächst eine tiefe Krise aus. Nicht die Mutter, sondern eine verständnisvolle Freundin hat ihm darüber hinweggeholfen.

Bald danach war er so weit, das Reich der Töne nur mehr als herrlichste Nebensache der Welt, aber nicht als Basis des täglichen Broterwerbs zu betrachten. Eigentlich wäre nach der Realisierung dieser Erkenntnis auch eine Rückkehr in seine Geburtsstadt Wien möglich gewesen. Niemand hätte ihn als Beamter mit dem genialen Vater verglichen.

Es zog ihn aber trotzdem nicht zurück an die Donau. Er war und blieb zwar in tiefster Seele Österreicher, hatte sich aber längst an die

Lebensart der Italiener gewöhnt. Die k.k. Monarchie gab ihm die Möglichkeit, beides zu verbinden. Das seltsame Staatsgebilde mit den elf Landessprachen hatte eben doch unvergleichliche Vorteile.

Friedrich Torberg hat viel später einmal gesagt: „Mögen es nur ein paar ausgerupfte Federn sein, die vom Doppeladler blieben und die wir uns jetzt an den Hut stecken können. Und mag das alles ein alter Hut sein. Aber es war ein schöner Hut!"

Vielleicht fühlte man sich gerade zu Zeiten Metternichs in den Weiten der Monarchie, fern von der „Schalt- und Überwachungszentrale Wien" viel freier. Ist es nur ein Zufall, daß die Söhne des „Paradeösterreichers" Wolfgang Amadeus Mozart den Großteil ihres Lebens in Galizien und in der Lombardei verbrachten? Mit Freiheit wird es schon zu tun gehabt haben. In ihrem Fall aber wohl weniger mit politischer, als mit der Befreiung vom inneren Druck, den ihnen das Genie des Vaters auferlegt hatte.

„Was würde wohl mein Vater sagen?" Grillparzer hat die Gefühle des jüngeren Mozartsohnes in seinem Gedicht in wunderbarer Weise ausgedrückt. Aber auch Karl Thomas hatte sich dieser Frage stellen müssen, als er sich entschloß, in Italien einen ganz profanen Beruf zu ergreifen.

„Dort ist alles still, wenn man den Namen Mozart nennt", hatte Josef Myslivecek, der böhmische Musiker, gesagt. Es war zunächst eine schwere Hypothek für Karl, in einem Land als Kaufmann oder Beamter zu leben, in dem sein Vater beinahe übermenschliche Verehrung genoß.

Als Vierzehnjähriger hatte der kleine Wolfgang Amadeus in der Sixtinischen Kapelle das „Miserere" des Gregorio Allegri gehört. Er schrieb den neunstimmigen Doppelchor aus dem Gedächtnis nieder. Damit umging er das vatikanische Kopierverbot für dieses Werk. Wer in Italien der Obrigkeit mit List ein Schnippchen schlägt, wird sehr geachtet. Als der päpstliche Sänger Christofori die vollkommene Übereinstimmung der Mozart'schen Niederschrift mit dem Original bestätigte, wandelte sich die Achtung vor dem Wunderknaben in Verehrung. Im Schatten dieser Gloriole verbrachte Karl Thomas fast sein ganzes Leben. Aber er lernte, damit umzugehen.

Als er sich schließlich zum Lebensabend in sein Landgut nahe des Comosees zurückziehen konnte, ruhte er bereits in sich selbst. Er war kein Stiefkind des Schicksals mehr, sondern hatte im Alter eine wunderbare Zufriedenheit erreicht. Er widerlegte eigentlich den Mozartbiographen Arthur Schurig. Der sagte nämlich, daß Söhne genialer Menschen selten unter einem guten Stern geboren sind.

Bei Karl Thomas Mozart brauchte die Jungfrau als Sternzeichen seiner Geburt eben einfach etwas länger, um alles in die richtige Richtung zu rücken. Sein Großvater hatte von ihm anläßlich des Wienbesuches von 1785 gesagt:

„Das Kind ist sehr angenehm, denn es ist ungemein freundlich und lacht, so oft man es anredet."

Freundlich und angenehm blieb der ältere Mozartsohn sein ganzes Leben. Vielleicht hat es sich für die Entwicklung seines Charakters günstig ausgewirkt, daß er in die glücklichste Phase der Mozarts hineingeboren wurde. Es war die Zeit kurz vor dem „Figaro" gewesen, als Großvater Leopold festgestellt hatte, daß der Haushalt seines Sohnes „im höchsten Grade ökonomisch" wäre.

Karls ruhiges und besonnenes Wesen hob sich in späteren Jahren oft wohltuend von den in südländischem Eifer geführten Diskussionen seiner Umgebung ab. Und doch liebte er die temperamentvolle Art der Italiener.

Jetzt, in Caversacchio, genoß er es, mit dem Ortspfarrer, dem Lehrer und vielen Bauern beim Rotwein zu sitzen und über Gott und die Welt zu diskutieren. Es war ein ganz anderer Kreis als jener hochintellektuelle um den Dichter Alessandro Manzoni, von dem er sich noch in Mailand fast ganz zurückgezogen hatte.

Die heißen Quellen, von denen Diener Giuseppe schon immer geschwärmt hatte, besserten seinen Gesundheitszustand erheblich. Die ausgedehnten Spaziergänge mit seinem quicklebendigen Hund Moretto taten ihm zusätzlich gut. Und so wurden die Jahre nächst des Comosees die glücklichsten seines Lebens.

Er war gerade noch rechtzeitig von Mailand weggezogen, um nicht von der dort wütenden Cholera gefährdet zu werden.

Auf dem Klavier seines Vaters spielte er zwar nur zu seinem Vergnügen. Aber nur zu oft schlichen sich Bauern, Kirchgänger und sogar Schulkinder vor sein Anwesen, um dem Wohlklang zu lauschen. Giuseppe tolerierte dann wohlwollend die Menschenansammlung vor den Fenstern. So brachte Karl Mozart'schen Geist zur italienischen Landbevölkerung. Er begnügte sich aber nicht nur damit, den Menschen mit Musik Freude zu machen.

Er war so dankbar für den durch den „Figaro" gewonnenen Reichtum, daß er viel Gutes tat. Nicht nur in seiner unmittelbaren Umgebung, wo er hier einen armen Bauern und dort ein krankes Kind unterstützte. Auch entfernte Familienmitglieder hatten bald die Quelle von Caversacchio entdeckt, aus der nicht heißes Wasser, sondern bare Münze floß. Sicher merkte Karl, daß man ihn manchmal ausnützte, aber er freute sich trotzdem, helfen zu können. Unter anderem war die Tochter des „Bäsles", mit dem sein Vater seinerzeit in Augsburg viel Spaß gehabt hatte, mit fünf teilweise noch unversorgten Kindern in Not geraten.

Die sogenannten „Bäsle-Briefe" Mozarts an seine Kusine Maria Thekla sind Ausdruck seiner manchmal recht derben Spottlust gewesen. Die Briefe von deren Tochter an Karl klangen nun keineswegs lustig. Er entschloß sich deshalb zu spontaner Hilfe, ohne erst lange Nachforschungen über die tatsächliche Berechtigung des Anliegens anzustellen. Sie wird schon gegeben gewesen sein! Die Bittgesuche anderer Leute waren vielleicht manchmal ein wenig unverschämt. Aber Karl Thomas gab stets mit freudigem Herzen und steigerte dadurch sein Glücksgefühl.

Eigentlich ist dieser Schilderung eines erfüllten Lebensabends kaum mehr etwas hinzuzufügen.

Karl Thomas Mozart starb mit fast 75 Jahren hochgeachtet auf seinem Alterssitz in der reizvollen Umgebung des Comosees. Er war sieben Jahre älter geworden als sein Großvater, zweiundzwanzig Jahre älter als sein Bruder und vierzig Jahre älter als sein genialer Vater. Man muß sich fragen: Drückt Genialität die Lebenserwartung?

Epilog im Himmel

Über den Wolken ist alles ganz genau geregelt. Die Seelen haben zwar unbegrenzte Freiheit, aber es läuft doch alles exakt nach Plan. Das ist ein Widerspruch in sich, aber man muß eben bedenken, daß es sich um außerirdische Sphären handelt. Der Allmächtige lenkt dort alles in für uns unvorstellbarer Weise.

Seit Menschengedenken ist es üblich, nach Aussterben einer irdischen Dynastie im Himmel kleine Sitzungen abzuhalten.

Es wird dabei geprüft, wie die Menschen einer Sippe mit ihren Talenten umgegangen sind. Meist sind solche Konferenzen reine Routinesache und haben nur wenige Teilnehmer. St. Nikolaus oder ein anderer privilegierter Heiliger führen meist den Vorsitz. Kleine Hilfsengel fertigen Protokolle an und heften sie fein säuberlich im Himmelsbuch ab. Damit ist die Sache dann ein für allemal abgeschlossen, und man geht wieder zur himmlischen Tagesordnung über.

Heute aber, nach unserer irdischen Zeitrechnung am 31. Oktober 1858, sah es ganz anders aus.

Karl Thomas Mozart war in Italien, ohne Nachkommen zu hinterlassen, gestorben. Dieses Ereignis löste im Himmel eine dort ganz ungewohnte Hektik aus.

Alles schwirrte ziemlich aufgeregt herum. Der Boss hatte eine außerordentliche Sitzung einberufen. Er übernahm sogar persönlich den Vorsitz.

Auf Wolke 34 sollte das Lebenswerk der Dynastie Mozart besprochen werden. „Muß man Genies anders beurteilen?" lautete die Frage. Anscheinend war sie als besonders wichtig eingestuft worden. Außer den für das Kulturreferat des Himmels zuständigen Ressortleitern, St. Peter, St. Michael und St. Leopold, wurden nämlich als Sachverständige auch Mozart-Biographen geladen. Natürlich nur solche, die sich bereits der lästigen Hülle irdischen Daseins entledigt hatten. Georg Nikolaus von Nissen war da, natürlich auch Franz Xaver Niemetschek und noch einige andere. Ob sie alle die Mozarts richtig beurteilt hatten, würde sich ja unter dem Einfluß des allwissenden Vorsitzenden sehr bald klären.

Unter den vielen prominenten Gästen sah man Christoph Willibald Gluck, Joseph Haydn, Hieronymus Colloredo, Michael Puchberg, Lorenzo da Ponte, August Caron de Beaumarchais, Gottfried van Swieten und zur Überraschung aller Anwesenden auch den Grafen Walsegg-Stuppach.

Den männlichen Angehörigen der Mozartfamilie, Vater Leopold, Wolfgang Amadeus und den Söhnen, hatte man auf einem Sonderwölkchen eine bequeme Loge eingerichtet. Sie durften in diese Debatte, in der es um den Sinn ihres Lebens ging, selbst nicht eingreifen. Aber sie konnten sich bei einem Schluck himmlischen Nektars beruhigt zurücklehnen. Es würde bestimmt fast nur Gutes über sie berichtet werden.

Auf dem Weg zu ihrer kleinen Wolke hatten sie gehört, wie ein weiser Theologe zu dem erst kürzlich im Himmel angekommenen Josef Leopold Eybler sagte: „Immer wenn die Engel hier ganz unter sich sind, spielen sie Mozart, und dann hört ihnen auch der liebe Gott besonders gerne zu." Außer Karl Thomas konnten das ja alle Mozarts auf sich beziehen, und der ehemalige Beamte gönnte seinen Verwandten diese himmlische Ehrung von Herzen. Übrigens war er daran schuld, daß man die ganze Veranstaltung schon einmal verschieben mußte. Auch Petrus, der Cheforganisator, hatte nämlich nicht damit gerechnet, daß sich Karl in Caversacchio so gut erholen und noch so lange vergnügt auf Erden verweilen würde.

Das war ganz „unmozartisch". Aber er war eben auch kein Berufsmusiker gewesen, sondern nur ein solcher im Herzen.

Vielleicht sollte man noch einiges zum Ablauf dieser Himmelskonferenzen sagen. Sie werden wöchentlich durchgeführt und behandeln normalerweise irdisches Geschehen. Ein Jahr auf Erden entspricht etwa einer Himmelsstunde, also kommt in einer Woche ganz beachtlicher Diskussionsstoff zusammen.

Eigentlich spielt aber Zeit in himmlischer Betrachtung überhaupt keine Rolle. Die Relation wurde nur angegeben, damit wir der Uhr und dem Kalender verhafteten Erdenmenschen eine gewisse Vorstellung haben. Im Himmel rücken Epochen zusammen, und es kann ohne weiteres vorkommen, daß sich Johann Sebastian Bach und Louis Armstrong über die Auswirkungen der Fuge auf modernen Jazz unterhalten. Unlängst stellte zum Beispiel Wolfgang Amadeus Mozart an Herbert von Karajan die Frage, warum der als Salzburger mit seiner Musik so gar nicht zurechtgekommen ist. Die Antwort blieb aber geheim.

Die heutige Sitzung war nicht Routine, sondern mit ihrem Spezialthema etwas ganz Besonderes. Man darf sich die Himmelskonferenzen sowieso nicht wie ein irdisches Parlament vorstellen. Hier müssen sich die Zuhörer endloses Palaver anhören, und letztlich wird von den Rednern meist doch nichts Konkretes ausgesagt.

Über den Wolken ist das anders. Dort zupft man ganz einfach kurz an seiner Harfe, und sofort wissen alle, was gemeint ist. Man muß sich das wie eine Dateneingabe in einen zentralen Computer denken. Er nimmt die Aussagen auf und verwertet sie sofort. Es funktioniert im Himmel nur alles noch viel schneller und vor allem viel schöner als bei der elektronischen Datenverarbeitung.

Es können durchaus von verschiedenen Personen mehrere Saiten zugleich gezupft werden. Je besser die Übereinstimmung der Meinungen ist, desto schöner klingt es. Im Idealfall hört man dann die vielzitierten Sphärenklänge. Nur wenn einmal wirklich Dissonanzen auftreten, ist der heilige Petrus als Diskussionsleiter gezwungen, mit seiner Triangel einzugreifen. Dann tritt sofort absolute Ruhe ein, und eventuell läßt sich sogar Gottvater irgendwo hinter einer Wolke hören. Sehen kann man ihn niemals, denn er ist ja gleichzeitig überall. Wenn er aber in Sondersitzungen den Vorsitz übernimmt, so freuen sich alle, denn sein Organ klingt so herrlich wie ein ganzes Orchester. Ist auch klar, denn er ist ja allumfassend und muß sämtliche Stimmen in sich vereinen.

Natürlich gibt es bei größeren Sonderveranstaltungen, so wie bei großen internationalen Kongressen auf Erden, auch ein Rahmenprogramm. Für die Auswahl ist im allgemeinen Sankt Michael zuständig. Für den heutigen Anlaß hat er – beinahe selbstverständlich – ein sakrales Werk Wolfgang Amadeus Mozarts ausgesucht. Bei der

Auswahl wunderte sich der Heilige nur, daß fast alle von dessen etwa fünfzig kirchenmusikalischen Kompositionen in der ersten Lebenshälfte entstanden sind. Nur ganz zum Schluß schrieb er noch das „Ave verum corpus" und schließlich das unvollendete Requiem. Man würde die Ursachen prüfen müssen.

Für den heutigen Anlaß schien die Solo-Motette „Exsultate, jubilate" mit ihrem prächtigen „Alleluja" geeignet zu sein. Es ging ja schließlich um das Leben von Genies, und da war doch etwas Jubel angebracht. Mozart hatte das Werk 1772 in Mailand für den Kastraten Venanzio Rauzzini geschrieben. Den hatte man aber nicht extra eingeladen. Im Himmel waren ja alle Wesen geschlechtslos, und so würde auch die Besetzung des Solos kein Problem sein. Es gab genügend Engel mit prächtigen Sopranstimmen.

So war also alles bestens vorbereitet, und die vier Mozarts warteten gespannt auf das Urteil über ihr Leben. Da mit dem Tode Karl Thomas' die Dynastie ausgestorben war, konnte man schon ein Resümee ziehen.

Eigenartigerweise hatten die Organisatoren keine Seelen geladen, die auf Erden einmal Damen gewesen sind. Wahrscheinlich wollte man Konstanze und Nannerl Peinlichkeiten ersparen. Ihre gegenseitige Abneigung wäre sonst bestimmt zur Sprache gekommen. Den himmlischen Heerscharen hätte es wahrscheinlich an Verständnis gefehlt, daß den Damen im Alter die paar Schritte vom Ritzerbogen zum Michaelsplatz zu weit waren, um einander zu besuchen. Das ist aber eigentlich schon wieder kleinliches, irdisches Denken. Im Himmel ist man erhaben über solche Nichtigkeiten. Und so wurden auch nur die wirklich wesentlichen Themen behandelt. Nur Hieronymus Colloredo, Gottfried van Swieten und der Graf von Walsegg hatten sich zu rechtfertigen. Die Lyra des Grafen gab ein recht jämmerliches Gezirpe von sich, als er versuchte, seine kleinen Schwindeleien mit dem Requiem zu erklären.

Der Salzburger Erzbischof konnte zu seiner Ehrenrettung nur anführen, daß er das Genie des damals so renitenten jungen Herrn Mozart einfach nicht erkannt hätte. Die Musik war sowieso nicht

Colloredos Lieblingskunst gewesen. So hatte er doch tatsächlich verlangt, daß die musikalische Untermalung eines lateinischen Festgottesdienstes höchstens drei Viertelstunden in Anspruch nehmen dürfte. Wolfgang Amadeus, der Vater, lächelte recht gequält auf seiner Wolke, als er sich an diese zeitliche Zwangsjacke seiner Salzburger Jahre erinnerte. Daß er einmal vorgegeben hatte, Hieronymus Colloredo bis zur Raserei zu hassen, war unter dem Einfluß himmlischen Nektars aber längst vergessen.

Als Gottfried van Swieten aufgerufen wurde, nahmen die Himmelstöne fast dramatischen Klang an. Zunächst kam dessen Einfluß auf Mozarts Leben zur Sprache. Da war die Musik den Sphärenklängen sehr nahe. Als aber die Rolle des Barons bei Wolfgang Amadeus' Begräbnis besprochen wurde, gab es schrille Dissonanzen. Der orchestrale Klang der Stimme des großen Vorsitzenden löste dann endlich die Spannung. Er erklärte den Insassen des Himmels die Motive van Swietens in unvergleichlichem Wohlklang. Die himmlischen Wesen verstanden sofort. Vater und Söhne lächelten erleichtert auf ihrem Sonderwölkchen, und auch dem großen Genius selbst schien eine Last abgenommen. Es war keine Rede mehr von „aqua toffana" oder anderen Giften und auch nicht von der Verschleierung eines Mordes. Nun konnte er endlich wieder unbefangen mit seinem großen Gönner van Swieten Schach und Billard spielen. Es ist nämlich ein Gerücht, daß im Elysium immer nur fromme Lieder gesungen werden!

Es kam noch vieles zur Sprache auf der Konferenz. Mozarts Stellung zur Kirche, zu den Freimaurern, zur französischen Revolution und zu den Frauen. Auch über Vater und Söhne des Genies wurde heftig diskutiert. Die Himmelsmusik tönte teilweise herrlich, teilweise weniger schön. Und wenn Dissonanzen schriller wurden, glättete der große Vorsitzende die Wogen. Man merkte aus dem unbeschreiblichen Wohlklang seiner Stimme, welche Sympathie er für die Mozarts hegte. Und so klang die Veranstaltung in einer versöhnlichen Kadenz aus.

Bedauerlich nur, daß für uns irdische Wesen die auf den himmlischen Sitzungen gesprochenen Argumente nicht zugänglich sind. Erst irgendwann einmal, in Nachbarschaft von Wolke 34, werden auch wir in den Besitz der ganzen Wahrheit kommen.

Nur als sich die Versammlung auflöste und alles wieder den heimischen Himmelsregionen zustrebte, ist doch etwas nach unten gedrungen.

„Irgend so etwas habe ich mir damals gedacht, als wir auf dem Friedhof von St. Marx sein Grab nicht finden konnten", sagte Wolfgang, der Sohn, zu seinem Bruder. Der nickte zustimmend und ergänzte: „Er brauchte gar keins, denn er war ja nur Gast auf der Erde."

„Zwei sympathische Männer, diese beiden Söhne. Schade, daß Gott sie niemals dazu ausersehen hatte, den krönenden Höhepunkt Mozart'scher Musik zu schaffen. Das blieb eben Beethoven vorbehalten."

Es war Christoph Willibald Gluck, Mozarts Vorgänger in Wien, der Lorenzo da Ponte diese Erkenntnis aus der Himmelskonferenz zuflüsterte.

Dann war wieder alles still in den Wolken. Nur wenn man sehr angestrengt lauschte, konnte man noch ein paar Töne des „Laudate Dominum" hören, das der Chor der Engel als Zugabe angestimmt hatte. Es war ein versöhnlicher Abschluß der Chronik einer großen Familie.

PERSONENREGISTER

Ferdinand II.; Röm.-Deutscher Kaiser; *37* (1578 – 1637)
Firmian, Leopold Anton von; EB von Salzburg; *196* (1679 – 1744)
Franklin, Benjamin; amerikanischer Politiker; *33* (1706 – 1790)
Franz I.; Kaiser von Österreich (1768 – 1835)
(bis 1806 Franz II. Röm.-Deutscher Kaiser); *118, 135, 136, 140, 166,*
178, 179, 180, 181
Franz I. Stephan von Lothringen; Deutscher Kaiser; *33, 69, 97* (1708 – 1765)
Friedel, Johann; Gründer des Wiener Freihaustheaters; *72*
Friedrich v. d. Pfalz; prot. Gegenspieler Ferd. II.; *37* (1596 – 1632)
Friedrich, Caspar David; Maler; *33* (1774 – 1840)
Friederike, Königin von Preußen; *219* (1751 – 1805)
Friedrich II., „der Große"; König von Preußen; *33* (1712 – 1786)
Friedrich Wilhelm I.; König von Preußen; *196* (1688 – 1740)
Friedrich Wilhelm II.; König von Preußen; *60, 61* (1744 – 1797)
Friedrich Wilhelm III.; König v. Preußen; *199, 204, 205, 218* (1770 – 1840)
Fröhlich, Katharina; Freundin Grillparzers; *238, 239, 259, 270, 271* (1800 – ca.1880)
Garnier, Charles; Architekt d. Pariser Oper; *299* (1825 – 1898)
Gaßmann, Florian Leopold; Hofkapellmeister; *118* (1729 – 1774)
Georg August, Herzog von Mecklenburg-Strelitz; Freimaurer; *35*
Georg von Podiebrad; König von Böhmen; *38* (1420 – 1471)
Gerl, Franz Xaver; Sänger (1. Sarastro); *73* (1764 – 1827)
Gilowsky, Franz Wenzel; Chirurgus; *11* (1757 – 1816)
Gluck, Christoph Willibald von; Hofkomponist; *10, 36, 50, 96,* (1714 – 1787)
306, 310
Goethe, Johann Wolfgang von; Dichter; *33, 60, 80, 154, 238, 254, 259* (1749 – 1832)
Griesinger, Georg; sächs. Botschaftsrat; *152, 157, 158, 160, 235* (ca.1770 – ca.1850)
Grillparzer, Franz; Dichter; *6, 150, 151, 154, 155, 238, 239, 240,* (1791 – 1872)
249, 250, 259, 270, 271, 272, 273, 278, 285, 292, 302
Grün, Anastasius (siehe Auersperg, Graf)
Guardasoni, Domenico; Prager Impresario; *67* (1731 – 1806)
Günther, Dr. Franz Xaver; Arzt in Wien; *94, 121* (18. Jhdt.)
Habsburg-Bonaparte, Franz Joseph Karl;
Sohn Napoleons („Herzog von Reichsstadt"); *181, 282* (1811 – 1832)
Hagenauer, Dominikus; Jugendfreund W. A. Mozarts,
später Abt von St. Peter; *108, 109, 110, 111* (1746 – 1811)
Hagenauer, Johann Lorenz; Salzburger Kaufmann; *106, 108* (1712 – 1792)
Haibel, Jakob; Tenor und Komponist; *117, 254* (1761 – 1826)
Haibel, Sophie, geb. Weber; *8, 11, 89, 90, 91, 114, 116, 117, 119,* (1767 – 1846)
254, 260, 279, 283, 285
Haina, Franz Joseph; Musiker; *14, 300*
Haslinger, Tobias; Wiener Musikverleger; *258*
Hauch, Adam Wilhelm; königl.-dänischer Oberhofmarschall; *216*
Haussmann, Georges; Präfekt von Paris; *299*
Haydn, Joseph; Komponist; *20, 22, 23, 33, 50, 51, 61, 67, 89, 100,* (1732 – 1809)
104, 106, 118, 126, 132, 136, 140, 147, 152, 157, 169, 173, 175, 221, 284, 306

Paumgarten, Ferdinand; deren Gatte, Vetter Grillparzers; *239*

Pergen, Johann Anton Graf; Leiter der Geheimpolizei Josephs II.; *28*

Pertl, Eva Rosina; Großmutter Mozarts; *255*   (1681 – 1755)

Piermarini; Architekt, Erbauer d. Mailänder Scala; *227*

Pinali, Consigliore; Mailänder Gönner Mozarts; *174*

Pinali, Adriana; dessen Tochter; *174*

Pius II.; Papst (Aeneas Silvius Piccolomini); *208*   (1405 – 1464)

Pius VI.; Papst; *24, 25*   (Pontifikat 1775 – 1799)

Ployer, Barbara; Klavierschülerin Mozarts; *23*   (1765 – 1811)

Pokorny, Gottfried; Brünner Musiker; *122, 123*   (1733 – 1802)

Ponte, Lorenzo da; Librettist; *22, 28, 29, 36, 41, 42, 44, 47, 48, 52,*   (1749 – 1828)
59, 64, 71, 72, 76, 77, 78, 86, 295, 306, 310

Ponziani, Felice; Bariton an der Prager Oper; *39*   (18. Jhdt.)

Posonyi, Alexander; Antiquar in Wien; *292*   (1838 – 1899)

Prandstätter, Joseph; Magistratsrat, Jakobiner; *136*

Preradovic, Paula von; Dichterin; *81*   (1887 – 1951)

Puchberg, Anna, geb. Eckart; *83, 127*

Puchberg, Michael; Textilfabrikant; *32, 33, 52, 53, 62, 63, 78, 82,*   (1741 – 1822)
83, 84, 85, 104, 117, 127, 138, 306

Rautenstrauch, Johann; Übersetzer von „Der tolle Tag"; *29*

Rauzzini, Venanziano; Sänger, Kastrat; *308*   (1746 – 1810)

Reinprechter, Johann Nepomuk; Chorleiter St. Peter; *109*   (1752 – 1812)

Riedel, Andreas; Freiherr von; Mathematiklehrer u. Jakobinerführer; *136*

Robespierre, Maximilien de; franz. Revolutionär; *57*   (1758 – 1794)

Rössler, Anton; Komponist eines Requiems f. W. A. Mozart (Prag); *144*

Rossini, Giacchino; Komponist; *267, 297*   (1792 – 1868)

Rossmann, Dr. Peter; Wiener Arzt; *94, 121*   (um 1790)

Rousseau, Jean Jacques; franz. Philosoph; *48, 55*   (1712 – 1778)

Rudolf, Bischof von Breslau; päpstl. Legat; *38*   (15. Jhdt.)

Rumbeke, Maria Karolina Gräfin von; Pianistin; *18, 20*   (1755 – 1812)

Sallict, Michael; Textilfabrikant; *53*   (18. Jhdt.)

Salieri, Antonio; Komponist; *10, 30, 52, 67, 80, 89, 93, 118, 130,*   (1750 – 1825)
132, 147, 153, 168, 221, 228

Sallaba, Dr. Mathias Edler von; Arzt in Wien; *91*   (1766 – 1797)

Schack, Benedikt; Sänger (1. Tamino); *73*   (1758 – 1826)

Schikaneder, Eleonore; *72*

Schikaneder, Emanuel; Theaterleiter, Textdichter; *22, 31, 33, 52, 72,*   (1751 – 1812)
73, 75, 78, 79, 80, 81, 93, 114, 138, 152, 254

Schinkel, Karl Friedrich; preuß. Baumeister; *206*   (1781 – 1841)

Schlucker, Philipp; Wiener Baumeister; *27*   (1747 – 1820)

Schubart, Baron; dänischer Diplomat; *171, 177*

Schubert, Ferdinand; Bruder u. Nachlaßverwalter des Komponisten; *269, 270*

Schubert, Franz; Komponist; *249, 250, 258, 267, 269, 273, 290*   (1797 – 1828)

Schumann, Clara, geb. Wieck; Pianistin; *264, 269*   (1819 – 1896)

Schumann, Robert; Komponist; *263, 264, 265, 267, 269*   (1810 – 1856)

Tirso de Molina; spanischer Dichter; *48*   (1584 – 1648)
Toffana di Andamo; sizilianische Giftmischerin; *79*   (18. Jhdt.)
Torberg, Friedrich; Schriftsteller; *302*   (1908 – 1979)
Trakl, Georg; Salzburger Dichter; *165*   (1887 – 1914)
Trattner, Johann Thomas Edler von; Fabrikant; *17, 30, 53, 76*   (1717 – 1798)
Trattner, Maria von, geb. von Retzenstein; Hofratstochter; *17*
Trattner, Maria Theresia von, geb. von Nagel; Pianistin; *17, 19, 20,*   (1758 – 1793)
21, 51, 53
Troger, Ludwig; Salzburger Gutsverwalter; *173*
Umlauff, Ignaz; Komponist und Dirigent; *67*   (1746 – 1796)
Verdi, Giuseppe; Komponist; *297*   (1813 – 1901)
Villot, Jean; Kardinal, Staatssekretär im Vatikan; *102*   (20. Jhdt.)
Vogler, Abbé Georg Joseph; Musiker; *132, 148, 152*   (1749 – 1814)
Vogl, Johann Michael; Sänger; *115, 249*   (1768 – 1840)
Voltaire, Francois Marie Aronet; franz. Dichter; *55*   (1694 – 1778)
Wagner, Richard, Komponist; *297, 298*   (1813 – 1883)
Wahr, Karl; Impresario an der Prager Oper; *41*   (18. Jhdt.)
Waldstätten, Maria Elisabeth Baronin von; *10, 11, 13, 15, 53, 176*   (1744 – 1811)
Waldstein, Ferdinand Graf von; Gönner Beethovens; *126*   (1762 – 1823)
Walsegg-Stuppach, Anna Gräfin von; *82, 84*   (1770 – 1791)
Walsegg-Stuppach, Franz Georg Graf von; Gutsherr; *53, 62, 82, 83,*   (1763 – 1827)
84, 85, 86, 117, 118, 120, 155, 236, 306, 308
Washington, George; amerikanischer Präsident; *27, 33, 296*   (1732 – 1799)
Weber, Cäcilie; Schwiegermutter W. A. Mozarts; *8, 9, 11, 80, 89*   (1727 – 1793)
Weber, Carl Maria von; Komponist; *148, 220, 255, 267*   (1786 – 1826)
Weber, Fridolin; Sänger und Souffleur; *8, 9*   (1733 – 1780)
Weber, Genoveva; Sängerin; *148, 255*   (1735 – 1798)
Weber von Webenau, Wilhelm Amadeus; Lemberger Aristokrat; *261, 262, 263*
Weigl, Joseph; Komponist; *175*   (1766 – 1846)
Weissenberger, Ignaz; Gastronom in Deutsch Wagram; *275*   (19. Jhdt.)
Widmann, Johann; Organist von St. Peter in Sbg.; *109*   (1748 – 1797)
Wieck, Friedrich; Pianist und Klavierpädagoge; *263, 264*   (1785 – 1873)
Wimmer, Marian; Dramatiker d. Benediktinertheaters St.Peter in Sbg.; *110*
Wohlgemut, Joseph; Freund Grillparzers und F. X. W. Mozarts; *154*
Wolstein, Gottlieb; Dir. der Tierärztl. Hochschule, Jakobiner; *136*
Wrobek, Wenzel; böhmischer Organist; *122*
Zitterbarth, Bartholomäus; Finanzier Schikaneders; *33, 73*

QUELLENNACHWEIS

Ackerl, Isabella: Die Chronik Wiens; Dortmund 1988

Angermüller, Rudolf: F. X. W. Mozart, Reisetagebuch 1819-21; Bad Honnef 1994

Angermüller, Rudolf: Mozart in Wien; Wien 1990

Brettenthaler, Josef: Salzburgs Syn Chronik; Salzburg 1987

Carr, Francis: Mozart und Constanze; Stuttgart 1986

Czibulka, Alfons von: Mozart in Wien; Gütersloh 1962

Dopsch, Heinz: St. Peter in Salzburg (Ausstellungskatalog); Salzburg 1982

Hantsch, Hugo: Die Geschichte Österreichs; Graz 1994

Herzmanowski, Georg: Ostpreußen; Mannheim 1985

Hildesheimer, Wolfgang: Mozart; Frankfurt 1977

Hock, Stefan: Grillparzers Werke / Gedichte; Leipzig 1936

Holtorf, Jürgen, und Lock, Karl-Heinz: Stichwort Freimaurer; München 1993

Hummel, Walter: W. A. Mozarts Söhne; Kassel 1956

Kleindel, Walter: Die Chronik Österreichs; Dortmund 1984

Kraus, Gottfried: Musik in Österreich; Wien 1989

Linden, Albert van den: Lettres de W. A. Mozart jun.; Brüssel 1951

Rochard, Patricia: Biedermeier in Wien (Ausstellungskatalog); Ingelheim 1990

Schenk, Erich: Wolfgang Amadeus Mozart; Wien 1955

Trost, Ernst: Das blieb vom Doppeladler; Wien 1966

Vadja, Stephan: Felix Austria; Wien 1980

Weiss, Walter M.: Auf den Spuren von W. A. Mozart; Wien 1997

Weizmann, Ernst: Der unbekannte Mozart; Wien 1956

Yallop, David A.: Im Namen Gottes?; Wien 1984